质监系统执法打假先进典型集萃

国家质量监督检验检疫总局执法督查司　编

中国标准出版社
北京

图书在版编目（CIP）数据

质监系统执法打假先进典型集萃 / 国家质量监督检验检疫总局执法督查司编．
—北京：中国标准出版社，2018.4
ISBN 978-7-5066-9115-4

Ⅰ．①质…　Ⅱ．①国…　Ⅲ．①质量技术监督—行政执法—先进经验—中国
Ⅳ．① D922.17

中国版本图书馆 CIP 数据核字（2018）第 227629 号

出版发行　中国标准出版社
　　　　　北京市朝阳区和平里西街甲 2 号（100029）
　　　　　北京市西城区三里河北街 16 号（100045）
　　　　　总编室：（010）68533533
　　　　　发行中心：（010）51780238
　　　　　读者服务部：（010）68523946
网　　址　www.spc.net.cn

印　　刷　中国标准出版社秦皇岛印刷厂
版　　次　2018 年 4 月第一版　2018 年 4 月第一次印刷
开　　本　700mm × 1000mm　1/16
印　　张　42.5
字　　数　490 千字
书　　号　ISBN　978-7-5066-9115-4
定　　价　68.00 元

如有印装差错　由本社发行中心调换

本书编写人员

严冯敏　杨保东

（以下按姓氏笔画排序）

白德美　孙海军　孙　翡　余　化　董燕林

前　言

质量是基础，安全是底线。近年来，各级质监行政执法人员坚持依法行政、忠于职守、勇于负责、敢于担当，为经济社会健康发展作出了重要贡献，在执法打假工作中涌现出许多可歌可泣的感人事迹，展现了质监人刚正廉明的依法行政形象、科学权威的技术执法形象和可亲可信的人民质检形象。为进一步发挥先进典型的示范激励作用，国家质量监督检验检疫总局（以下简称国家质检总局）执法督查司组织开展了全国质监系统执法打假工作典型事迹征集活动，该活动通过各省、市、县等质监部门的积极参与和推荐，在确认先进事迹真实性的基础上，经过专家对推荐文稿的评审，选出 69 篇“先进个人”和 36 篇“先进集体”的事迹汇编成册，编辑出版《质监系统执法打假先进典型集萃》一书。

本书选取的“先进个人”和“先进集体”，是质监系统许许多多先进典型的杰出代表，也是真实生活在我们身边的同事、战友。他们平凡而又伟大的事迹感人至深、令人震撼，不断积聚和传递着正能量。他们有的是“全国质检系统执法打假办案能手”，有的是质监系统的“铁娘子”“花木兰”，有的是“全国质量工作先进集体”“质监系统先进集体”等。每个“先进个人”和“先进集体”的工作经验和先进事迹虽不尽相同，但他们都秉持着同样的信念，那就是坚决维护市场经济秩序、保护消费者合法权益、促进产品质量安全，执着于基层质监执法工作，认真履职尽责、永不懈怠、永不放弃，展现了新时代质监人的形象。

精神的力量催人奋进，榜样的力量引人前行。希望通过《质监系统执法打假先进典型集萃》一书，进一步弘扬刻苦钻研、埋头苦干、刚正不阿的正气，树立优秀典型标杆，传递质监行政执法人员最鲜活、最正能量的价值观，展现最真实、最贴近民生的言行楷模的风采。各级质监行政执法人员要以身边的先进典型为榜样，努力打造一支有崇高理想、扎实作风、纪律严明、本领过硬的执法打假队伍，营造执法为民、精益求精的敬业风气，凝心聚力、求真务实，坚定信念、继往开来，为建设质量强国、共创美好生活作出新贡献！

编　者

2018 年 4 月

目　录

先进个人

先进集体

先进个人

不忘初心　砥砺前行

记北京市大兴区“全国质检系统执法打假办案能手”杨二祥

北京市大兴区质量技术监督局会议室，一个年轻人在主席台上声音洪亮地讲解着质量技术监督现场执法检查、调查取证的要点和技巧，台下的人认真聆听，飞速挥动着手中的笔，生怕错过任何一个讲解细节，这个制服笔挺、目光坚毅、讲起课来引人入胜的年轻人就是杨二祥。

杨二祥同志2009年进入北京市大兴区质量技术监督局工作至今一直从事一线执法工作，现任稽查队副主任科员，主要负责特种设备及产品质量案件的查处。九年间，杨二祥同志始终践行社会主义核心价值观，牢记“为人民服务”的宗旨，不忘初心，砥砺前行，完成了由一名学生向优秀的行政执法者、由一名普通的工作人员向业务骨干的蜕变，于2013年、2015年及2016年公务员考核中被评为“优秀公务员”，并被国家质检总局授予2016年度“全国质检系统执法打假办案能手”荣誉称号。

做一个合格的“学生”

万事开头难，初到工作岗位，如何完成学生到执法人员的角色转变显得尤为重要，杨二祥同志摆正位置、虚心请教，在单位同事的支持和帮助下很快熟悉了质监执法工作。

为了在行政执法岗位上真正干出成绩，他拿出学生时代永不服输的拼命三郎精神，努力学习相关法律法规和各项业务知识，并在实践中应用。他还十分注重理论知识的更新，只要相关法律法规有修订、安全技术规范有修改，他都第一时间获知并积极学习，还通过比较新老法规的异同从而吃透新法规、规范修订修改的意义。付出终有回报，勤学苦练出来的一身本事使他在实际执法过程中驾轻就熟，逐渐成长为一名优秀的行政执法人员。

不惧艰险正气凛然

为了查清案件行政执法人员在查办案件过程中会遇到各种各样的阻挠、恶语中伤甚至是人身威胁，杨二祥同志始终认为邪不压正，在面临这种情形复杂的情况下，他不胆怯、不退缩，动之以情、晓之以理，将国家的法律、法规讲解给他们，消除或化解在工作中碰到的难点、疑点和矛盾冲突，经受住了各种艰难困苦的考验，把案件圆满办结。

2010 年 8 月，杨二祥同志带领执法检查小组查处一起使用非法升降机的举报。执法人员在确认在用涉案升降机为非法特种设备后当场对该台升降机予以查封，在执法人员准备进入被举报单位办公室填写相关文书时，企业负责人拒不配合、态度蛮横，对执法人员恶语中伤并煽动在场工人封堵办公室门阻挠执法人员进入。杨二祥此时并未退缩，而是亮出执法证件对阻挠执法的工人说，请看清楚我们的执法证件，按照法律规定，我们有权对有证据表明不符合安全技术规范要求的特种设备予以查封，我们正在行使执法公务，阻挠执法是要负法律责任的，触犯刑律还要依法追究刑事责任，请无关人员立即离开现场。封堵办公室门的工人被杨二祥的义正词严所震慑自行离开了现场，局面得到了控制，企业负责人最后也在执法文书上签字了，案件的后续处理也得以顺利进行。

还有一次杨二祥同志办理的一件使用超期未检锅炉案件在行政处罚决定作出之后，几次三番通知企业负责人领取行政处罚决定书未果后决定亲赴现场。他带领执法小组成员到达企业见到负责人出示证件说明来意后，企业负责人拒绝签收并撂出话来，“你别耽误功夫了，我是不会签收也不会交罚款的，而且你小心我会报复你”。杨二祥同志语重心长地告诉企业负责人，使用超期未检的特种设备本身就存在安全隐患，一旦出现事故损失最大的还是企业自己，行政处罚的目的是为了督促企业消除安全隐患，而且我作为执法者必须履行法定职责，拒签一样具备法律效力，如果在法定期限内拒不缴纳罚款就申请法院强制执行。随后对留置送达的全过程进行录像，并由企业所在地政府安全科同行人员签字见证。结果在送达行政处罚决定书后的第二天企业负责人就去银行缴纳了罚款。

千锤百炼识案慧眼

长期的行政执法工作让杨二祥同志练就了火眼金睛，他善于发现执法勘查现场的每一个细节，然后汇总起来仔细推敲，让违法行为无处遁形。

一个寒冬的周日上午，杨二祥同志正跟全家人在外出游，突然接到局值班人员电话告知：区政府应急办电话紧急通知，辖区内某民营医院地下二层男更衣室内发生火灾，更衣室外天井内有两个液氧气罐，要求质监局执法人员迅速赶往现场勘查。顾不上一起出游的家人，他立即驱车会同局领导、科室负责人及技术人员赶赴现场。到达现场时火已被扑灭，但地下二层积水较深，勘查组趟着没过鞋面的水进入现场勘查发现，天井内两个低温绝热液氧气瓶均在检验有效期内，附属管道公称直径小于 50 毫米不属于压力管道，且经测定气瓶及管道均无泄漏，可以排除特种设备事故。

但是细心的他发现低温绝热液氧气瓶上还有一根疑似卸液管通往地面上，再往地面上勘查时发现还有罐车驶过的痕迹，不远处墙角还停放有一辆液氧罐车，会不会是这辆液氧罐车直接对两个低温绝热液氧气瓶进行了充装呢？《气瓶安全技术监察规程》里可是明确禁止由罐车等移动式压力容器在站外直接对气瓶进行充装作业的，这可是一个违法行为，绝不能放过。杨二祥立即对该民营医院火灾现场的工作人员王某进行了现场调查讯问，该辆液氧罐车确实在事发时对低温绝热液氧气瓶进行了充装作业，而且该辆罐车是大兴区某气站所有，王某还提供了该气站的配送单，执法人员对现场所有证据材料予以提取。随后杨二祥会同执法人员对该气站进行调查，在铁的事实面前，该气站承认了其未按照安全技术规范的要求进行充装活动的违法行为，并接受了相应的行政处罚。

杨二祥（右一）同志在气站核查气瓶信息

坚定信念守住底线

杨二祥同志深知干部廉洁自律的关键在于守住底线。只要能守住做人、处事、用权、交友的底线，就能守住党和人民交给自己的政治责任，守住自己的政治生命线，守住正确的人生价值。一次在执法检查中，他和同组人员发现一家起重机械使用单位未按照规定办理使用登记手续，就在他们准备依法下发《特种设备安全监察指令书》时，该单位负责人突然拿出红包让他们通融一下。杨二祥同志严正告知该负责人“执法人员是来帮助企业消除安全隐患的，不是来拿好处的，赶紧把红包收起来，否则我们把红包交纪检监察部门处理”，该负责人羞愧地收起了红包。他就是这样，在执法工作中自觉抵制金钱、物质等各种诱惑，廉洁自律，依法行政，切实做到了务实、为民、清廉，树立了良好的典型。

工作狂人的愧疚感

杨二祥同志一心扑在工作上，精益求精，经常加班加点，废寝忘食。五岁半的女儿对妈妈经常说的一句话是“爸爸什么时候能多陪我玩会儿啊”，这句话深深地刺痛了他的心，为了满足女儿的要求，他打算休自己 2017 年的公休假，并承诺年底前休假带女儿去南方畅玩一次。可是突如其来的大兴区“11 · 18”重大火灾打乱了原来的计划，北京开始了 11 月下旬至 12 月月底的“安全生产隐患大排查、大清理、大整治”40 天专项行动。他就基本上以单位为家，过着“5+2、白加黑”的生活，周末对他来说就是一种奢望，公休假就更无从谈起了。他何尝不想多陪陪自己的女儿呢，他是一个父亲，同时也是一名人民公仆，舍小家顾大家是他作出的选择，他无愧于职责，但有愧于家庭，用他的话说，等手头上的事儿忙完了一定要弥补这个缺憾！

“不忘初心，砥砺前行。”这是杨二祥同志的座右铭，正是这种强大的使命感和责任感支撑着他一步一个脚印踏实前行，攻克了一个又一个难关，始终战斗在执法打假第一线并取得了令人瞩目的成绩。展望未来，杨二祥只说了一句话：“雄关漫道真如铁，而今迈步从头越”，作为一个执法打假办案能手，他没有选择躺在功劳簿上睡大觉，而是把成绩留给昨天，把目光投向未来，他还要开启新的征程，继续磨砺质监利剑，铸就更加辉煌的篇章。

“海河号”巨轮的忠诚卫士

记天津市市场和质量监督稽查总队稽查二处处长马军

“面对天津这座经历六百余年风雨的城市以及她的千万余人民，心甘情愿当牛做马，默默无闻俯首耕耘；面对日趋复杂的市场监管环境和与日俱增的市场监管难题，像军人一样坚毅果敢，铁骨铮铮攻坚克难。”这句话是马军对自己姓名的诠释，更是他身为一名质检人二十多年来践行使命、执法为民、履职尽责的真实写照。

马军，中共党员，现任天津市市场和质量监督稽查总队稽查二处处长。

在同事们的眼中，工作中的马军和生活中的他判若两人。“对待工作，他总是严肃、严谨、严格，一丝不苟、铁面无私，在执法打假案件办理过程中，他无论是对自己还是对下属都是高标准、严要求；而在生活中，他更像是一位老友或兄长，常常与我们一起聊天谈心、打成一片，少了工作中的严肃认真……”

面对同事们“双面人”的评价，马军有着自己的思考与定位，“作为一名共产党员，作为一名质检人，我肩负的责任是维护市场的公平、安全、秩序与活力，保障最广大消费者的根本利益，全心全意为人民服务，从这个立场出发，我必须刚正廉明、精益求精，容不得半点马虎；而在生活中，每一位同事都是我的亲人，我们每天都工作在一起，互相帮助、支持、鼓励，每一个人都是彼此的坚实后盾，因此要对同事以心相待。”

就是抱着这样的信念，马军一步一个脚印的踏实前行，风雨无阻。天津人喜欢称天津这座城市为“海河号”巨轮，而马军也心甘情愿地成为了一名“海河号”巨轮的忠诚卫士。

严守“铁马冰河”的共产党员

“无论何时何地，首先想到自己是一名共产党员。”

马军 1998 年加入中国共产党，已是一名党龄近二十年的老党员了，但是他始终还把自己看作一名年轻党员，一方面时刻提醒自己保持思想活力、终身学习，另一方面时刻告诫自己不忘初心、牢记誓言。

在刚刚过去的吸纳新党员工作会议上，已是稽查二处党支部书记的马军要求亲自带领新党员宣誓。面对党旗，马军举起右拳，面容专注、眼神坚定，句句誓词都念得铿锵有力。会后马军说，他想起了自己入党时的情形。

党的十九大刚刚闭幕，马军就主动深入学习党的十九大报告，每一处关键章节，他都结合工作实际添加注解。在随后召开的党支部全体会议上，他亲自读完了报告原文，并做了深刻的解读，让支部的每一个党员在第一时间领会到十九大报告的精髓。

加入党组织的十九年来，他坚决拥护党的路线、方针、政策，坚持党的基本路线和基本原则，模范履行党章党规中的各项党员义务，自觉地在政治上、思想上、行动上与党中央保持高度一致。深入学习马克思主义、毛泽东思想、邓小平理论和“三个代表”重要思想，贯彻落实科学发展观和习近平新时代中国特色社会主义理论体系，注重理论联系实际，将学习收获的理论知识运用到实际工作中来指导实践。在大是大非面前具有较强的政治敏锐性和鉴别力，时刻保持共产党员的先进性、纯洁性、战斗性。

勇做“尖刀中的尖刀”

“道虽通不行不至，事虽小不为不成”，这是马军的人生信条。

时光飞逝，二十几年的时间在手指尖悄悄溜走。快速变化的不仅仅是时间，还有这个时代。随着国家的发展，社会的进步，市场监管形势日益严峻，市场监管压力与日俱增，市场监管人身上的责任和担子可想而知。

面对纷繁复杂的变化，马军的标准只有一个：以不变应万变，而这个“不变”就是对业务的学习与钻研。

十年前，马军奉命组建技术督查科，扛起“走技术执法道路，提高行政执法的有效性”的大旗。这项工作既是一个机遇，更是一个挑战。工作初期，面对各式各样的检测仪器设备，作为有着十几年执法经验的他第一次觉得力不从心。怎样才能把这些检测仪器设备吃透弄懂，熟练地运用到案件查处工作中，成为他日思夜想亟待解决的问题。“我想自己并不比别人聪明，但我相信勤能补拙，熟能生巧。”他开始阅读大量的仪器设备资料，认真研究，中午别人休息时，他抓紧时间认真钻研，下班后别人急忙回家时，他却刻苦实践反复演练操作快速检测仪器。终于，“功夫不负有心人”，在他的带领下，技术督查科突破了业务瓶颈，同事们熟练掌握了各个监测仪器的操作技能，大大提高了现场检查的效率和准确率。

十年后的今天，市场监管部门又一次站在了时代的转折点上。天津市贯彻落实中央实行大部制行政机构的改革方案，完成了工商、质监、食药的“三合一”工作方案，建立了统一的市场监管部门，成为在全国省级层面率先建立大市场大部门监管新体制的“先行者”和“排头兵”。随之而来是新的更艰巨的任务和挑战，马军又一次冲在了前面。为了加速系统的“化学融合”，适应新形势下“三合一”案件办理的需要，进一步提高执法打假办案实效，马军带领处室人员建立工作业务周期性学习计划，对原三局执法办案的区别与联系进行深入研讨，梳理捕捉发现案源新思路，规范执法办案统一程序新标准……夜幕降临，灯光下又一次出现了马军刻骨钻研的身影。

率先垂范、廉洁自律的人民公仆

执法办案辛不辛苦？“其实执法办案工作十分辛苦，对于一线执法人员的要求也十分苛刻。”马军并不回避这个问题，“但是既然选择了这个职业，就要有爱、有忍，有坚韧、有奉献。严格执法、践行使命、守卫天津人民的幸福安康就是我们每一个执法人员的自豪和幸福。”

在二十多年的工作历程中，马军始终要求自己在工作中做到三个方面——率先垂范、廉洁自律、人民公仆。

冬遇严寒，夏逢酷暑，顶着凛凛寒风，冒着暴雨，24 小时随时待命，挨过违法分子的拳头，忍受过连续几天几夜不眠不休执法工作的疲惫，也受到过挚爱亲朋的埋怨和曲解。但无论面对多么艰难困苦的环境，马军始终都是率先垂范、一马当先，他相信，行动有着最强的感染力，自己做到了便无需多说，下属自然就会焕发出无穷的斗志。

在查处一件建筑幕墙案件时，当事人为了减轻处罚，购置了一张五百元的代金卡，偷偷地放在了他的办公桌上，并要求给予照顾，他立即严厉拒绝了当事人要求，并当面将代金卡退了回去。

这样的事情并不罕见，但是马军却从一而终。他清楚地认识到，作为一名执法人员，手中握的是法律赋予的权力，身后吸引的是别人羡慕的眼神，头上笼罩的是权力放射的光环，工作中稍有不慎，就会被各种诱惑迷住双眼，误入歧途。对于执法人员，严格执法，铁面无私，就是一种服务。而在马军心中，廉洁自律是做好服务的首要前提。

身为人民公仆，服务不仅仅要体现在严格的执法上，更重要的是体现在教育帮助上。行政执法，教育为主，处罚为辅。本着这条准则，马军在执法办案过程中不光有“铁面无私”，更有“春风化雨”。他时常在检查过程中为对法律法规存在误区的企业进行耐心的宣贯讲解，对行为上不配合的相对人进行真诚教导，对遭受损失的消费者更是感同身受、视为己任。当案件办理结束，相对人或者消费者送来锦旗或是感谢信时，马军都会露出会心的微笑。“接过的锦旗，是一份沉甸甸的信任，更是一份激励与鞭策。”

马军（左一）执行“有机食品专项检查”任务

荣誉属于过去，责任仍在脚下

平凡的岗位，践行着不平凡的使命；简单的人生，拥有着铁军般的灵魂。

在宁静的海河之畔，马军不辞辛苦地奔走着。岁月漆白了乌黑的双鬓，时光镌刻出脸颊的沟壑，而马军却觉得苦中有乐。短短几年时间，马军带领的部门就查办案件160多起，检查企业1000多家，涉及农资、食品、建材、轻工、医药等多个领域。

依靠着坚韧不拔的毅力和矢志不渝的信念，马军创造了一个又一个辉煌。1997年被评为局级“先进工作者”，2005年荣获“亚欧财长会服务先进个人”称号，2006年获得“天津市认证认可工作先进工作者”称号，2007年荣获第五届“天津市优秀青年卫士提名奖”，2008年被评为“天津市援建四川、甘肃地震灾区先进个人”，2009年被国家质检总局评选为“全国质检系统执法打假办案能手”，2008—2010年连续三年被评为局级“优秀共产党员”……纪录还在不断地增长着。每当谈到获得的荣誉时，马军都只是淡然一笑，“成绩只代表过去，而每一份成绩都给予了我无穷的推动力，我肩负着党和国家赋予我的使命，承担着维护市场安全与稳定的重任，脚下的路还有很长。”

“咬定青山不放松，立根原在破岩中。千磨万击还坚劲，任尔东南西北风。”二十余载春秋一路走来，怀揣着满腔的热情与赤诚，承担着崇高的责任与使命，背负着巨大的压力与风险，书写着豪迈的生命与青春。如今，天津这艘“海河号”巨轮正扬着改革和发展的风帆破浪前行，马军也与万千同仁一道，忠诚坚贞地守卫在“海河号”巨轮的甲板上。

不忘初心，牢记质监使命

记天津市市场和质量监督稽查总队李琪

在美丽的渤海之滨，有这样一支队伍，他们团结奋进，他们勇往直前，他们开拓创新，他们朴实无华。他们 365 天奋斗在质监执法的一线，为这个城市的腾飞默默燃烧自己的青春。这支队伍就是天津市市场和质量监督稽查总队（原天津市质量技术监督稽查总队），百姓们亲切地称呼他们“渤海铁军”。

在这支队伍中成长起了一批又一批的质监执法尖兵，李琪就是他们中的一员。自 2003 年参加工作以来，他一支坚守在质监执法的第一线，十几年如一日，无怨无悔，默默地为质监事业奉献自己的一切。

有人问他为什么选择质监事业，他的回答是：“一片初心，一个使命，一份信仰！”

初心：那份永留心底的公平和正义！

2003 年，正当津门质监执法事业蒸蒸日上之时，这支执法队伍迎来了通过公务员考试录取的第一批年轻人。刚刚大学毕业的李琪怀着一份关于正义和公平的梦想走进了这支质监执法队伍，他终于实现了自己的志愿，为正义和公平挥洒自己的青春。

李琪毕业于东北大学钢铁冶金专业，勤奋好学的他不仅在本专业一直名列前茅，还辅修了第二专业计算机工程，取得了双学历。初来乍到的他很快适应了新的工作、生活。带着那份执着和追求，他不断钻研学习，迅速将自己的专业特长和执法工作结合了起来。

到队之初他就向队领导主动请缨，在总队的支持下到中国计量科学研究院、国家计算机检验中心等专业机构了解计算机行业的状况和检验、检测知识。2004 年，他所在的稽查科室在全国率先开展计算机电磁兼容专项执法行动，检查计算机经销企业 20 余家，生产企业 4 家，几乎覆盖了当时市场上全部计算机品牌。立案查处 7 件，震慑了整个计算机行业。为进一步规范行业行为，他还先后 3 次召集技术专家、行业协会、企业代表召开计算机行业联席会，帮助企业解决面临的技术难题，到场企业代表无不对这名年轻质监执法人员一丝不苟的工作态度和高超的专业技术水平所折服。2005 年他撰写的《关于 IT 行业质量问题的调研报告》还获得了天津市质量技术监督局优秀调研成果奖。

在这之后的十余年间，这种钻研精神始终伴随着他。从带着农残快速检测仪走进食品企业到拿着电桥设备步入电线电缆企业，从举着游标卡尺检查配电设备到开着计量专用车辆进入加油站，测量成为了他的一种工作习惯，标准成为了他最犀利的武器。每当进入一个全新的领域，他总会找到检测机构、认证机构的专家了解专业技术知识，翻阅各种专业技术书籍。有人说，我们是执法人员，又不是检测人员，那些专业的东西就应该让专业的技术人员处理。可他不以为然，依旧“我行我素”，钻研各种产品标准、技术标准。因为在他眼里，“技术执法”才是质监人的立身之本。进入执法现场，不懂技术，说外行话，干外行事本身就是一种不作为。“不懂”如何找出问题根源，“不懂”如何看到表象背后的“潜规则”，“不懂”如何对得起人民群众给我们质监人的重托。当有人劝他去歇歇的时候，他总是说：“我不累！”当有人问他为什么如此执着，他总是说：“因为我热爱这份事业，他让我学有所用，更让我得偿所愿，能亲手去维护心中的那份公平和正义！”

使命：还百姓放心，质监人永恒的使命！

“百姓需要我们在哪里，我们就出现在哪里！”李琪同志是这样说的也是这样做的。在执法一线的十余年间，他始终把开拓创新作为工作中首要的任务，更把百姓最关心的消费品领域作为了开拓创新的重点。

早在能效标识制度实施之初，他就将能效标识作为了执法工作新的突破口。为此他走访多家检测机构，学习标准，与中国计量科学研究院等机构的专家共同分析行业质量状况。并在2007年年初组织开展了天津市质监系统第一次能效抽检，一举查处多起利用能效标识进行虚假宣传的案件。十余年间，他组织和参与能效抽检100多个批次，覆盖30多个品类产品，成为了天津市能效标识检测工作的标杆。在执法办案的同时，他也从不放松对企业整改工作的重视，针对部分空调企业关于试验方法的疑问和电冰箱企业提出的标准中有效容积计算方法等问题，他先后6次会同中国计量科学研究院为企业解释标准和实验方法，帮助企业规范生产行为，提高产品质量水平。

2008年，玩具被列入3C认证监管目录，他两年间跑遍了天津市玩具、童车生产企业，跑遍了天津市各大商场、超市的玩具专柜。为玩具生产企业、经销单位普及认证知识，讲解产品标准。

帮助企业提高质量管理水平。工作中他善于思考和发现问题，从奶粉、儿童食品生产经销企业、少儿杂志出版社赠送玩具到游艺设备抽取玩具，再到游乐场积分换购玩具，他的足迹几乎覆盖了市场上可能出现玩具安全隐患的每个角落。在严格执法的同时，他更关注消费者切身利益和安全，要求游艺设备抽取无包装玩具的经营户在游艺设备显著位置标注相关玩具厂厂名、厂址、认证证书、警示标识等信息，安排专人提示消费者，避免儿童误食或其他伤害事故。针对天津市武清区王庆坨地区童车、自行车生产相对集中的特点，他还协同检验机构、当地监管部门开展专项检查，为监管人员和企业普及认证知识，强化质量意识，有效地提高了天津市童车企业的整体质量水平和认证水平。

从质量到认证、从许可到计量、从食品安全到特种设备，几乎每一个领域里都留下了李琪同志的身影。十几年间他撰写各类简报 80 多篇，撰写行业分析材料、内参 10 多篇。时光荏苒，那个初出茅庐的大学毕业生已近不惑之年，从毛头小子到执法骨干，他的身上少了几分冲动，多了几分稳重，发间和面庞已悄然留下了岁月的痕迹。但那份热情和执着从未改变。因为那份使命永留心间，正向他经常和身边的年轻人说的那样："要记住手中的权力是百姓给的，还百姓一个放心，是我们质监人永恒的使命！"

信仰：一个党员毕生的追求

从进队那天起，钢铁冶金专业毕业就成为了李琪同志的一个标签。他没有浪费自己的专长，深入钻研钢铁冶炼领域执法。在他的引领下，他所在的科室成为总队随后多年打击"地条钢"和"瘦身钢筋"违法案件的"尖兵连"。平均每年查处十余起"地条钢"和"瘦身钢筋"案件，不仅让他成为了这一领域的"专家"，更让他在几年间跑遍了天津市的每个角落。由于“地条钢”违法窝点夜间生产的特殊性，让他习惯了连夜奋战，习惯了连续几天不眠不休。当华灯初上，万家灯火点亮渤海之滨，他却整装出发，正驱车行驶在去往郊县的道路上；当雄鸡报晓，黎明的第一道霞光照亮这个城市，他却刚刚经过一夜的奋战，正与同伴商议今天该如何调查、取证。刻苦的工作不仅锻炼了他坚韧不拔、勤于钻研的性格，更成就了他高超的执法办案能力和超强的开拓创新能力。2014 年，李琪同志荣膺“全国质检系统执法打假办案能手”称号，在荣誉面前他并没有骄傲，反而更加努力，因为他深知这份荣誉的重量。

2015 年 1 月，稽查总队接到举报——天津某气瓶生产企业涉嫌违法生产、销售不合格的车用压缩天然气钢制内胆环向缠绕气瓶。据举报人讲，不合格气瓶已销往多个省市，随时可能出现安全事故。李琪同志所在的科室临危受命，负责处理此事，在第一时间对该企业进行了现场检查。检查时企业已经停产，执法人员现场对企业成品库内与举报人反馈同型号的气瓶进行了抽检，但检验结果合格。对企业相关人员的调查也一无所获，经多次沟通举报人没能提供更多案件线索。面对僵局，他带领全科同志深入研究技术规范和产品标准，对该企业两年间生产的 4 万多只气瓶涉及的从原料到出厂全部材料进行细致核对。十天过去了，夜以继日地核对却没有换来任何线索。这让专案组的每个人疲惫不堪，也让作为组长的李琪深感压力。面对压力和疲惫，他没有放弃，一边分析案情，一边为大伙打气。功夫不负有心人，经过半个多月的奋战，专案组终于找出了问题的关键——时间。企业更改了部分材料中的时间，企图掩盖未按标准要求逐瓶安排气密试验的事实。为了避免企业人员串供，专案组连夜对企业总经理、技术主管、生产人员、检验员进行突审，终于查清了这起“津门气瓶”第一大案。在铁一般的证据面前企业负责人对违法事实供认不讳，经查，该案涉案气瓶达3500余只，货值金额390余万元。

“成功等于百分之一的天赋加上百分之九十九的汗水。”这句话常常挂在李琪同志嘴边，当有人问他这是不是他的座右铭时，他总是风趣地回答说：“后半句是”。参加工作的十几年间，从普通科员到科室负责人、支队长，他用他的努力和付出成就了一个又一个荣誉，获得了一次又一次成功。可他却从不骄傲，面对荣誉他总会说：“这些都是一名党员干部应该做的，因为从不曾忘记在党旗面前的每一句誓言，因为那份信仰永留心间。”

依法行政刚正不阿　服务民生排忧解难

记河北省石家庄市质量技术监督局稽查队队长焦国旗

每次听他讲课，他总是在讲课前与大家分享三句话：“路虽远行则必达，事虽难做者有成”“为做成事想办法、创条件，不为做不成事找借口、讲理由”“要把优秀当成一种习惯”。听过他讲课的人都知道。

“我要把军人的优良作风带到质监，我要用行动来保护人民群众的切身利益，我要以模范共产党员的标准要求自己，做一名忠诚的质量卫士……”1999 年，36 岁的他从部队转业，踏入质监的那一刻，他如此告诉自己。

现任河北省石家庄市质量技术监督局稽查队队长的焦国旗，已经在稽查执法战线上历练了近 20 个年头。岁月更迭，他从一名懵懂的“新兵”成长为信念坚定、作风优良、业务熟练、能打硬仗的“老兵”。从事质监稽查执法工作以来，他主办质量技术监督行政违法案件 600 多起，涉案货值 7000 多万元，罚没款 1300 多万元，为百姓和企业挽回经济损失 300 万元，保护了百姓合法权益，维护了国家利益，先后被评为河北省“打假工作先进个人”、河北省质监系统“执法能手”、石家庄市“优秀党员”、石家庄市“杰出青年卫士”、石家庄市质监系统“十佳办案能手”、全国“优秀青少年维权岗”先进个人和“全国质检系统执法打假办案能手”，荣立三等功两次、二等功一次。

路虽远行则必达，事虽难做者有成

刚到质监系统工作，焦国旗被分配到了市局纤检所，担负棉花公证检验的任务。作为一个“门外汉”如何尽快胜任本职？他主动向老同志请教，刻苦钻研业务，利用别人休息的时间加班练习检测技能，就这样很快地能够独当一面了，因工作出色常被省局选派执行对外棉花公检任务。

2003 年，他通过考试成为一名机关公务员，来到了稽查队工作。那年春季，高邑县 60 多户农民因使用了同一个厂家生产的不合格磷肥，致使 800 多亩小麦几乎全部枯死，农民多次向当地有关部门反映无果，此事引起上级领导重视，安排石家庄市质量技术监督局依法查处。对此，刚到稽查队的焦国旗很受触动，他作为一个农民的儿子，深知农民汗滴禾下土的艰辛和不易，暗下决心，一定要为农民讨回公道。他反复研究化肥有关标准，多次到生产厂家实地察看，深入了解磷肥的生产工艺过程，详细查看厂家的原料进货验收记录、产品生产记录和出厂检验记录，最终找到了问题所在，原来生产者在生产过程中使用了工业废硫酸，因有害物质较多，使用后导致麦苗大量枯死。生产厂家面对较真的焦国旗哑口无言，如实交代了自己的违法事实，赔偿了农民 9 万多元的经济损失，并受到了法律的制裁。

看到老百姓的利益得以维护，焦国旗别提有多高兴，心里爽朗了许多，对今后的执法工作充满了信心。

但经过一段时间的执法办案，他发现稽查执法并不是想象的那样简单，不是靠亮一下执法证就能解决问题的，查办案件不仅需要具备广泛的质量技术知识，还要具备全面的法律、政策知识；不仅要熟悉产品标准、生产工艺，还需要掌握一定的办案技巧；不仅要讲政治、讲规矩，还要讲道德、讲奉献；不仅要有恒心、有毅力，还要有智慧、有勇气、有胆量……他意识到自己的业务知识还不够用，还有很长的路要走，还有无数的关要过。

路虽远行则必达，事虽难做者有成。一向不怕苦、不服输的焦国旗，变压力为动力，立志要为维护百姓的合法权益作出自己应有的贡献。成功的信念如同闹钟一样，不断地将他唤醒。他时刻告诉自己：打铁须得自身硬，行政执法来不得半点马虎，更掺不得半点虚假，必须练就过硬本领，精通本职业务。

他对照岗位要求，全面查找自身“短板”，严格制定学习计划，创新采取“倒逼式”学习方法。没有法律基础，他报名参加中央党校的法律专业在职培训，利用业余时间完成《法理学》《行政法与行政诉讼法》《民法》《刑法学》等16门课程的学习，并以优异成绩取得本科学历。同时，还重点学习了《中华人民共和国产品质量法》《中华人民共和国计量法》《中华人民共和国标准化法》《中华人民共和国行政处罚法》等法律，对照有关释义逐条进行理解提高，参考典型案例分析反复研究如何准确适用法律法规。缺乏工作经验，他大胆尝试、乐于吃苦，积极向领导和同事们请教，凡事都抢着干，执法办案总是冲在最前面，并养成每天写工作日记的良好习惯。为了拓宽视野，他广泛阅读国家质检总局、上海、广东、山东、江苏等省市编写的质监执法业务书籍，学习质监专家与时俱进的思维理念、精益求精的职业追求和先进科学的实操技能。

焦国旗逐渐成长为稽查执法的一名尖兵。一次次磨练，练就了他一双识假辨假的火眼金睛；一次次较量，造就了他一副打假治劣的铁臂铜拳，查办了某高铁铁路简支梁案、某重点工程假冒玻璃幕墙案、索某生产假化肥案、冯某生产假“红牛”维生素饮料案等多起有影响的案件，并依法追究当事人的刑事责任。

为做成事想办法、创条件，不为做不成事找借口、讲理由

随着社会经济的发展，质量问题越来越成为一个社会广泛关注、政府高度重视的话题，质量违法行为也呈现出许多新的特点，特别是近几年出现的“科技造假”现象，使查办案件工作难度骤然增大。对此，焦国旗同志开动脑筋、分析动向、探索规律，努力在提高执法的有效性上下功夫。

他始终践行着这样一句话，“要为做成事想办法、创条件，不为做不成事找借口、讲理由。”他从不让领导交办的工作在自己手中耽误，不让群众投诉的问题在自己手中搁浅。

2014 年爱人因病重需要住院手术治疗，儿子在外地工作不在身边，平时就很少顾家的他本应该在医院好好照顾一下爱人，关心一下爱人，以便早日康复，可是爱人手术刚过一星期他又出现在工作岗位上。同事们说：“焦队长你休息一段时间吧，看你累得又瘦了一圈，这里有我们顶着呢！”他说：“爱人怕我耽误工作不让陪，医院里有医生护士呢，没事。队上现在正忙，有两起职业举报人投诉索赔的案子还没有处理完，‘质检利剑’行动的几个处罚案件还没有结案，重点产品质量整治集中行动正在进行，别出现什么差错，我放心不下啊！”爱人在医院一住就是半年，他每天晚上到医院陪床照顾爱人，白天一如既往地工作着，从来不说一句苦、一句累，没给单位和同事添过一次麻烦。看看他每天写的工作日志，每年都有厚厚的一本，就知道他没有落下一件事，没有耽误一项工作。

他始终信诺“守正为心、疾恶不惧”，面对违法的“钉子户”，他敢于攻坚克难、重拳出击不怕“硬”；面对违法抗法恶势力，的“高墙”“铁门”“恶犬”，他勇于打击不怕“黑”；面对相对人在执法现场的“石块”和“棍棒”，面对“穿黑衣剃光头”的恫吓和威胁，他始终以一名共产党员的品格从不畏惧、从不退缩，勇敢地向制售假冒伪劣产品的行为宣战。

2014 年 5 月，群众举报深泽县某日化公司，每天生产大量假冒名牌日化洗涤用品。焦国旗亲自带队赶至现场，该公司大门紧闭，多次敲门无人应答，但听到狗的狂叫声，透过门缝看到里面有几条大狼狗来回走动。经过联系公司老板，老板态度十分强硬，明确告诉执法人员：“就是天王老子来了也不开门”。据当地质监部门人员说，该公司老板后台“硬”，几年来没有一个执法部门能够顺利进入公司大门的。焦国旗听了，斗志更加强烈，抬头望了一眼拉着铁丝网的高墙，看了看大门口和围墙上的数个监控摄像头，叫执法车开到围墙旁边，二话不说，蹬着执法车就爬了上去，翻过高墙进到公司里面，然后快速把门打开。经过几个小时的斗智斗勇，在铁的违法事实和刚正不阿的焦国旗面前，公司老板不得不低头。经查，该公司生产假冒多个著名品牌的洗涤用品，货值 40 多万元，最终依法对该公司处以 20 万元罚款，并将公司负责人移送公安机关追究了刑事责任。

又一次，他带队执法，依法扣押了某公司销售的名牌假烟假酒，公司老板急了，“我被判坐过八年牢，难道还怕你一个小小的公务员？”于是叫了几个“黑社会”，半夜找到他家门口威胁恐吓，要求返还物品。焦国旗只身面对手拿棍棒的“黑社会”，血气方刚地说了一句话：“我当过兵，死都不怕，还怕你们？”结果大家可想而知，败下阵来的自然是那几个敢跟法律和正义叫板的

“黑社会”。

有人对焦国旗同志说：“50 岁的人了，拼什么啊？在这个份上，睁只眼闭只眼对你没啥影响，他们方便，你也方便不是？”焦国旗义正词严地说：“没错，他们是方便了，可是老百姓不方便了，我的责任使命不允许我方便。”他的言行深深地感染着每一名执法队员，全队爱岗敬业已形成一种风尚。

要把优秀当成一种习惯

认真做事只能做对，用心做事才能做好。焦国旗同志，不管干什么工作都会全身心投入，想尽各种办法，努力做到最好。有时工作中遇到疑惑问题，他会给全国质监系统中认识的专家同行打电话问个明白，然后再查找资料认真分析研究，从多方位多角度论证，最终选择最佳解决方案。用他的话说就是，“要把优秀当成一种习惯。”

“喂，您好！是焦大哥吗？我是邢台的，我们发现前几天在执法现场查封的违法物品没有了，你看我们该怎么办？”

“喂，您好！是焦老师吗？我是四川的，听过你讲课，我们这里一家企业生产的许可证产品没有销售，而是作为原料直接用于生产另外一种产品了，这样做符合规定吗？”

“喂，您好！是焦老师吗？我是内蒙古的，听过你讲课，加油机作弊缺斤短两该怎么查啊？”

……

接听全国质监系统执法人员的咨询电话已经成为常态，不管是哪位同仁同行，只要在执法中遇到问题都愿意打电话与焦国旗交流沟通，他也总能给出让对方满意的答复，用他的话讲：“天下稽查是一家，他们遇到困难需要帮助，我力所能及地给他们指点指点是件高兴的事”。

焦国旗在“质监服务进社区活动”中为市民讲解识假辨假知识

他经常参加市电台“行风热线”栏目，讲解质量安全知识，回答消费者咨询，并定期到社区开展宣讲活动，传授产品识假辨假知识，倡导消费者依法维护权益；深入企业提供政策法规和标准技术服务，在全市质监创新工作，推广并督促落实“四个一”(“一张通告”“一块公示牌”“一份稽查建议书”“一份问题通报函”)，引导企业树立“质量第一”的发展理念，强化质量安全主体责任意识。自 2017 年以来，焦国旗立足本职、解民忧，深入企业、送服务，发放宣传材料 11260 份，为众多消费者挽回经济损失，为上百家企业解决生产难题，成为老百姓和企业普遍欢迎的“热心人”“贴心人”。

他带领稽查队创新执法方式，强力推行技术执法，运用化肥检测仪、电参数检测仪等 60 多种执法装备，在第一现场、第一时间对产品进行快速检测，实施有效控制手段，假冒伪劣产品无处可逃，大大提高了稽查执法的效率和效果。

2010 年，他作为河北省代表队成员参加国家质检总局组织的全国质检系统执法大比武活动，取得了优良成绩；参加了国家质检总局质监工作手册系列丛书《执法打假手册》的编写；受邀请在国家质检总局培训中心、河北大学质量学院、河南、山东、新疆、内蒙古、陕西、湖南等多地举办的培训班授课 50 余次，在沈阳、杭州、贵州、重庆等全国大中城市打假协作网会议上作典型发言，介绍讲解稽查执法办案的方法和技巧，深受国家质检总局、省局的表扬和广大同行的肯定。

焦国旗就是这样一个人，一个有着坚定意志力、不被困难压倒的人，一个敢于担当、善做善成的人，一个对质监事业充满激情、无限追求、无私奉献的人。

平凡彰显本色

记河北省唐山市路南区市场监督管理局经济检查大队队长鲍志超

鲍志超，一名奋战在最基层市场监管执法战线上普通而平凡的“领头羊”，自 2014 年 3 月任河北省唐山市路南区市场监督管理局经济检查大队（以下简称经济检查大队）队长以来，可以说是三年带领全队迈出三大步，不断创造和改写全局执法办案工作的新纪录，也用自己的青春和热血谱写出平凡而卓越的绚丽篇章。三年来，全队查处的各类经济违法案件百余件，件件都成铁案，罚没金额 300 余万元，其中查处制造和销售假冒伪劣商品案件 16 起，罚没金额 80 多万元，捣毁制假售假黑窝点 5 个。他个人也连续三年被评为优秀公务员，大队的全面工作在省市系统内也名列前茅，先后两次被评为市级“先进集体”，使经济检查大队成为一支招之能来、来之能战、战之能胜的执法队伍。

攻坚克难，勇为人先

2016 年 10 月，经济检查大队接到举报称，“刚刚完工，已经进入工程验收期的市某医院，在建设施工中使用了假冒的‘良工’牌阀门。”新建的某医院工程是全市的重点工程之一，如果情况属实，其影响和后果都会很严重。接到举报后，鲍队长一面迅速组织人员到达现场，通过施工方统计出使用“良工”牌阀门的全部数据资料；一面和“良工”阀门厂商取得联系，派专业人员来唐山市鉴定。一些好心的同事知道这件事后，让鲍志超少管这种来头比较大的事，弄不好会把自己整陷进去，后悔不及。鲍志超似乎被这种好心的劝导给激怒了一般，“我就不信这个邪！”也就是凭着这个“牛”劲，他克服巨大的压力和阻力，把事情查了个水落石出。原来，案件当事人销售给负责承建该项目的施工方一批次（共计 38 个）经良工阀门集团有限公司鉴定认定为侵权的阀门，这些阀门已经全部安装并使用，如不及时将这些阀门更换下来，有可能造成难以预估的损失和后果。在查清事实真相后，最终当事人被处以没收侵犯他人注册商标专用权的阀门 38 个；处以罚款 10 万元。因为经济检查大队的及时介入，将所有 38 个假冒阀门全部用正品“良工”牌阀门替换，从而排除了严重的安全隐患。

严谨缜密，追求卓越

鲍志超同志平时常说，执法办案工作无小事，一个案件别说是适用法律或程序上出问题，就是用错一个字或点差一个标点，都有可能使案件吃官司而败诉，所以必须要慎之又慎、办成铁案。他非常重视案发现场证据的提取，认为这是最强有力的证据支撑，所以在案发现场他既像是“刑侦警察”，又像是“考古专家”，绝不轻易放过任何蛛丝马迹。2017 年 6 月，经济检查大队接到举报，称辖区某平房内有组装假冒电机的黑窝点。鲍志超亲自率队赶往现场，并迅速进行现场检查，发现该现场与普通仓库并无两样，在现场无法证明举报事实，正准备无功而返时，鲍志超突然发现，在两台电机下面均有四个铆钉头废料，这立刻引起了他的警觉，经现场查对，正是当事人在安装电机标牌时所留下，随即又在不远处发现各种电机的标牌及合格证和油漆等作案工具，当事人在铁的事实面前不得不如实陈述自己的造假事实，并接受16万余元的行政处罚。

刚正不阿，铁面无私

鲍志超同志从事执法办案工作以来，自觉遵守党风廉政建设的各项规章制度，严格要求，做到自重、自省、自警、自励，常在河边走，就是不湿鞋，并以此带动全队的廉政建设。只有自己做到一身正气，两袖清风，不贪不占，不收不要，才能给同志们作出好的榜样。否则，你能拿根针，他就敢牵头牛。因为坚持依法办案不徇私情，“伤”了许多亲朋好友甚至是自己的老领导，有人背地里都叫他黑脸包公、骂他没人情味，但他仍然继续坚持自己的风格，用他自己的话说就是：“如果执法者通过执法办案搞权钱、权情交易，就是对法律的亵渎，总有一天会从执法人变成当事人”。有一次，他的一个老同学替朋友来找他说情，因其朋友批发销售假冒的名牌洗发水，假冒商品的仓库被经济检查大队查封，并已立案调查，这个老同学对当事人承诺“鲍队长是我老同学，这个面子他不可能不给”。结果鲍志超还是让他失望了，老同学不甘心，给鲍志超甩下5000块钱，说：“行不行，就听你一句话”。鲍志超回答：“你听我的，我听法的”，老同学听了以后愤然离去，留下的5000元钱也被鲍志超当作罚款交了公。这些年在执法办案中，鲍志超不仅仅遇到的是金钱的诱惑，也曾遇到各种威胁和恐吓，有时当事人不惜用他及其家人的安全来作为筹码相威胁，鲍志超也从未妥协和退让，都当场义正词严地给予了回应，捍卫了法律的尊严。

平等待人，执法为民

“有事，找鲍队长。”这简简单单的六个字，表明了辖区内群众和经营者们对鲍志超同志人格和工作的双重信任，特别是消费者在遭遇消费陷阱、怀疑自己购买到假货或发现制假售假窝点时都会很自然地想起这句话，“有事，找鲍队长”。2017 年年初，有一位中年女士，装修新房时，从辖区内装饰材料市场上购买了一台换气扇，使用不到一个月，就因换气扇电线线路短路，险些酿成火灾，该女士与经营者协商未果，便慕名找到鲍志超，鲍队长亲自带人到这位女士家中查看现场，并将这台换气扇拆下，派专人送往浙江的厂家进行鉴定，经厂家检验部门认定，这台换气扇属于假冒侵权商品，并出具了鉴定报告。在铁的事实面前，经营者不但主动与这位消费者沟通妥善解决赔偿事宜，还因销售侵权商品被立案查处。

鲍志超同志是市场监管执法办案队伍中的一分子，他所做的事情或许因为平凡而不能称其为“事迹”，但正是因为千千万万个这样平凡的执法者才成就了今天这伟大的事业，也正是由千千万万个鲍志超这样平凡的执法人书写着市场监管执法办案事业更加辉煌灿烂的新篇章。

80 后的质监之路

记河北省邯郸市复兴区市场监督管理局质量监督股股长张福臣

张福臣，中共党员，现任河北省邯郸市复兴区市场监督管理局质量监督股股长。该同志注重对政策理论和质监业务知识的学习，不断在提高自身素质上下功夫，扎实肯干、吃苦耐劳、公正执法、团结协作、热情服务，认真履行职责，切实保障了广大企业和消费者的合法权益，维护了法律的尊严和质监部门的权威。他一走出校门就加入了质监系统，十年来一直在第一线奉献着青春，他以身作则，“干”字当头，率先垂范，至今已牵头办理各类违法案件 120 起，结案率达 100%，并且没有发生一起行政复议、行政诉讼案件，是质监系统响当当的执法办案能手。

练内功，强素质，打铁须得自身硬

他干一行、爱一行、钻一行，始终保持着朴实、诚恳和勤劳的品格，始终保持着对知识的渴求，敏于事而慎于言，待人坦诚而热情。多年来，他深知执法岗位不是一种权力荣耀，而是沉甸甸的责任，始终把学习放在首位，注重用正确的理论武装自己的头脑，不断吸收新知识，从理论和学识上不断给自己“充电”。从学习中，他认识到打假治劣，是落实科学发展观，构建和谐社会的具体体现，进一步增强了打假治劣的使命感、责任感、紧迫感。为此，他坚持在干中学，坚持边学边实践，并结合具体执法实践，深化理解，使他的专业知识结构包容汇通，他对《中华人民共和国计量法》《中华人民共和国标准化法》《中华人民共和国产品质量法》《中华人民共和国行政处罚法》《强制性产品认证管理规定》等相关的法律法规进行了反复学习和讨论，做到了每学习一次，对法律法规的认识都有进一步的提高，使各项法律法规熟记在心，融会贯通。他不但严格要求自己，而且用自己的实际行动影响大家，启发大家，带头发起“从我做起，向我看齐，对我监督”活动，在全队形成了苦练内功，增强素质的良好氛围，要求队员要增强责任感，在提高自身执法水平上练好办案本领，提高办案水平。他要求队员一定要多涉猎知识，尤其要不断增强法规意识、市场意识、竞争意识，在大力查办各类违法案件的同时，牢牢树立为企业、为基层服务的意识，将执法的落脚点归结到促进区域经济发展上，并将多年来的执法模式从单一罚款式执法向复合服务式执法转变、从事后监管向事前预防转变、从面面俱到向突出重点转变。案件的办理过程从理性僵化的执法思维向理性人性的执法思维转变，提出了“轻案办理人性化”和“重案执法高压化”。坚持宽严相济的法治理念，将保护消费者合法权益放在首位。

心身正，严监管，公正执法树形象

随着社会经济结构的调整和区域经济的快速发展，产品质量以及服务质量、工程质量，尤其是食品质量，几乎构成人们生活质量的全部，越来越受到政府和人民群众的关注。但经济违法行为也呈现出新的特点，特别是近几年出现了“智能造假”“一次性造假”“隐蔽造假”“连片造假”，使查处工作难度增大。对此，张福臣同志善于动脑分析动向，探索规律，在提高执法的有效性上做文章。

“地条钢”摸排现场照片

一是注重宣传质监法规知识。从执法实践情况看，很多企业对质监法规知之甚少，有的根本不了解，广大消费者运用法律保护自身权益的意识相对薄弱。在平时检查和巡查中，他要求每一名队员要先当宣传员，再当检查员，把每一次检查和办理每一个案件作为宣传法规的过程，使企业和消费者增强质量意识和自我保护的能力，使被查处者心悦诚服。二是公正执法，严格监管。稽查队担负着对辖区内违反标准、计量、质量、特种设备法规行为的督查工作。邯郸市复兴区是一个老工业区，产品以钢铁、煤炭及其制品为主，尤其是近年来环境治理力度的不断加大，企业生产隐蔽性越来越强，因此巡查和查处工作难度较大。为了带领全队认真履行职责，克服各种阻力，严查细巡，他和队友们经常加班加点，放弃节假日，有时为查办一起案件，能在现场连续蹲几个夜晚。尤其是在2017年“地条钢”整治专项行动中，每天不间断工作长达近20个小时，披星戴月、起早贪黑，摸排钢铁企业的真正生产及停产情况，短时间内就对全区2乡1镇7个办事处56个自然村和社区以及20家钢材加工市场全部摸排完毕，走访了24家具有冶炼能力的铸造企业和钢铁企业并排查其他工业企业100多家次，做到底数清、情况明，取缔了10家土冶炼企业。帮助20家冶金铸造企业规范生产工艺健全检验手段提高产品质量，从而使冶金铸造企业排除生产“地条钢”嫌疑，为政府取缔“地条钢”提供了详细的第一手资料。

稽查工作又苦又累，但他从未叫过苦、喊过累，每当办完毕一起大案时，他脸上浮现的总是会心的微笑，显现出了稽查队员特有的精神风貌。一次次磨练，一次次较量，使他练就了一双打假治劣的火眼金睛。在查处一起重点建设工程使用的钢筋造假案件时，涉案货值5000余万元，直接关系到人民群众的生命财产安全，由于行政相对人抵触情绪严重致使案件无法进行，他带领同志连续工作30多个小时现场指挥，并耐心地对行政相对人进行说服教育，讲解法律，最终使相对人认识到了自己的违法行为，主动交代违法事实接受调查，使案件能够顺利进行，同时使质量技术监督局在企业和群众心中的地位得到了很大提高。

重服务，无不为，甘做企业的“助推器”

随着政府职能的转变，执法管理只是手段，部门服务职能才是质监的本质要求。为收费而执法，这与地方政府发展经济思路相悖，必然影响质监事业的发展和形象。对此，他经常教育引导全队要转变观念，要把监管与服务有机结合起来，在服务上做文章，得到了社会认可。他教育全队要牢固树立“服务企业无小事”的理念，企业需要什么，他们就帮什么，利用职能为企业当好参谋。在具体工作中，他坚持做到“三不、三为主”，即初次违法不处罚，以教育为主；轻微违法不查处，以责令改正为主；故意违法不迁就，裁量从轻为主。把工作的着力点放在企业自我完善提高上，并积极主动地为企业提供技术支持，就 2016 年一年他就免费为 50 多家企业提供 100 多份标准材料，帮助多家企业编写标准等。为了使企业树立品牌争创意识，他在监管中深入到每一家企业，去宣传引导，开展调研活动，积极为企业提供各种信息，激励企业创建自己的品牌。通过不懈的努力，邯钢集团生产的钢铁制品已连续 10 年获得“河北省名牌产品”称号，邯郸市酿造厂连续 6 年获得“河北省名牌产品”称号；2015 年帮扶河北熙平物流有限公司获得“河北省服务名牌”称号、2016 年又成功帮扶河北熙平物流有限公司获得“河北第一批物流标准化示范基地”，为企业成功争取 500 万元的建设资金；帮助河北钢铁集团邯郸分公司获得“河北省政府质量奖”。几年来，通过帮助企业提高产品质量，为企业间接创造价值上千万元，为企业免费培训质量管理人员几百名，受到了社会和企业的好评。

敬事业，爱本职，心底无私写青春

多年来，张福臣同志始终信守“守正为心、疾恶不惧”，默默奉献在稽查岗位上。他时常教育队友要正确对待手中的权力，珍惜自己的岗位，他要求队友做到的自己首先做到，并给自己约法三章，即不唯上、不受物、不失良心。一企业为了逃避处罚，就给他送来了千元购物卡，被他谢绝了；有的放下礼金就走了，他就把礼金上交到单位纪检组。几年来，他拒收礼金近万元，在社会上树立了良好的质监形象。由于稽查工作艰辛，加之他废寝忘食，加班加点，最终落下了慢性腰肌劳损，有时连续办案，累得腰都直不起来，但他从未影响过工作；他母亲年迈，经常住院，他晚上在医院守候，白天坚持工作，有时为了办案，只能让爱人陪伴母亲；2017年二女儿出生，他因为办案，未能守候在爱人身边，时常被爱人提起，这一切想起来他也感觉到深深的自责，但他说他无怨无悔，他就这样将自己的青春奉献给了自己所热爱的稽查事业。他的行动深深地感染着每一名队员，全队爱岗敬业已形成一种风尚。

张福臣同志以自己的实际行动证明了自己，以真诚带动了大家，以执着的热情奉献在平凡的执法岗位上。由于成绩出色他连续3年被评为优秀，2014年被评选为邯郸市复兴区“五四青年”、2016年度“先进个人”等称号，但他在众多成绩面前，没有丝毫骄矜。用他自己的话说帮扶企业永无止境。这就是一个共产党员的胸怀，这就是一名执法者的写照，他用对质监事业的执着点燃了激情，抒写了无悔的青春。

从门外汉到行家里手

记河北省邢台市宁晋县质量技术监督局稽查三队副队长刘航

刘航，中共党员，2013 年 2 月退伍后到河北省邢台市宁晋县质量技术监督局工作，现任宁晋县质量技术监督局稽查三队副队长，2014 年度被评为“驻村工作先进个人”。

年纪不大的他还是质监系统的一位“新人”，算上 2017 年，他从事质监工作也才刚满四年，当他第一次踏进质监局时心情是很激动的，他心里暗暗发誓要在质监这片热土上干出一番成绩，可当他真正接触到具体工作后才发现自己什么都不会，工作起来一头雾水，也不知道从哪里下手，接触到具体案件，更是这也不会、那也不会。

刻苦钻研，提高素质

他坚信只有具有扎实的基本功和良好的专业修养，才能更好地投身到执法和服务中去，所以业余时间他总是如饥似渴地学习《中华人民共和国标准化法》《中华人民共和国计量法》《中华人民共和国产品质量法》《中华人民共和国行政处罚法》等质量技术监督法律法规和一些规章制度，积极主动参加各项培训，努力充实自己的知识储备，使自己与质监、与国家政策、与最新的法律法规接轨，在工作中遇到问题总是积极主动与“老稽查”进行探讨、求教，通过学习和实践，他的自身素质和执法意识都得到了较大的提高，积累了的办案经验，掌握了办案要诀，为民、为党、为社会服务的意识也有了大大提高。

爱岗敬业，恪尽职守

他有较强的事业心和责任感，在工作中充分发挥其副队长的作用，做到既明确分工，又相互配合。作为年轻的副队长，他总是以身作则，对上级领导交办的事情，不管分内分外，日常或者特急交办的工作，从来没有说过一个“不”字。他认为，只要是领导交办的工作，就是自己的职责，就是自己的分内事，就要千方百计想尽办法来完成，对他来说，做事就是自己学习技能的教科书。他注重讲大局、讲团结、讲原则，在他和稽查队长的共同努力下，大家心往一处想，劲往一处使，保持了稽查队团结向上、积极进取的良好局面。

攻坚克难，秉公执法

依法行政说到底是一个规范“权”的问题，作为一名稽查工作人员，遇到的诱惑多，面临的挑战大，但他始终坚持一个信念，作为一名国家公务人员，作为一名执法工作者，依法办事、廉洁奉公是自己的职责，只有通过依法行政，规范执法才能使行政行为更规范、执法力度更强大，实现人民群众利益最大化。

2017 年，宁晋县质量技术监督局查处了一起某电线电缆有限公司生产不合格产品案件，这是一起举报案件，举报人对生产不合格电缆内幕不甚清楚，生产不合格电缆手法又极其隐蔽，案件复杂，查证很困难，历经 1 个月，才成功查处此案。

举报人是外地使用客户，他们只知道电缆“亏方”但是不清楚亏在那里，是如何亏的，可以说对内幕一无所知，只是特别提醒了一点，该电线电缆公司安装有摄像头，有一定反侦察能力。

考虑到电缆公司对地方财政贡献很大，贸然查办，肯定会受到各方的阻挠，无法查下去，所以经过谨慎分析后，制定了一个既积极又稳妥的调查方案，即先暗访再明察，以免打草惊蛇。

2 次暗访，3 次明察后，发现该公司确实不一般，碰上了“硬骨头”。首先，电缆公司负责人对公司的工人做了严密的部署安排，对生产不合格电缆一事绝不许泄漏半点风声，使我们从工人口中打探不出一点有价值的东西，而且公司的负责人秘密嘱咐工人，把不合格原材料藏好，谁不配合就处理谁。其次，电缆公司防范严密，全方位监控，进入生产区要过两道关，在进入该公司大门时就要接受门卫的严格盘问，门卫在确定没有“危险”后才会放行，进生产区时还有门卫的检查，必须有企业负责人陪同才能进入生产区，闲杂人员是很难进入生产区的。另外，电缆公司还安装了监控设备，摄像头遍布全公司，实行 24 小时监控，一旦发现有可疑之人进入公司，马上就通知停止生产，外人极难探知内部秘密。

在此情况下，稽查队 4 次检查都无功而返，没有发现任何可疑情况，第 3 次检查时，公司负责人就开始发难了，“你们来检查，我们配合，如果再查不出问题来，就不要来了，别影响我们正常生产，我们没有问题你们还来，影响了我们的生产，我们要向你们上级部门投诉你们”。面对压力，有些同志就泄气了，打起了退堂鼓，在查办这起案件上也犯难了，该公司到底生没生产不合格产品，如果生产了怎么才能找到证据呢?

为了找到突破口，刘航把前几次检查的情况细细回想，仔细研究，细细琢磨。设想他们在哪个环节使用劣质原材料，假如自己是该公司的负责人，会把不合格原材料藏于什么地方，初查没有发现任何疑点，说明还没有注意到的隐蔽点，明察是已经不行了，只有暗访了。

这次在该公司一个角落的一间小屋，引起了刘航的注意。这个小屋只有一大间，平时都是大门紧锁，由于这处房子不起眼，所以前几次稽查人员一直没有注意这间房子。这次刘航靠近这间房子仔细观察了一下，里面黑乎乎的什么也看不见，根据经验判断，劣质原材料就在这间屋子里存放着。这次稽查人员假装无功而返，暗地躲在该公司附近，使用无人机在高空监视这间小屋，在我们离开不久后果然有发现，该公司工人开始陆续从这间小屋里往外倒原材料。

稽查人员决定第二天一早，趁公司人员上下班期间进入该公司，这是第 5 次了，之所以选择这个时间，是因为根据外围了解知道，这个时间是上班时间，容易进入，还可以尽量避开他们的视线，以防暴露身份，相对安全一些。

经过不懈地努力，稽查人员人发现该公司的违法事实，该公司采购劣质原材料后藏于该公司角落的小屋，使用多少原材料就从小屋拿出多少，生产后马上转移成品。

原来该公司在生产不合格电缆上下了大功夫，做足了各种防备，手法巧妙，隐蔽性极强。首先，他们对不合格原材料都是混杂在合格原材料中进货使用，到公司后分开存放，然后在生产过程中搭配劣质原材料使用，以达到降低成本。

其次，为了防备突然检查，他们还经常夜间生产，夜间发货，利用公职人员夜间执法不便的情况下制造不合格电缆。查清情况后，不禁惊叹于该公司的巧妙设计，真是可以说处处机关，考虑周全，不是深夜暗访，绝对搞不清玄机。

等刘航一行人已经拿到了确凿的证据，铁证面前，该公司领导对自己的违法行为只有认可。通过一系列的操作，终于把该公司生产不合格电缆的案件办了下来，取得了很好的经济效益和社会效益。

截至目前，共办理案件 100 余起，累计罚没收入 200 万元，挽救经济损失 1500 万元。

热情服务，积极帮扶

宁晋县是电线电缆生产制造重点县。由于电线电缆生产企业较多，在申报标准化良好行为企业中，宁晋县某电缆公司在被邢台市质量技术监督局确定为“标准化良好行为企业”培育对象后，厂长高度重视，亲自担任创建活动领导小组组长，认真组织开展标准化良好行为企业创建活动，建成了科学合理、结构配套，满足企业发展需要的企业标准化体系。在建立标准化良好行为企业的过程中，刘航全力做好为企业服务的工作。成立了工作领导小组，制定了专项帮扶方案，从组织机构、工作目标、进度和措施等方面进行了详细安排。在企业召开的创建标准化良好行为企业动员会上，宁晋县质量技术监督局为企业讲解建立企业标准化的目的、意义及作用等；多次深入企业进行专题帮扶和指导，对相关人员进行培训教育，讲授标准化法律、法规和企业标准化体系等知识；帮助企业制定创建活动实施方案，编制企业标准体系结构图和体系表，指导企业制定规范的工作标准 45 项、管理标准 72 项、技术标准 40 项，以及提供企业在标准化体系建设中涉及的部分国家标准 78 项、行业标准 21 项。宁晋县质量技术监督局为该厂“量身定做”的帮扶措施，不仅确保了企业标准化体系的先进性、有效性和科学性，也保障了企业创建活动的顺利进行。

企业标准化体系的建立和运行，明确了岗位职责与权限，实现了人人有职责，事事有标准。规范了员工的言行举止，提高了员工的办事效率，减少了工作的随意性，节省了人力资源。提高了企业科学管理水平，降低生产成本，稳定产品质量，提高企业经济效益和全面提升企业文化等都起到了积极的促进作用。

年轻是刘航敢闯敢干的资本，但年轻不代表无知，通过这几年的学习和钻研，他对质监各类法律法规已经详记于心，通过参与几次大案要案的办理，让他积累了丰富的办案经验，使他成长为一个质监战线上的年轻“老同志”。

“办案，不仅要靠勇敢和敬业，还要靠智慧和自身的知识。”这是他经常挂在嘴边的话。这句话正是对他勤勉、博学、执着的生动写照。既然战斗在这个岗位上，就要忠于职守，英勇无畏，敢打善拼，用刚强的手腕和温情的教育创建一方和谐，维护人民群众根本利益。

守一而制万物者，法也

记河北省质监系统“执法办案能手”荣贵岩

寒风呼啸，凛冬将至。

2017年的寒潮仿佛比往年来得更早些，路旁的树挂雾蒙蒙的，一片连着一片，像是要苫满整个北国。

这样寒冷的周末，人们都把自己关在温暖干热的家里，窝在沙发上，泡上一杯热茶，一边看着电视，一遍享受着烘烘暖气带来的温暖。是啊，天这么凉，谁愿意把自己扔在外边呢?

还真有!

此刻空旷的国道线上，一辆浅灰色皮卡正顺着路飞驰，开的迅疾却又平稳，车行如风，像是能劈开迷雾的利剑。

皮卡车内虽然开着空调，却依旧不是那么暖和。坐在后排的一个年轻小伙子一边搓手，一边看着腿上的一份举报材料。

“你看看，你看看”，小伙子抱怨道，“这些人真是的，大周末的打举报电话，这么冷的天，在家待着多好！”

坐在前排的中年男子微微一笑，并没有回头。他能理解年轻同志的想法，都是活蹦乱跳的年纪，谁还不愿意多玩会儿、多睡会儿呢，他也是从那个年纪走过来的呀！可是，犹豫了一会儿，他还是开口了。

“你倒是在家睡舒服了，可是人家消费者的利益怎么办啊！既然咱从事了执法打假这项工作，咱就得把这工作干细干好，宁可咱自个吃苦受累，也不能让老百姓受了损失吃了亏！”

一旁开车的老郑哈哈一笑，说道：“小蔡同志，你刚来还不知道，跟着荣队干工作，你可得要做好加班加点的准备！别说周末了，就算是逢年过节，出门干活也是经常事啊！”

后排的小蔡点点头，笑道：“我听王局说过的，说荣队长是单位里的骨干，前段时间还得了全省的执法办案能手呢！”

荣贵岩也笑了笑，说道：“别净说些没用的了，快看看你手里边的材料，一会儿的现场检查笔录你来写。”

小蔡不出声了，认真看起举报材料来。荣贵岩望向窗外，路边的树木一颗颗闪过，让他慢慢回忆起这二十多年来办理的一桩桩案件。这些案件有复杂的，有困难的，也有不合常理的，如此多案件积累下的经验告诉他，今天的这封举报信并不简单。

今天一早，稽查队就接到举报电话，说是市区东边的一家加油站缺斤短两，给的油少。不巧的是，经常在这家加油站加油的都是附近一家大工厂的司机，司机很多，一传十、十传百，司机们也就都不干活了，直接就用大车包围了加油站，还有人打了举报电话。查处作弊案件是一回事，但是碰上群众聚集，引发群众事件就是另一回事了。来的时候王局特别嘱咐，一定要依法依规，谨慎处理。

荣贵岩摘下眼镜，揉了揉发红的眼睛。二十多年前，当他第一次带上执法证，前往执法现场的时候，他就默默地在自己心里写下了一个“法”字。“守一而制万物者，法也。”这是他在古书上看来的一句话，也成了他二十多年来的座右铭。

半个小时左右，一行人到达了加油站。

众人一下车，就被眼前黑压压的人群震惊了。一辆辆的大车首尾相连，围成一个圆环，牢牢圈住了加油站。司机们也挤在车头车尾和加油站办公室的周围，整个现场水泄不通。

荣贵岩向身边的老郑低声说道："你先去加油站的电闸和总机那里看着，谁也不许碰电闸，防止他们断电！"

"技术监督局的来了！"人群里不知道谁喊了一声。众司机立刻朝荣贵岩一行围了过来，七嘴八舌地吵嚷起来，有说理的，有骂街的，还有哭天抢地的，现场顿时乱作一团。一个带头的司机嚷道："你们技术监督局的看看吧！加油站给我们缺斤短两的柴油！最起码得少跑一百公里！你们赶紧把老板抓起来！"

"对！抓起来！"司机们全都附和地叫嚷起来。

荣贵岩向大家压了压手，大声说道："大家不要激动！请大家放心，我们一定会依法办事，不冤枉一个好人，也绝不会姑息一个坏人！"

这时，加油站老板也走了出来，说道："领导，你可要给我们做主啊，我真的没有缺斤短两啊，这都是一传十、十传百造成的谣言啊！"

荣贵岩一边拿出执法证，一边说道："举报是真是假，我们一定会依法调查。这是我的执法证，你看一下，现在我们依法要对你进行调查，请你配合。"

老板一边点头，一边带着执法组来到加油机面前。荣贵岩打开加油机，仔细地查看起来。

小蔡也凑过来，问道："荣队，这能看出来啥？"

荣贵岩道："一般的加油机作弊，都是通过接入遥控器和作弊芯片，用计算机远程控制作弊，所以我让老郑去看着电闸和总机，防止他们断电和重启电脑。但是这种作弊手段一定会在加油机里留下天线盒，你现在就帮我找找这个。”

小蔡看了一会，说道：“这种天线盒应该很明显吧，我看了好几圈了，没看见。”

荣贵岩道：“也有更精细的作弊手段，违法分子也知道天线盒比较明显，所以他们把天线做得很细很小，更有的是把天线焊接在芯片上，一定要仔细找，不能放过任何蛛丝马迹。”

两人又找了半天，还是一无所获，小蔡也不觉有点灰心丧气。一旁的加油站老板反倒眉飞色舞起来，跟司机们说道：“你们看看吧，技术监督局的领导看了这么半天了，也没说出我这加油机有什么毛病！我告诉你们，你们围攻了我加油站这么长时间，你们得包赔损失！”

司机们定定地看着荣贵岩，心里也愈发地没底。本来在没有证据的情况下就围堵了加油站，大家心里或多或少都有些发慌，就等着执法组的人员来检查，发现问题好追讨损失。现在执法人员都没看出毛病，有几个司机就打了退堂鼓，默默地上了自己用来围堵加油站的车，一声不吭地开走了。

荣贵岩看了看大家，说道：“大家别急，加油机的主板还没检查，我们还要看一下主板。”

听说要检查主板，加油站老板顿时着急了，嚷道：“不行不行，我这主板都是原装的！你拆下来我还怎么做生意啊！这个不能检查！”

荣贵岩一字一句地笑道：“对不起，这是我们的检查步骤！一个也不能少！再说了，如果检查没毛病，不正好还你一个清白吗？小蔡，去把主板卸下来！”小蔡答应一声，不待老板阻拦，三下五除二就卸下了主板。

荣贵岩端起主板凑到眼前，瞪大了眼睛看起来。主板上密密麻麻地全是焊点，小蔡也跟着看了一会儿，不觉眼都花了。

突然，荣贵岩一把拉住小蔡，指着两个焊点说道：“你看这两个焊点，和别的有什么不一样？”

小蔡看了看，说道：“没啥不一样嘛，都一样的。”

荣贵岩笑道：“你再仔细看看。”

小蔡定睛看去，却发现这两个焊点下部有轻微地一丝焦黄锈迹，如果不是认真仔细地排查，真的是一点都看不出来。

荣贵岩说道：“这可能是把焊点短接造成的，焊点短接过后，主板线路就改变了，可以达到作弊的效果。而被短接的焊点由于电流变化，时间长了可能就会有这种焦黄的痕迹出现。”说罢，又转向一边哭丧脸的老板说道：“你说对吗？老板大哥。”

执法人员拆除加油机主板

荣贵岩拿起主板，向司机们说道：“司机大哥们，这个主板可能是有问题的！但是具体的情况，需要等专业的鉴定单位来看！我们会把结果第一时间告诉大家！请大家相信我们，先把车开走，回家等消息！”

“好！”司机们顿时掌声雷动，大车也一辆一辆地开走，加油站又恢复了往日的平静。

回去的路上，小蔡兴奋地说道：“这要不是荣队这么专业，今天肯定让那小子逃过去了！”

荣贵岩也笑笑，说道：“这些专业知识虽然重要，但也不是最根本的重点。作为一个执法者，最根本的是要时刻坚守底线，不可跨越雷池一步，法无授权不可为，一切都要依法依规办事。守一而制万物者，法也。只要守住了‘法’这条主线，一切其他事情都会被它所制约，问题也会迎刃而解。今天，我把这句话也送给你。”小蔡点点头，默默地记在心里。

车外，雾气渐渐散了，树挂在阳光的照耀下慢慢消融，平凡的日子周而复始，而一个公平自由的法治社会却在你我这样普通人的努力下，一步一步慢慢地成长起来。

一个共产党员的情怀

记山西省质量技术监督局稽查分局蔡世国

蔡世国，中共党员，山西省质量技术监督局稽查分局稽查三科副科长兼监察室负责人。1989 年 3 月应征入伍，2006 年转业。无论在部队还是在地方，他始终以一个共产党员的情怀，牢记使命，不忘初心，孜孜以求，无私奉献。尽管一路走来，辛勤与汗水交加、苦涩与酸楚同行，他都能做到信仰坚定且充满热情，从不计较个人得失，充分体现出对党的无限忠诚和对人民的无限热爱。在部队期间先后两次荣立个人三等功，多次被评为优秀士兵。在地方，先后多次被评为先进个人、优秀党员、“全国质检系统执法打假办案能手”称号。

群众利益无小事　为民服务终不悔

花开花落、春去秋来，风风雨雨中成熟了一份深深的挚爱。2006 年，蔡世国从部队正营干部转业到山西省质量技术监督局稽查分局。作为一名“质监新兵”，他虚心向老同志学习，处处严格要求自己。

为了让家在太原的同事每晚都能回家，他主动承担了 12365 投诉举报中心所有的夜间值班工作。在这个平凡的工作岗位上，他一干就是6年。

每遇到消费者投诉，小到几十元的案件，大至人身受到损害的案件，蔡世国都本着公平、公正、平等对待的原则耐心细致地调解工作，使一个个投诉者满意而归，深受消费者好评。他以自己的实际行动诠释了“群众利益无小事”的宗旨，为质监事业的发展作出应有的贡献，使群众满意、政府满意、社会满意。

2007年5月13日，太原市消费者李女士在某商场买了一双皮鞋，鞋里严重脱色，并染坏了袜子，与商家交涉未果后，向12365中心进行求助。确认情况属实后，蔡世国及时与商家取得了联系，开始商家并不愿意退货，也不承认质量有问题。他将《太原市有关鞋帽商品修理更换退货责任规定》详细讲述给商家，并复印给商家认真学习，最终商家接受了换货的要求。事后李女士打来电话说“事情虽小，可你们为咱老百姓真诚办事的态度让我感动。”

2009年5月25日，一消费者诉称其购买的5台斯太尔工矿专用车，在使用一个多月后，全部出现了车大梁横梁断裂及其他几种质量问题。厂家承认横梁断裂属“材质”原因，并答应全部更换大梁。但在具体实施过程中，厂家未按期进行更换、维修，且拒不考虑用户在停产、停工期间的损失。当时，国家汽车的三包规定还没有出台，因此在解决此类申诉时，缺乏有力、具体可执行的依据。为维护用户利益，蔡世国将经销商、生产厂家、消费者三方多次约到一起进行协商。起初，双方各持己见，无法达成共识。蔡世国通过认真查验维修记录，确认这5台车因质量问题造成停工、停产的事实，并向各方宣传《中华人民共和国产品质量法》等相关法律法规。因为该项鉴定在山西省无法完成，本着减少双方损失的目的，他从双方利害关系角度出发进行耐心细致的调解，最终使他们达成协议——厂家为用户全部更换大梁，并赔偿 5 万元损失费。

6 年来，12365 投诉举报中心共受理产品质量投诉 640 件，受理举报 280 宗，解答各类咨询 63868 个，涉及商品总价值 4836 万元，为消费者挽回经济损失 1643 万元，在整顿和规范市场经济秩序中发挥了积极的作用，先后受到各级领导的高度肯定。

企业、消费者因为合法权益得到保护，或登门道谢，或送来锦旗（杯），或写来表扬信,6 年来共收到锦旗（奖杯）18 面（个），收到表扬信 26 封。所在班组，多次被消费者和企业赞誉为“消费者权益保护神”“打假尖兵”“企业卫士”，被中国质量协会、中华全国总工会、共青团中央委员会、中华全国妇女联合会、全国用户满意工程联合表彰授予“2007 年全国用户满意服务明星班组”的荣誉称号。他个人被分局表彰为年度“先进个人”。

提升素质树形象　公正执法办铁案

自参加工作以来，蔡世国注重对政策理论和质监业务知识的学习，不断在提高自身素质上下功夫，尤其是从事稽查工作几年来，充分发扬部队的优良作风，扎实肯干、吃苦耐劳、公正执法、团结全队、热情服务，认真履行职责，切实保障了广大企业和消费者的合法权益，维护了法律的尊严和质监部门的权威。

在平时工作中，他注重把工作和实践中遇到的问题进行总结和理论提升，他执笔的多篇论文被评为山西理论研讨会优秀论文。他先后编写了《分局成立以来执法打假工作成果总结回顾》和“质检利剑”行动各类专项执法方案、通知、讲话稿 100 多篇，他所写的《以科学发展观为统领　为质量立省作保障》被山西省委宣传部、省委党校等五部门评为“加快科学发展，构建和谐山西理论研讨会”优秀论文。

2012 年，刚到一线外勤执法之初，蔡世国也遇到过很多工作难题。但他坚持在干中学，学中干，通过向老稽查队员和法律专家请教，坚持对政策理论和质监业务法规知识的学习，边学边实践，并结合具体执法实践，深化理解，使他的工作很快就有了起色。在工作之余，他潜心研读，记录了一本本厚厚的学习心得，并在具体执法过程中有效运用，不断丰富了自身的业务素养。尤其担任执法办案负责人以来，他始终把提高综合素质作为第一要务要求，强化业务学习，增强驾驭工作的能力。

每次执法，都是对他能力素质的一次考量和提升。某化工有限责任公司，只取得一期甲醇全国工业产品生产许可证。为了蒙混检查，该企业将一期和二期生产出的甲醇全部输入同一储藏容器一同销售。为了获取有效证据，蔡世国认真研究分析情况，通过对该公司的项目核准批复、环境保护部门相关证据细致查对，发现该公司工业用甲醇二期生产线在试生产期间已存在销售工业用甲醇的违法行为。他在企业隐匿证据之前，及时发现该企业违法生产和销售的证据，为该案后期的定性起到了决定性作用，使得违法行为受了到应有的处罚。

在几年的执法工作中，蔡世国同志还摸索出了逆向检查法、倒取证法等办案技巧。总结了很多查案方法，如事前早准备；现场多留意（查对）；取证最好一步到位，直接证据不充分间接证据来完备；证据锁链要指向唯一，客观、全面、准确的证据是裁量的依据。

几年来，他面临复杂案情和疑难问题时，始终坚持秉公执法，大力推行“阳光执法”和“开门审案”。坚持说透法理、说明事理、说通情理。他带队先后查处了百起案件，把每个案件办成

“铁案”。没有发生一起复议和被投诉案件，有效地打击了各种违法行为。2016 年 1 月，经国家质检总局批准，他被授予 2015 年度“全国质检系统执法打假办案能手”称号。

扶贫攻坚挑重担　父老乡亲全夸赞

2016 年，山西省质量技术监督局（以下简称山西省质监局）承担的扶贫任务进入啃硬骨头、攻坚拔寨的冲刺阶段，山西省质监局党组决定派蔡世国担任扶贫工作队队员，再次投入到光荣而艰巨的扶贫攻坚任务中。

为了不辜负山西省质监局党组的重托，他扎根乡村，始终与老百姓打成一片，在帮扶的忻州市保德县窑圪台乡 5 个村的街头巷尾、田间地头到处都留下了他的身影。他把扶贫联系点都作为自己的“第二故乡”，投入的不光是时间和精力，更有那数不清的心血和感情。当地的父老乡亲谈到山西省质监局扶贫工作队可谓无人不晓、无人不赞。

在山西省质监局党组的指导下，蔡世国与扶贫工作队的全体同志制定出“单位包村　干部驻村　开展精准帮扶实施意见”，完善干部驻村帮扶机制，发挥单位整体优势，压实单位包村帮扶、领导包带帮扶主体责任，健全工作队驻村帮扶、党员干部结对帮扶，形成单位负总责、包村领导和驻村工作队抓落实的精准帮扶工作体系。

作为山西省质监局帮扶工作队的一员，蔡世国在帮扶中充分发挥农业标准化、有机产品认证、原产地地理保护和农副产品检测，农药、化肥、种子、地膜、农机具等农用品的执法打假优势，先后出动 80 余人次开展农机、农药、化肥、种子知识宣传和执法打假工作，使当地农民用上合格的产品；针对技术人才缺乏，现代种植养殖技术难以引进，自我发展能力不足的问题，先后5次组织农业标准化、有机产品认证和种植养殖技术培训，包扶村及全乡共有1300多人参加学习；为保德县申请保德“油枣”地理产品保护提供了具体的指导和帮助。

2016年10月，在走访窑圪台村贫困户80多岁的老党员陈三大时，蔡世国被老人一句朴实的话深深感动，油然而生地从身上掏出几百元钱送给这位老党员。陈三大说：“蔡科长，你送给我们的不是钱，而是共产党干部对我们普通老百姓的一片滚烫的心啊！”

蔡世国和工作队的同志与当地群众接下了深厚的友谊。他们每次到窑圪台乡红花村贫困户走访时，贫困户王巨才总是拿出扶贫鸡下的鸡蛋让他们回去尝尝，但他们都婉言谢绝了。

2011年、2012年，蔡世国在扶贫工作期间分别被省委、省政府表彰为先进工作队员和模范工作队员。2012年，蔡世国被山西省质监局党组表彰为“为民服务、创先争优”活动优秀共产党员。2017年，他被所在扶贫乡表彰为“优秀驻村工作队员”。

回首往事无悔恨　一片丹心向阳开

“做好一件事容易，每件事都做好很难。”大家都知道“人到中年，上有老，下有小，中间是工作，是人生中最为艰难的时期。”然而，蔡世国凭着“回首往事无悔恨，一片丹心向阳开”的信心和“宁愿自己多吃苦，也让别人少受累”的决心，初心不改，牢记使命，把工作、生活和家庭的每件事都处理得很好。

在工作中，蔡世国从不计较得失，总是主动协助其他同事做工作。许多时候，只要同行或领导一句话，无论是否是自己职责范围内的事，他都热情主动去做，而且去做好。正因为这样，同行和领导们也都乐意与他共事，乐意找他做事。身为老百姓的孩子，他深知工作来之不易，怀着一颗敬畏之心，默默践行着一名共产党员的光荣誓言，始终倍加珍惜，无论在哪个岗位上都干一行、爱一行、专一行，工作时他全身心地投入工作，经常加班加点，始终以坚定的理想信念和对党、对事业的忠诚，以宁流千滴汗、不误一件事的苦干实干精神，干好每一件工作。

“事业是船，家庭是帆。”有船不能没有帆，有帆才是完好的船。自从1998年结婚起，因工作原因，他过上了长达近20年的夫妻分居生活。儿子从小由妻子一人带大，从未让他工作上分心过。为此，蔡世国总是在自己工作之余竭尽全力照顾家庭。每个回去的星期天，无论是洗衣、做饭、打扫房间，他总是抢着干最多的活。80多岁的老母亲常年卧病在床，时刻牵动着他的心。他定下一个规矩，每年的小长假都尽心尽力地照料陪伴着老母亲，逢年过节把老母亲接到自己家里精心侍奉。

物质上他不富有，但精神上他是充实的，他拥有一颗大爱之心，舍得给贫困人员捐钱给物。他并非不懂花前月下的诗情画意，也并非没有踏青旅游的兴致和期待。然而，他深知肩上有重任，头上的天平和帽徽至高无上，面对党和人民的期待，还有什么自我的欲望不能放怀？一句话，为人民服务就是共产党员最火热的情怀！

他朴实地说，这些都是他应该做的，但毫无疑问他把这些做到了最好，真正实现了舍弃“小我”成就“大我”的升华。这就是老蔡，令人们打心底敬佩的一名好党员。无论遭遇什么挫折，从来不向困难妥协、低头，从来不埋怨自己、指责他人，永远朝气蓬勃、勇往直前！没错，这就是生活！

作为一名共产党人，他发挥党员先锋模范作用，身先士卒、身体力行、尽心尽力、无私奉献，在平凡的工作岗位上，用满腔热血谱写了一曲忘我工作、无私奉献的质监工作者赞歌，他用自身的实际行动，诠释了“共产党员”“人民公仆”的深刻内涵。

潜心业务　外行变专家

记内蒙古自治区石油化工监督检验研究院副院长葛金良

干一行爱一行，勤学苦练早入行

葛金良，中共党员，现任内蒙古自治区石油化工监督检验研究院（以下简称内蒙古石化院）副院长、院党支部纪检委员，分管业务室、总工办、常规化学品检验室、天然气煤化工检验室、空气质量检测室。

2002 年，他由内蒙古军区转业到内蒙古石化院工作，作为一个十足的外行，他潜下心来，甘当小学生，不放过任何一个学习的机会，抽样、出差的旅途中，都要带上相关的业务书籍，带上笔记本，有问题绝不拖到第二天，随时去请教单位的老职工、高级工程师、领导。很快，他熟悉了业务，他敬业的精神、学习的态度得到大家的认可，迅速成长起来，成为挑重担的对象。2007 年 4 月，他被任命为内蒙古石化院开发室副主任；2009 年 9 月任内蒙古石化院办公室主任兼开发室主任；2012 年 9 月任内蒙古石化院院长助理兼办公室主任和开发室主任；2014 年 3 月调任内蒙古质量技术监督培训中心副主任；2016 年 6 月调任内蒙古石化院副院长。

潜心业务，深入研究成专家

他曾说:“有人把工作当任务来做，有人把工作当事业去研究。”他就是把工作当事业来对待的。每次出去抽一次样回来，过不了几天，一篇新鲜出炉的调研论文就出来了，他第一时间把发现的问题和自己提出的见解以文章的形式报道出来，以便引起职能部门的关注，促进行业的发展。截至目前，他在核心期刊发表刊物 2 篇，省级刊物发表论文 3 篇，参与编写地方标准 1 项，参与国家级、省部级科技项目 3 项，发明专利 4 项，参与专利发明 1 项，参与编写著作 2 部，其中参与的内蒙古石油化工建设工程质量监督指南获得内蒙古石化协会科学技术奖的科技进步一等奖。他是实验室资质认定评审员、全国工业产品生产许可证注册审查员、中国质量检验协会会员、中国化学学会会员。

桃李不言，下自成蹊。他的荣誉接踵而来：2003—2006 年每年被内蒙古石化院评为“岗位能手”；2007—2013 年每年被内蒙古石化院评为“开发能手”；2012 年获内蒙古直属机关工委“有为青年”称号；2012 年获内蒙古自治区质量技术监督局“感动质监人物”荣誉称号；2013 年被评为内蒙古自治区质量技术监督局“五好干部”“打假执法能手”称号；2014 年被内蒙古自治区质量技术监督局评为“优秀处级干部”。

合格党员的标兵，有闯劲有点子的领导

在平时学习和工作中，他始终严格要求自己，刻苦学习，模范遵守单位各项规章制度，具有很强的组织性和纪律性。对待自身时刻保持高标准、严要求，努力在群众中起到表率作用。始终以饱满的热情对待自己的工作，不断钻研业务知识，勤勤恳恳、

尽职尽责、踏踏实实地完成自己的本职工作。在党员和群众心目中，他作风正派、坚持原则、办事公道，全心全意为人民服务，受到党员和群众的一致好评。

他积极参加职业道德、党纪条规、国家法律法规的学习教育，认真执行党内监督条例，发挥党员模范带头作用。不断提高思想政治素质，认真学习党的十八大，十八届三中、四中、五中、六中全会和十九大精神以及习近平总书记系列重要讲话精神，在思想上、政治上、行动上同以习近平同志为总书记的党中央保持高度一致。理想信念坚定、对党忠诚、个人干净、敢于担当。在工作中以坚强的党性为后盾，以政治责任感为动力，以“党性最强、作风最正、工作出色”为具体要求，从思想上、作风上加强自身建设，恪尽职守、竭诚奉献、辛勤工作，出色地完成各项工作任务。2010 年、2012 年、2014 年三次被内蒙古自治区质量技术监督局评为“优秀共产党员”，2015 年、2017 年被内蒙古自治区质量技术监督局评为“优秀党务工作者”。

在他的带领下，内蒙古石化院每年出色地完成内蒙古自治区质量技术监督局和自治区工商局的化肥、农膜、成品油等产品监督抽查任务。此外，积极承担、争取国家质检总局的有关产品监督抽查任务，不断拓展新业务，承担外省区的产品质量监督抽查任务。2016 年，在他的努力下，内蒙古石化院被自治区教育厅等六部门关于开展塑胶跑道专项整治联合发文指定为全区唯一的技术支撑单位，内蒙古石化院积极开展工作，为全区塑胶跑道专项整治工作作出了积极贡献，受到政府和社会的一致好评。2017 年 1 月，在他的协调争取下，内蒙古石化院首次入围承担国家油品抽检任务，作为国家能源局委托的 9 个检验检测机构之一，参与了国 V 标准车用汽柴油质量监督抽查工作。2017 年 9 月，内蒙古石化院入围承担京津冀及其周边地区“2+26”城市国六标准车用汽柴油质量抽检任务，在全国入围的10家检验机构评审中，名列第六。承担了宁夏回族自治区质量技术监督局监督抽查任务以及内蒙古自治区商务厅、能源局、工商局、质监局多部门多批次的委托任务。这些工作，极大地提升了内蒙古自治区质量技术监督局、内蒙古石化院的知名度和影响力，同时为全社会产品质量的提升作出了积极贡献。

执法打假离不开的技术能手

作为技术机构的一名分管检验、业务的领导，他始终工作在一线、奉献在一线，经常带队抽样。通过抽样，他及时将发现的可能存在质量问题的产品或行为报告给内蒙古自治区质量技术监督局。开展执法打假活动，当然离不开技术机构的检验数据，特别是危化品，例如：天然气、液化石油气、成品油、化肥、农膜等，必须有专业的技术人员现场取样，检验机构出具准确的数据才能顺利执法，葛金良就是一个懂技术又能发现问题的“外行专家”。他参与过许多现场执法活动，这里只列举三个事例。

一是配合内蒙古自治区质量技术监督局“利剑行动”查封液化石油气非法充装站。根据群众举报，内蒙古自治区质量技术监督局执法督查局联合特种设备安全监察局、内蒙古自治区石油化工监督检验研究院、内蒙古自治区锅炉压力容器检验研究院等单位，对炼油厂附近及呼市周边非法充装液化石油气黑窝点进行查封。葛金良带领抽样人员分成三组协助执法督查局现场取样，在呼和浩特炼油厂方圆2.5公里内的后白庙村，一举端掉4处非法充装黑窝点。此次专项行动共查扣15辆罐车，并对罐车内气体抽样检验，经检验罐车内的液化石油气都掺有二甲醚，主要烃组分（C3 和 C4）总量也未满足大于或等于 95% 的标准要求。通过车牌了解到二甲醚是由河北运到呼和浩特市按不同比例进行掺混，掺混后销售给中小型充装站。在查封过程中为了有效取证，执法人员通过侦查和对举报人员了解，非法充装时间在 18:00 以后，目的是等相关监督管理部门下班后没人监管。17:00 葛金良带领第一组抽样小组跟随执法人员到现场，此时，其他各小组都跟随执法人员到达其余几个非法充装黑窝点，侦查人员此时给每个小组传达消息等待统一行动，时间很漫长，所有人都在等待，夜幕慢慢降临，看了下时间 17:50，坐在车里没有人说话交谈，这是一种紧张的气氛，18:10 还有侦查人员的消息，这时车上有人说，A：会不会收到消息了。B：不可能，开会之前没有说会议内容，并且不让带手机。C：等会吧，应该快有消息了。18:35 各组侦查人员汇报开始充装了，这时各组收到命令统一行动对非法充装黑窝点同时进行查封，在侦查人员带领下来到一个破旧小院蓝色大门紧锁，通过门缝可以看见两辆罐车并排停靠，有两根黑色胶皮管子连接，机器发出阵阵嗡嗡的响声，执法人说："正在充装，进！"敲门并亮明身份，此时门是锁着的，没有人回答。只能强行把门撬开，进入院中两辆车正在非法充装二甲醚，这时负责人出来，执法人员拿出执法证亮明身份，对现场违法行为该负责人均已认可，执法人员对该黑窝点负责人做调查笔录，葛金良立刻组织对现场罐车取样，石化院抽样人员与锅检院工作人员卸掉充气泵两根连接管，并对两辆罐车进行取样。此时外面已经漆黑一片，整个抽样过程结束已经是凌晨 1 点多，所有人都是身心疲惫，晚饭也没吃上一口。这就是抽样工作的艰辛，他带领的石化院工作人员为此次行动提供了强有力的技术保障，为净化自治区市场作出了积极贡献。

液化石油气非法充装现场

二是配合内蒙古自治区质监局查获36吨不合格农用地膜。根据群众举报，内蒙古自治区质监局在土左旗查获一辆装载36吨不合格农用地膜的山东籍货车，执法人员到达现场时，货车正在为一家农资商店卸货，葛金良及其他执法人员立即亮明身份，制止货主卸货，并对现场所有农膜随机抽取两卷进行取样，取样后对该批次所有农膜进行封存。执法人员现场对农资商店负责人进行询问做笔录，商店负责人详细说明这批不合格地膜的进货渠道，准备分销到其他地区。葛金良组织抽样人员对样品进行取样，取样后送回检验室检验，通过检验这批农膜横向拉力不符合标准要求。此次，配合执法局及时有效地控制了不合格产品流入市场，减少了对农民经济上的损失。多年的工作经验，使葛金良练就了一身的好本领，假冒伪劣产品一眼就能发现问题，这就是甘愿奉献永远冲在工作一线的石化先锋。

三是配合内蒙古自治区质监局执法督查局、包头市质监局查处举报案件“非法运输假冒伪劣柴油”。内蒙古质监局执法督查局接到群众举报，位于包头市一家化工有限公司涉嫌生产、销售劣质油品。执法督查局立即派出执法人员进行摸查，在平日里总是寂静无声、大门紧闭的单位，经过 7 个昼夜守候，发现两辆蒙 A 油罐车进入该企业，9:30，罐车从该企业离开。执法人员立即跟随两辆油罐车，15:17 左右，油罐车从金川高速路口进入呼和浩特市继续向东行驶，随后在一家私人地磅称重站称重，15 分钟后两车相继掉头向西行驶。行驶 100 米左右第二辆油罐车左转进入一混凝土搅拌站，执法人员跟随进入。第一辆油罐车继续向西行驶，进入另一个搅拌站，另一组执法人员继续跟随进入。当执法人员到达搅拌站现场时，两名工人正在向储油罐内卸油，葛金良和其他执法人员迅速出示执法证并立即让工人关停卸油泵。执法人员对两辆车的驾驶员进行询问，两人反映，车上运输物品为“0#　车用柴油”，为保存证据，针对以上情况，葛金良带领抽样人员对油罐车内柴油进行抽样，这时该企业的负责人出来问：“这里谁负责，你们是哪的，有什么权力查封”，执法人员向其说明违法行为，该企业拒绝配合调查，僵持到 20:10 该企业负责人仍然坚持拒绝配合，命令两辆罐车司机锁上车门，拿好钥匙。执法人员将阻挠执法的严重性告知其企业负责人，如果再僵持不予配合将送公安机关，企业负责人此时才同意将两辆罐车封存，交出两辆罐车的钥匙，执法人员对油罐车予以封存，样品随即拿回实验室检验。

工作中的他，敢于面对各种考验，顶得住压力，默默无闻地奋斗在质监工作的一线，发挥着个人的价值，履行着质监人的使命。最近，结合业务工作的需要，他又有了一项新的发明，正在申请专利，他是一个把工作当生命的石化质监人，一个思想从不停歇、行动从不不懈怠的人，不计得失、甘于奉献。注重理论和业务知识的学习，不断地在提高自身素质上下功夫，敢于碰硬，认真履行职责，维护了法律的尊严和质监部门的权威。

砥砺前行筑梦想　不忘初心书华章

记内蒙古自治区“全国质检系统执法打假办案能手”李杰

13年，青春从热烈走到了沉稳；13年，岁月将责任注入了胸中；13年，质监将精神融进了灵魂。身在千里之外，步已万里之遥——他是李杰，中共党员，始终坚守在执法第一线，夏日骄阳他在，风雪寒冬他在，沙尘漫天他在，他用信念与执着诠释着质监人的担当，先后担任内蒙古自治区通辽市质量技术监督局执法督查局副局长，内蒙古自治区质量技术监督局执法督查局执法四队队长，内蒙古自治区包头市质量技术监督局副科级执法员，先后荣获了2006年度内蒙古自治区通辽市质监系统“先进执法工作者”、国家质检总局2013年度“全国质检系统执法打假办案能手”“全国质监系统执法打假骨干人才”、2015年内蒙古自治区包头市质监系统“优秀共产党员”、2016年内蒙古自治区包头市质监系统“先进个人”、内蒙古自治区千家行政执法单位法律知识竞赛优秀奖、内蒙古自治区包头市行政执法单位法律知识竞赛优秀个人奖（团体第一名）等诸多荣誉。

学有所获，在成长中积蓄力量

2004年，李杰从家乡包头考入通辽市科尔沁左翼后旗质量技术监督局，入职初期，他刻苦学习专业知识，虚心请教各位前辈，积极参与工作实践，仅用 4 个月时间就顺利通过了国家质检总局统一组织的特种设备安全监察员考试。2005 年，因表现优秀，李杰同志被调到通辽市新组建的开发区质监分局工作，负责特种设备、食品、标准化、质量、稽查、财务等工作，开始独当一面。这一时期，李杰迅速成长，业务知识、工作能力和综合素质不断提升。

随后，李杰被借调至内蒙古自治区质量技术监督局，借此平台，学到了很多优秀执法打假能手的经验，掌握了更多识假辨假打假的技能，业务能力不断提升。2012 年，他撰写的《浅论利用建筑工程预决算公式对钢材产品的现场快速鉴别方法》一文，获评国家质检总局优秀论文，他本人也入选国家质检总局专家库，多次承担业务培训讲师任务。

李杰（右一）和同事们庆祝竞赛获奖

2017 年，包头市质量技术监督局代表队在市政府举办的全市行政执法单位法律知识竞赛决赛中一举夺冠，作为队员之一的李杰凭借丰富的法律知识，沉稳抢答，机智应辩，团体最终折桂，功不可没。

责任在肩，在使命里捍卫形象

2004 年 9 月的一天中午，李杰接到了通辽市科尔沁左翼后旗宝龙山镇打来的报警电话，称一家冷库发生了氨泄漏事故，他立即放下手中的饭碗，向领导汇报后和同志驱车赶往 180 多公里外的事故发生地，并于当天夜间 12 时成功处置了该起事故，避免了衍生事故的发生。从接警到处置的 12 个小时里，他们水米未进，还在处于泄漏一线的现场坚守了 9 个多小时，产生了轻度中毒，可他们还是高兴地笑出了声，因为信守“人民的利益高于一切”。

2007 年 8 月的一次例行检查中，李杰同志带队发现通辽市开发区某家饲料厂锅炉房无人看守，这时锅炉已经烧干，蒸汽在炉内涌动，整个锅炉都在跳动，爆炸随时可能发生。紧要关头，李杰不顾个人安危，冒着被高压高温蒸汽烫伤和爆炸的危险，及时打开排污阀和安全阀，排空蒸汽，撤出炉火。此时，闻讯赶回的锅炉工意图注入冷水，他又赶忙阻止了这种极度危险的错误操作。李杰临危不乱娴熟处置突发事件的能力成功避免了一起锅炉爆炸事故的发生。

恪尽职守，为质量保驾护航

2008 年闻名全国的“三聚氰胺”事件发生后，李杰负责通辽市蒙牛生产基地的质量驻厂监管工作，责任面前，李杰不负重托，3 个月的驻厂监管，离家只有 10 分钟车程，他只回去两次拿了换洗衣物，顺便看了看只有8个月大的儿子，再有留恋和不舍，还是为“大家”而舍了“小家”。那时，驻场监管员对产品签字放行细则还没有出台，李杰在局长办公扩大会议提出三点疑问：一是在三聚氰胺快速检验方法没有经过国家标准化管理机构认定的情况下是否可以作为检验标准；二是在相关检验机构三聚氰胺检验项目没有经过实验室评审的情况下，其检验结果是否可以作为放行的依据；三是出厂检验结果是以该企业出厂检验结果为准还是以第三方检验机构结果为准。以上疑问经过请示国家质检总局、内蒙古自治区质量技术监督局，均得到明确回复后，对满足放行条件的产品签字放行，使企业生产可以正常化，又明确了驻厂监管人员的责任，免除了不必要的工作风险。自此，这三条明确了的工作标准在全内蒙古自治区得以推广执行。央视《新闻联播》特意到李杰驻厂的企业拍摄了驻厂监管的相关画面，并在新闻播报时对国家质检总局驻厂监管工作予以高度认可的正面评价。

在李克强总理特别关注的包头市北梁棚户区改造工程中，李杰和科里的同志们落实市质监局党组提出的“转变工作作风到一线、服务企业发展到一线、提升能力素质到一线”的“三个一线”工作法，深入北梁现场，多次携带快速执法检测仪，对367个批次的钢材、159个批次的电线电缆进行了抽检测量，对1100多个批次的建材产品进行了现场检查，对涉嫌存在问题的抽样送法定部门检验，确保了北梁工程的质量安全可靠。

不辞辛苦，在工作中屡立战功

2013年10月，内蒙古自治区质量技术监督局接到举报称，包头市某化工企业生产销售不合格车用柴油。经过外围摸查，发现该企业一直对外宣称生产的是燃料油、轻芳烃、重芳烃等。李杰制定了守株待兔、以销售地为突破口的执法方案。同时，联合包头市质量技术监督局昼夜轮流蹲点，功夫不负有心人，蹲守到第7天9：30，两辆油罐车缓缓驶入了该企业紧闭的大门，11：00过磅后朝呼和浩特市方向出发。李杰召集所有队员分乘4辆车在不同的地点穿插跟踪，一直跟踪到15：17，两辆油罐车相继驶下呼和浩特市金川高速路口，进入了一家商砼企业卸油。李杰看准时机，带领队员立即进入该商砼站对其负责人进行调查，同时控制住了两辆油罐车，对罐车和油品进行了封存、抽样。经检验、查实，该化工企业销售不合格油品40吨，违法货值金额30余万元。商砼企业的负责人对李杰他们勇于负责的敬业精神表示由衷感谢："我们以为购进的是中石油的车用柴油，准备用于混凝土搅拌车、泵车等工程车辆使用，一旦使用了这种不合格柴油，对车辆损害后将会造成重大损失，轻则几百万，重则上千万，如果车辆在行驶中发生故障，还有可能对人员造成伤亡。"

2011年10月，内蒙古自治区质量技术监督局督查局查办了一起国家质检总局交办的赤峰市一使用废机油制售劣质柴油案件。在案件查办时，该窝点负责人拒不配合，对厂区存放的数个油罐不如实告知存储的到底是什么，只好抽样检验以固定证据，李杰在对一个近3米高的储罐进行抽样即将取样完毕时，左手因为接触了该不明液体，刺痛和灼烧感阵阵传来，他立刻意识到该物具有强腐蚀性，可他还是强忍着疼痛坚持取完样，才从近3米高的油罐跳下，飞奔出厂房，在院中找到露出的黄土，将左手上黏稠的液体进行清除，可他的左手已经明显呈现出被灼烧腐蚀后的黑色，当他脱下无名指上的婚戒时，一同脱落的，还有整只手指的皮肤！几经治疗，他的左手仍然退了3次皮才慢慢恢复，并留下永久的疤痕。即使在左手严重受伤的情况下，李杰同志也没有休息一天，直到将该案移交司法机关为止。从此，他把那枚戒指保存起来当作纪念，并在讲课时现身说法，如何防止类似伤害事件的发生。

百尺竿头，在前行里奋勇担当

2012 年，在关于“瘦身钢筋”“金属面绝热夹芯板”产品专项整治文件中，李杰同志创新性地编写了针对这些产品的执法打假方法，使基层同志们在不太了解产品的情况下，提前预知了检查疑问，有效提高了专项检查的效果。他使用建筑工程预决算公式发现了钢材产品的现场快速鉴别方法，并利用该方法以及传授该方法于县市局同志，查获 7 起“瘦身钢筋”案件，刑拘 5 人。破解了建筑钢筋行业的“潜规则”，有力打击了不法商贩，维护了建筑质量安全，使“瘦身钢筋”在内蒙古自治区失去生存的土壤。

2014 年年底，李杰回到包头市质量技术监督局工作，用实实在在的数据，促使包头市政府出台了《全市防水材料联合专项整治行动方案》，加大了对该行业的联合整治力度，结合质量上档升级工作，大大提升了产品质量水平。

李杰自 2004 年 6 月成为质监一员，因工作关系，先后在 6 个单位工作，换了 4 个城市居住，共办理大小案件 370 余起，总货值金额 17.9449 亿元，其中大案要案 58 起，查处案件罚没款总计 2800 余万元，移交公安机关案件 6 起，刑拘 8 人，督查督办、移交盟市案件 60 余起，未发生一起错案、听证案、复议及诉讼案。

桃李不言，下自成蹊。在脚踏实地的步履中，李杰爱岗敬业，无怨无悔，以不渝的热爱践行着党员的奉献，以不改的初心坚守入职的誓言。这一路，任重道远，未来，依旧精彩。

土默川上的好局长

记内蒙古自治区包头市土默特右旗市场监督管理局局长全文华

巍巍阴山，仿佛是一条不屈的巨龙，在中华民族北部广袤的草原上不停地奔腾着。她的中段，山清水秀，层峦叠嶂，慷慨地滋润着山前山后善良而勤劳的人们，这就是大青山。大青山的前面，是茫茫的土默川，这里水土肥沃，人杰地灵。

干工作雷厉风行　挑重担勤勤恳恳

内蒙古自治区包头市土默特右旗市场监督管理局（以下简称土右旗市场监管局）局长全文华就出生在大青山下，可以看出他率真的性格与雷厉风行的工作作风。步入中年的他，依然保持着年轻时旺盛的激情与斗志，身上散发着吸引力与凝聚力。在他的办公室，看到了一摞摞荣誉证书，有“先进个人”、有“优秀共产党员”、有“杰出青年”……凡此等等，几乎每年都有多次表彰的荣誉证书。望着这些荣誉证书，不由对面前的这位市场监管局局长产生了敬佩之情。正是那些数不清的荣誉证书，详细记录着他由一个普通办事员一步步走向人民满意的好市场监管局局长的辉煌之路……

全文华1991年由企业调到了土默特右旗工商局，从一名普通的工商管理干部，担任副所长、所长、副局长、局长。26年来，全文华的工作岗位多次发生变化，每变化一次，他都把新的工作岗位作为新的起点，为自己规划出新的工作目标；26年来，全文华无论做什么事情，都能干出特色，成为同行业的典型；26年来，全文华的职位也发生了变化，无论职位如何变化，他的工作标准都始终坚持“人民满意就是我的唯一”。26年，在历史的长河中，虽然不过是短短的一瞬间，但作为人生的年轮，它可是人生中最为瑰丽的年华。随着年轮的变化，大多人在社会的磨砺中，在人情世故中变得圆滑了许多。然而，全文华也在随着历史的潮流发生变化，不变的是他对人生价值持之以恒的追求。他步入了中年的行列，随着纹理的增多，他愈来愈变得成熟、老练。可他的工作姿态，依旧是饱满、热情；他的工作标准，依旧是没有止境；他的工作作风，依旧是耿直果断，快人快语。全文华身上所具备的特点，正是当今社会所需要的特点，也正是人民所需要的。他用奉献精神，在书写着自己人生的同时，也在书写着社会的和谐。

为了肩上的这副重担，能够向人民交出满意的答卷，他把大爱无私地献给了孜孜以求的事业，成为一名人民满意的好市场监管局局长。

不畏困难挑重担　以身作则向我看

土右旗市场监管局下辖九个乡镇工商所。土右旗大部是农区，条件相对较差。新组建的机构在加强专业化监管中遭遇瓶颈，人员能力不足与年龄老化现象严重。改革后监管职责成倍增加，但是监管力量和执法力量却没有相应增加。基层所是在以前工商所建制上成立的，人员没有增加，但工作任务却大幅增加，专业监管人员极其匮乏。新成立的机构要求工作人员“一专多能”，几乎所有人都会面临新的工作任务，但大部分同志对新监管任务的知识认知几乎为零。但在基层所，因为人手少，一个人要承担多项工作，熟悉业务的时间可能要更长。从垂直管理到地方后，收入下滑明显，县区局“以一对三”的监管现状很是被动，上级下发文件多，工作落实困难，工作压力大，留不住人才是普遍现象。

面对目前的状况，领导班子很是伤脑筋，决定下决心改变土右旗市场监管局的现状。首先碰到的难题是人选，让谁来担当这个重担？谁又能够担当得起这个重担？领导班子成员颇费了一番心事。当局党组会议上研究人选时，都不约而同的提到了一个人——全文华。全文华得到领导信任的同时，也不免产生两个担心：他乐意去担负这副重任吗？土右旗市场监管局的现状，是局里人所共知的事，谁会放下舒适且驾轻就熟的工作，去染指稍有不慎就会毁掉一生的地方？

土右旗政府分管领导在找全文华谈话时，也是动了不少的脑筋。当全文华明白了领导的意图后，一向快人快语的他却沉默了。他这种反常的举动，领导是早有预料。俗话说得好，遣将不如激将。“领导也考虑到你不敢去土右旗，怕那里艰苦，弄不好还会身败名裂。假如你不敢担这副重担，我们会再重新考虑其他人选。”全文华听到这句话，本来坐着的他，霍然站起了身。领导不动声色地望着他，心里乐了。全文华还没等这位领导兴奋起来，很快就又坐了下来，失望写在了领导的脸上。“我知道，你不敢，你害怕……”领导的话音还没讲完，全文华再次站起身，掷地有声道：“谁说我不敢、我害怕了？我不图升官，它就是一个火坑，我也敢往里跳！”

担责任临危受命　好男儿没有豪言壮语

临危受命的全文华，没有豪言壮语。他怀着忐忑的心情走马上任后，经过走访调查，事情远远比他想象的还要复杂得多。一些人放出话来，“没这个金刚钻，也敢拦这个瓷器活？要不了一年半载，他照样卷起铺盖走人！”全文华面对质疑，在一个摸不着底的工作岗位上开始了他的工作。

夜深人静的时候，全文华在灯下慢慢地徘徊起来，想到了退缩，更多的是想如何摆脱目前的困境，如何改变土右旗市场监管局落后的现状。走访调查的路上，甚至是在吃饭的同时，也在想着同一个问题：走出困境，改变现状。经过反复揣摩、思考，脑海里渐渐有了明晰的思路和改变现状的办法。在局党总支会议上，一致通过了他的提议。打铁先要自身硬，全文华敢于严于律己，叫响了“向我看齐”的口号。对内首先是解决领导班子的问题，其次是建设强有力的市场监管队伍问题。在解决这两个问题的同时，对外是解决局与政府其他职能部门的沟通、协调、配合等诸多问题，在抓好市场管理的同时，用法规法律规范队伍执法行为。不到半年，局领导班子的凝聚力不断提升，对外的局面也逐渐打开，外界的不好影响也在逐渐消除，原先持怀疑态度的同志，也渐渐改变了初衷。领导也由原来的担心变成了放心。全文华经受住了初步的考验，并且在局里站稳了脚跟。

全文华自走向局领导岗位以后，对自己的要求更高，凡是能身体力行的一律自己动手，决不让他人代劳；凡是要求下属做到的事情，首先自己以身作则，率先垂范。

多一分付出　多一分收获

奖赏历来是对付出者的肯定。土右旗市场监管局经过一年的努力，各项工作有了很大的改观。当年，该局就获得了自治区级“精神文明单位”，全文华本人也被市局党组评为“先进工作者”“优秀党员”。

2014年年底，全文华任土右旗市场监管局党组书记、局长。

全文华上任之初，正赶上土右旗委提出的建设呼包鄂区域新型中等城市的战略构想，土右旗委根据这一形势，也提出了“标准化强旗”“质量强旗”推动全旗的经济发展和跨越式发展，一定要走在包头外五旗区县建设的前列。土右旗市场监管局如何贯彻落实国家、自治区、包头市和土右旗委的指示，成为硬性指标摆在了他的面前。如何创新服务，如何拓展服务领域，如何打造新亮点，刚上任的他，必须对全局的工作有个明确的思路和全面的把握规划。他上任之时，正好赶上春节来临。他利用这个机会，一一拜访旗里的四大班子领导征求意见，同时抽出时间找局里股级以上干部交谈，并且召开座谈会，较为详细地了解了市场监管局的现状和人员思想状况。他的思路也渐渐明晰起来。

全文华成竹在胸，明白“火车跑得快，全靠车头带”的道理。他要打造一个勤学善思、创新善谋、团结善干的领导班子，建设学习型、民主型、公仆型的领导班子。有了好的领导班子，还要建设一支综合素质强的市场监管队伍。他提出了从三个方面提升战斗力，增强凝聚力：在市场监管文化建设上求深化；在精神文明建设上找突破；在党风廉政建设上树形象。他说到做到，以身作则，身先士卒。

全文华是一位开拓性的干部，敢于创新；他又是一位务实的干部，讲究实干；他还是一位民本干部，让人民满意。土右旗的经济发展不错，可是一些企业知识产权保护观念淡薄，品牌意识不强。他清醒地认识到，一个知名品牌能够带动一方产业，可以牵动一方经济。在这方面，一些地方、一些企业由于没有很好地保护自己的品牌，被一些别有心机的人强行注册，经济上受了损失，名誉上受到了侵害，教训是何等的深刻。想到这些，全文华就有点坐不住了。如何让沉睡的品牌意识觉醒？如何让品牌发挥优势？如何让正在创建品牌的企业快马加鞭？面对此景，他有了危机感、紧迫感。时不我待，必须立即着手。“要想不让土右旗的企业给别人的品牌作嫁衣裳，市场监管部门就应该主动出击，利用我们的职责与优势帮助他们，甘心为这些企业服务。”他在局党组会上还强调：“帮企业创品牌，就是帮他们创造财富，就是让‘土右旗制造’叫响全国，走向世界！”针对土右旗经济发展的特点，实行每个市场监管人员帮扶一家企业申请注册商标，每个市场监管所至少帮扶一家注册商标企业申请内蒙古自治区著名商标，帮扶著名商标企业申请全国驰名商标，提升企业的知名度和产品的市场竞争力，真正让企业得到了实惠。土右旗“富民”专业合作社理事长王福成很有感触地告诉大家：“以前跑市场，绞尽脑汁让经销商接受，让市场和消费者接受，嘴皮子都磨破了，无酸纸档案盒，人家也不一定认你的产品。现在好了，只要拿着菡香牌著名商标跑市场，不用多说，亮著名商标证书，人家就认可了。”2017 年年初，全文华带领局质量监督股和商标广告股的负责同志与贺成泉村两委班子对接，深入培育、创新、传播品牌文化。明沙淖乡贺成泉村白对虾养殖项目投资 35 万元，养殖白对虾 70 亩，于 2016 年试验成功，年亩产达到 200~300 斤，产值 60 万元。全文华及时为该项目申请了“贺成泉白对虾”集体商标。同时，积极帮助昊昱农民专业合作社开展品牌培育，推行“企业（农民专业合作社）+商标（地理标志）+农户”的生产经营方式，引导生产者以商标为纽带，组成新的经济联合体，共同应对市场竞争。

全文华立足区域产业优势，实施特色优质农产品品牌战略，积极鼓励企业、农民专业合作社提高质量意识，争创品牌，培育了沙滨崖小米；海子乡黄芪、甘草、黑小麦；双龙镇万亩高粱、千亩白菜、芥菜；苏波盖乡百亩红树莓、红辣椒等一批品牌农业企业，形成以培育、发展、认定和保护名牌为主要内容的名牌推进体系。引导农民专业合作社积极争创著名商标，为创建品牌、经营品牌营造一个良好的经济效益。

全文华局长调研有机农产品发展

把困难举在头上，是头顶石　把困难踩在脚下，是垫脚石

心里装着群众，民生托起你；心里只有自己，民怨埋没你。

从这些精辟的言语中，你就会领会到领导的用心，也能感触到环境的温馨。全文华正是这样带领他的团队，在勤奋地工作着。

全文华是个不甘寂寞的局长，为了更好地为商户负责，为人民负责，他又提出了“让人民满意”的工作标准。别看土右旗人数不多，可社会环境较为复杂，一些不法人员与不法商户相互利用，欺行霸市，一些消费者也是敢怒不敢言，使得民众怨声载道。

积弊成习，积怨酿成痼疾。要想改变它，委实很难；要想根治它，那更是难上加难。面对困难，全文华没有退路，也没有退缩，更没有彷徨，他义无反顾地亲自去处理。的确，这是一件十分棘手的事情。由于他的强硬手段，势必要触及这些人的根本利益。他们先是软抗硬磨，渐渐变成硬抗硬磨，在背地里恐吓无效的情况下，又公然到局里明目张胆的闹事。在这些目的都达不到的情况下，又采取卑鄙的手段，恶人告状。俗话说，邮票一贴，让你不明不白。全文华虽然没有经历过这样的事情，可他没有胆怯。他相信，真理始终是站在正义的一方。他顶住压力，冒着风险，改善了土右旗的经营环境。

经过这些事情，背地里有人称全文华是铁杆局长，也有人赞誉他是人民信得过的局长。尤其是在危难面前毫不退缩，表现了一个共产党人毫无自私自利的品质。这一年，他被市里评为“执法打假能手”“土右旗杰出青年卫士”。

全文华今后要走的路还很漫长，新的挑战、新的考验，都会接踵而来；前进的路上，有坎坷，有风雨，也许有雷电，甚至还会有意想不到艰难。我们相信，经过烈火锤炼的他，一定能经受得住任何新的考验和新的挑战，无愧于人民满意的好局长。

权为民所用　利为企所谋

记内蒙古自治区鄂尔多斯市质量技术监督局鄂托克经济开发区分局底瑞君

在干部心中，他是一位政治坚定、纪律严明、业务精湛、秉公执法的好同志；在群众心中，他是一个捍卫法律、忠于职守、一心为民、乐于奉献的好干部。他，就是鄂尔多斯市质量技术监督局鄂托克经济开发区分局负责人底瑞君同志。

2008 年，他进入质监行政执法机关，一步一个脚印，从最基层干起，先后从事鄂尔多斯市质量技术监督局鄂托克经济开发区分局副局长、局长等工作岗位，一直在基层一线从事执法监管工作。底瑞君同志自考入质监系统工作以来，处处以一名基层质监执法人员的标准严格要求自己，立足本职、爱岗敬业、恪尽职守、努力学习、勤奋工作、诚恳待人、团结协作。尤其是担任领导职务以后，团结带领全局干部职工努力拼搏，锐意进取，以其饱满的工作热情和扎实的工作作风得到了全局干部职工的一致好评。先后在 2009—2017 年被评为鄂尔多斯市质监系统“先进工作者”，他坚持执法与服务结合，始终严于律已，坚持勤政廉政，牢牢把握坚固的思想道德和纪律防线。进一步树立正确的权利观、利益观、人生观和价值观，正确行使手中的权利，做到廉洁从政，执政为民。同时把自己的行为置于党内监督、群众监督、社会监督和舆论监督之下，把群众满意不满意作为衡量自身廉洁自律、工作好坏的标准。“权为民所用，利为企所谋”，这是他一贯坚持的信条。

底瑞君同志与执法人员们经常工作在第一线，接触到的人可以说是形形色色，但他能够本着无私无畏、公正执法、一心为民的态度，具体问题具体分析，公平、公正地看待每一个行政相对人，以理解、诚信、尊重的态度去办理每一个案子。始终以自己的行动切实维护着质量技术监督“科学、公正、廉洁、高效”的行业形象。以高度的责任意识、扎实的工作作风，得到领导和同事的赞赏。

“执法为民”，以保障民生幸福为执法导向

作为一名基层执法的质监工作者，他从事质监工作10余年，曾在质监局多个岗位上工作过，获得众多的荣誉，他本着“执法为民”的理念，以切实维护经济秩序、保障民生幸福为执法导向，把执法的重点放在影响人民群众切身利益、影响人民群众创新创业的违法行为上，敢打硬仗、敢啃硬骨头。底瑞君从事执法工作以来，先后在质量管理、计量、特种设备、无证查处等领域开展了专项执法检查工作，查处各类违法案件100余起，案件结案率100%，至今无一起申诉、复议案件发生。并以此为导向，严厉打击了辖区内制假售假违法行为、震慑了违法分子。通过加大执法打假力度，整顿和规范了市场经济秩序，维护了广大消费者的合法权益，遏制了计量作弊的嚣张气焰，创造了良好的特种设备安全生产氛围，维护了质监部门的威信和地位。

恪尽职守、执法为民、依法办事

从事质监执法工作多年来，他从不接受企业的吃请，因为他深知，吃了人家的，碍于情面就说不了硬话。经常有这样的情形，那就是检查完一家企业后，已经是过了饭点一个多小时，一同检查的执法队员都已饥肠辘辘，企业也非常热情，一定要留大家吃饭，但他坚持不在企业吃饭，带着队员在附近吃工作餐。质监执法工作压力较大，阻挠执法的行为时有发生，有的甚至诬告中伤、散布谣言。在这种复杂的环境下，底瑞君同志始终正气凛然、毫不退缩。有一次，在查处一家无证生产企业时，企业主拒不配合，态度蛮横无理，对执法人员恶语相加，还鼓动在场工人阻挠执法。执法队员一度被推搡到厂门外，现场检查被迫中断。此时他没有冲动、没有退却，而是给被检查单位的人员进行耐心的讲法律、摆道理，晓之以理、动之以情，最终控制了局面，一场激烈的矛盾冲突消解了。不仅维护了质监局公正执法、廉洁执法、文明执法的良好形象，还圆满完成了工作任务。

在面对辖区未依照《中华人民共和国工业产品生产许可证管理条例》规定申请取得生产许可证而擅自生产矿渣硅酸盐水泥、电石产品的相关企业时，他加大监管工作力度，深入开展了监管执法工作，并对上述相关企业作出处罚款决定。他采取罚款、帮扶、服务、改正相结合的方法，主动作为，积极帮助企业做好办证工作。维护了法律的尊严，也赢得了相对人的理解和支持。

在查处电线电缆、“瘦身钢筋”、高压配电柜、计量器具作弊、特种设备等案件时，他充分发挥多年工作积累的经验，积极探索办案技巧，总结出自己的一套办案方法。在办案前进行全面详实的前期调查，制定多套检查方案，根据现场情况随时调整方案，把握案件主动权，攻坚克难。同时悉心向行政相对人讲解法律法规和违规之处，得到了行政相对人的好评和领导的肯定。

勇当安全保障“急先锋”，切实加大企业违法行为的查处力度

多年来，他悉心学习，取长补短，不断完善和提高自身的打假能力和水平，他带领质监分局执法工作人员，认真发挥监管“尖刀”作用，及时发现案源，及时出动查处，秉公执法，带领分局执法局人员办理了多起案值较大，案情复杂的案件。及时纠正了行政相对人的违法行为，维护了群众的利益，有效地带动了质监分局执法工作的开展。

服务企业，积极为企业安全生产保驾护航

多年来，底瑞君兢兢业业，认真落实上级的指示精神，始终贯彻“安全第一、预防为主、综合治理”方针，坚持科学发展、安全发展的理念、完善安全措施，确保安全无事故，圆满完成了安全监察工作任务。从2012年至今，为解决辖区内各有关单位特种设备作业人员及安全管理人员不便到市特种设备安全技术培训中心学习、考试的困难，他先后联合市特种设备安全技术培训中心、邀请中国特种设备检测研究院相关专家在蒙西和棋盘井两个辖区开展特种设备作业人员及安全管理人员培训和考试，主动服务企业，把培训班办在企业“家门口”。共为辖区企业培训2355人次，考试合格率达到87.5%，切实解决了辖区内企业办理特种设备作业人员及管理人员参训、取证路程远、费用高的问题，培训至今，共为相关企业节省差旅、食宿费用共计101.7万元。“权为民所用，利为企所谋”，真抓实干，充分利用有限的人财物，有计划、分步骤地开展各项工作。

他是一名党员，也是一名普通的质监执法人员。在企业监管和行政执法这个岗位上，没有战场上的硝烟，没有名利场的喧嚣，他在平凡的行政执法岗位，默默地耕耘，默默地奉献，用火一样的青春，谱写着一曲曲壮美、动人的质监人之歌，在这平凡的岗位上，他把全部精力都奉献给了自己所钟爱的质监事业。相信，在新的形势、新的任务下，他将用自己不泯的誓言，努力维护辖区企业安全、高效发展。时间证明，底瑞君同志在多年的工作中，各方面都经得起考验，始终兢兢业业，是一名优秀的质监行政执法人员。

稽查执法不忘初心

记辽宁省质量技术监督局执法督查处吴澜澄

从辽宁省质量技术监督局稽查所（现辽宁省质量技术监督局执法督查处）成立那天起，吴澜澄就是其中一员。20多年来，他打击过的不法行为数不胜数，查处的案件有几百件。在全省质监系统中，他负责查办的大案要案数量最多、案件罚没款数量最多、端窝点和没收假冒伪劣产品的数量也最多，是名副其实的稽查专家和办案高手。

他一直冲在执法工作第一线，秉公执法、刚正不阿，凭借精湛的业务能力、丰富的实战经验、不畏艰难的意志和一身浩然正气，稽查“老兵”吴澜澄一路征程，一路凯歌，守护着人民的幸福安康。

文武双全：14载科研、20年稽查，练就火眼金睛

1997年，吴澜澄被调入辽宁省质量技术监督局稽查所，从此与稽查执法工作结下了不解之缘，一干就是20个春秋。

在稽查一线工作中，计量执法由于取证难、专业技术要求高、相应的法律法规陈旧、可操作性差，一直是质监系统执法领域的薄弱环节。工程师出身的吴澜澄，曾在辽宁省计量测试技术研究

所从事过 14 年科研工作，计量专业技术功底雄厚，办案中容易出现的问题都熟稔于心。因此，在一系列计量案件中，他将相关的专业计量知识和法律法规运用自如、执法得力，充分发挥了质监系统维护经济秩序的作用。

2008 年 5 月，根据 H 市局接到的群众举报，吴澜澄精心安排布置，省局办案人员会同 H 市局对 J 石化分公司生产的延迟石油焦进行检查，发现企业在用于销售的计量器具软件上动了手脚，添加了扣除 2% 水分的功能。经执法人员现场抽样检验、提取该公司化验中心出具的检验报告，又经大量的统计分析，最终得出该公司在实际销售延迟石油焦中少扣除 2% 的水分，造成结算值与实际值不符的结论，并依此对该企业的违法行为罚款 170 余万元，为下游企业减少了不可估量的经济损失。

曾经有一段时间，辽宁省 12365 投诉举报中心经常接到高速公路称重问题的投诉，却一直找不到原因。接到这项任务后，吴澜澄多方调研、反复推敲检查方案，最终认为被投诉的收费站使用的动态公路车辆自动衡器准确度和有效检定证书并不存在问题。于是，他多次前往现场，反复查看过往货车称重过程，最终弄清了问题的实质——超载货车司机为躲避罚款，经常恶意急加速后再急减速通过动态公路车辆自动衡器，如果变速冲秤得逞就躲过了超载罚款，但由于动态公路车辆自动衡器要求通过车辆速度为每小时 10 公里以内，一旦“冲秤”操作失败，称重显示的重量远高于实际重量，因此司机就投诉称秤不准。原因找到后，省 12365 投诉举报中心再接到该类电话后，就会跟投诉者讲明情况，至此这样的举报电话也悄无声息了。该项检查维护了高速局的形象，让恶意举报没能得逞。

勇者无敌：查小炼钢、惩假化肥，喝退恶霸泼皮

稽查是一项富有挑战性的工作，是一场没有硝烟的战争，不仅要有扎实的理论功底，还要有丰富的实战经验和不畏艰难的拼搏精神。吴澜澄敢作敢为，工作中敢于碰硬，现场检查中多次遇到涉及自身安全情况，关键时刻他坚持原则，绝不退缩。

有一次，查处某市一小炼钢企业时，时间已经是深夜。由于企业不让检查人员进院，于是他们长时间拍门直到一名赤露上身的相对人从2米多高的大铁门越出，他们在出示证件，说明来意让其开门接受检查时，相对人威胁说："你们可要想好，我要是开门了，进去容易出来难"。当时吴澜澄身边只有一位同事，但他们还是义无反顾地走进大门，大铁门随即紧紧关上。当时现场闪出4名光头男子，脖子上带着大金链子，身上刺有各种图案的纹身，现场虽然危险重重，但是他们全无惧色，讲明利害关系，硬是与几位相对人对峙周旋至凌晨2点多，终于让相对人承认了违法事实，签署相关笔录文书开门放行。

吴澜澄稽查办案"第一高手"的名气在业内被广为传颂，省内外同行经常请他到现场参加执法检查、协查，案件咨询，进行工作指导等。一次他们接到省内J市一知名化肥企业举报，在A市T县发现一窝点正在生产假冒他们企业的化肥，吴澜澄会同A市、T县及J市相关人员组成检查组开着车赶了过去。当时现场有二三十个违法人员，加上陆续赶来的围观者，吴澜澄他们虽然有市县局配合，但还是显得人单力薄，没有任何主动出击的可能。违法人员不断威胁，扰乱现场正常执法。为了控制局面，吴澜澄一直与对方周旋，双方僵持长达16小时，直到凌晨3点多他们才护送从外地赶来的两辆大货车装载60多吨假

化肥驶离T县。这起省市县联合查办假化肥案在当地媒体和中央电视台新闻联播进行了播报。

浩然正气：顶住压力、秉公办案，只为人民利益

众所周知，稽查执法涉及的业务复杂，除了质监相关知识外，还常常涉及税收政策、经济、行政、法律以及检查经验、检查技巧等一系列知识技能。但大家可能不了解的是，稽查执法涉及的利害关系更多。在复杂环境下，吴澜澄对违法者始终保持高压态势，始终如一地凭借着一身正气，顶住外界压力，坚持按原则办案。他所办理的案件中没有发生过行政复议或行政诉讼，涉嫌犯罪的没有不被移送司法机关的；他在办案过程中帮助企业熟悉政策法规，使企业从最初的抵触对抗到信服和协助。

曾经有一次群众举报称，本地知名乳制品企业篡改牛奶生产日期。吴澜澄带领同事赶往现场，因为以前对其进行过检查，涉嫌企业人员一看吴澜澄来检查，企图用叙旧聊天拖延时间。吴澜澄很清楚对方别有用心，一边聊天应付，一边赶紧让其他办案人员到办公楼后面的厂区、库房查看。果然，违法人员正将篡改生产日期的牛奶、生产记录单等台账进行转移，此时被称在外地考察的董事长打来电话，请吴澜澄到前楼办公室见面，吴澜澄义正词严地说："我的工作地点就在成品库房，要见面你过来"。经检查发现，牛奶标签上的生产日期有的竟然比实际时间提前半年。如果流入市场，就算牛奶过期了，老百姓也不知道实情，那危害将非常巨大。面对如此恶劣的案件，吴澜澄等人第一时间向局领导报告，将转移至半路的违法产品成功截获，对该企业罚款38万多元。

这些年来，据不完全统计，吴澜澄累计查处质检违法案件

500余起，罚没款金额达2000余万元，现场查扣假冒伪劣商品200余吨。

传道授业：共享经验、表率示范，打造稽查铁军

凭借着精湛的业务能力、丰富的实战经验、不畏艰难的意志和一身浩然正气，吴澜澄对全省的执法工作起到了模范带头作用，为辽宁省质监系统树立了良好的形象。他也先后被评为省质量技术监督系统“先进工作者”“优秀公务员”。2005年被评为辽宁省技术监督系统“十佳执法标兵”；2008年参加辽宁省案卷评比，他报送的两个案卷分别获得一等奖和三等奖；2009年被选为辽宁省“十佳办案能手”；2009年度荣获“全国质检系统执法打假办案能手”。

吴澜澄（右）带领年轻同事一起研究分析案卷笔录

近些年来，专家型稽查干部吴澜澄除继续工作在稽查执法一线外，把更多的精力放在执法管理和传帮带上。在省局的领导下，

吴澜澄秉承真抓实干出效益的理念，无私地将20多年执法办案中的专业技能和丰富经验传授给其他年轻同志，就像师傅带徒弟一般，根据不同案件的业务需求，合理分配稽查力量，让科室每个人的潜能和聪明才智在案件查处中最大限度地发挥出来。他手把手带教的年轻人都已成长为各自岗位的业务骨干和办案精英，成为推进质监业务精进的中坚力量。他领导的稽查科多年被评为“先进科室”，年年超额完成工作目标，多次获得上级有关部门领导和人民群众的一致称赞。

“干工作累不死人，对工作多一份热情、多一份责任、多一份执着，就没有做不好的事情。”吴澜澄说，质量技术监督工作没有豪情万丈，没有光芒四射，却代表一种平实务本的朴素追求。在困难面前我将永远迎难而上，出现在解决困难的第一线，对稽查事业不忘初心、永守忠诚。

奉献不言苦　追求无止境

记辽宁省大连市质量技术监督局稽查队刘治辛

刘治辛同志于2008年调入辽宁省大连市质量技术监督局稽查队工作，2010年11月担任稽查科科长职务，虽然从事质监稽查工作时间不足十年，但任职至今，各项工作均取得了突出成绩。

刻苦研究　虚心请教

进入质监执法队伍以后，刘治辛同志边学边干，虚心向身边的老同志请教，并且将工作中的难点作为学习的重点，利用业余时间刻苦钻研质监业务法规，搜集各类典型案例，选择各种类型案例对照的方式，从违法行为的常见表现形式、法律法规条文的恰当运用、如何找准调查取证切入点及巧妙运用办案技巧等方面进行对照研究学习。他坚持业务学习的探讨性，只要有法律法规培训班他从不放过学习培训的机会，积极主动地与授课老师及培训人员一起互动分析，研究探讨疑难问题。刘治辛同志扎实的法律基础和宽泛的科技知识使得他办案思路清晰、方法运用灵活、独到；丰富的实践经验使得他眼界宽阔，能够不断开辟新的执法领域；长期的一线执法，磨练出特有的坚强意志，锻炼了他不怕苦，敢碰硬的斗志，尤其在挖掘大案要案和攻克疑难案件上表现得尤为突出，深受市局和稽查队领导的赞赏。

爱岗敬业　严格执法

任职稽查科科长职务7年来，刘治辛同志带领全科走遍了大连地区的城乡角落，为百姓的人身健康，为质监事业挥泪洒汗，无怨无悔。针对与百姓生活息息相关的食品、建材、农资、纺织品、汽柴油等产品进行了重点查处，对恶性案件重拳打击绝不手软。在刘治辛同志的影响和带领下，组织执法检查1500余次，承办各类动执法人员3000多人次，承办各类行政案件300余件，罚没款300余万元，没有出现一宗错案和复议诉讼案件。

刘治辛在超市现场检查日用消费品及小家电产品

2013年，按照市局工作安排，他带领三科全体人员联合认证处，成功打掉了一个产品覆盖黑、吉、辽三省的“百味园”假冒有机蔬菜案的制假售假窝点。并且顺藤摸瓜，顶着炎炎夏日，驱车千余公里，对认证的四个蔬菜基地逐一调查走访，掌握了大量证据，查实了违法行为。为尽快掌握假冒有机蔬菜的销售情况，阻断流通渠道，对大连市各大超市进行地毯式检查，然后回到单位整理白天收集的证据资料，每天工作到深夜，核实查处六家“百味园”假冒有机蔬菜销售单位，反响强烈，取得了非常好的社会影响。在此期间，刘治辛和妻子的家人均在外地，妻子是一名人民警察，正赶上刘治辛的妻子在河南抓捕逃犯，10 岁的女儿无人照顾不得不寄托到老师家里，每次深夜看到熟睡的孩子，即使心中愧疚，但第二天仍继续坚守在工作岗位上。

2014 年，在一次液化气站专项监督检查中，发现某液化气站在液化石油气中掺混二甲醚进行销售，局领导对此事高度重视，责成稽查队迅速查处，刘治辛带领队内稽查人员，联合市公安局，经过分析研判和周密部署，分工协作，成功将这一制假售价窝点一举端掉，及时制止了危害人民生命财产安全的不法行为，获得了市局、省局一致好评。

“精益求精，一丝不苟”是他始终坚持的原则，能够正确对待权力，按照党风廉政建设制度，切实履行好工作职责。无论领导交办何种工作，他从不讨价还价，保质保量完成；对自己分内的工作能克服困难、坚决完成。为开拓执法新领域，刘治辛同志积极向外省市同仁请教，认真学习借鉴对认证机构认证活动违法行为的查处经验、技巧。通过不断的学习和实践，成功查处一起认证公司在认证活动中存在违法行为的案件，填补了市局稽查队查处此类案件的空白。

依法行政　监管与服务相结合

“职务就是责任。”作为质监系统一名行政执法人员，他认真履行执法规范，严格按照执法程序办案，并且牢固地树立全心全意为人民服务的宗旨观念，坚持查处与服务相结合的原则，为企业提供全程服务。

2015 年 9 月，在调查处理一起关于流量计的举报投诉中，山东青岛一家大型企业从大连市一家销售单位购买一批进口计量器具，因该批计量器具工况要求非常高，经专业技术人员多次安装调试也未能达到使用要求，该企业认为该批产品存在质量问题，向销售商提出退货退款要求，但销售方认为产品质量没问题，而是该企业操作人员技术水平有限，造成计量不准确，双方各持己见，僵持不下。之后，该企业将此事投诉到大连市质量技术监督局网站寻求帮助。刘治辛同志得知此事后，立即与投诉人取得联系，并组织人员到销售单位进行调查核实，了解到该批产品即使退货也不会影响二次销售，但不退货，势必会给青岛企业造成因更换其他品牌产品而产生不必要的经济损失。于是，刘治辛同志多次登门拜访，与销售单位负责人进行沟通交流，晓之以理、动之以情，最终说服销售单位无条件退货退款，为青岛这家企业挽回了经济损失，并节省了不必要的诉讼成本。事后，案件投诉人发来一封感谢信，对刘治辛同志热情、严谨、认真的工作作风给予高度赞赏，树立了质监卫士的新形象。

廉洁奉公　正己正人

在市场经济发展环境中，质监执法人员时常受到不正之风的侵蚀，特别是行使职权的过程中，必须要意志坚定，具有较强的防腐拒变能力。俗话说“常在河边走，难得不湿鞋。”然而，刘治辛同志在办案过程中，时刻保持清醒头脑，廉洁奉公，严格办案程序，依法行政、秉公执法、不徇私情，经受了各种各样的考验。他不仅严格要求自己，同时也利用这些机会及时开展对当事人的教育，宣贯法律知识，宣扬诚信原则，敦促改正错误，使当事人也接受一次正面教育，保持住了一名“质监卫士”的本色。他的优良品德，赢得了同志们的高度赞扬。

自平凡中见不俗，于无声处听雅音。长期以来刘治辛都恪守着“奉献不言苦，追求无止境”的人生格言，自觉维护法律，坚持依法行政，认真履行职责。他以朴实、清廉的本色，谱写了一首当代“质监卫士”的奉献之歌。

守得云开待月明

记辽宁省辽阳市质量技术监督局稽查局副局长赵强

他出生于1962年，在当下被称为传统的一代，一生都在用信仰和道德模具塑造自己，并用实际行动证明自己。他在2004年4月成为了辽宁省辽阳县质量技术监督局副局长，2007年2月成为了辽宁省辽阳市质量技术监督局稽查队副队长，2011年3月成为了辽宁省辽阳市质量技术监督局稽查局副局长，并在2013—2014年连续被评为“优秀公务员”，在2015年荣立三等功一次，并获得辽宁省“打假侵犯知识产权和制售假冒伪劣商品先进个人”的称号，2015年、2016年连续两年被评为辽宁省辽阳市机关工委“优秀共产党员”。纵然身处风雷雨之中，他始终坚云开必再月明，这位党的好干部，就是辽宁省辽阳市质量技术监督局稽查局副局长赵强。

恪守职业良知，坚守法治定力

一封生产劣质汽油的举报信摆在赵强案头，举报人匿名举报，信中所含信息量很少，侦查难度可想而知。赵强凭经验判断，如果举报属实，几乎可以肯定，这个企业势必会利用深夜掩护生产。

当时正是初春，刺骨的冷风，走在街上都想让人把身体蜷缩起来。每当夜幕降临，赵强就独自到举报地点附近摸排，从大致地点到生产厂区确认，就花了两周时间。此后的两个月，为了掌握该企业的生产规律，避免被窝点人员警觉，他先后换了三次车辆，经常半夜十一二点，到该窝点附近坚守侦查。

时机成熟后，在辽阳市公安局的配合下，赵强带队开始现场调查、取证，在调查取证期间，该企业的负责人先后两次拿出2万元、5万元人民币来贿赂他，被他严词拒绝。

案件办结后的某天，辽宁省公安厅会同本溪市公安局到该局调卷，原因是该厂先后3次将劣质汽油销往本溪，由于汽油质量严重不合格，烧坏了消费者车辆的发动机。根据案情，他们把该案件移交给了本溪市公安局。

“恪守职业良知，坚守法治定力”是赵强多年来遵循的信仰模具。有的企业为了能生产劣质防水卷材，先后拿2万元、3万元人民币送给赵强，甚至有企业托人送钱，都被赵强一一回绝。面对金钱、人情，赵强抵住了诱惑、抗住了干扰，把法治精神作为主心骨，挺直脊梁，坚持服从事实，服从法律，铁面无私、秉公执法，用实际行动诠释了法治的信仰。

既要坚持依法整治，又要解开企业的思想“疙瘩”

“你看现在这个雾霾，政策你总得响应吧，你个人利益和社会利益发生冲突了，那只能退一步。”赵强走访待关停的钢铁企业时，耐心地劝导负责人。

2017年，国家大刀阔斧淘汰落后产能，赵强所在的稽查队积极配合有关部门开展钢铁、水泥行业整治。他带队一家一家走访企业，统计企业名单、了解生产状况。与此同时，耐心与企业负责人谈心，从市场前景谈到国家产业政策，直至企业负责人配合工作为止。一年中，赵强带队配合市淘汰落后产能小组，先后42次深入到企业，开展落后产能整治，依法拆除设备电炉、变压器、除尘罩、铁轨、连铸机等设备。按照“地条钢”整治断点办法，及时向政府等部门报告。协助政府等有关部门关停钢铁企业 300 余家，移送公安机关 2 家。

“政策如何落地？既要坚持依法整治，又要解开企业的思想‘疙瘩’，要让企业主动而为。”正是坚持这一工作原则，赵强带领稽查局执法人员历尽 3 年多的时间，开展全市防水卷材产品质量区域整治，把当年的小作坊式的企业、无证生产的防水卷材企业进行了专项整治和执法检查，帮扶、整改了小作坊式企业，打掉了无证生产的防水卷材的违法企业，摘掉了曾经被国家质检总局约谈的辽阳生产劣质防水卷材重点整治地区的“帽子”。几年来的专项整治所采取的措施有，一是政府与各乡镇街及相关部门签订了责任状，明确了各乡镇街、相关部门一把手为第一责任人的质量监管责任机制，并将质量管理列入对乡镇的绩效考核。质量监管部门与企业签订承诺书，全面落实了企业主体责任。二是通过座谈会、邀请专家讲解等方式，大力宣讲有关法律法规，提高企业是质量安全第一责任人意识，引导督促企业加强产品技术标准的学习，完善各类管理制度，严格依据标准组织生产，树立产品质量意识，严把产品出厂质量关。市场监管局坚持从源头抓质量，加强对获得市场准入企业的后续监管，对不能持续满足准入条件、不能保证产品质量安全和整改后仍达不到要求的企业，提请市局撤销许可，强制退出。三是依据相关法律给予不法企业以严惩，并公开曝光，推动企业落实质量安全主体责任。为了防止不法企业利用节假日、雨雪天或夜间生产劣质防水卷材，赵强带领执法人员顶严风、冒雪寒，深一脚浅一脚地摸黑开展不定期的突击检查。赵强同志经常放弃与家人团聚的时光，为工作舍小家顾大家，这种忘我工作的热情和执着得到了全局领导和同志的认可和赞许。该项区域整治在赵强的领导下，圆满地完成了防水卷材区域整治工作，辽宁省质量技术监督局开展的防水卷材质量监督抽查结果显示，全市 31 家防水卷材企业全部合格；在国家质检总局开展的防水卷材质量监督抽查中，辽阳市防水卷材抽样合格率达到 100%。

我既是一个执法人员，又是社会公民

“在社会生活中，每个人都扮演着一定的社会角色，同时又承担着相应的责任，我既是一个执法人员，又是社会公民，无偿献血，是无私的奉献，也是一份社会责任，当我想到自己的血液可以救回一个生命时，这种感觉很温暖。”这是赵强在接受电视台采访时说的一段话。多年来，他不但积极参加单位组织的献血活动，每逢血站缺血时，他还多次赶到血站无偿献血。

责任是人与人之间的相互承诺。赵强所在单位曾是甜水乡陈家村对口帮扶单位，他利用业余时间，走遍了该村的沟沟坎坎，谋划着为村民做一些力所能及的事儿。村民反映，村里的小桥年久失修，每逢雨季，很多村民，特别是孩子上学夏天趟水过河，冬天打滑跐溜，不但不方便，还很危险。了解情况后，他找到当地的相关部门，积极为村里联系修桥款项，又拿出自己积攒的 1.5 万元购买了水泥，交给了村委会。在各方努力下，村里的小桥如期修缮。之后，他所在单位又对口帮扶了 3 个村建设村办公室，除帮助村里协调各部门解决一些亟须问题外，他个人捐助了 3 万元，给村里建设村政府项目补助。

争做质监行政执法事业的排头兵

记辽宁省“全国质检系统执法打假办案能手”潘兴军

他是一名普通的质监执法人员，自参加工作以来，能够圆满地完成各级领导交办的任务，在工作岗位上尽己所能创造性地开展了许多突出性的工作，并取得了一些工作成绩。他就是辽宁省朝阳市市场监督管理局的潘兴军。

回顾近几年的工作情况，潘兴军凭借自己的努力，没有辜负领导和同志们的信任和期望。多次获得“先进工作者”的光荣称号，尤其是获得了国家质检总局授予的“全国质检系统执法打假办案能手”称号，是质检系统执法领域的最高荣誉。这些荣誉的取得，是对他积极工作的肯定，是对领导寄予重托的一种报答。

加强思想政治学习，做好部门理论宣传

一直以来，在党组织的关怀下，潘兴军认真学习马克思列宁主义、毛泽东思想、邓小平理论、“三个代表”重要思想、科学发展观、习近平新时代中国特色社会主义思想，这些思想贯穿在实际工作中，勤勤恳恳、兢兢业业，时刻以共产党员的先进标准来要求自己，带领同事们加班加点，出色地完成了各项工作任务。

在实际工作中，他将执法工作做细、做实。行政处罚不是目

的，规范企业的生产行为，保证产品质量，维护消费者利益，才是行政执法工作的根本目标。通过行政处罚案件的办理，向企业负责人和消费者大力宣贯质监的法律法规，使企业能够按照法律法规的规定，搞好生产经营工作；搞好法律法规的宣传工作，使广大消费者能够掌握并使用法律武器，维护自身的合法权益。

钻研业务、增进才干、保持先进

为适应改革与发展的新形势，潘兴军刻苦钻研新知识、掌握新技能，并且学以致用，自身素质得到明显提高。

自从2002年走上质监行政执法岗位，他就认真的学习相关的法律法规，遇到有不懂的地方，就请教身边的领导和同志，直到学会为止。还先后学习了《中华人民共和国产品质量法》《中华人民共和国计量法》《中华人民共和国标准化法》等法律法规，从初步掌握到能够熟练运用，准确把握立法目的，在执法实践中区分案件性质，依法依规处理行政案件。

从事质监行政执法工作十几年中，他深刻地认识到质监执法工作的艰巨性，为适应改革与发展的新形式，刻苦钻研新知识、掌握新技能，并且学以致用，自身素质得到明显提高，取得了很好的工作成果。2008年获得共青团辽宁省委和辽宁省质量技术监督局授予的“辽宁省优秀青年卫士”荣誉称号；2015年，被国家质检总局授予“全国质检系统执法打假办案能手”称号。这些荣誉的取得，有赖于其坚实的专业基础、不断学习的精神和端正的指导思想。

在学习中运用，在运用中学习，始终使自己占领本专业制高点永保先进性，既符合国家公务员的标准，也符合共产党员的标准，在工作和学习中起到了技术带头人的作用。

勤勤恳恳、不畏劳苦、开拓创新

质监的行政执法工作，新鲜事物层出不穷，有些工作先前从未接触过，得花费很大精力，在这样的工作压力面前，他没有退缩，凭着顽强的毅力，攻破了一个又一个难关。工作和学习一样，如同逆水行舟，不进则退，只有不断创新，与时俱进，不断增加自己的知识面，在实践中寻求真理，才能做好本职工作。

为提升机动车检测机构工作质量，加大执法力度，坚决打击车检机构不按标准检验、超范围检验、弄虚作假、擅自改变检验设备准确度、出具虚假报告等违法行为，维护检验检测工作的公正性、严肃性，保证朝阳市机动车检验工作质量，改善大气环境质量，保障机动车道路交通安全，2017 年潘兴军探索开展了机动车检验检测机构的执法检查工作。

朝阳市市场监督管理局是省内对机动车检验检测机构进行执法检查的第一家，没有成熟的经验可以借鉴，也没有现成的技术资料可以学习。面对这些，潘兴军没有退缩。首先，查阅了相关的法律法规，反复阅读，深入研究，了解相关规定，弄懂法规层面对机动车检验检测机构的管理模式；其次，查阅了机动车检验检测的相关技术标准，从技术要求层面掌握机动车检验检测机构的整体状况；再次，做好执法检查工作的预案，把可能发生的问题都充分考虑，确保执法工作顺利开展。

在一次对机动车检验检测机构的专项执法检查工作中，检验检测机构的技术人员，层层设置技术壁垒，目的是逃避监管。根据这一情况，他认真查找依据，根据所学到的专业知识，一一加以解决，让机动车检验检测机构的技术人员心服口服，使检验检测机构接受行政处罚并改正违法行为。

通过对机动车检验检测机构的专项执法检查工作，纠正了企业存在的违法违规行为，确保了检验检测机构出具的检验数据的准确性，从技术方面保证了机动车的安全运行。

百尺竿头，更进一步，做质监执法工作的排头兵

潘兴军在质监行政执法工作岗位上，无怨无悔地一干就是数年，为了质监事业的发展，甘于奉献、吃苦耐劳、开拓创新，忠实于党和人民，是质监执法工作的排头兵。

永葆军人本色　不变赤子之心

记上海市质量技术监督局执法总队五支队许小冬

魏巍代表作《谁是最可爱的人》中写道："谁是我们最可爱的人呢？我们的战士，我感到他们是最可爱的人。"在上海质监系统也有这样一位最可爱的人，他用实际行动完美诠释了质量卫士的"拳拳赤子心，殷殷家国情"。他就是曾经的空军转业军人，现在的上海市质量技术监督局执法总队五支队副支队队长许小冬。

从部队投身于上海质量工作，变的是身份，不变的是为人民服务的精诚赤子心。短短几年，"优秀公务员""全国质检系统执法打假办案能手"、带领团队获得"质检利剑"执法打假专项比武集体冠军、上海市"五一劳动奖章"，一份份沉甸甸的荣誉接踵而至，既见证了许小冬的工作成长历程，也诠释了"一分耕耘，一分收获"。

有一种态度叫执着

"咬定青山不放松，不达目标不罢休"的执着精神在当下浮躁社会显得难能可贵，这种精神源自对工作的热爱，彰显的是爱岗敬业的情怀。2014 年，一起举报无证生产丙烯酸漆的案件，许小冬作为案件的主办人员，第一时间赶赴现场，然而当事人避实就虚、砌词狡辩，否认产品中的主要有效成分是丙烯酸，案件扑朔迷离，困难重重。他通过严谨细致的检查，全面收集原材料进货、销售等凭证及产品实物等证据材料进行研究，为彻底弄清涉案的产品是否含有丙烯酸这一成分，是否需要办理生产许可证这一难题，他不厌其烦，不畏困难，与支队领导带队北上常州、南通，联合当地质监部门协查，请教市局机关、检测机构相关人员，走访安监、检验检疫、海关以及相关科研机构了解销售、进货情况，对涉嫌无证涂料产品进行登记保存并抽样送检，侧面调查原料供应商，全面梳理执法依据并进行证据锁定。凭借这种“不破楼兰终不还”的决心和执着，最终让当事人在铁证面前心服口服，甘心接受行政处罚。另外他在该案现场细致的检查中，发现了该公司还存在篡改其他危险化学品生产日期的行为，也一并进行了处罚。此案也被局系统评为“2014 年度优秀案例”。

许小冬（左一）在现场执法检查电器

俗话说“隔行如隔山”，理工科出身的他虽然在质监技术执法上具有一定的专业优势，但是真正把质监执法工作做深做细也并非易事。当别人问及他工作何以进步如此之快时，他总是微笑着说：“我是一名军人，无论我走到哪里，我都以军人的标准严格要求自己，对得起曾经的军装，恰恰是这份在军旅中形成的严谨负责的工作习惯影响了我后面的工作，人民培养了我，我就要发挥自身价值，更好地为人民服务。”“为人民服务”，这句响彻军营的承诺在每一位军人心中都留下了刻骨铭心的烙印，也成为许小冬工作生活中的座右铭。

有一种信念叫责任

“执着源于热爱，坚守源于责任。”有人认为，程序化的行政执法工作枯燥乏味，但许小冬却是乐在其中，全身心投入工作，就连周末的休息日也不放过。周末他带爱人、孩子出去逛商场、超市、游乐场时，都会情不自禁地对产品质量进行研究和“摸点”，家里人都说他得了“职业病”。对此，他自嘲说：“也罢，就算是病，那我也喜欢这种职业病，喜欢执法。”一次他带小孩去超市购买绘画用的勾线笔，职业的敏感性让他敏锐地发现不同厂家的产品笔帽存在明显的差异，有的有气孔，而有的却没有。他立刻将多种型号的勾线笔各买 1 支，回到家中开始研究，查阅标准，请教专家，在了解到部分笔帽存在危害学生身体健康的潜在危险后，他带领支队人员加班加点，对本市多家行业内知名企业进行了检查，查获了一系列笔帽不合格的学生用笔，引起了舆论媒体的高度重视。同时，此项行动也引发了整个制笔行业的强烈震动，整个系列案办理过程中，秉承国务院提出的“放、管、服”理念，坚持以教育为主，处罚为辅。为切实消除安全隐患，向企业发出了行政执法建议书，督促企业全面落实整改措施，促使企业落实整改的同时，重新设计了新的模具，以彻底消除安全隐患。凭借这种源于高度责任感的“扑下身子实干，雷厉风行快干”的办案风格，近几年来，他带领支队人员成功办理了学生用笔、儿童玩具、儿童服装、童鞋、皮革服装等一系列事关“祖国小花朵，国家大栋梁”的大案要案。在他的带动和指导下，支队的年轻人快速成长起来，逐渐成为执法的新生力量。每每看到自己带出来的“好苗子”能够独当一面，许小冬的心里比任何人都要自豪。

有一种作风叫争先

“有红旗就要扛，有第一就要争”，军队形成的优良作风已成为许小冬成长之路上的一种鞭策。2016年，经层层选拔，总队决定由许小冬带领总队第一代表队参加上海市质量技术监督局组织开展的“质检利剑”执法打假专项比武竞赛。电话里传来妻子哭泣的声音，紧张备赛期间的他突然接到通知，岳母在医院查出患胰腺癌，需要立即住院治疗。接下来的日子里，他需要“高速运转”，一边照顾生病的岳母，一边带队冒着暑期的高温进行校服专项检查，在检查路上的空当，他就从兜里拿出随身携带的小本子记下关于备赛的思考。同事们就说，你这也太拼了，他笑着说:“要不就不参加，参加了就要给总队争荣誉。”他结合本队参赛成员比较年轻、有想法有思路，但实践经验不足的特点，多次召集队员开会研讨，进行各种“头脑风暴”；通过分散复习和集中讨论的方式发散思维、提升能力。针对比赛中的现场技术执法环节，即通过仪器的使用来初步判别产品质量优劣，作为理工科出身的他，勇挑重担，额外承担起电桥、天平、螺旋测微器、功率计等多种仪器操作规程及测量方法的学习，之后再手把手地教给队友们，做到各种技术要领“了然于胸”。功夫不负有心人，最终由许小冬率领的总队第一代表队通过不懈努力，从各路选手中脱颖而出，获得本次“质检利剑”执法打假专项比武冠军。同时，许小冬也在个人比赛环节获得了三等奖的优异成绩。

有一种力量叫脊梁

许小冬的爱人也是一名军人，现就职于某部队，二人因为军队情缘结为伉俪。“一玉口中国，一瓦顶成家，都说国很大，其实一个家，一心装满国，一手撑起家，家是最小国，国是千万家。”这是他最喜欢的歌曲《国家》中的歌词。许小冬在家里是名副其实的“家庭妇男”，承揽家里的许多家务活。最让他感到幸福的是，每天无论工作多忙，总是要抽出时间陪女儿复习功课，看到女儿甜美的笑容，他劳累一天的疲倦也瞬然消失。

2003 年，许小冬的母亲进行肾移植手术，术后身体非常虚弱，需要他的陪伴和照顾，但身在军营的他，无法做到这一点，“男儿有泪不轻弹，只是未到伤心处”，对母亲深深的愧疚化为黑夜里默默地流泪。转业之后，因工作繁忙，他也只能在周末偶尔抽出时间回老家陪伴父母，其他时间通过电话、视频聊天等方式嘘寒问暖。然而，生活就是这样造化弄人，2012 年 8 月，爱人在医院体检时发现患有慢性肾炎，经过几个月的治疗，病情得到控制。2014 年元旦前夕，岳父突然晕倒，送医院就诊后，发现是肝癌中晚期，肝破裂出血，经过抢救和多次住院手术治疗，病情刚刚稳定。2016 年 5 月初，岳母身体不适，到医院检查发现患上胰腺癌，3 次住院进行手术，可终究没有挽回生命。2017 年 6 月，噩耗再次传来，岳父在定期复查中发现肝癌肿瘤转移到了腹腔和肺部，经介入手术治疗无效后，医生说只能通过自费进口的靶向药物进行肿瘤控制。妻子是家中的独生女，遇到事情没了主意，他总是安慰妻子“这世界上没有过不去的坎”。老人住院期间大部分由他陪夜，白天照常上班，带队检查，工作却丝毫未受到家庭影响，多少个日夜没能合眼的他变得沧桑，额头上添了更多的皱纹。这几年，白头发也一下子多了起来。

一滴小小的水，只有投身于急流当中才会制造出惊天巨浪；而一粒沙子，只有经过大浪淘洗之后才会变得更加晶莹！许小冬对工作和生活的爱感染着身边每一个人，用行动书写了一名质量卫士不平凡的品格。镌刻在骨子里的军魂促使他迎难而上，迈向更高的人生高度，让脚下的每一步走出人生的精彩。

激流勇进，做个坚定的质监人

记上海市质监系统“执法打假办案能手”华刚

1991 年 7 月，华刚大学本科毕业后进入原徐汇区标准计量管理所，在 26 年工作中历经质监局的风风雨雨，从一名刚毕业涉世未深的大学生成长为一名质监全才，先后从事计量检测、计量管理、质量管理、标准化、特种设备、执法办案等多种领域，在每个领域工作都干得风风火火，保持旺盛的精力和能力。从一名普通工作人员，一步一个脚印，逐步成为单位的业务骨干，先后担任特种科副科长、徐家汇所所长、12365 分中心常务副主任、二级主办。

“勤学善思、心怀责任”是对上海市徐汇区市场监督管理局华刚的真实写照，前者为他在工作中带来了敏捷的思维，而后者则一直鼓舞着他在平凡的岗位上发光发热。一步一个脚印，平凡中彰显精彩。华刚以他 26 年的工作实践与优秀业绩诠释了基层质监人的无私情怀。

勤学习，善思考，时刻充电练内功

“打铁还需自身硬，绣花要得手绵巧”，作为一名优秀的执法人员，华刚深知不仅要有较强的思维能力，还必须具有扎实的专业技术知识，并能灵活运用法律法规。华刚利用业余时间，参加全国硕士研究生统一考试，考取华东师范大学情报学硕士研究生，获得硕士学位和研究生学历。众所周知，如何获得有用的线索是办案至关重要的一环。在信息检索方面，华刚利用所学的专业知识，利用互联网海量的数据，挖掘大量有用的线索，提供了大量的案件线索来源，为连续三年平均罚没款达100万元奠定了扎实的基础。在学以致用方面，不是法律科班出身的华刚同志，利用业余时间努力钻研质检法律法规，遇到法律方面的疑难杂症便虚心向同事请教。本着对工作的一腔热情和孜孜不倦地坚持，华刚获得徐汇区市场监督管理局特种设备大比武个人第五名的佳绩，并代表徐汇区市场监督管理局在2016年上海市“质检利剑”大比武中获得个人第八名的佳绩，同时也为徐汇区市场监督管理局争得了团体第二名的好成绩。由于华刚同志优秀的工作业绩，2015年和2016年连续两年获得徐汇区市场监督管理局“先进个人”称号。

众所周知，质监执法打假工作专业性强，既要有驾驭各种复杂局面的能力，更要注重执法方式、方法和技巧。华刚深知，光有一腔激情是远远不够的，必须要有过硬的业务素质。在担任12365分中心常务副主任期间，他处理了各类投诉举报达数百件，积累了丰富的经验，还特别钻研了职业打假的种类、特点和心理特征，总结出一套对付职业打假人的方法。由他处理的投诉案例获得上海市质量技术监督局投诉举报二等奖，获得市局12365中心的表扬。在之后的工作中，这套方法也被运用到各类投诉举报的处理中，得到了同事们的一致好评。

敢拼搏，争朝夕，全力以赴办大案

在2014年10月市场监管体系发生“三合一”期间，华刚主动要求放弃到局机关工作的机会，到基层所进行锻炼，这也是当时质监局唯一一位正科级别干部到基层所工作。四局合并对一线监管干部提出了更高的要求，不仅需要掌握原质监方面的专业知识，更要熟悉工商、食药监、物价等方面的专业知识，华刚在处理各类投诉举报时，积极向原工商、食药监同志学习，迅速进入工作角色，出色完成各类工作。恰逢上海大力开展“五违四必”整治行动之时，所里需要分派大量人力到整治工作一线，华刚不计得失、任劳任怨，带领一名办案组成员不仅完成了办理各类案件的本职工作，更是主动承担所里全部的投诉举报工作。面对平均每月约150个投诉举报的工作强度，华刚迎难而上，于纷繁复杂的情况中理出头绪，各个击破，出色地完成各类投诉举报。在所里监管任务重，人手少的情况下，华刚只要求办案组再配备一名年轻同志，便承担起所里各类执法办案工作，在合并的3年期间，华刚带领的办案组罚没款金额达310余万元，涉及的执法领域涵盖工商、质检、食药监、物价等不同领域，成为一名名副其实的办案全才。2016年，华刚获得了徐汇区市场监督管理局“办案能手”称号，这也是原质检系统唯一一名入选的人选。他主办的“上海迪信通信技术有限公司销售不合格手机案”获得2016年上海市质量技术监督局“十佳案件”，主办的“上海菱云电梯有限公司未按规定维保案”获2016年徐汇区市场监督管理局“十佳案件”。

办案最关键的是证据。如何获得一手的证据，如何固定证据，对案件后续的办理工作起着至关重要的作用。华刚牢记以事实为依据的原则，在证据收集上兢兢业业，不放过任何蛛丝马迹。在办理上海迪信电子通信技术有限公司销售不合格产品案件时，虽然企业也对进货400台手机予以确认。但华刚本着对事实负责的态度，在确认生产批号的证据上，没有盲目定案。而是远赴北京，到迪信通总公司进行调查取证，在得知北京总部也无法确认生产批号的情况时，华刚带领办案组第二天赶赴联想北京总部调查取证，在北京联想总部的财务电脑上得知该400台手机实际该批批号为300台时如释重负。联想总部也为徐汇区市场监督管理局严谨执着的办案精神所感动，公司派出法务经理和质量部经理予以全程陪同。同时，华刚根据所学的专业知识与该公司质量经理进行质量管理业务探讨，就如何提高产品质量提出许多合理化建议，得到企业的高度认可。该案件也被评为上海市质量技术监督局2016年“十佳案件”。

结对子，传帮带，言传身教促成长

为提高全局监管干部的执法办案水平，同时也做好年轻同志的传帮带教工作，经验丰富的华刚同志自告奋勇，作为一名老同志主动承担起了带教老师的职责。局里也因此形成了一个惯例，新同事一般都会安排在办案组锻炼，在华刚老师的帮助下，新入职的同事迅速适应了工作环境。工作上，华刚对自己和同事都从高从严要求，并把自己多年积累的工作经验毫无保留地传授给徒弟们，与他们一起探讨、共同进步。生活中，华刚也每每在年轻同事遇到困难时给予最真诚的关心与帮助。华刚还善于挖掘年轻同志的闪光点，因材施教地教会他们如何充分发挥优势、扬长避短。在华刚的言传身教下，组里新同志进步迅速，有上任组长，有调任市工商局工作，还有的当选了区局先进个人。

作为一名合格的共产党员，华刚始终铭记为人民服务的公仆精神，在大大小小的投诉举报件中设身处地地为群众着想，也曾因为消费者追回 7 万余元的损失收到消费者的表扬信。他用智慧和耐心化解了一个又一个消费纠纷，挽回了经济损失，他的真诚和专业也赢得了来自商家和消费者双方的肯定和褒奖。

华刚同志热爱他所从事的质监事业，工作中始终坚持勤勉尽责、廉洁自律，数十年如一日地坚守在基层一线执法岗位中。面对种类繁多、案情复杂的办案工作，他不畏艰难、不轻易妥协，善于分析当事人的心理状态，和当事人斗智斗勇，克服取证难等难题，有条不紊地深入案件调查工作。与此同时，他怀抱一颗好奇之心，秉承着锐意进取的精神，积极探索疑难案件，认真钻研法律法规，对违法行为严惩不贷，维护司法的公正与权威。

无悔青春，在质检之路上亮剑前行

记上海市杨浦区市场监督管理局综合执法大队杨楚楚

初秋亮剑，沙场点兵。

这是由上海市质量技术监督局举办的执法打假专项比武决赛现场。在“质检利剑”的比武台下，坐着一位身形瘦削的姑娘，与周边魁梧的男选手相比，尤为显眼。他们，都是从众多初赛参赛者中脱颖而出的，此刻要展开业务终极对决。

杨楚楚参加执法打假专项比武决赛

听闻“有请6号选手上台进行案例展示”的提示声，她从容不迫地起身走向讲台，面向观众，沉着冷静地展示起自己所办理案件的经过。铿锵有力的语调、创意迭出的亮点、典型而高质量的案件，赢得了雷鸣般的掌声。

姑娘名叫杨楚楚，来自杨浦区市场监督管理局综合执法大队，是一名普通执法人员。然而在她身上，却有着许多不普通的故事。

火眼金睛，“问题电缆”难以瞒天过海

申城的夏天骄阳似火，烈日炎炎，超过35℃的高温驱使着人们向清凉的地方聚集。而杨楚楚却径自前往热气腾腾、密不透风的厂房，开始每天长达五六个小时的执法检查。

自从西安问题电缆事件爆发以后，监督检查辖区内的电线电缆工厂生产情况，确保电线电缆质量达标成为了她和同事们工作中的一个重点环节。相比如同“蒸炉”一样的厂房，室外35℃的温度还算“清凉”，而这样的厂房，还有十几个需要她一一前往检查。厂房近乎封闭的高温环境，长时间的持续检查，汗水早已湿透了她的衣背。

对于这样闷热嘈杂的工作环境，她并不在意，思考却一直未停：“问题电缆”给人民群众的生命财产安全埋下了巨大隐患，杨浦作为一个电线电缆生产企业众多的中心城区，电线电缆的质量安全重于泰山，监管工作刻不容缓……

杨楚楚在厂房里细心检查企业生产的电线电缆标识，核查资质与标准，认真调取相应的生产记录数据。有时到了下班时间，检查工作还没有结束，她就主动请缨，继续留在厂房内加班加点完成剩余工作以及送样任务，让其他同事可以早点回去吃饭休息。

一次，在检查到某企业时，细心的她发现，企业负责人在刻

意遮掩厂房一个小仓库，企图蒙混过检查。她随即要求负责人立刻打开该仓库，并和同事们针对该小仓库内存放的电线进行了深入细致的检查核实。果然，这批电线上所印的生产商并非该企业，企业涉嫌存在冒用他人厂名的违法行为！她迅速固定好现场证据，并调取了这批电线的相应生产销售情况与相关合同，并经立案详细调查后对该企业的违法行为进行了处罚。

在她和同事们的不懈努力下，辖区内电线电缆的执法打假工作进展顺利，在确保辖区内抽检的电线电缆质量合格的同时，及时对抽检中不合格的电线产品进行了立案查处，彰显执法权威，使生产者意识到产品质量安全的重要性。

汗水里浸润着努力，数字里彰显出责任。

像这样的执法打假行动还有很多，覆盖特种设备、家电、服装等关系民生的各个领域，在每次执法中她都保持一颗坚定捍卫质量安全的决心。

真诚用心，“新玩意”树起了行业规范

2013 年，年轻的杨楚楚来到工商条线，用自己的业务技能和知识储备积极参与到广告、商标、产品质量类等案件的查处中。“3+1”机构改革后，她又转战质监领域，投身于执法打假。

随着经济社会的不断发展，各类新兴企业应运而生。共享单车这一“新玩意”，也如雨后春笋般在沪上涌现，逐渐成为一种主流交通工具。但这也是一个缺乏行业监管和企业自律的地带，共享单车的产品质量是否达标，成为了她近年来关注的焦点。

本着对人民生命财产安全负责的态度，杨楚楚对区内两家共享单车企业进行了摸底调查。在调查中，她发现其中一家公司委托生产的自行车在质量把控方面存在隐患，当即和同事制定了详

细的计划，针对该公司室外投放的 30 辆用于经营性服务租赁的自行车产品进行了执法检查，并抽样送检。经上海市质量监督检验技术研究院检测，该批次自行车产品被判为不合格，在收到不合格检测报告的第一时间，她便约谈了当事人，要求该企业立即停止向市场投放该批次不合格自行车，确保投放的自行车产品质量合格。根据检测报告的结果，她初步认定该批次产品涉嫌以不合格产品冒充合格产品，该企业将该批次不合格产品用于经营性服务租赁使用，遂对该企业进行立案查处。

在调查过程中，该企业作为共享单车行业的领导企业，起初对于出现的投放产品质量问题并不接受，对检测结果存在质疑，对调查存在抵触情绪，她耐心细致地向对方解释相关法律、事实依据等案件信息，主动陪同企业送检、复检，在复检结果和法律事实面前，企业的态度发生转变，主动配合调查，案件也得以顺利办结。

此次案件的办结并不是结束，而恰恰是一个开始。

除了思考如何监管，她还想方设法帮助共享单车企业提升产品质量把控能力。在和同事们认真研究后，杨楚楚与企业多次沟通，促成一套适用于共享单车规范生产流程的建立。此举不仅规范了共享单车企业对于产品质量的严控，完善企业自身管理制度，更对该新型业态起到了积极的引导作用，多家企业老总对杨楚楚的“金点子”赞不绝口。

斗智斗勇，“大企业”悄然放下了身段

2017 年 3 月 15 日，下午 4 点半。

结束了一下午外出执法检查的杨楚楚，准备回到办公室整理案卷。刚踏入单位大门，她就收到了领导的紧急通知，要其立即

赶往耐克上海公司总部，协助监管所同事对记者曝光的耐克气垫鞋的质量问题进行调查处理工作。

此时，距离央视“3 · 15”晚会播出只剩下几个小时，耐克又是国际知名大品牌，产品质量更是政府关心，人民关注，社会关切的热点问题。

怎么办？她深感问题的严重性与紧迫性，一刻也没耽搁，第一时间前往耐克上海总部开展调查。

起初，耐克上海公司总部相关负责人倚仗国际大企业的身份，采取了一种不合作的态度，拒绝接受调查询问及提供相关材料，调查工作一时陷入了僵局。

她从质量安全的重要性角度出发，认真向当事人阐述了相关法律法规以及此次事件的紧迫性，要求当事人正面面对所曝光的问题，及时配合调查。终于，她以一个站在共同提升企业长效产品质量管理统一战线的监督者的身份，使当事人改变冲突对立的态度，积极提供相关产品数据及合同，回答调查人员的询问。自此，调查人员第一时间掌握产品情况，便于及时应对舆论，避免谣言扩大，为妥善处置好这一突发事件打好了基础。

是夜，明月当空，万籁俱寂。直到晚上 12 点多，杨楚楚固定好初步调查证据，才走出耐克上海公司总部的大门，走上回家的路。她深刻体会到，在掌握专业技能的同时，也需要提升与违法当事人斗智斗勇的能力，她要走的路还很长。

确实，执法打假的征途，路漫漫兮，道阻且长。

在执法打假过程中，杨楚楚经历了各种挑战与问题。这也使得她在提升自身执法办案能力之余，充分地意识到了学习与实践积累的力量。

她积极参加各类培训，努力提高业务水平；重视每一季的执法打假战役，聚焦妇幼用品、生活家电、新兴消费品、节能环保等民生领域产品，认真开展及参与到各类专项执法打假行动中去，保持着对质量领域违法行为零容忍的态度，在每一次的专项行动中磨练自身识假打假的能力。

在执法办案方面，面对新领域、新类型的案件，她本着边摸索、边请教、边总结的态度，不断向周围的领导和同事学习办案技巧、积累办案经验，力求做到案件事实清楚、证据确凿、处罚适当，她所办理的案件获评市质监局2016年度“行政处罚优秀案卷”。

回顾这些年的工作，正是汗水、智慧与坚持，加快了杨楚楚从一个新人到岗位能手的转变进程。诚如她自己所说：“执法打假，是一项值得我为之奋斗终生的事业！”

隆冬将至，沪上质检战线再传捷报：杨楚楚荣获2017年度上海市质监执法打假“办案能手”称号。

不忘初心，亮剑前行。在执法打假的路上，她正日夜兼程地走下去，这一路必将走得更沉稳、更坚定！

芳华淡色　清气自留

记上海市宝山区质量技术监督局综合执法大队潘捷

2014 年 8 月，潘捷进入上海市宝山区质量技术监督局综合执法大队工作，成为了一名普普通通的执法人员。三年来，她默默坚守在执法监管的第一线，用行动和汗水保障了人民安全和社会稳定。

不惧困难，秉公办案

2015 年 11 月 11 日，上级科室移送了一个案件线索到执法大队，领导考虑再三，把案件分配给了潘捷主办。

这起案件的违法主体是辖区内一家知名央企，尤其注重声誉。企业正计划在 5 个月后搬离宝山区，在这样一个时间节点，案件办理必然要顶住各方压力。案件的违法标的也十分复杂，涉及 5 个厂区、6 种输送介质、60 多公里的压力管道。这些压力管道均是在十几年前投入使用，资料大量缺失。这样的一个案件，交给一个只有一年多执法经验的女同志来主办，领导着实有点担心，但同时也希望能激发潘捷在执法工作上的潜能。

这样一个“烫手山芋”，对潘捷来说，既是困难，更是挑战。

一方面，潘捷和同事们细致调查，深入研究，采取了多种方式进行取证，现场检查、会同专家实地勘察、查阅图纸、梳理管道清单、第三方旁证等。白天要出去检查，下班回家还要给女儿辅导功课。潘捷就利用女儿入睡后的深夜，独自在案头整理管道清单和相关数据。经过两个月的昼夜努力，潘捷最终厘清了该企业压力管道的“糊涂账”。

工作中的潘捷

另一方面，在领导的支持下，潘捷通过组织协调会议、座谈交流等沟通方法多管齐下，对企业的管理高层晓之以理、动之以情，打消了企业的负面情绪，推进了案件流程。潘捷没有辜负领导的期望和信任，经受住了考验，顺利办结了案件。

案件办结后，潘捷将自己在办理案件的探索过程、分析思路和具体方案都整理下来，形成了一套行之有效的压力管道案件的办理机制。在局青年讲坛上，作为开篇主题进行了宣讲，和年轻干部们分享了办案经验。

一分耕耘一分收获，这起案件荣获了 2016 年度上海市质量技术监督系统“十大优秀案卷”。

严格监管，谨守底线

2016 年年初，潘捷担任特种设备监管的组长，特种设备监管工作风险大，强度大，压力大。面对这三“大”工作，潘捷勇挑重担，展现了女同志的无所畏惧和拼搏精神。她和同事们经常出入于地下室、锅炉房、楼顶等脏乱差和危险的环境中，不是恶臭难闻，就是尘土扑面。她深知自己身上的责任重大，无论遭遇到任何困境，一刻未敢懈怠。

有一次，潘捷和同事去到一家橡胶企业检查，橡胶企业车间恶臭难闻。他们按照监管系统内的在册设备，仔细检查了该企业的两个厂房，全部核对完毕。企业陪同人员一再表示他们厂区就这么大了，都已经检查过了。

准备返回时，潘捷看到在厂房的角落里有一根很细的绿色管道，觉得有蹊跷。于是，沿着这根管道一路检查，发现该企业厂房隔壁还有一个堆放钢材的仓库。

企业陪同人员急了：“仓库里就只有一些钢管，又油又滑，堆得又高，你们别过去看了，小心等会儿摔了！”

潘捷凭借着多年的执法经验和敏锐的观察力，感觉到仓库里一定存在问题。

“检查是我们的工作职责，也是我们对你们企业负责。”她说完，就和同事顺着一堆钢管爬进了仓库最里面，找到了里面藏着的一台未经检验的油分离器。

潘捷经常对同事说：“在工作上，我们绝不能含糊，要做到细致再细致，筑牢安全的底线，决不能留下监管死角，埋下安全隐患。”正是这样一种理念，促使她把监管工作作为保护人民生命财产安全的重要底线。

无畏障碍，恪尽职守

经过三年多执法工作的磨练，潘捷已经从一个娇气的女同志变成了单位执法工作的中坚力量。她常年一身制服，风尘仆仆在外检查，家人经常笑话她说：“你现在俨然一个男人婆啊！”

2017 年 8 月，潘捷和两名市场监管局的同事来到一家超市进行执法检查。

他们在卖场抽查了一些小家电，又赶往地下室的空调机房，检查特种设备。

超市的工作人员显然一脸不悦：“地下室闷热潮湿，你们要检查就自己进去，我就在门口等你们。”

潘捷他们二话不说打开了随身携带的手电，就进入到了空调机房，黑洞洞的机房里轰隆隆的机组正在工作。她一边歪着脑袋夹住手电，一边拿出事前已经准备好的设备清单，一一进行比对。

潘捷发现面前的油分离器上，都是星星点点的跳蚤。她没有时间去考虑太多，专心投入到了设备检查工作中。

一个小时过去了，她们完成了检查工作，从地下室出来，发现短袖制服早已被汗水浸透，上面还有一个个黑色的跳蚤在爬动。

大家没有一句埋怨，用文件夹拍拍身上，又来到了超市的办公室，继续开具检查记录，制作现场笔录等一系列的工作。

超市的工作人员摇着头，啧啧道：“真佩服你们啊，这样还能忍，回去有你们受的！”

果然如他所料，每个检查人员身上被咬了百来个跳蚤包，每天都痒得心难受，近十天才慢慢退去。

朋友劝潘捷说：“那么脏的地方，你一个女同志，能不去就不去嘛！”

潘捷笑着回答："不管男女，我们都要对得起这身制服，既然选了这份职业，再累再苦也不能退缩！"

古道热肠，乐善有恒

在"男人婆"的表面下，潘捷却有着女同志特有的热心肠。

潘捷在监管系统查询时发现，一家企业于2016年已变更了单位名称，但是直到2017年中旬，大部分设备的使用单位还是已经注销的老单位。

出于强烈的责任心，她打电话仔细问了情况，发现这家企业是多头管理，共有三个部门在共同管理特种设备，企业都弄不清楚自己到底有多少在用设备。管理部门又都是平行部门，平时业务也不交叉，设备清单多有缺失，加上老单位的公章也已经注销，导致变更时障碍重重。

获悉了企业的这种情况，潘捷立即和同事赶往现场核查，再通过系统内新旧两家企业的设备比对，帮企业理清了设备清单，告知企业设备管理人员哪些设备需要去做变更登记。

她又约谈了该企业高层领导，刚柔并济，要求企业重视特种设备的变更登记工作，将变更任务落实到具体责任人。一周内，企业就完成了变更设备的工作，消除了安全隐患，解决了企业的"老大难"问题。

潘捷一直不忘初心，牢记使命，心系群众。在完成监管任务的同时，尽自己所能给企业一定的帮助。

在工作以外，她也非常热心公益，和支部同志一起捐款助学，积极参加社区的公益活动，帮助社区孤寡老人，主动去地铁站当志愿者，挤出自己的业余时间为社会贡献她的一份爱心。

潘捷在2015年被评为了上海市质量技术监督系统"优秀青年

志愿者”。2016 年在区“人人做好人、人人评好人、人人赞好人”主题活动中，获得“热心公益”好人提名奖。

无悔青春，阔步前行

2017 年 9 月，潘捷参加了上海市质量技术监督局“质检利剑”执法打假专项比武，获得了上海市质监执法打假“办案能手”称号。

这是对她勤勤恳恳投身于执法工作的肯定，也是对她继续提升自己执法能力的激励，更是让她勇于不断奉献自己的动力。

执法工作是她一辈子热爱的事业，衣带渐宽终不悔，她将为之奋斗终生。

勿忘初心　诚恳履职

记上海市宝山区市场监督管理局综合执法大队陆琦

陆琦，中共党员，现为上海市宝山区市场监督管理局综合执法大队三中队的一名基层执法人员。在从事监管执法工作的三年里，陆琦同志始终保持党员先锋模范作用，恪尽职守、诚实守信，以高度的事业心和责任心投入到工作中，为保障区域安全默默奉献自己的力量，赢得各方一致好评。该同志是上海市宝山区市场监督管理局“党员先锋岗”，在2015年度荣获“优秀公务员”称号，在2016年上海市质量技术监督“质检利剑”执法打假专项比武活动中，荣获个人和团体一等奖。

一名不忘初心，保持自我操守的共产党人

作为一名党员，必须具备过硬的政治素养和正确的思想导向。为了培养自己鲜明的政治立场，优秀的思想品质，陆琦同志时刻关心国家大事，认真学习和执行党的路线、方针、政策，坚持用科学的理论武装自己，坚持理论联系实际，自觉加强政治理论学习，认真领会中国特色社会主义理论体系特别是习总书记系列讲话精神，自觉坚定理想信念，讲党性、重品行、做表率。树立了遵纪守法、廉洁自律、热情服务、助人为乐的“为人民服务”基

本思想，努力成为一名符合“四讲四有”新标准的合格党员。

陆琦同志以“自重、自省、自警、自励”为立身之本，无论是在违法案件查处工作中面对相对人，还是特种设备监管工作中面对监管对象，都能秉持实事求是的工作作风办事，能够保持一名共产党员的自我操守，坚持崇廉拒腐，清白做人，干净做事。作为局“党员先锋岗”，时刻要求自己守纪律、讲规矩，不忘入党初心，立足本职工作，践行党员承诺，为树立新时期良好党员形象作出自己的贡献。

一名与时俱进，市场监管改革的排头兵

自 2015 年 6 月，宝山区市场监督管理局开始进行市场监管体制改革，着力深化改革、促进机构融合，是现阶段，乃至将来很长一段时间要面临的重要课题，这既是机遇，更是挑战。

作为改革浪潮中的一员，陆琦同志也积极为局改革工作出谋划策，其设想的《特种设备安全技术规范检索信息系统》获局团委“金点子”评选活动三等奖，撰写的《关于在大市场监管环境下特种设备监管模式的新设想》一文获局工会“履职尽责助力城市安全，市场监管助推经济发展”征文活动二等奖。

他第一时间掌握包含《上海市市场监督管理行政处罚程序规定》等机构合并后颁布的法律法规，同时更加强了对工商、食药、物价领域的知识学习，为以后综合监管的执法新模式打下基础。力争成为改革融合后第一批市场监管主力军和改革创新的排头兵。

一名严格执法，特种设备安全的捍卫者

行政处罚永远不是执法的目的，但脱离了行政处罚，同样不能给予违法行为以震慑。作为一名法律专业出身的执法者，陆琦

同志对案件办理有自己的坚持，不仅要办好，更要办精，他所承办案件的质量始终保持较高的水准，是其他同志办理案件时的借鉴和范例。两年来，陆琦同志共查办特种设备违法案件 60 余起，罚没款累计近 200 余万元，严厉打击了辖区内特种设备违法现象，保障了区域特种设备的安全使用。

陆琦正在进行执法检查

在办理某起压力管道未经检验案件时，他深入挖掘，案中找案，以一条违法线索引申出六宗案件，不仅对压力管道违法使用单位进行了查处，还追根溯源，将未取得许可的压力管道安装单位纳入处罚范围，一方面反映了特种设备全过程监管的特点，另一方面也体现了其严格依法行政、落实全面监管的特种设备执法宗旨，在规范特种设备生产者、使用者行为方面积极作为，也为其他部门在处理类似特种设备案件时提供了一套行之有效又可复制可推广的处理办法，保障了区域特种设备的安全使用。

在宝山万达广场电梯滞留人员超过 2 小时的特种设备事故发

生后，顶住压力，及时处置事故单位，成功化解了“7·26”荆州电梯事故后特种设备监管部门公信力危机，也为同时期宝山电梯安全大检查打响了头炮。

一名暖心监管，企业安全管理的好帮手

宝山区共有特种设备使用单位4000余家，特种设备总数近4.5万套，压力管道1000余公里，特种设备数位于全市前列。面对特种设备保有量如此巨大的区情以及特种设备所具有的潜在危险，通过监管保障企业特种设备使用安全成为重中之重。

陆琦同志作为特种设备监管组组长，不畏风险，敢于担当，始终奋战在特种设备安全监管前线，把保障安全作为天职。炎炎夏日，室温40℃的锅炉房内有他浸湿了衣衫的汗水；寒冷冬天，高空40米的大型球罐上有他迎风而上的身躯。天津港发生重大火灾爆炸事故后，陆琦同志立即响应上级要求，对区域内危险化学品相关特种设备开展隐患排查，爬锅炉查看安全附件，钻设备核对信息参数，哪怕满身油污，也尽心尽力地履行自己的监管职责，切实保障区域安全运行和人民群众利益，维护社会安定。他常说：这是对职责的承诺，也是对企业的负责。近两年来，共检查特种设备使用单位500余家，消除安全隐患2000余处，切实履行了特种设备监管职责。

在面对被监管企业存在困难时，耐心指导，帮助企业梳理设备清单，排除安全隐患。在对某企业进行检查过程中，发现该企业液氨管道管理十分混乱，明细不清，存在安全隐患。陆琦同志组织召开检验机构、企业、区局三方协调会，通过检验机构现场勘测、核对设计图纸，弄清了管道明细，解决了企业历史遗留问题，也帮助该企业完善制度，梳理设备清单，消除安全隐患。

严谨的工作作风、高效的工作质量以及对岗位职责的承诺，换来的是辖区内特种设备企业的尊重，以及特种设备使用的安全，陆琦同志以实际行动践行着党员“全心全意为人民服务”的核心价值。

一名锐意进取，充满责任担当的青年干部

作为一名 80 后，刚过而立之年的年轻公务员，正是全局执法队伍的中坚力量。生活中，陆琦同志真诚待人，看到谁需要帮忙，就主动去帮，答应别人的事情，都努力做到，在周围同事中具有较高的信誉度。工作中，该同志锐意进取，坚持实事求是，办实心事，反对弄虚作假、敷衍了事。

他是“青年突击队”中的一员，在大场镇“五违四必”综合整治行动中，坚决贯彻局党委要求的“5+2、白加黑”的作战精神，通宵达旦，坚守在整治一线，统计企业信息，安抚群众情绪，逐一告知和宣贯政府政策。为整治行动的顺利进行贡献了自己的力量。

他是执法大队的青年法制员，十分注重对法律法规的学习，对典型案例的剖析。平时，毫不吝啬地把自己知道的法律知识、总结的办案心得和同事们交流、探讨。通过总结经验与理论研究，分析汇总了辖区内气瓶充装单位的共性问题，编撰了安全管理注意事项、摘选了安全技术规范要求等资料，与同事分享，促进同事间的沟通融合，也促进业务上的共同进步。此外，利用工作之余，还撰写了多篇执法论文，其中《上海 A 实业发展有限公司使用未经检验的压力管道等系列案》《从重处罚到不予处罚的依法行政之路》《浅析行政处罚程序违法常见的几种表现形式》等多篇论文，分别被市质监局《政策法规研究》《综合执法信息动态》“质

检利剑”微信平台等录用。

他是党支部的普法宣传员，积极参与党支部“电梯安全宣传进社区、进企业”“学雷锋”等主题活动，对症下药，真正了解群众的需求，为居民们和企业宣讲电梯安全知识，为保障辖区内电梯安全运行起到了积极的作用。

“把工作当成事业”，奋斗在路上

将“我”字拆解，是一个“找”和一撇，人的一生都是在找那一撇，从而成为一个完整的、优秀的人。这一撇对于陆琦同志来说，是对党性的坚持、对改革的开拓、对法律的严守、对工作的负责。他总说：“把工作当成事业来奋斗，我能从中获得更多。”他始终以保障特种设备安全为己任，把人民群众的利益放首位，有着坚定的理想信念，具有良好的职业道德和强烈的事业心和责任感，在平凡的岗位上践行一名共产党员的职责，勇于担当，乐于奉献，把工作当成事业，奋斗在宝山区市场监管事业的道路上。

不忘初心　笃行致远

记上海市宝山区市场监督管理局综合执法大队陈向华

十二年前，他还是一个意气风发的知识青年；十二年后，他成长为一个成熟果敢的执法中坚。作为上海市宝山区市场监督管理局综合执法大队四中队中队长，陈向华同志长期奋战在执法打假第一线，在长达十二年的执法之路上，他始终把执着、敬业、奉献作为工作箴言，在平凡的岗位上作出了不平凡的成绩。

立言立行，在执着中追求钟爱一生的事业

2005 年 7 月，陈向华同志通过公务员考试进入原宝山区质量技术监督局工作，作为年轻同志参加工作伊始就充实到执法科，当时有不少同志质疑，一个名牌大学的研究生能否在这既艰苦又充满风险的执法一线脚踏实地的工作下去？面对这些质疑，他凭借着对行政执法工作的热爱，把执法工作作为一生的事业，一步一个脚印地在自己所从事的执法打假工作领域执着追求，一干就是十二年。在这漫长的十二年间，他直面过不法分子的利刃尖刀，拒绝过违法企业的金钱诱惑，遭遇过各种诬告中伤。有一次在处理一起不实举报过程中，举报人为了达到个人目的，不断给他发送各种威胁短讯，向各级纪委诬告他收受好处，妄图干扰办

案。但陈向华没有退却也没有冲动，坚持依法办案，维护了企业的合法权益，也体现了他公正执法、廉洁执法、文明执法的良好形象。正是这对工作的执着精神激励着他在执法一线忘我的工作，作出了优异的成绩。据不完全统计，十余年来，经他办理的案件达 200 余起，从未发生复议更改和诉讼败诉的情况。他办理的案件曾入选国家质检总局 2008 年“双打”十大典型案例。2010 年、2011 年两次获区质监局嘉奖。

党叫干啥就干啥。2014 年 6 月质监局机构改革，原执法科撤销，组建参公事业单位执法大队。由于执法大队招收的都是从未从事过行政执法的年轻同志，为了使执法工作不断档，局党组找他谈话，希望他能到执法大队工作，起到传帮带的作用把执法大队组建起来。去执法大队工作就意味着要放弃通过千辛万苦考进的公务员编制，出去容易进来难，同事和家人都劝他不要放弃公务员编制。但正是对执法工作的执着和热爱，让他放弃计较个人得失，服从分配，转为参公继续干他的行政执法工作。千钧重托如催征战鼓，角色的转换让他深知只有建设一支思想作为顽强，业务能力突出的执法队伍，才能不负期望，不负重托。队伍建设成了陈向华同志日常工作的重点。通过请进来走出去的业务培训、内部经验交流、典型案例讨论等多种方式来提升执法人员专业技能。鼓励执法人员走上讲坛，给青年同志创造展示自身的机会和平台。经过两年多的不懈努力，这支成立仅仅两年多，平均年龄 30 左右的年轻队伍逐渐成长为一支在关键时刻能拉得出、打得响的执法生力军。在 2016 年上海市执法技能大比武中，陈向华同志带领的团队包揽了团体和个人一等奖；培养出了一位上海市质量技术监督局“执法办案能手”；选送两名同志考试获得特种设备监察员证（A 类）。

陈向华（左二）和同事们参加执法打假专项比武决赛

善作善成，在实干中践行披坚执锐的决心

执法工作专业性强，要有驾驭各种复杂局面的能力，更要注重执法方式、方法和技巧。在长达十余年的执法工作中，陈向华同志利用业余时间努力钻研业务知识，不断在工作实践中磨砺自己，使他迅速成为一名优秀的执法打假能手。他个人在2009年荣获上海市质量技术监督局“执法打假先进个人”、2016年上海市质量技术监督系统“执法技能大比武”个人一等奖，荣获上海市质监局“岗位练兵与技能比武大赛”优胜个人称号。

执法打假最基础也是最难的工作就是案源线索的发现，既需要扎实的法律基础知识储备，又要有敏锐的观察力。在长达十几年的执法生涯中，他的身边常备有一个小记录本，时刻记录着他在路上看到的可能会有违法行为的企业，回单位后在网上查询企业的基本情况。如今无线网络的普及，手中的记录本也换成了手机，但习惯仍然保持，他笑称这也是与时俱进，是“互联网＋执法”。通过这种方式，他先后在监管的路上发现了无证生产汽车空调线索，在去超市买东西的时候发现小夜灯、儿童服装的质量问题线索，在停车等红灯时发现冷藏车无证改装线索，等等案件。

2015 年市场监管体制改革后，陈向华同志带领的执法中队在承担原质监系统行政执法工作的基础上，又承担了辖区内危险性较大的承压类特种设备使用单位的监管工作。面对这一危险性高、追责风险大的工作，他没有退缩，勇敢承担下这一从未接触过的监管领域。作为一个文科生，他深知“学者非必为仕，而仕者必为学”，基本功不过关，就会陷入不知而盲，无知而乱的困境，他从头开始啃各类特种设备安全技术规范，学习特种设备监管法律法规，实际操作移动监管信息系统，并顺利取得了特种设备监察员证。在他的带领下，陈向华同志所在的中队两年来共检查特种设备使用单位 700 余家，查处特种设备违法案件近 60 件，辖区内未发生一起承压类特种设备事故，为宝山区特种设备安全工作作出了突出的贡献。

善始善终，在前行中选择无怨无悔的奉献

行政执法人员就像公安系统中的侦查员，经常要离家外调。而异地调查又是难度较大，条件艰苦的一项工作。十余年的执法生涯，祖国的塞北草原和西南山区都留下了他的脚印。在处理一起涉及货值 400 多万元的成套生产设备质量纠纷投诉案件中，陈向华同志深入内蒙古，通过实地核查，逐一核实每个有质量纠纷的设备，掌握第一手证据，从有利供需双方的角度提出调解方案，经过 3 天艰苦的调解终于促使双方达成调解协议，为企业挽回了巨额经济损失。此次成功的异地调解也获评 2012 年上海市质量申诉优秀案例并刊登在当年的《中国质量报》上（《百万设备成摆

设，千里调解化纠纷》)。

行政执法工作更是一项应急工作，经常一个电话就需要第一时间赶到事发现场，加班加点更是家常便饭。陈向华同志发扬“5+2、白加黑”的作战精神，多年来积极参加各项应急行动，毫无怨言。2016 年 6 月上海市某区发生一起锅炉爆燃事故，他放弃休息日，身先士卒，带领执法人员立即投入到紧张的排查工作中。6 月的上海骄阳似火，室外温度近 40℃，而锅炉房内更像是一个大熔炉。执法人员身上的制服都被汗水浸透又烤干甚至析出了盐粒。在这样严酷的条件下陈向华同志带领全队执法人员连续奋战 20 天，检查 49 家单位，共 55 台锅炉，整改安全隐患 161 处，圆满完成了紧急专项排查。2017 年是上海市“五违四必”整治攻坚年，也是在这一年年初，陈向华同志的一双儿女呱呱落地，领导体谅他让他多照顾家庭，但作为一名共产党员，要对得起自己所担负的责任，他积极响应局党委号召，主动报名参加区局组建的“党员先锋队”，用务实的作风和昂扬的干劲参与到整治行动中来，承担起了“五违”整治中最为艰辛的错时整治任务，展现了市场监管干部的良好形象。

2017 年党的十九大顺利召开，新时代意味着新起点、新使命；新目标召唤着新气象、新作为。合抱之木，生于毫末；九层之台，起于累土。陈向华同志作为一名长期奋战在执法一线的国家公职人员，不忘初心，笃行致远，仍将在新的征程上一步一个脚印，无愧于党，无愧于人民，无愧于自己。

新事业从这里起步

记上海市嘉定区市场监督管理局徐晓磊

2014 年的夏天，徐晓磊通过公务员招录考试顺利进入上海市嘉定区质量技术监督局（现上海市嘉定区市场监督管理局）工作。对这个满怀理想的年轻小伙来说，这是一份新奇而又充满挑战的工作，他对此充满了无限期待。

时光荏苒，物是人非，在老队长的言传身教下，他已经从一名“办案新手”，变成了“执法骨干”。他总是自嘲道：“也不知怎么的，我就从年纪最小变成资历最老的了。”三年间，他跑过大大小小的企业四五百家，遍布全区的每个街镇、每个园区，有时候，甚至听到一个门牌号就能报出企业名字来，大家都管他叫“黑车司机”；三年里，他用手中的相机，记录下了数千份工作影像，却没留下一张自己的工作照，成了队史中的“隐形人”；三年里，他办理了 30 多起质量违法案件，大案要案有 10 多件，罚没款超 200 万元，是队里不折不扣的“办案能手”；三年里，他代表区局参加了市局的每一次岗位练兵大比武活动，每一次都载誉而归，把领导都乐坏了，“明年还派你去”。

他说：“我哪有什么过人之处，这些成绩都是被逼出来的，不过我就是喜欢充满挑战的工作。”

“白头翁”变形记

“我的车有严重的缺陷，我要求厂家给我退车，别的免谈……”电话那头，举报人老张情绪激动，言语显得有些蛮不讲理。开了不到一年的车在过减速带时突然趴了窝，4S店以不在三包范围为由，拒绝了老张包修的要求，老张四处维权，却都吃了闭门羹，最后实在气不过，把厂家给举报了。

晓磊一边听着老张喋喋不休，一边做着笔记，见缝插针地给老张讲述举报核查情况，解释“三包”规定，并耐心地开导他。两个小时电话打下来，两只耳朵早已红得像熟透的苹果。最后老张也累了，语重心长地说：“小徐啊，要是人人都像你这样认真负责，我这点小事也不至于拖那么久。”晓磊心里清楚，其实老张并不是真想退车，无非是争一口气，可就是没人明白这个理，给他这个台阶下，才弄成这样。

随后的几天里，老张又来过几次电话，在晓磊的耐心劝说下，老张的情绪逐渐缓和，不再提退车的事，只是希望通过协商早点解决问题。虽然不在受理举报的工作范围内，但晓磊为了避免情况出现反复，还是给厂商做了工作，希望他们认真对待消费者的合理诉求。老张来的最后一个电话是为了表示感谢，说是车已经修好了。

这位个子不高、长相清秀的80后小伙常开玩笑说，小时候他的母亲总教训他，做事像只白头翁，有始无终。看看现在的他，对待工作却总是很有耐心，一股子认真劲儿，丝毫没有半点含糊，倒是那几根成熟的白发，像极了白头翁。

“懒癌晚期”的日常

2015年的清明，天空一如既往地飘着雨，晓磊陪父母一同回乡下扫墓，可刚到没一会儿，急促的电话铃声就响了起来。“清明节会有谁打电话来呢？不会有什么急事吧？”他嘀咕着拿起了手机，原来是队长打来的，说刚刚央视《朝闻天下》节目报道了儿童安全座椅的新闻，提到我们这的一家企业销售有问题的儿童安全座椅，上级要求马上核查。他犹豫了片刻，转身坐上车就直奔单位去了……

自打入这行三年多来，晓磊没有请过一次长假，没出过一趟远门，每次家庭旅游他都以工作忙脱不开身为由推辞了。同事们都笑话他“你这么宅，还怎么找得到对象。”他总是笑着回应说，他是“懒癌晚期”，就是喜欢宅在家里。可是，每一次应急值班，他总是准时地到单位报到，不管逢年过节，风里来雨里去，从没落下过一次。

拿书本的老师

时间临近2016年的尾声，全队还在为“质检利剑”执法打假“秋季战役”的专项四处奔波。当日天色渐晚，北风呼啸，落叶拍打在身上，催促着行人加快赶路的步伐。队长和三名队员还在一家生产食品加热设备的外资企业内进行检查，这是名单上的最后一家食品相关不锈钢制品生产企业，大家都希望赶快完成抽查任务好早点回家吃上一口热饭。另一边，企业的陪同检查人员不停地给厂长打电话，汇报情况，但得到的答案都是“不行，老板联系不到，设备马上要交付，没有老板同意不能拿走”。时间在焦急的等待中飞逝，眼看着一下午的努力就要付之东流。

正当大家都心灰意冷的时候，厂长从外面赶了回来。“这不是徐老师嘛。”在推门进来驻足片刻之后，他有些吃惊地望着会议室里的执法人员说道。晓磊仔细端详了这个中年男人两眼，才恍然大悟，原来是一个多月前在镇里做培训时前来咨询问题的那位企业负责人。在那次培训会后，厂长因为许可证产品委托加工的纠纷，找到晓磊咨询，本来愁容满面的厂长在听完晓磊的一番解答之后，茅塞顿开，打心底里欣赏这位年轻人。所以在说明来意之后，厂长二话没说在抽样单上签了字，准备来个先斩后奏……

徐晓磊为生产企业负责人开展法律宣贯

三年多时间里，晓磊去过汽配城给个体商户做普法宣传教育，去过社区给居民做识假、辨假专题讲座和答疑，去过农村给老年人做产品质量风险防范知识宣讲和答疑，去过工业区给企业负责人做产品质量安全法律宣贯和警示教育，去过街道、商圈给市民做消费者维权知识宣讲和答疑……

很多人都亲切地称他为“小徐老师”，用他自己的话说：“当大家都愿意亲近你，笑着和你打招呼的时候，才觉得，其实做‘拿书本的老师’比做‘拿鞭笞的裁判’更有意义。”

砺剑出鞘试霜刃　剑胆琴心释情怀

记上海市浦东新区市场监督管理局稽查支队行政执法员何玖

“剑”，乃短兵之祖，近搏之器，佩之神采，用之迅捷。烽火年代，剑是勇猛精神的符号；和平时期，剑是开拓进取的彰显。何玖，昔日的海军舰长，扫雷尖兵，转业到中国改革开放的前沿阵地浦东，开始了没有硝烟的质监执法打假全新生涯，紧握捍卫市场经济秩序的利剑，在全力推行浦东市场监管体制执法改革的时代背景下，重铸剑魂，砺剑前行。

宝剑锋从磨砺出

在执法改革的发展趋势下，面对全新的执法领域，到底是弹剑作歌奏苦声，还是十年磨剑出青锋。前方的道路也许会坎坷泥泞、荆棘丛生，但何玖选择了披荆斩棘、刻苦钻研，将个人学习和集中探讨相结合，带动稽查支队二大队内部形成比、学、赶、帮的工作氛围。

知识储备是推进“执法改革”的基础。近年发下来的业务书籍，属于何玖同志的，不出一个月，就像十年的旧书，甚至被翻烂掉。他的书本边页上写满注释，字里行间都是记号，时间长了，同样书本，他的书变成其他人的工具书，每次逢人借书的时候，他都会不好意思得说“这本的封面又被我翻掉页了，你就凑合看吧”。在执法改革的趋势下，对公司财务运营情况的检查、各种法律的使用、各种技术参数的了解等要求日渐提高，何玖利用边角料时间见缝插针自学会计、法律、各类专业知识。同时，何玖在学术研究上也有所突破创新，他善于学习总结，提炼执法经验体会，撰写的《论执法与服务之包容统一性》《论法治质监文化建设在市场监督管理中的地位和作用》两篇论文在国际国内质量论坛上发表并进行了演讲。在何玖的带动下，大队的其他同志们纷纷自学自考了会计证、律师资格证、中级工程师等专业证书，提升自己的综合专业素养。

案例分析是推进“执法改革”的先导。几个月来，作为业务带头人的何玖，主动率先一步，组织开展了多次集中性的业务交流会，分别就产品质量监管、市场行为监管等有关工作交流经验，取长补短，拓宽综合执法眼界。将几个典型案例制作成 PPT，围绕工商、质监、食药监领域的职能，以讨论会的形式开展交流探讨，将同一个案子，分别从不同的角度进行剖析研究，全方位研究违法苗头、违法趋势及违法行为特征，拓展办案思路，由一个案源开拓出多样化的办案方向，形成“执法改革”方案性储备，创造综合执法有利条件。

利剑出鞘试霜刃

浦东市场监管体制改革，吹响了执法改革的号角，在几年来的磨合砥砺下，何玖枕戈待旦，拔剑出鞘试霜刃，捕捉发案规律，明确办案方向，推动大要案查处向纵深发展。

严谨细致、抽丝剥茧是何玖同志办案的特点。在一次承办外省质监部门对一家涉及制冷设备生产许可证的企业协查任务时，在调查前期，该公司主动提供相关证据，说明情况，但过于完美的证据链反而引起了何玖的警觉，对方似乎有备而来。该公司提供的证据到底是事实还是陷阱？何玖绕过该公司，直接与外省质监部门进一步沟通，发现在接函前，该公司早在一个月前就得到了被查处的信息，并且该公司副总曾为此事专程赴外省施工单位进行沟通协商。何玖索性将前期在涉案企业掌握的证据暂时搁置，摆脱当事人故意设置的障碍干扰，另辟蹊径，从外围展开调查，组成专案小组，赴制冷机组安装现场进行实地核查。

涉案两台机组在商厦的顶层，何玖冒着大雨，打着手电筒爬进狭小幽暗的空调外机内，仔细观察机组的外部特征，发现铭牌是可以后期安上的，铭牌提供的信息可信性打了折扣。在仔细查找后，何玖在机组零部件——压缩机机身上发现了一些有规律的钢印，有些钢印已经被油漆刷掉，只有模糊的轮廓。何玖立刻敏锐得发觉，这可能就是案件的突破口，随即把所有能找到的钢印全部拍照取证。

何玖将每个压缩机上的钢印与铭牌上的序列号进行比对，发现无法一一对应，这些钢印到底是什么时候打上去的，又包含了什么信息？带着疑问追根溯源，何玖走访了压缩机供应商，了解压缩机的生产流程和工艺。据供应商的陈述和实地调查，这些钢印就是压缩机的生产序列号，可以理解为压缩机的身份证号，在成品出厂前打印在压缩机壳上，很难更改。从这些生产序列号上，可以查询到压缩机的生产商、生产日期、生产流水号。根据采集回来的 8 台压缩机上的钢印，何玖查阅了压缩机供应商的采购计划表，最终确认涉案两台机组的生产时间和装配信息，属于无证生产的产品。至此，案情峰回路转、柳暗花明。

在上述案件中，搜集来的证据真假难辨，何玖严谨细致，“动查”“静析”相结合，搜集证据与审查证据联系密切、交替进行。毕竟，真相只有一个，何玖对已收集的证据进行分析、研究，找出证据与案件事实间的客观联系，不断补充完善，一步一步接近案情的真相。最终鉴定证据真伪、查明事实真相、认定案件事实。

在支队，何玖还是大家公认的“电钻”，努力发掘法规潜力，拓展执法领域，办理新型案件，把书面掌握的理论知识运用到执法办案工作当中，在日常生活中努力发现案源。

一个平常的周末，何玖陪儿子去图书馆借阅书籍，敏锐的感觉让他注意到了一个新型电子产品——图书自助借还机。“电钻”何玖立即让儿子自己去翻阅图书，他却仔细研究起这个新事物。现场发现有四台设备，这些产品没有相应的产品信息标识，这引起何玖执法惯性的警觉，何玖就和工作人员闲聊了起来，原来这些产品刚安装好，还未验收交付，现在试用期。该产品是否列入强制性产品认证目录？如需强制性认证，那现场组装且用户未验收的产品是否是未经认证擅自出厂行为？带着这两个疑问，他回去做足功课。

虽然图书自助借还产品上市时间不长，但由于使用的便捷性，快速广泛地被各类图书馆、学校、社区等借阅图书的单位所接纳使用，是新兴的人工智能型产品，在强制性产品管理目录中对该类产品也没有明确表述，一时难以判断。

何玖主动向上海 CQC 分中心技术人员请教，了解其工作原理，同时查阅了《关于明确自助终端类产品属强制性产品认证范围的公告》《关于现场组装电脑认证执法检查有关规定的通知》等文件，走访类似产品企业。这就为案件的侦破指明了方向，最终明确自助图书借还终端机系统必须取得 3C 认证，现场组装完毕使用的产品属于无证擅自出厂行为。

就这样一次偶然的发现，开阔的思路，丰富的经验，日常的积累，让何玖发现了借阅图书自助借还终端系统这一个尚未被规范的领域，探索出一条新的路子，成为新型系列案。

剑胆琴心释刚柔

一线的执法工作随机性强、突发情况多，加班加点，昼夜坚守，同样的付出却鲜有鲜花和掌声。何玖剑胆琴心、刚柔并济，面对辛苦的一线工作，淡定、勤恳；面对极端的暴力手段，血性、阳刚；面对弱势的群体，心怀悲悯；面对家庭和亲人，同样儿女情长。在关爱家庭和奉献事业上，何玖用更多的努力和付出平衡着双肩的责任，用更多的坚韧和执着去诠释党性的坚定。

在查处某假冒水泥膨胀剂案中，何玖带领两名执法人员进入厂区，要将500多吨假冒产品扣押运走时，突然厂门紧闭，生产企业找来的20多名地痞流氓拦在仓库前，公然叫嚣，威胁执法人员的人身安全。关键时刻，何玖临危不惧，有胆有识，一边与企业负责人周旋，安稳情绪，控制现场；一边佯装和同事核对检查信息，却是悄悄用短信向外界发信号，随着公安和大部队的及时到达，化解了危机。我们曾私下里问过何玖，你们被暴力阻拦的时候害怕吗？何玖轻描淡地说道“又不是第一次碰到，你强了，他自然就弱了，为何要害怕。”好像只是挽了个小小的剑花，实则剑气伤人。其实我们都知道，在何玖阳刚硬气的纯爷们儿汉子下，还藏着一颗细腻柔软的心。在该案中，当企业的涉案人员被羁押带走后，剩下负责人的妻子和两个孩子无助哭泣，想到家中同样年幼的儿子，何玖主动抱起最小的孩子，安抚当事人妻子的情绪，明以大义，使其说服被羁押人主动配合调查。

说到家庭，何玖总是心怀愧疚、默默遗憾。他住在南汇，每日早出晚归，懂事的儿子以优异的成绩考上陆家嘴附近的初中，每天随他一起上学。但是案情不等人，加班加点不由人，他的儿子成了编外人员，无数次看到他儿子在他的办公桌前饿着肚子边做作业边等他回来，外卖、饼干也就成了孩子的家常晚餐。提到儿子，骄傲的眼神夹杂深深的愧疚，父爱如山，无以言表。但他明白，任务重、压力大，每个人都在满负荷运转，他，不能先走，也不愿先走……

何玖从军队大熔炉中烨炼出刚毅、自信、创新诸多品质，从戎疆海域，到转战地方执法打假的大舞台，用他大海一般的博大胸怀，谱写激情燃烧的青春岁月，将自己锻打淬火成维护市场经济秩序、捍卫广大人民群众的利剑，用朴实无华重铸了新的剑魂——融合、创新、开拓、奉献。

从国旗护卫队长到质监执法战线铁骨脊梁

记江苏省南京市质量技术监督局稽查分局副局长张建明

“本来是带妻子去医院的，她病的连走路都困难了。真的是欠她的，结婚多少年了，还让她和孩子留在安徽老家，而自己，只是不要命地工作，顾不上家也顾不上孩子。”此时，身为江苏省南京市质量技术监督局食品安全监督稽查大队大队长的张建明心里充满了内疚。他想到最近身体也有些不适，顺便也做个体检吧。

妻子是慢性病，倒是自己的病不能耽误，医生说疑似膀胱肿瘤，要求立即住院手术治疗。可是张建明说：已经是 2013 年年底了，手里还有好几个案件，正在关键时刻，得回去安排好工作。拖了几天，在妻子和同事强行护送下来到医院，换上病号服住进监护室的那一刹那，他突然想到这会不会是与家人同事的生离死别?

手术前的体检，让张建明有了几天安静的日子。人静下来的时候就喜欢回忆，今生的经历往事慢慢的连成了一条线。

感觉自己是个很拼的人。曾经军旅 16 年，19 岁入伍，21 岁入党，多次立功受奖。至今没有忘却党旗下的誓言。难忘的还有那面国旗，国庆 45 周年之际，张建明受命组建了南京市第一支国旗护卫队，并亲自指挥了那一次国庆庆典的升旗仪式。那个清晨，当太阳出现在地平线之际，五星红旗在国歌声中冉冉升起，担任升旗指挥长的张建明心中有着难以描述的激动和喜悦。

党旗和国旗，这两面旗帜铸就了张建明的忠诚和信仰，这样的忠诚和信仰是融进血液里的。

2003 年从武警江苏省总队机关转业，来到南京市质量技术监督局稽查分局，这是一个全新的环境，一切都要从头做起。张建明的拼劲又上来了，他将全部业余时间都用在了学法规、学规则、学标准、学办案上，办公室的灯光常常亮到深夜。转业的第二年他就通过竞争上岗成为稽查六科负责人。

那段日子是极其艰苦且伴随着危险的。那些违法经营的制假者，厂房都设在废弃的矿山、城郊乡村或江边，白天大门紧闭，半夜偷偷生产。记得有一次为了抓非法生产“地条钢”，张建明和同事夜间在一处废弃的矿区里走了十几公里，冒着零下几度的严寒在郊外设伏蹲守到拂晓时分，待造假者刚刚点着熔炼炉开始生产时，他和同事如同天兵天将般出现，让曾经百般抵赖的相对人不得不低头认栽。随即，张建明又和他的同事跨越三省两市行程数千公里，多方取证形成证据链，成功查办了江苏省质监系统第一例销售假冒空调器“零口供”案。

对于张建明来说，艰苦危险和连续作战都已是平常事了，无论哪一起案件，他都是身先士卒，走在队列的最前面。

2010 年，为查处一起“瘦身钢筋”案，张建明连续用了一周时间追踪假冒钢筋的流向，摸清了造假者生产规律，一举成功查获了 700 余吨假冒伪劣钢筋，阻止了劣质钢筋在多个安居保障房工程建设中使用。

2012 年，张建明被任命为南京市质量技术监督局食品安全监督稽查大队大队长，这是一支专职食品稽查的队伍。上任后，他通过对历年来的食品检测报告数据分析，锁定了不合格率最高的“速冻肉制品”行业进行专项检查。在 −18℃的冷库里张建明一蹲就是几个小时，这对于地处江南的南京人是一个难以忍受的极限。他舍命工作的收获是查获销毁了一万多件用鸡皮冒充猪肉的伪劣变质食品，并向上级提交了专题视频报告及建议，促进召开了南京市食品企业专题整改会议，增强了行政执法服务于质量提升的效能。还有成功查处了某台资全国连锁企业用香草香精冒充香草生产“香草蛋糕”欺骗消费者案；某饮料企业用“黑莓”冒充“蓝莓”果汁饮料案等一批有较大影响的食品案件。

这些年处置的制售假案件实在太多，多的来不及回忆。

张建明的心头泛起层层波澜，正值年富力强，却因病住进了医院。医生的“危言耸听”令他想到最坏的结果……但是，自己丢不下深爱着的质监稽查工作，丢不下这个坚强又温暖的集体，丢不下关爱自己的领导和曾经并肩作战的同事。况且，家里还有年迈的父母、多病的妻子和尚未成年的孩子。

坦然的接受手术，病魔折服不了张建明这条硬汉，出院刚刚两个月他就回到单位，一边工作一边接受为期两年的膀胱镜检查治疗。张建明说这种治疗极其痛苦，让人现在回想起来都不寒而栗。或许，正是因为坚持工作，自己才能挺过这漫长痛苦的后续治疗。

紧张的工作让张建明忘却了病痛。这名曾经的国旗护卫队长，在质监战线上，依旧护卫着这面国旗，护卫着人民的利益，护卫着共和国大厦的基石。

就这样，张建明依旧视工作如生命，依旧亏欠着自己的家人。2014 年，第二届夏季国际青年奥林匹克会在南京召开，为保证赛会食品安全，张建明连续驻厂监管36天，他甚至都没有跟人说儿子这一年中考，没有时间在儿子升学之际多给予孩子一丝关爱。作为父亲，他心里不是没有歉疚，只是，当家国不能兼顾的时候，他永远选择的都是后者。

作为一名新时期的质监人，张建明将忠于职守、勤奋学习、诚实做人、踏实做事这些优点都集于一身。还有，张建明的性格里有着军人特有的坚韧，这样的坚韧是来自骨子里的，让他战胜病魔，也让他的工作在持之以恒中得以创新。张建明带着这种创新意识主动与国家重点国防工程南京第十四研究所新厂区建设指挥部联系沟通，设立了全省第一家“重点工程质监工作服务站”，双方默契配合成功查处了18起工程使用假冒伪劣建筑材料案件，刑事拘留1人，挽回该国防工程直接经济损失2000余万元，并获得了省局年度创新工作一等奖，取得了“服务与执法”双赢。

2016年春，经医院反复检查后医生宣布：张建明的身体已彻底康复！也是从2016年起，张建明的工作更加捷报频传。首先，他向分局提出，近年来随着行业的市场化，目前仅南京市就有各类检测机构400余家，其能力参差不齐，出具虚假《检测报告》也时有耳闻。在他的建议和带领下，分局开展了对检验检测机构的调研和专项执法，查获仅混凝土抗渗性能虚假《检测报告》就达3000余份，对违法企业及责任人作出200余万元的处罚，并将违法线索向属地建工部门和公安机关进行了移送。

还有，为打击电子商务领域制假售假行为，张建明与南京公安机关联合查办了“微商”制售假冒路易威登（LV）、香奈儿（CHANEL）等国际品牌首饰、箱包系列案件，查获假冒商品4000余件，涉案货值6000余万元，涉及国际品牌30余个，抓获犯罪嫌疑人36人，刑事拘留20人，批准逮捕8人，检察机关向法院提起公诉10人。其中一起被公安部列为挂牌督办案件，发起了“云端战役”。这也是国家质检总局年度“微商”制售假案涉刑人员最多、涉及地域最广的一例重大案件，引起了国家质检总局领导的高度关注，并接受了中央电视台《每周质量报告》的专访。

又是一起第一例，张建明自己也记不清在质监岗位上创建了多少个第一例了。

张建明接受中央电视台《每周质量报告》的专访

回顾张建明的成就和荣誉：自2006年担任分局科长以来，主办过各类案件近300起，累计涉案金额2.8亿元，收缴罚没款1200余万元，无一例行政复议、诉讼败诉。连续两年被评为省局系统“先进工作者”，荣立三等功1次，7次评为“优秀共产党员”，多年度考核优秀并被评为“市局先进”。其主办的南京某检测中心出具虚假证明案、仵某某销售假冒国际品牌首饰、箱包等日用消费品案，分别入选国家质检总局2016年、2017年“质监利剑”行动十大典型案件。“两学一做”期间“三比三争”先进事迹材料由南京市质量技术监督局向市委组织部推送。2017 年又被江苏省质量技术监督局作为“全国质检系统执法打假办案能手”向国家质检总局推荐。

丹心铁骨，再续辉煌。身体康复后走上分管行政执法副局长岗位的张建明，办公室的灯光又开始亮到深夜，灯光下的他并不都是在读书学习，很多时候是在做技术执法方面的研究。他常常将办案的体会和经验记录下来并加以归纳，其撰写的《混凝土蒸压加气砌块违法行为查处》和《速冻食品违法行为查处》均被评为江苏省质监系统行政执法案件查办课题研究优秀成果奖。

张建明说：“前方的路还很长，在质监这块自己热爱的阵地上，自己将继续探索，继续拼搏，永远尽忠职守，义无反顾。自己将继续探索，继续拼搏，永远尽忠职守，义无反顾。”

打假大兵的情怀

记江苏省南京市江宁区市场监督管理局稽查大队大队长李天伟

他目光似剑，隐藏再深的假冒伪劣商品也逃不过他犀利的法眼；他快如闪电，再狡猾的违法犯罪分子在他面前也会感叹生不逢时；他著书立说，播散为民执法的信念；他治军有方，打造了一支文明执法的铁军队伍。

他，传承了当兵人的魂魄，执法人的情怀。在 15 年行政执法生涯里，他留下了一串串闪光的足迹。他带领他的执法团队先后办理违法案件 1200 多件，查处违法产品货值 13 多亿元，打掉假冒伪劣生产销售窝点 300 余家，向司法机关移送犯罪分子 100 多人，为人民群众挽回经济损失 4 亿多元，保持了在江苏全省人均办案名列前茅、无一起行政复议和行政诉讼的纪录。研究出了 100 余种假冒伪劣商品的鉴别方法、总结出 300 余种办案技巧，开拓出 30 种办案领域在全国都是首创。他编写的《执法攻略与打假技巧》一书，成为全国执法人员的工具教材；他编写的《食面埋伏》一书，成为普通百姓识别假冒伪劣食品的家藏宝典；他编写的《建材鉴别手册》，为执法人员安上了火眼金睛。

他，就是被国家质检总局授予“全国质检系统执法打假办案能手”称号、国家质监稽查专家库专家的南京市江宁区市场监督管理局稽查大队大队长李天伟。

新环境，借助信息技术平台锤炼执法技能

22年的军旅生涯中，李天伟有过辉煌的纪录：作为部队军事训练尖子，曾参加对外军事代表团的汇报表演；作为宣传干事，参与了多起全国先进典型的重大新闻宣传；作为全军优秀政工干部，1999年被总政选调到南京战区，参加对台作战部队的组建。由于成绩突出，他两次受到提前晋职的奖励，3次荣立三等功，多次受到上级嘉奖。

从打赢高科技条件下的练兵场转业到为维护市场经济建设健康发展的打假战场，如何完成自己华丽的转身？一句话，学与练！不服输的军人性格又一次在他的身上体现出来。

唱戏要有舞台，练兵要有平台。学什么，如何练？从事行政执法，不仅要学法、懂法，更要深刻理会法律的内涵，处理好法与罚的关系，更好地服务于党和人民。他一头扎进法学的海洋里，充分吸收知识和营养，白天忙着办案，晚上回家自学，经常是一学就到深夜。他加入《中国质量热讯》论坛，学习执法理论，探讨执法案例，请教执法名师。为方便自己随时随地能学习和交流，他借助现代通讯技术搭建起自己的学习交流平台，建立起了QQ执法群与微信交流群，零距离与专家学者学习交流，随时随地与同行讨论案情，天天与专家过招。吕长富是我国质检系统泰斗级执法专家，为了取到真经，他数次利用休假的机会，不远千里追随吕长富到四川、云南跟班学习办案。

几年的执法理论学习与办案实践，为他打下坚实的理论与操作基础。入行第一年，他就能办理一般案件，第二年就能办理复

杂案件，第三年就能办理大案要案，逐渐在执法系统崭露头角，声名鹊起。他独创的全息办案思路、多维立体取证技巧、心理攻防谈话方法，得到了上级机关的肯定和同行的称赞。

新战场，发挥聪明才智为国助威

李天伟说，作为一名合格的执法人员，要有狼狗一样的嗅觉，猎豹一样的速度，狐狸一样的机警，狮子一样的尊严，群狼一样的团队协作精神。

一个冬天的黄昏，李天伟路过一处部队废弃的厂房时，从雾气中闻到了一股浓烈的酒味。他让驾驶员在这一乡村路段反复行驶了1公里，发现离厂房越近酒味越浓。这酒味，不是一瓶酒或一箱能散发出来的浓度。冬季＋独立厂房＋空气高浓度酒味，他敏锐地嗅到了“猎物”的气息。他留下两名队员蹲守，要求他们用执法记录记下这家人员的活动规律、相貌特征、进出车辆的频率及车牌号码等情况。

第三天，相关的音视频资料就汇总到他的办公室，他立即组织办案骨干进行案情分析。

老板和员工：均为外地人。2女9男。

车辆：5辆。灰色奔驰和黑色奥迪轿车各1辆，银色小型货车1辆、白色面包车2辆。

作息规律：深夜12点到次日凌晨6点上班，白天休息。天亮送货。

执法人员在垃圾堆发现了破损的酒瓶、瓶盖、包装等相关信息；靠近地下室位置，还听到玻璃瓶撞击的声响。

种种迹象表明，这是一个假酒黑窝点。在查处过程中，造假场面还是让李天伟震惊了。上千平方米的地下室堆放了各种已经灌装好了的茅台、五粮液、天之蓝等名酒上千箱，用于生产的灌装机、封口机、打码机数台，假冒的酒瓶、商标、包装及低档白酒无数计算。尽管查办过程非常顺利，但在关键的时候还是出现了情况。老板见违法事情暴露，忽然从二楼破窗跳下，紧接着开着奔驰车逃跑。“追！”李天伟指挥着执法车疯狂地追去，在乡村小路上上演了一场生死追赶，硬是将老板的奔驰车逼停在河沟里。老板见无路可逃，拖着一条受伤的腿跪地求饶。

李天伟（中）和同事们查处假冒名牌白酒现场

铁面无私的李天伟也有他温柔的一面。在处理下岗商户和残疾人群的案件中，很好地处理法与罚的关系，体现了党和政府对困难群体的人文关怀。几年中，他和他的同事们办理了多起在全国有影响的案件。他办理全国首例脚手架扣件质量案件，受到国务院的通报表彰；他办理的假冒美国电子摄像头案件，被国家质检总局列为保护知识产权 10 大经典案例；他办理的南京林肯电气有限公司许可证不予处罚案，江苏省领导专门作出批示，号召全省执法部门学习江宁质监这种全心全意为企业服务的精神。

新思路，树立开拓创新精神为执法立传

创新是一个民族发展的灵魂，也是一个单位发展壮大的根基。刚开始搞执法工作时，他发现自己像灭火队员，哪里有举报往那里跑，没有重点，没有目标。于是他根据每年国家质检总局专项整治执法工作要求结合本地的特点制定出区域打假计划和执法重点，做到查处一个产品、规范一种行业，查处一批产品、净化一片环境。从农药化肥到脚手架扣件专项执法、从电线电缆到低压成套设备执法专项；从保温材料到“瘦身钢筋”执法专项、从儿童食品到学生服装等，每年都有新内容，每年都有新亮点。由于重点突出，全员参与，形成全区域、全方位的立体打假规模和态势，使许多假冒伪劣生产销售者都望风而逃，使江宁区域的经济走上了良性循环轨道。一位专门从事生产假冒“立邦”油漆的上海老板被查处后曾坦言，江苏 80% 的假冒“立邦”漆都是他生产的。来江宁前，有人就提醒他千万别到江宁，他就是不信邪。没想到他亲自押车到江宁，货刚卸完就被连人带货逮个正着。李天伟开心地说，以前假冒伪劣非常猖獗的领域，如今 30 多家坑农的假冒农药厂打没了，10 多家“地条钢”生产全部关停了，40 多家“瘦身钢筋”加工厂打的只剩下 3 家正规企业了……人民生活在这块美丽富饶的土地上，有了安全感、幸福感，他自己也就有了成就感。

工作的创新带来了理论的升华，李天伟思考，能否在全国执法人员中收集一些办案资料，编写出一套执法办案手书籍，让同行一看就明白。李天伟白天办案，晚上回家就梳理和整理资料，节假日就去外地走访名家高手。几年时间里，他寻访了省内外、

系统内外的近百余名打假能手和执法专家，还请教了系统外工商、公安、税务、烟草等部门稽查人才，收集整理出数百万字的资料和案例。2007 年 11 月 18 日，由他主编的 50 余万字《执法攻略与打假技巧》由人民日报出版社正式出版，在全国质监、工商等行政执法部门引起了强烈的反响，国家质检总局领导看到后非常感动，称赞该书理论突破、技巧创新、贴近实战，推荐作为全国执法人员培训教材。紧接着，他编写的《食面埋伏》一书，让普通百姓不出家门就能识别假冒伪劣食品，出版社两次印刷都被抢购一空，并获得了国家优秀科普图书奖；他编写的《建材鉴别手册》，成为执法人员爱不释手的工具书。

新起点，保持一颗平常心让法理永存

2015 年，政府机构改革，质监、工商、药监三局合并为市场监督管理局，经过层层选拔和无记名投票，李天伟高票当选为市场监督局稽查大队大队长。

新的工作职能、新的执法环境、新的同事们，他又站在新的起点上。他说：“我非常荣幸能挑起执法这副重担，这是组织对我的信任，也是群众对我的期盼，我将不负众望，带出一流的执法队伍。”

他首先是进行职能整合。统一执法主体、执法文书、执法程序。其次是完善规章制度。制定行政执法内部管理系列规定和行政执法工作考核细则。再次是进行岗前培训。组织大家学习法律法规，开展合心、合力、合效教育。最后是科学合理编组。成立四个执法中队，明确分工，各负其职。

科学地组织，合理的分工，带来的是执法效能的提升。合并三年来，他所带的这支执法队伍，在上级质监、工商、药监的年度考核中，年年都名列全市的前茅。在南京市工商系统百日执法竞赛中，他们获得了“先进集体”称号。2017年，他们获得了江苏省质监系统“行政执法示范基地”。

李天伟说：“一个国家要有正气，那么这个国家就会强盛；一个民族要有节气，这个民族才能不可战胜；作为个人一定要有志气，他就可以做大做强。”

2008年5月12日，四川“汶川”发生了大地震，他立即打电话给自己父母，才发现电话根本打不通，再打还是不通。当晚刚好有一个“地条钢”专项行动，领导和同事都劝他不要去现场，留下来跟家里联系，他说：“大队人手少，晚上打假危险性非常大，必须要到现场去”。他一直忙到天亮才离开。第三天，他弟弟哭丧着脸从老家打来电话才知道家里房子倒塌了，母亲骨折了，单位知道这个消息，大家自发地组织给他捐款。他感动地说：“四川很多乡亲都受灾了，他们受灾的情况比我家严重，我非常感谢大家，你们的心意领了，还是捐给其他更困难的群众吧。”他将5000元捐款捐给了灾区人民。

记得刚开始搞执法的时候，母亲就教育他，做人一定要讲正气，逢恶不怕，逢善不欺，便宜不沾，要做一名对党和人民称道的人。执法工作，经常会面对拉拢腐蚀，李天伟立场坚定，坚持原则，保持了一名共产党的浩然正气。

他的处理方法是给对方算三笔账，一是荣誉账，自己清白受损是小事，集体荣誉受损是大事；二是经济账，党和人民给了这么好的待遇，理应为之好好工作，没有必要去贪图蝇头小利；三是家庭账，一旦犯法，牢狱之灾将使自己家庭的损失不可估量。对方一般听完他所讲，想送也不敢送了。遇到实在要送的，他坚决退掉；实在退不掉就交纪检室处理。

李天伟说，钱固然重要，但党和人民的利益比什么都重要。其实李天伟也很困难，爱人长期无工作，转业到地方才买了房，至今还是房奴。他一个人要养五口人，除爱人和女儿外，还要照顾岳母和两个失去家庭的小侄女。

这就是一名打假大兵的执法情怀。

古都南京有一颗耀眼的雨花石

记坚守在质监执法打假战线的陈和营

六合区是南京的北大门，这里人杰地灵，既是民歌《茉莉花》的发源地，也是南京雨花石的主要产地，出产的雨花石材质细腻，晶莹透亮，颜色艳丽，被誉为“天赐国宝、中华一绝”。这片土地也孕育出一批像雨花石一样质朴坚韧的人，质监人陈和营就是其中的一个。从初出茅庐的毛头小伙到经验丰富的办案能手，他在质监执法打假战线坚守了 25 个春秋寒暑，用最美好的青春年华将自己磨砺成质监队伍中一颗耀眼的雨花石。

坚定执着追理想　磨砺出雨花石的形

雨花石是花形的石，是石质的花，质地好坏对价值高低有着关键性的作用，“透明透亮”是对一颗莹润如酥的雨花石的最高评价。陈和营就是这样一个“透明透亮”的人。

1992 年，陈和营从武警部队服完役，安置在六合县标准计量局，开始了自己质监执法打假的工作生涯。从稽查员、副大队长、大队长到副局长，清晰地记录了他 25 年的成长轨迹。25 年，对于需要百万年才能形成的雨花石来说，只是“弹指一挥间”，但对一个执法人而言，却需要不懈的坚持和大量的精力。

刚加入这个队伍时，陈和营就以成为一名优秀的办案能手、一名产品质量守护者为目标，带着军人特有的坚持和执着，他刻苦钻研各类标准、法律法规、技术规范，虚心向同事请教标准、计量、质量、特种设备等监管业务知识，向公安等兄弟单位学习办案规范和技巧，在最短时间内甩掉执法办案“门外汉”的帽子，成为行家里手。

在一次带队执法中，通过前期排查摸底，找到了存放伪劣电器的仓库，当陈和营带领稽查队员扣押此批伪劣电器时，行政相对人一看情况不妙，让人关上了仓库外的院门，企图阻止正常执法，之后又来了不少剃着光头的“活闹鬼”。陈和营一边沉着冷静地对相对人展开心理攻势，一边向局领导简单汇报了现场情况，并做好联系公安请求支援的准备。经过耐心的劝导和利弊分析，最终行政相对人主动打开了院门，“活闹鬼”们也自主散去，执法工作得以正常开展。“我们执法者的每一次执法都是代表国家，捍卫的是法律的尊严。”陈和营是这样说的，也是这样做的，每一次行动中都秉公执法、刚正不阿，解决了一起又一起棘手的案件，为百姓把好了产品质量关。

在处理一起英属跨国公司的违法案件时，该公司组织了强大的团队来应对，经过多次博弈，该公司态度不再强硬，主动接受了处罚，并在签收处罚决定书时，对陈和营执法的规范性和专业性表示由衷的钦佩。原来，该公司对调查的整个过程进行了录音，由名校法律专业的高材生组成专门团队，结合收到的每一份执法文书和录音研究了整个执法过程，没有发现任何纰漏。

十年磨一剑，经过二十余年的执法打假实践，陈和营经手的案件不计其数，他执法办案严谨，办过的案件案卷不需解说，翻看案卷就能清晰完整再现办案的全过程，无一起被复议、上诉；

他与行政相对人交流真诚，动之以情、晓之以理，不仅让他们心悦诚服地接受处罚，更在今后的市场经营行为中，及时改正，诚信守法。这颗生长在六合的雨花石坚定理想，实现了“能办案、会办案、办好案、办铁案”的标准，磨砺出晶莹剔透的雨花石之形。

陈和营（右三）带队开展农资产品专项检查

实事求是闯新路　勾勒出雨花石的纹

雨花石以“花”为名，花而冠雨、美丽迷人。上好的雨花石还要有宝玉石中的“绢丝射线”之折光，石中的纹理可随着视线的变动推移而变化，可大可小，石头就像活的一样。执法办案也一样，每个案件都错综复杂、情况各不相同，不能简单套用一套模式，怎么样闯出一条新路，是摆在陈和营面前的一道难题。

他主动出击防患于未然。2012 年，经过近 20 年一线执法工作的历练，陈和营调任副局长，他化被动为主动，带领稽查队员收集各类生产企业信息，认真分析辖区行业现状，找出各行业可能存在的各种具体违法行为，主动破除行业潜规则，提前预防违法行为的发生。

他推行案件办理规范化。从案件线索来源及类别、现场检查的分工、证据的收集和锁定等方面，规定了不同的操作流程，编制成实用并可借鉴的案件办理模板，实现案件办理的程序化。2013 年编制成《复合肥生产企业产品质量类案件办理模板》，运用这个模板办理的南京某复合肥有限公司生产销售不合格复混肥料案，被国家质检总局表彰为 2014 年春季农资打假典型案例，并在国家质检总局 2014 年“质检利剑”春季农资打假行动及典型案件全国新闻发布会中作为查处复混肥偷减有效含量案件进行通报。

他施行执法办案新方法。秉承“整治一类产品，规范一批企业，净化一个市场”工作理念，每年开展一个区域性产品专项整治，查处一批假冒伪劣商品，净化了市场环境。2014 年，在处置一起争议比较大的案件时，首次引进公证第三方对执法全过程进行公证，在处置善后事宜时起了重要作用，避免了一些不必要的纠纷。从此，争议较大案件引进第三方公正成了六合区质监条线执法办案的传统。

陈和营对如何开展好执法打假工作的经验和思路，就如同雨花石中的纹理，散发出绚丽的光彩，总结、创新、提升，在一次又一次的实践探索中，为六合区产品质量更安全保驾护航。

艰苦奋斗攻难关　呈现出雨花石的神

雨花石中呈景、呈像、呈画面的十分少见，石上的画面既有形似、又有神似的更为难得。陈和营在提升自身执法能力的同时，致力于打造一支业务水平精良的执法队伍。

2014 年年底机构改革，区县一级的工商、质监、食药监三家单位合并，但上级部门未合并，行政执法还没有整合，还是按照原来的工商、质监、药监的三条线模式开展执法工作，质监执法打假工作面临的困难较多。陈和营积极探索行政执法工作的新思路，努力创新工作机制，不断优化执法环境，拓宽行政执法领域，切实提高了行政执法的针对性和实效性，全面提升了行政执法工作水平。

为了解决执法力量薄弱，查找问题不全面、有漏洞、没有形成合力的问题，陈和营在全局执法骨干培训会上，结合自身工作经历和多年的现场执法经验，为执法人员上了两课——《浅谈行政执法的几点思考》《调查、询问的策略与方法》，深入浅出地讲解了如何运用业务知识、法学理论知识、逻辑思维知识和心理学知识解决现实中经常出现的问题与难点。参训执法骨干反响强烈，都表示这课上的直接、实用，尤其是来自原工商、药监的各分局执法骨干对如何办理涉及质监业务的违法案件的办理有了新的认识和收获。

为了解决区局的执法领域较为单一、工作方法不多的问题，陈和营主动向南京市质量技术监督局汇报，协调安排区局的部分行政执法骨干分批到市局的稽查分局进行短期跟班业务轮训，快速地提高了执法骨干的执法工作水平。

多年积累，勇于创新，攻坚克难，陈和营不断提升内在素质，锻造自己的雨花石之神韵，并潜移默化地传递这份神韵。在他的带动影响下，全局干部形成了勤学习、重创新、精业务、强执法的良好氛围，在短时间内实现了执法效能的整合和执法能力的提升，在市质监局、区政府组织的执法竞赛中多次折得桂冠，在维护辖区市场经济秩序，保障民生安全等方面作出了重要贡献。

在他看来，质监执法这个舞台很小，二十年如一日，面对的是相似的工作内容，但他常怀热忱，不忘初心，始终带着初入行的好奇心和责任心，做好工作中的每一件小事。在他看来，质监执法这份责任很重，产品质量的每一件事都是天大的事，人民群众的每一个诉求都是紧急的事，他一直把群众的利益放在心头，勇担使命，肩挑重担，守住质量安全，保得一方平安。功崇惟志，业广惟勤，在繁忙的工作之余，陈和营坚持完成了中央党校在职研究生的课程。这颗通透纯粹，质朴坚韧的雨花石仍在不断打磨自己，实现自我的蜕变和升华，散发出更为迷人的光彩。

一片丹心写春秋

记江苏省南京市溧水区市场监督管理局质量监督稽查大队大队长朱军

33年一线执法，查办案件近1000件，破获大案要案100余件，这些数字犹如生命的年轮，记录着他在执法一线无私奉献的峥嵘岁月；南京市“办案能手”，南京市质量技术监督局破格嘉奖，南京市质量技术监督局“先进个人”……这些荣誉是事业永恒的标记，诠释着他几十年如一日对执法工作的执着和担当。朱军，江苏省南京市溧水区市场监督管理局质量监督稽查大队大队长，一位普通而平凡的基层质监执法人员。33年的执法工作中，他面对危难处变不惊、服务企业倾心真诚、办理案件清廉公正，他以一腔赤胆丹心书写着一位质监卫士的忠诚。

千军万马吾不惊

在一般人看来，稽查执法是个很风光的岗位，但作为执法人员，真正和行政相对人“过招”起来才知道，每天要面对的会是多么的复杂。对执法检查故意避而不见，找茬胡搅蛮缠、千方百计托关系说情、煽动不明真相的群众对执法人员进行围攻……每一次的执法都难免遇到不同情况和艰难险阻，但这些对于朱军来说早已司空见惯。长期的基层一线历练，养成了他面对困难不气馁、遭受威胁不畏惧的职业习惯，他总是沉着冷静地挺身而出，言辞切切的交流，鞭辟入里的分析、斩钉截铁的态度，最终牢牢控制住局面，用自己的实际行动捍卫法律的尊严。

2008年夏季，辖区内组织开展“地条钢”专项整治。为逃避打击，这些地条钢的生产窝点大都藏在城乡结合部的偏僻处，生产也往往是昼伏夜出，一般在晚上九点半后才开始生产。为做到精准打击，取得违法生产的直接证据，作为执法大队长的他带领一名队员对这些生产窝点进行24小时不间断蹲点布控。盛夏时节，天气炎热，二人藏在树丛中挥汗如雨，遍身被蚊虫叮咬得“体无完肤”，痛痒难忍，但还得打起十二分精神不间断蹲守。最终经过两天两夜的布点监控，朱军他们取得了一家窝点违法生产的全部证据。随即，他们立刻联合公安部门，组成执法组连夜对其进行取缔。当执法人员准备查封、扣押生产的机器和成品时，该窝点老板竟从仓库中拿来装有易燃气体的钢瓶，一手拿着打火机，快步地挡在执法人员面前，一边比划着准备点燃气瓶，一边红着眼睛气势汹汹地大声叫嚣着：“今天，谁敢动我的机器和产品，我就和你们同归于尽”。事态危急，稍有不慎，可能酿成不可挽回的损失和后果。这时，朱军挺身而出，他先让执法组往后退出，对该老板并没有针锋相对，而是好言相劝让他放下气瓶和打火机。缓和了紧张气氛后，他单独拉着老板到一安全场所，从相关法律法规规定、违法行为后果以及他家庭情况等多方面，不厌其烦的对其晓之以理、动之以情。“你的行为已经违法，无论如何我们都会一查到底，想想这些地条钢被使用后如果发生事故，造成生命和财产损失，你们就要承担刑事责任，天网恢恢疏而不漏。”朱军的一番话让该老板逐渐地解开了心结，时间一分一秒地过去，最终在朱军的真诚交流下，企业老板的心理防线被击溃，坦然接受行政处罚。就这样，忍受夏季高温的炙烤，冒着冬天冰冻的严寒，他们对一家家地条钢生产窝点进行不间断蹲点布控，获得了这些企业违法生产的第一手证据。经过一年多时间的努力，他们将辖区 7 家涉嫌违法生产地条钢窝点全部取缔，查获地条钢千余吨，取得了专项整治的大胜利，得到上级和人民群众的一致好评。

在朱军的执法生涯中，这样的事情经常发生。不过最令他记忆深刻的还是 2011 年查处的宁杭高铁护栏使用拉伸钢筋一案。在接到媒体举报后，朱军立即带领稽查队员，联合公安、新闻媒体、质检院检验人员对事发工地进行检查。在进入工地检查时，施工方竟煽动工地上不明真相的 60 余名民工将所有检查人员团团围住，你一言我一语，指手画脚的，并对试图劝阻的媒体记者和公安民警推推搡搡，动手动脚。他们不少人手上拿着铁锹、钢筋等工具，对执法人员有着较大的排斥心理。场面随时都有失控的危险，在紧要关头，朱军代表执法人员和这些不明就里的民工兄弟们掏心窝地对话。“你们是受施工方所骗，我们只是依法进行检查，对你们不造成任何影响，但如果长期这样对着干，你们就构成妨碍公务罪。检查情况是怎样，今天有媒体记者，有专业人士，还有大家这么多双眼睛作证，孰是孰非自会揭晓……”朱军斩钉截铁的话语渐渐取得了民工兄弟们的信任和理解，最后检查得以正常进行。当年在社会影响极大的这起案件，经过朱军他们细致、周密的调查取证，最终成功告破，被国家质检总局授予“十大典型案件”之首。

“执法中，对办案对象要更多地换位思考，想他们之所想，急他们之所急，这样沟通起来就会顺利得多。”谈起自己这么多年办理的近千件案件时，朱军总是介绍这一看似普通而简单的胜利法宝。正是凭着自己的一心为民，全心为公，他查办的 3 起案件入选国家质检总局“十大典型案件”，所查办的案件无一复议、诉讼或申请强制执行，被处罚者对他心服口服。

俯首甘为孺子牛

“善始者实繁，克终者盖寡”，朱军几十年一线执法打假的无悔坚持，源于他对执法工作的热爱，来自于他“俯首甘为孺子牛”这种老黄牛精神。

“执法不能仅仅满足于让违法者受到处罚，最终目的是要让他们受到教育，让更多的生产经营者和群众守法办事。任何处罚都不能一罚了之，还要从源头上为企业做好服务。”这是朱军执法的信条。辖区一家生产电动机的企业曾被朱军处罚过，在详细了解企业的生产、管理等情况下，朱军从产品标准、质量提升、管理制度等方面向企业负责人提出了很多建议。为切实解决企业成长中的烦恼，他还组织多个部门的业务科室负责人到该公司进行现场办公，为企业产品设计、品牌提升、加强管理、降低成本、提高产品质量等方面出谋划策，并建立了长期扶持指导机制。经过几年的发展，该企业生产的电机成为省名牌产品，产品一次合格率达到 95% 以上，企业销售规模不断扩大，影响力日益增强，成为省市闻名的知名企业。

群众利益无小事。朱军在执法打假维权一线的事迹在区内许多企业家中传开，一些遭受制假侵权的企业纷纷找上门来向朱军报案，企业产品在其他省市遭受侵权，请求帮助其外地打假维权。到外地去打假，长途奔波的辛苦、跨省市后无执法权、人生地不熟等各种困难自不用说，但朱军认为，“打击假冒伪劣产品，维护企业合法权益，我们质监执法干部责无旁贷！”他不辞辛劳，制定详细方案，积极沟通联系，帮助企业跨地区打假。曾经连续 5 天“作战”赴河南焦作、孟州两地，帮助某控特电机有限公司捣毁两处制假窝点，为企业挽回经济损失 900 余万元；曾经冒着大雾行车几千公里，往返宁德、福州、石狮、武汉等地，为某景生木业有限公司一举端掉多个生产假冒木地板窝点；曾经两次赶赴芜湖市调查取证，在当地部门配合下，打掉日产 10 吨的“喜之郎”果冻制售工厂……为了更好地帮助企业打假维权，朱军还在辖区企业设立了南京市首批 3 家打假维权工作站，贴近企业一线助企维权。

“执法为公，一心向民”，30 多年的执法生涯中，朱军收到了无数企业的感谢信和锦旗。面对这些“荣誉”，朱军感慨地说：“名利不重要，群众的口碑最重要。在奋斗和奉献中实现人生价值，赢得人民群众的信任和支持，这是我最开心的事。”

只留清气满乾坤

执法中遇到的各种诱惑很多。一些企业老板为了逃避或减少处罚，私下里请吃饭、托关系、送礼金……各种手段不一而足。朱军时常告诫同事也警醒自己：“廉生公。执法者的廉洁是第一位的，我们要谨记身上的责任，严格依法办事。”他如是说，更是这样做的。他严格执行“不吃、不拿、不要”的原则。一次，某企业老板为了减少处罚，暗地里拿着 1 公斤的冬虫夏草礼品找到他办公室，满脸的笑容，再三求情，朱军却义正词严地教育了企业老板一顿。看到苗头不对，企业老板将礼品硬塞到他手上后拔腿就跑。事后，朱军立即将礼品上交。在局纪检组上交物品登记簿上，朱军上交物品登记清单足有好几页纸，其中不乏各种消费卡、高档礼品。

莫道对待一般陌生人如此，朱军执法起来对待亲戚朋友也绝不手软。2002 年，在辖区从事农机、电缆生产销售的姐夫，因为产品质量不合格被投诉到朱军这里，朱军不仅不偏袒反而坚持要立案调查。家里丈母娘知道这件事后劝他：“都是一家人，自己家里人你也要处罚啊？”有的亲戚朋友也帮着说情，让他“抬抬手”，但朱军却坚持道：“法不容情，该处罚就得处罚，没钱，我自己掏钱替他交罚款。”最终，经过调查，朱军还是依法作出了罚款 1 万元的处罚决定。同样，他一位交情深厚的老朋友，经营着一家制罐厂，也因为产品质量不合格而连续两年被他依法罚了 2 万多元。有的人说他是“死脑筋”，不近人情，但他只是淡然一笑，因为他认为执法者应是守法的榜样，如果连执法者都徇私枉法，全社会又何谈“法律面前人人平等”。

时间是一切最好的证明，33 年，春华秋实，岁月易老，但他始终初心不变，专业、真诚、清廉、公正是他执法生涯的最好注脚。“征程万里风正劲，重任千钧再奋蹄”，故事还在继续，朱军依然奔走在路上。

用实际行动为“质量无锡”添砖加瓦

记江苏省质监系统“稽查执法办案能手”吴科峰

地处太湖之滨的无锡，被誉为“中国民族工业和乡镇工业的摇篮”。近年来，无锡经济发展水平、综合经济实力不断跃升，GDP 总量在 2017 年更是跻身“万亿俱乐部”。其国家高新技术产业基地、先进制造业基地的定位，使得“质量强市”作用更为凸显。吴科峰，江苏省无锡市质量技术监督局稽查支队一大队大队长，就是一个默默在执法打假岗位上为“质量无锡”建设不断添砖加瓦的“办案能手”。

重拳出击办大案

2001 年，刚刚重点大学毕业的吴科峰放弃多家知名企业的高薪聘请，选择了执法打假的稽查岗位。十多年来，先后涉足食品、质量、计量、特种设备等多个专业和领域，从普通的稽查员到副大队长、大队长，逐渐成为市局稽查支队的业务骨干。

入行 16 年来，吴科峰参与办理的大案要案达到 60 余起，涉案金额达到近 3000 万元。他办理的案子件件都是铁案，准确率达 100%，行政相对人满意率达到 97% 以上。2017 年，在全市行政执法案卷检查评比活动中，吴科峰制作的案卷被评为全市优秀案卷。在近几年他所办的结案率达到100%，案件归档率100%，年年受到支队领导和同志们的一致称赞。

他常说：“干部，干部，就是要先干一步！”理论带头学，工作抢着干，难事不推脱，荣誉给队友！

工作中，他严谨的工作作风让同事们敬佩不已。他常说，“执法者必须先是守法模范”，模范带头遵规守纪，从党章党规到国家法律，时刻提醒自己严守纪律规矩的“底线”，坚决不越雷池一步。他常说，“执法者必须坚持执法为民”，模范带头廉洁自律，洁身自好，始终坚持以依法行政、切实维护消费者权益为己任和目标。他常说，“执法者必须坚持勤政务实”，模范践行岗位职责，以队为家，一心扑在工作上，每年都有多个节假日不休息。

用执着和智慧打破潜规则

一个夏天，无锡的天气格外的热，无锡市质量技术监督局稽查支队投诉举报中心响起了一阵急促的电话铃声，接到的又是对加油站的投诉！加油站行业的“潜规则”使吴科峰和他的队友们愤怒了！

何为加油站行业的“潜规则”？就是通过高科技手段改装加油机芯片作弊加油，是严重侵犯人民群众利益、破坏市场经济秩序的不法行为。

市局明确要求，要坚决刹住这股“歪风”，严惩一批不法分子，形成震慑。支队领导考虑再三，决定还是把这个案子交给吴科峰。受领任务时，他没有慷慨陈词，因为多年的办案经验告诉他，这件事情说起来容易做起来难。虽然办过不少计量领域的案子，对加油机，他虽是“门外汉”，但对这种高科技作弊，取证和查处的难度他也心里有数。如何抓住不法偷油的黑手，如何控制整个加油站现状，确保执法时所有加油机都处于“作弊状态”，如何把案件办成铁案，他不断地思考着这一系列的难题。

困难并没有吓到吴科峰！为了搞明白加油机的“五脏六腑”，他找来加油机反反复复研究，终于做到只要打开加油机，就能直接找到加油机的“心脏”——控制芯片，并且一眼就能看出是否改装、动过手脚。为了不引起加油站的怀疑，他租用外地货车，改装了加油油箱；为了保证查处成功，他选择凌晨行动；为了取证合法有效，他引进法律公证。经过多次较量后，吴科峰与队友们终于探索出一套科学的现场控制方法，并形象地将其总结为“113”法，即在 1 秒钟内控制加油站操作台等关键场所，1 分钟内控制人员和其他场所，3 分钟内控制电源和其他所有场所。这个方法的运用，使不法加油站所有加油机偷油的时间、数量记录都暴露无遗。作为加油机计量作弊查处课题的骨干，数年来查办本市加油机计量作弊违法行为 20 余起，从根本上改善了本市油品计量秩序。吴科峰积极传授经验成果，现场指导外省市同行查办同类案件 30 余起，该课题成果的在系统内广泛传播，为全国系统查办加油机计量作弊开创了新格局。

用坚守和创新为企业排忧解难

2015 年 8 月，市场上涉及某知名品牌摄像器材的假冒伪劣商品大量出现，企业着急万分，老总都亲自跑到市质监局反映情况。局领导研究后认为，这一案件影响恶劣、危害严重，必须集中精锐力量尽快破案。

重任再一次落到了吴科峰的肩上！他二话不说，迅速展开工作。协调电商企业、公安机关，通过快递单号、技术手段确定制售假冒产品的窝点位置，通过电商信息锁定产品流向与货值金额，一举捣毁了制售假冒摄像头的窝点，现场查获假冒摄像头200余件，假冒标识2万余枚，涉案货值300余万元。该案移送公安机关立案追究刑事责任，该案的办理对网络制售假冒伪劣商品的行为予以了极大的震慑，其查处经验在全国予以了推广。鉴于销售假冒商品货值金额较大，假冒商标较多，他顾不上休息，当天就和队友一起将案件移交公安机关立案调查、追究刑责，该案件也被国家质检总局评为“年度打击假冒伪劣商品典型案例之一”。

与上次不同，企业老总的再次拜访，脸上洋溢着轻松愉悦的表情。握着吴科峰的手，该老总动情地说：“你们为我们企业解决了大问题、大困难，我们打心底里感激你们啊！”说完，连忙送上了“执法为民、服务企业”的锦旗。面对此情此景，他说，“这么长时间的努力，值了！”

类似的情形其实一再上演。2015年年末他在惠山区某工地查获由南京某公司销售的假冒某知名国际品牌的液压隔膜计量泵23台。货值金额近70余万元，当事人拒不承认有关违法事实，且拒不配合调查。吴科峰通过一次次书面告知当事人调查情况，听取、审查与核实当事人的书面意见与异议，不断抽丝剥茧，查明了案件事实。没收了违法生产的产品，对当事人予以140余万元的罚款，为数名受害人挽回经济损失数百万元。

针对少数鲜鱼摊贩利用电子计价秤计量作弊难以查处的难题，该同志还积极投身于电子计价秤计量作弊查处课题中。2015年以来，吴科峰探索总结出有效现场控制、快速取证与技术鉴别的手段和方法，查办鲜鱼摊贩利用电子计价秤计量作弊违法行为4起。

其经验和方法收录入全国质监系统执法培训教材。

铁骨柔情“热心肠”

生活中，他的关心帮助让队友和同事感动不已。队友小高的父母、岳父母都不在工作地，为结婚的事忙得焦头烂额，手头的好多件案子更是让他抽不开身。吴科峰了解情况后，把小高所有手头的工作都接了过来，还主动利用休息时间帮助他筹办婚礼。他关心队员、乐于助人，热心为同事排忧解难的“热心肠”形象深入人心。

以身作则树榜样

我们生活在大好的时代、大好的中国，改革开放使国家经济发展生机勃勃，人民的好日子越来越红火。然而，在市场经济领域的监管活动中，执法人员要经得起大风大浪的冲击，时刻经受住“诱惑”，才能不被大风大浪所吞没。为此，吴科峰同志时刻注意加强自身的道德修养，苦练“内功”，不断“补钙”“加油”，以适应新形势下的执法要求。他常跟队员们说：“我们必须坚持凡案必铁原则，要把每个案件都办成铁案。”自己更是率先垂范，不搞歪门邪道，做到廉洁自律、不徇私情、公正廉明。他在办案过程中严格执行质量技术监督系统“十条禁令”，严守工作纪律，多年来他带领的大队没有出现过一起违规违纪行为。

榜样的力量是无穷的！在吴科峰同志的带动下，大队风清气正，逐渐形成了“勤政务实、干事创业”的良好氛围，多次受到市局的肯定和表扬，被评为无锡市质监局“先进集体”，他个人也被评为江苏省质监系统“稽查执法办案能手”、无锡市质监系统“先进个人”、无锡市执法为民“先进个人”。

大道之行，天下为公。“不忘初心，牢记使命”！他始终坚守着入行时的初心，以永不懈怠的精神状态和一往无前的奋斗姿态，在坚守岗位中不断创新，为“连心富民、联企强市”、推动“质量无锡”建设不断贡献自己的光和热。

质检“铁娘子”正义路上温暖绽放

记江苏省苏州市“全国质检系统执法打假办案能手”沈园

她，是长发飘飘、温柔婉约的江南女子。

她，是执法严谨、火眼金睛的打假卫士。

她，是热心公益、吴江捐献造血干细胞第一人。

她就是江苏省苏州市吴江区市场监督管理局稽查大队沈园。2017年3月，她被国家质检总局评为“全国质检系统执法打假办案能手”，成为苏州唯一一位获此殊荣的人。沈园虽然是一名江南女子，但她在稽查打假一线，无论遇到位高权重的领导干部，还是熟谙黑白两道、神通广大的“头面人物”，都坚持秉公执法、依法办案。因此，她也被

沈园被评为“全国质检系统执法打假办案能手”

称为“吴江铁娘子”，这位“铁娘子”除了有一副侠义心肠，同时还是一个热爱公益的造血干细胞捐献者和宣传员，她是吴江捐献造血干细胞第一人。

稽查打假一线“尖兵”

沈园是一位身材瘦小、留着长发的典型江南女子，说话也细声细语。然而，这位温柔婉约的稽查大队长，却有着过人的办案能力。她从事质量技术监督稽查21年，累计办理各类案件1000多件，没有出现过一起败诉的记录。

2013年年底，稽查大队接到一个由吴江区纪委移交的市政工程使用不合格母线槽的大案，涉案金额80多万元。为了调查取证，沈园带领队员连夜蹲守，经过三天三夜的蹲守，终于查扣了这批不合格母线槽，送检后，确认这批母线槽是伪劣产品，根本不符合招标时的要求。整个案件在处罚后经过了对方公司的两次行政诉讼。在一审时，厂方反复狡辩，并提出重新检验。而在重检时，厂方曾找到沈园给她塞钱，希望她“法外开恩”，沈园告诉对方：“我们要依法依规办事，该是什么就是什么！”

在二审时，厂方请到省内顶尖的律师前来诉讼，但由于沈园带领的稽查大队在整个案件的调查取证中程序合法、证据确凿，最终让对方“哑口无言”，并无奈地接受了行政处罚。这起案件给工程违法行为人以极大的震慑，有效地遏制了辖区范围内工程产品质量以次充好的行为。

打假工作经常会受到各种阻挠、抗法和威胁，但沈园毫不畏惧，严格依据事实与证据，准确适用法律。有一次，在查处盛泽一起销售假烟案件时，第一次没收了几箱假烟，事隔不到一周，再次在该店查获假冒卷烟。在第二次执法中，店主发怒，拉上卷帘门，把沈园等执法人员关在里边，并打开煤气和打火机，威胁执法人员，试图与执法人员同归于尽，但沈园临危不惧，一边安抚当事人，一边指挥其他人员迅速制止，最终避免了一场大祸。

她把自己“嫁”给了单位

“我们大队长工作非常有热情，把自己‘嫁’给了单位。”同事们都这样评价沈园。

有一次，沈园带领同事查处“地条钢”窝点，不料窝点的院子里放了几条狗，她被狗追着跑。回忆起执法的一幕幕，沈园一笑了之，笑容的背后，却是无数次的艰辛付出。

在工作过程中，沈园善于总结推广经验，2008 年开始，她担任震泽分局的副局长时，为了推动震泽蚕丝被产业健康、快速、有序发展，她在全省乃至全国，率先提出产业集聚区内联盟标准概念。2009 年，全省首项联盟标准《震泽蚕丝被》经国家级专家组评审后发布实施。2010 年，为了联盟标准的管理与实施更规范与有效，她又作为第一起草人，制定了第二项联盟标准《蚕丝被企业联盟管理规范》，并经专家评审后发布实施，现已升级为省级地方标准，2014 年震泽蚕丝被产业被省质监局授以“优质产品生产示范区”。

除此之外，她在工作中还撰写了《塑料管材产品质量状况分析与改进建议》《地条钢整治工作心得体会》《浅析三局合一改革后稽查工作模式》等论文，并在全国行业核心期刊上发表，受到行业专家和领导的肯定。

吴江捐髓第一人

沈园不仅有着“女汉子”巾帼不让须眉的气势，也有着一颗热衷公益的爱心。

2004年6月，沈园加入了中华骨髓库，2006年7月12—13日，沈园分两次捐献了造血干细胞，她的造血干细胞点燃了福建一名31岁白血病患者生命的希望。在给这名患者捐献造血干细胞时，沈园还委托工作人员给这名患者带去5000元，希望给患者增加营养，争取早日康复。为此，沈园成为吴江捐献造血干细胞第一人。

2008年，吴江成立捐献造血干细胞志愿服务队，沈园被选为志愿服务队队长，以自己的亲身经历，普及宣传造血干细胞知识，鼓励更多人加入到无偿捐献造血干细胞的行列。同时，当有人初配成功时，她就会去做捐献者和家属的工作，消除他们的疑虑。每当捐献者出发前往医院捐献时，她都前来送行，或到医院为捐献者加油鼓劲。在沈园的宣传和带动下，吴江捐献造血干细胞志愿者成“集群”发展。目前，吴江区已有1800多名造血干细胞志愿者的血样资料入库，有9人成功捐献了造血干细胞，100多人初配成功。

打假路上，他不忘初心践誓言

记江苏省南通市通州区市场监督管理局川姜分局范谦

“转业，只是战场的转移。”这是一名军人在脱下军装加入市场监管执法队伍后立下的誓言！

他叫范谦，来自江苏省南通市通州区市场监督管理局川姜分局，一个始终坚守在执法办案一线的市场卫士。他看似外表平和，话语不多，但熟悉他的人都知道，看似不多话的小个子，绵里藏针才是他的本质，领教过他执法办案的违法犯罪分子都说他是金箍棒下冷酷无情的“孙猴子”。分局的执法工作在他的带领下已成为通州市场监管系统的一面旗帜。市场监管局成立后他连续两年查处的案件数全系统第一，为此他先后被评为通州“感动市场监管人物”“优秀军转干部”，多次受到通州区委、区政府表彰嘉奖，荣记三等功。

打击假冒，他是火眼金睛的智者

2015 年 4 月，根据群众举报，通州区石港镇某建筑工地涉嫌使用假冒劣质预拌混凝土。范谦敏锐地意识到，如举报属实，这可是一起可能危及人民群众生命安全的质量造假大案！为不打草惊蛇，范谦组织执法人员便装进入工地了解情况，连续两天蹲守排查，终于在现场提取到假冒甲混凝土有限公司的商品混凝土购销合同、发货单及《预拌混凝土出厂合格证》，立即对当事人进行立案调查。经突击审查，当事人蔡某冒用甲混凝土有限公司的名义与乙南通通博建筑工程有限公司签订了商品混凝土购销合同，并私下找到该公司技术负责人杨某出具盖有甲混凝土有限公司试验室专用章的《预拌混凝土出厂合格证》，从而将不符合配比要求的劣质预拌混凝土销售给通州区石港镇某建筑工地……经过连续两天的内查外调，终于锁定了案情，直到这时，范谦才感受到疲惫到骨子里的累，但收获的是一起假冒案值30余万元的大案告破。需要特别说明的是，这起案件的查处，改变了以往执法办案的既定思维模式，对打破预拌混凝土行业借用资质、伪造质量证明文件等行内“潜规则”，纠正预拌混凝土行业乱象丛生的混乱局面，在以后查处此类违法案件有着很强的借鉴、指导意义。同时，此案件也受到了领导的高度好评，2015年被评为全省质监系统“稽查执法优秀典型案例”。

敢于亮剑，他是软硬不吃的斗士

2015年8月的一天，某建筑工地办公室，被查单位的负责人李老板叼着烟跷着二郎腿，嬉皮笑脸地坐在沙发上，“范局，这种小事情就不要查了，晚上我请喝酒”。

“你们销售的不合格管桩，质量不合格，严重影响建筑的安全质量，对他人的生命财产造成严重影响，这怎么是小事情呢，酒你还是留着自己喝吧！”

李老板悄悄站起来，来到范谦身边，给他塞个鼓鼓囊囊的信封，“范局，一点小意思，买点烟抽”。

范谦立刻喝止住对方：“请你尊重我，也请你相信我们一定会依法办案。”

碰了一鼻子灰的李老板恼羞成怒。“你别敬酒不吃吃罚酒，在我们那边，来工地上搞事情的人腿都被打断了”，李老板声音提高了八度，霎时间一群光头纹身的家伙冲进了办公室，如同一堵墙结结实实堵在范谦前面。

“年轻人你们想想好，现今可是法制社会，动手打人可是要去吃牢饭的”，范谦顿了顿，“你们要是进去了，你们的老婆孩子怎么办，到时候别人住你们的房子、打你们的孩子……各位想想好啊……”范谦半开玩笑地说着，这堵墙渐渐松散开来。

“但是真要有谁想试试”，范谦慢慢站起身，解开衬衣第一个扣子露出背心上鲜红的“八一”两个字，“我当兵的真刀真枪都见过，还怕你们，有谁想吃牢饭就来试试……让开不要妨碍我们办案！”

“李老板，你也想试试……”一贯平和的范谦怒目圆睁，逼视着李老板，之前嚣张跋扈的李老板顿时语塞，终于乖乖配合案件办理。

这只是范谦同志办理的上百个案件中冲锋向前的一个缩影。在执法办案这个没有硝烟的战场上，在范谦同志身上我们看到了一个战士、一个市场监管干部一身正气跟违法犯罪分子斗智斗勇，敢于亮剑的高大身影。

用心维权，他是不惧艰辛的卫兵

中国南通家纺城是通州区一张靓丽的名片，家纺产品也成为侵权假冒重灾区。针对通州区名牌企业商标被侵权、维权难度大、打假成本高的问题，范谦提出“政企联合打假”新思路，与辖区200多家重点企业签订联合打假协议。江苏欧派家用纺织品有限公司（以下简称欧派公司），是其中的家用纺织品生产经营专业厂家，该公司“OPAR”注册商标被评定为江苏省著名商标。2015年3月以来，欧派公司多次接到举报，在贵州、江西、河南、湖南等多地发现大量假冒欧派公司“欧派”“opar欧派”注册商标的劣质床上用品。某些不法分子悬挂张贴店堂告示，大肆宣传“欧派家纺厂家倒闭，厂家委托亏本清仓”，以此虚假宣传并低价非法倾销假冒欧派产品。由于该公司没有专门的法务部门，虽几次派员外出打假，终因经验不足致使不法分子逃脱，公司老总心急如焚，抱着试试看的心理求助通州区市场监督管理局川姜分局，范谦接待了他。在听了情况介绍后，外表平和的范谦神情严峻，说话声音也不由高了几分：“打击侵权假冒是我的责任，这事我管定了！”

辖区企业被侵权就是打假“集结号”，范谦带领办案人员经过近两个月的全国多地搜集证据、分析研判，最后将线索锁定贵州金沙县，随即带人前往案发地，于9月底在贵州省金沙县市场监督管理局配合下一举打掉了这个制假售假窝点，涉案金额近10万元。在范谦的强大攻势下，老板交代出制售假冒欧派公司床上用品的加工窝点在浙江省湖州市吴兴区。范谦立即带人马不停蹄奔赴下一个战场，配合浙江湖州市吴兴区市场监督管理局一举端掉了这个以制售假冒欧派床上用品的窝点，现场查获印有欧派公司商标的假冒劣质家纺产品2万余件，案值近40余万元。当年，该公司家纺销售就实现逆势增长，加盟店销售额与2014年同比增长20%左右，目前该公司“OPAR”注册商标正在冲击中国驰名商标，该公司老总感动地说到，“是市场监管局，是范谦救了他的公司”。而这一次感动，是范谦带领执法人员连续奋战3个月，跑遍全国7省20多个县市，行程累计8000多公里换来的，面对老板的感谢范谦就说了一个字：“值！”这样的感动在范谦带领下，先后在“紫罗兰”“金太阳”等知名品牌上演，为企业挽回经济损失数百万元。

刚脱下军装那会，范谦也是市场监管执法的门外汉，对于涉及执法办案浩如烟海的法规条文，范谦无论工作多忙，都要抽出时间坚持学习。几年下来，他成为分局公认的法律专家，对常用的法律法规熟记于心、运用自如，分局执法人员在办案过程中遇到法规条文吃不准的时候第一时间都爱打个电话向他请教，无论是白天还是深夜他都不厌其烦地认真解答，在同事眼里，他就是部“活字典”。

在别人眼里，分管执法办案是个“有权”的差使，分局里大大小小的案件都要经他把关。但范谦从未以工作为筹码，谋取个人私利，也从未以职责为商品，去做某种交易。他给自己约法三章，不吃办事者的饭，不喝讲情者的酒，不照顾任何人的情面。他的铁面无私为川姜分局的公正执法办案树立榜样。

辖区经济最活跃的川姜分局，制假售假案发率高，加班已是家常便饭，为了给执法人员提供坚强的后盾，他总是不分白天黑夜地与他们战斗在执法一线，手机 24 小时开机，哪里有大案、疑难案，哪里就有范谦的身影。面对孩子“爸爸总不能辅导我做作业”的嗔怪他常无言以对。2017 年 11 月万圣节下班赶回家，正准备带孩子去参加校园 party，休息的他接到辖区一案制假嫌疑举报的信息后，立刻赶过去处理，回到家已是第二天凌晨 4 点。每每想起这些，他总有着满满的愧疚和歉意，他说：“我也想多花点时间陪陪妻子和孩子，在部队那会我就想着转业后能实现这个愿望，脱下军装，我想和孩子兑现承诺，但我是一个市场监管卫士，制假者一天逍遥，就有更多的人深受其害，只有在工作中我才能感受到作为一名市场卫士的存在感，相信我的妻子会支持我，孩子一定也能理解爸爸！”

“质检蓝”里那抹“国防绿”

记江苏省连云港市“全国质检系统执法打假办案能手”李务才

在江苏省连云港市质量技术监督局（以下简称连云港市质监局）的执法队伍里，有一抹跳动的“国防绿”。即便脱下军装多年，他却始终不改军人的本色和作风，在打假办案一线工作中勇往直前、雷厉风行，吃苦耐劳、敢打硬拼，用忠诚与奉献、责任与担当、正义与使命诠释着“质检蓝”的独特魅力。他，就是连云港市质监局稽查支队一大队大队长李务才。

从部队转业到地方以来，李务才每年均获得全市质监系统“办案能手”或“先进个人”等荣誉称号，2017年还获得连云港市第二届港城“十大最美消费维权人物”“全市知识产权工作先进个人”。2012年获评为江苏省质监系统“办案能手”；2015年5月，被国家质检总局授予2014年度“全国质检系统执法打假办案能手”称号。

14年来，李务才勇立执法打假潮头，全身心投入稽查事业。用心是他的工作态度，坚持是他的工作方法，在执法打假的道路上，他用智慧和汗水浇灌出了创新之花。他办理的300多起各类案件，无一上诉和行政复议败诉，结案率达到100%，案件归档率

100%，使造假者闻风丧胆，行业潜规则者原形毕露。“穿上军装我是军人，脱下军装我依然是一名战士。”每当谈到自己的工作，李务才都会认真地说：“干我们这一行，就是要和质量违法犯罪分子斗智斗勇。”

屡破大案的打假“尖兵”

在同事们的心目中，李务才在执法打假时的不惧危险、敢于碰硬是出了名的，不论是在酷暑或严寒中查找黑窝点，还是面对制假分子的各种威胁，他都有着极大的耐心，反应敏捷、毫无畏惧。而在14年的执法生涯中，他更有一套“细摸底、常分析、勤排查、紧盯防、严查处”的工作方法，屡破大案要案，成为一线打假“尖兵”。

2004年，李务才刚刚上任大队长，办理的第一个案件就是震惊全国的生产销售假冒复合肥案件（俗称小化肥），此案件中有5人被追究刑事责任。当时，连云港市还没有一例小化肥行政处罚案件，李务才打响了第一枪。就在刚刚结案准备移交公安机关的时候，小化肥问题在中央电视台曝光，此事引起了中央、省、市领导的高度重视。在国家多部门联合调查组来连云港市检查期间，李务才因办理此案受到高度表扬，央视《经济半小时》栏目特予以采访报道，连云港市质监局连续多年被评为全国“小化肥区域整治先进单位”，一时轰动全国，影响深远。

2012年10月，李务才接线人举报，带队到灌云县伊山镇查处利用网络销售假洋酒案。走进招待所后，李务才以查看房间卫生情况为由，不动声色，悄悄打开其中一间不起眼的客房门，众人顿时惊呆了，只见房间里并不是床铺、桌椅，而是满地堆放着纸盒和不同品种的洋酒。他随手拿起一瓶“杰克丹尼”，在看过瓶盖封口后，再用手轻轻擦拭商标上金色边框，只见金粉轻易地就能被擦掉。“这是假洋酒。”李务才当即断定，他立刻指挥执法人员查封了现场。当天，执法人员还连续端掉了位于灌云县郊区的其他两个洋酒售假窝点。

破案看起来似乎很容易，实则很艰辛。在办案之前，李务才带领同事已经经营这个案件 3 个多月，利用网络销售假洋酒是新型案件，没有经验可以借鉴，经过摸底、排查，最后突击检查，一共查获 14 种假冒洋酒，计 999 瓶，货值 26 万余元。同时在上述窝点查获大量用于网络销售的包装物、快递单、银行卡、支付宝、网上的网店 15 家、网上销售凭证、服务器等。该案移送司法机关依法追究 3 名当事人的法律责任，共扣押假冒洋酒 999 瓶。此案件获得了国际好评，英国洋酒行业专门委托行业协会代表到连云港市质监局和稽查支队，分别送来 5 块牌匾致谢。

在多年的执法工作中，面对不同的案件，李务才都会细心去发现蛛丝马迹，耐心去摸清规律，并运用灵活的执法手段。“只有用心，才能做好每一件事，履行好我们的职责。”这是他常说的一句话。2011 年，他带队办理了“冒用他人厂名、厂址销售大米案”，该案件被江苏省质量技术监督局评为 2011 年度“3 · 15 打击假冒伪劣全省十大案件之一”，并荣获“2012 年度省质监系统优秀案件”；2012 年，他成功办理了国家及省局现场督办的“生产伪造厂名和不合格复混肥料案”；2016 年，他带队历时半年办理了“生产销售不合格外墙保温板案”，央视 2 套财经频道就此专题进行了报道……长期的执法办案让李务才炼出了一双“火眼金睛”。

智勇双全的“铁军”领队

众所周知，稽查工作难度大，在利益的驱动下，不法之徒野蛮阻挠执法的行为时有发生，有人甚至还进行诬告中伤、人身威胁等。面对复杂的办案环境，坚毅、勇敢的军人特质在李务才身上得到了展现。他不胆怯、不退缩，关键时刻挺身而出，对不法分子起到了巨大的震慑作用。

李务才（右）在市区查处一家涉嫌生产瘦身钢筋的窝点

2005 年，李务才按照上级安排，到某乡驻地一“地条钢”生产厂家进行执法检查。整整蹲点守候了 48 小时之后，在凌晨 4 时，他果断带队开展现场检查。就在检查过程中，一辆装载近 50 吨“地条钢”的车辆欲强行出厂。不法分子嚣张的气焰令人感到害怕，李务才却毫不犹豫地上车予以制止。没想到，厂家负责人却疯狂地将他只身一人劫持到山东临沭，制造了震惊全省的执法人员被劫持案件。在劫持过程中，李务才左手小指骨裂，至今留下残疾。当年，在全市“地条钢”专项整治期间，李务才主动请缨到“地条钢”猖獗、任务最重的地区，每晚在“地条钢”开始生产的时候巡查整治直至天亮，克服重重困难，用了近 6 个月的时间圆满完成整治任务。

然而，光敢于对不法分子亮“拳头”是远远不够的。李务才说:“作为一名合格的执法人员，既要有勇还要有谋。”这就需要不断学习，积累知识，总结经验。多年来，他不但深入开展执法打假工作，还积极探索新型案件的办理方法和思路。每年，他都要发表或总结一篇以上的探讨执法打假课题的研究性文章。他会同徐州局共同撰写的《生产领域化肥质量执法监管与查处工作指导意见》，成为江苏省化肥执法指导书；个人撰写的《关于加强铝合金电力电缆监管的研究》《外墙保温材料质量监管浅议》等学术论文在国家质检总局专业期刊上发表后，获得业内人士好评。

此外，李务才还入围了“全国质监系统执法打假讲师团”，在2016年和2017年，分别应邀赴山东省潍坊市质量技术监督局“执法打假骨干培训班”、青海省西宁市“全国质监系统执法打假培训班”进行授课，获得一致好评。他在案件办理方法、程序和办案思路上，尤其是充分发挥质监部门技术执法上，受到省局领导的好评。

在他的言传身教下，队员们个个成为业务骨干，有的已经走上了领导岗位。在平时工作中，李务才注意充分调动每个人的积极性、主动性和创造性，提高全员的业务素质，让全队人员具备透析市场变化、全面了解和掌握市场动态的能力。他带领的大队素以“铁军”闻名，办理各类案件，预案严密，安全第一、分工明确，检查细致，执法中公正严明、程序合法、证据确凿，真正成为了一支“叫得应、拉得出、能打仗、打胜仗”的队伍。

不徇私情的质量“卫士”

从事执法工作十几年来，李务才从不办关系案、人情案，以至于许多人都说他不近人情。可他却说，讲人情就会徇私枉法，这样做对不起我的工资，更对不起百姓！正是因为看似“不近人情”，却维护了质监系统的形象，捍卫了法律尊严。因为在办案中坚决执行“八不准”的工作纪律，他带领的大队也没有出现过一起违规违纪行为。

在李务才主办的“南通某电缆厂生产销售以不合格铝合金电缆冒充合格铝合金电缆”的案件中，货值350万元，当事人找到他的老战友说情。这位老战友约李务才见面，提出给当事人减轻处罚的要求。李务才却诚恳地向老战友作出解释说：“我们有规定，不准私下与当事人讨论案件，希望你能够理解。”拒绝了老战友，这起案件的当事人最终也没有被减轻处罚。

2013年，李务才主办“扬州某厂生产销售不合格聚氯乙烯排污管”案件，当事人首先用物质诱惑拉拢他，在未成功后，又对他采取威逼恐吓手段。但是，李务才均不为所动，依法对其予以处罚。没想到，在后来连续一年半的时间里，每逢节假日，该当事人均打来电话或发来信息对李务才及其家人进行恶毒谩骂，最终此事在公安机关介入后，方才停止。

传承着军人苦干实干加巧干的革命精神，李务才没有叫苦抱怨过，他说：“我一直坚持的，就是干好自己的工作，对得起头顶那杆公正的执法天平。”

立足岗位，履职尽责，做一名合格的市场安全卫士

记江苏省宿迁市沭阳县市场监督管理局张军

张军，中共党员，1996 年 8 月参加工作。现在江苏省宿迁市沭阳县市场监督管理局从事行政执法工作，任副大队长。自参加工作以来，该同志一直以“老老实实做人，勤勤恳恳做事”为原则，在本职岗位上努力工作，认真完成上级交办的各项任务，获得了上级领导的肯定和同事的一致好评。

加强学习，不断提高自身思想觉悟和业务能力

2014 年年底江苏省沭阳县质量技术监督局、工商局和食品药品监督管理局合并，成立了江苏省沭阳县市场监督管理局，该同志先后在特种设备安全监察科、标准计量科工作，2016 年 5 月底被安排到执法大队工作。随着职能的调整，张军越来越体会到学习的重要性，积极参加局里组织的各项业务培训，无论平时工作多忙，都会挤出时间来努力学习，储备新知识，以此增强个人的理论素质和政治敏锐性，增强工作能力和决策水平，增强把握全局和认识问题、分析问题、解决问题的综合能力。通过学习，该同志的政治思想觉悟和业务能力都有了很大提高。

注重积累，不断提高办案专业水平

执法办案不是简单的予以行政处罚就可以了事，办案的过程是艺术创造的过程，在与违法者较量的过程中需要智慧，需要胆量，更需要技巧。同时，只有事实清楚、定性准确、程序合法、证据充分才能办好案，不出现错案、败诉案件，张军自参加执法工作以来，始终坚持学中干、干中学，常常和身边的同事探讨面对当前纷繁复杂的执法案例，相互学习，不断从实际的执法案例中汲取经验教训。在办案过程中，他一直从严要求自己，规范执法，未出现过一起错案、败诉案件；始终坚持惩罚和教育相结合的原则，在他的教育下，许多当事人主动认识错误，规范经营行为，不再做违法乱纪的事情。经过多年的岗位磨练和个人充电，能够比较从容地处理执法工作中的常见问题，而且综合分析能力和处理能力都有了极大的提高。

爱岗敬业、甘于奉献，争做优秀的执法人员

参加工作 20 年来，张军凭着对本职工作的满腔热情和对党的事业的执着追求，他对工作认真负责，服从组织安排，从不向组织提出任何条件，做一行爱一行，做一行专一行。由于工作优秀，2008 年和 2013 年被沭阳县人民政府评为“先进个人”，2014 年和 2015 年又连续两年考核优秀。他奉行“三人行，必有我师”的信条，真诚地向领导学习，向老干部请教，向同事和被管理对象学习，取人之长，补己之短。每遇到新情况、碰到新问题，独立思考，获得见解，并虚心请教同事。面对全新的工作环境，为了搞好行政执法工作，不仅坚持学习，还坚持当天的任务一定当天完成。刚开始，由于业务不熟练，常常要加班加点忙到很晚，但张军毫无怨言，很快

便熟悉了相关的业务，为更好地完成工作打牢了基础。按照县局部署的工作的内容和要求，他同其他执法人员一道在辖区内开展了一系列的专项执法活动，2017 年共办理产品质量类、商标侵权类、广告类、特种设备类等行政案件 40 余起，有力地维护了消费者的合法权益和良好的市场经济秩序。张军还积极参与沭阳县创建文明城市、创建优秀管理城市、食品安全示范县活动，争当文明的使者和市场安全的卫士，以自己的实际行动为创建活动作出贡献。

严于律己、廉洁奉公

打铁必须自身硬，执法还需廉生威。作为一名党员，张军把党风廉政建设和政风行风建设责任要求内化到自己的思想中。从小事做起，从细节做起，全力使自己的思想和行为符合管理规范，在内务管理、值班制度、接待受理制度、工作纪律、请假制度、卫生习惯等方面严格要求自己。在大是大非面前始终坚持原则，不做有损党和国家形象的任何事情。在查处案件的过程中，几乎每查处一起违法行为，都会有形形色色的社会各方人士前来说情，如果在这种情况下把持不住自己就会使执法方向偏离轨道，无法做到公正执法。他把公正执法作为自己工作最基本原则，依法办案，不徇私情，不讲情面，坚持用组织纪律和党性原则约束自己，用党员干部标准衡量自己，简化生活圈，淡化社交圈，净化娱乐圈，拒不接受当事人的吃请送礼。

十几年如一日兢兢业业工作，在平凡的岗位上，刻苦勤奋铸就业绩，尽心尽职显示风采，取得优异成绩。在取得的成绩面前，张军始终认为成绩只说明过去，并不代表将来，决心“百尺竿头更进一步”，继续加强学习，努力实践，力争取得更大成绩，为规范市场经济秩序，作出更大贡献。

慧眼识真假　铁肩担道义

记浙江省温州市“全国质检系统执法打假办案能手”林合国

林合国，1992 年部队退役之后加入温州质监系统，1997 年开始从事行政执法工作，现任浙江省温州市质量技术监督局稽查支队大队长。他二十年如一日，扎根基层、兢兢业业、恪尽职守，从一名普普通通的执法打假人员成长为“执法先锋”“全国质检系统执法打假办案能手”，练就了一双能识真假的慧眼和一副无私无畏的铮铮铁胆，以平凡岗位上的默默坚守诠释了质监干部筑牢产品质量屏障、护卫民生消费安全的责任担当和人生价值。

见微知著，炼就“火眼金睛”

随着技术发展，制假售假的招数层出不穷，手段上更具隐蔽性，科技含量也越来越高，这让打击假冒伪劣产品的形势变得愈加严峻。多年在基层执法一线的摸爬滚打，不仅锻炼了林合国敏锐的洞察力，还让他练就了一双“火眼金睛”，成了制造兜售假冒伪劣产品不法分子的克星。

2014 年 9 月 12 日，林合国所在的温州市质量技术监督局稽查支队，根据国家质检总局执法督查司内部通报提供的线索，对辖区内 A 公司涉嫌生产、销售不符合国家标准要求的玩具产品的违法行为依法进行执法检查，但是现场并未发现相关证据。为了查证该公司的违法事实，林合国带领执法人员从原材料入库、生产流程、仓储物流、网络销售、产品召回等环节入手，对 A 公司进行了锲而不舍地溯源追踪。当时，林合国在对 A 公司生产的有声挂图玩具进行现场检查时，注意到一个小细节。该产品的发声装置结构有电池室、电池、电池盖和螺丝钉等配件组成，但每张有声挂图玩具后面的电池室盖板有螺丝孔但却都没有装螺丝。他当即与其他执法人员一起查封该有声挂图玩具并送法定检测机构检测。检测结果认定该产品电池室盖板有螺丝孔但没有装螺丝，用一个动作就可以打开电池室盖板，存在电池容易脱落而造成儿童误食的风险，不符合 GB 19865—2005《电玩具的安全》中“预期给 3 岁以下儿童使用的玩具电池的电池盖，不得在没有同时施加至少两个独立的动作或无需借助工具的情况下就可以打开，接触到电池”的要求。这才终于对 A 公司的违法事实进行了确认，最后责令该公司对已售出的 4000 张有声挂图玩具产品按照《儿童玩具召回管理规定》实施召回。这起案件中，林合国“火眼金睛”，通过一个细末枝节，见微知著，避免了一场因一颗 1 厘米长的小小螺丝钉而引发儿童伤害事件的发生。该案例被浙江省质量技术监督局稽查总队编入 2016 年典型案例汇编，确定为最具典型的技术执法案例；2017 年，还被推荐纳入全国人大法制工作调研材料。此外，他还不断探索创新执法办案的新思路、新方法。2014 年，他主办的一起墙壁插座产品电子商务案件，还被国家质检总局列为年度全国电商产品执法打假五大典型案例并制成电教宣传片，2015 年又被编入了《电子商务产品执法打假手册》。

林合国（右）与执法人员对墙壁开关产品进行执法检查

执法严明，无私才能无畏

在稽查执法办案的过程中，办案人员对违法案件自由裁量的把握，多少总会有一些权利，这就成了不法分子求情的“突破口”。当事人为了减轻处罚，经常会到处找关系托熟人进行“攻关”。多年来，林合国相继担任过温州市平阳县质量技术监督局基层分局副局长、综合业务科科长和温州市质量技术监督局稽查支队大队长，一直奋战在执法一线，像这类被“公关”的经历着实不少。2008 年 6 月，他在查处温州平阳一假冒足浴盆产品案件时，行政相对人托朋友送来一个信封，内装有香烟票，价值 1 万多元，当场被他严厉拒绝。2010 年 7 月，在办理某公司非法生产特种设备一案，当事人乘他的办公室没有其他人在，就从手提包里拿出一叠百元大钞，大约有 1 万元，偷偷地放进他的抽屉，他发现后当场予以退回。面对各式各样的诱惑，林合国从不曾动摇，他以一名共产党员的坚守，牢固树立了质监执法人员公正廉洁的形象。他经常说，执法一线办案人员也应该要有军人的铮铮铁骨，权利在手，只有自己无私了，才能无所畏惧。

在行政执法过程中执法人员与当事人是对立的，有的当事人为了逃避被追责，在执法过程中会故意干扰或威胁执法人员。2009 年 5 月 21 日，林合国带领执法人员查处某公司生产假冒汽配一案，执法现场遭到了不法分子的无理阻挠。当时场面相当混乱，甚至一度失控。但是林合国和一起的执法人员都没有因此怯场和退缩，他们与不法分子僵持到最后，坚守执法并保护了现场。2010 年 4 月，林合国和同事一起到一家公司内检查特种设备登记注册情况，发现这家企业使用的简易升降机属于无生产许可证生产的产品，而且存在严重安全隐患，立即责令停止使用并依法进行查封。该公司老板态度野蛮，叫了七八个工人拿着木棍，把林合国他们围在办公室内，并声称“马上把封条解开，否则打断你们的腿！”在这样的危急情况下，林合国和同事们没有被他们吓住，而是冷静地和他们讲解质监执法的相关法律法规，沉着应对做好解释工作。经过努力，最终老板还是配合他们完成了执法工作。事后他回忆这起事件仍心有余悸，不过他随后又一笑而过。他说，“这不是也印证了无私才能无畏嘛。”

侠骨柔情，铁肩能担道义

行政执法只是一种手段，而不是目的。通过执法能打击小部分人的不法行为，维护广大人民群众的根本利益和公共安全，才是最重要的。林合国深深明白这个道理。所以，他在执法过程中刚柔相济，动之以情、晓之以理，始终心系百姓民生和地方发展，注重为企服务、为消费者服务。2009 年，他就氮气罐管理提出建议，受到国家质检总局肯定，并被采纳编入了《固定式压力容器安全技术监察规程》。该规程由国家质检总局批准颁布，规定氮气罐使用期 20 年内不需要监检。仅此一项建议，据不完全统计，就为企业挽回经济损失数亿元，为政府节约监管开支数千万元。

林合国平时工作兢兢业业，再苦再累都自己承担。他在单位经常是最早上班，最迟下班，加班加点是常有的事。无论是高温酷暑，还是刮风下雨，一接到举报就要出发，再苦再累他都毫无怨言。由于连续工作，从 2017 年 6 月初开始，他就感到身体不适，到医院一体检才发现血压低压仅 50、高压仅 80，医生令他马上接受治疗，但他却偷偷溜走回到工作岗位上，直到晚上才去医院打点滴。他始终挂在嘴边的一句话是“权为民所用，利为民所谋。在工作与个人利益矛盾时，先工作、后个人，先大家、后小家。”对待家庭，林合国深感愧疚。有一次休息日他女儿发高烧，刚到医院就接到局里电话，要求马上去查办一个案件。他二话没说就把生病的孩子交给妻子，立即赶往打假第一线。2009 年 4 月，爱人生病需要他陪着到医院，但当时正好碰到安监局转来的一个案件。林合国没有把妻子送到医院，就又回到了工作岗位上。由于经常不能跟家人在一起，以至于女儿晚上从来都不要跟他睡在一起，“因为跟爸爸睡不安稳，他老是深更半夜才回家”。林合国对待工作一丝不苟，从不放松警惕，就连曾经剑拔弩张的案件当事人看了他对工作的认真态度，都说你们质监的同志工作真辛苦，令人佩服。

林合国是奋战在温州质监行政执法一线的优秀代表，业务精湛，经验丰富。他曾二十多次被评为“先进个人”，多次代表温州市质量技术监督局、温州市人民政府、浙江省质量技术监督局参加各项竞赛并取得佳绩，先后获得 CUIPPC 中联知识产权中心

“打假模范维权先锋”“执法先锋经济卫士”，温州市质监系统“十佳执法卫士”、首届“打假执法办案能手”，浙江省人民政府法制办“省级优秀案卷”，“全国质检系统执法打假办案能手”等荣誉称号，受到了国家质检总局支树平局长亲切接见。他在平凡的岗位上为质检事业和当地经济建设作出了不平凡的贡献。在做好本职工作的同时，他还刻苦钻研。2017 年由他发明设计的节能、环保、防溅油等三款锅具产品获得了国家实用新型专利。

林合国，他是奋战在全国质检系统基层执法一线的一名普通干部，他没有惊天动地、光芒四射、永载史册的丰功伟绩，也没有惊心动魄、荡气回肠、可歌可泣的感人故事，有的只是在平凡岗位上笃定与坚守的那份初心。慧眼识真假，铁肩担道义，专心、专注、专业，是对他最简洁有力的概括。我们始终相信，平凡的脚步也可以走完一段伟大的行程，一件件平凡的事也能组成伟大的人生，这正是对像林合国一样的质监人的最美诠释。

勤恳做事　踏实做人

记浙江省质监系统“执法打假办案能手”朱林琪

作为一名一线执法人员，朱林琪与质监稽查队伍有着不解之缘。2006 年 3 月通过事业单位招考加入质监稽查队伍，通过公务员招考又于 2012 年 9 月以参公身份再次加入质监稽查队伍，现任浙江省兰溪市质量技术监督局稽查大队大队长一职。他政治立场坚定，党性观念强，执法打假理论功底扎实、办案实践经验丰富，一直以勤恳做事、踏实做人作为工作生活准则，以勤学、肯干、刚正的形象在质监蓝海熠熠发光。

勤　学

法律大专毕业后，又通过努力取得了法律自考本科。虽然是法律门内汉，但质监执法相关的法律既多又专业。要想在质监执法上有所作为，真正做到依法行政，必须多渠道掌握质监执法的基本功。从一开始把浙江省质量技术监督局印发的《质量技术监督行政执法新编实用手册》作为执法打假武器不离手，到 2014 年单独收集编写近 500 页的《兰溪市质量技术监督局质量技术监督行政执法实用手册》，该手册既包括常用法律法规规章，还收集了重要的公告、规范性文件，分享给全局执法人员和乡镇首席质量监督官使用。并且还加入了认证认可监管QQ群和国家认监委、浙江质监、质量云、质量与认证、中国质量报等微信订阅号，进一步丰富执法打假知识。为扎实开展电梯维保执法，确保执法打假取得成效不走过场，他跟维保作业人员上轿顶下底坑，从实践中掌握电梯维保查处要点……功夫不负有心人，几年时间，他成了行家里手、兰溪市质量技术监督局的打假骨干，先后被评为金华市质监系统、浙江省质监系统“执法打假办案能手”。

勤　干

人民日益增长的美好生活需要就是执法打假的方向，执法打假不能坐等，要主动出击，检查一个企业不能头痛医头脚痛医脚，而是要上下里外进行“全检”。十几年里，他办理的案件涉及产品质量、计量、食品安全、标准化、强制性认证、特种设备、许可证、商品条码等领域，既全面又突出食品、特种设备、许可证等民生重点。案件质量精益求精，现场文书的制作、案件的调查、当事人权益的保障等方面都力求细致、严谨，对其他同事经办的案件小到标点符号都要进行修改。十余年来，他经办的数百个案件无一错案，无一起被申请行政复议或提起行政诉讼。在系统内外案卷评查中，多次以质量上乘受到表扬。手机保持24小时开机，不管是晚上还是节假日，一有情况立即奔赴执法一线。2016年8月的一天，稽查大队接到某液化气瓶检测单位气瓶检测质量差的举报，为了打好胜仗，他研究国家标准后专门设计《液化石油气钢瓶检测机构现场检查记录表》确保检查到位，及时、准确固定遗漏检测项目的违法证据，在调查中当事人提出了当时不做不代表事后没有补做等辩解意见，朱林琪联系相关国家标准起草负责人、钢瓶检测机构资质许可考评专家等专业人士后，及时报请案审会讨论决定后作出行政处罚。2017 年 7 月 22 日是星期六，朱林琪带领执法人员对一气体制造公司进行检查，检查时该公司正在进行工业气体充装作业，其中一江淮骏铃危险品运输车车上气瓶已充装完成、装车完毕，正准备驶离，执法人员检查后发现有 7 只工业氧气瓶瓶身上仅有合格证标签，无警示标签。在执法人员制作现场文书时，企业相关负责人辩称："运输车还没有开出公司，门卫还要检查的。"朱林琪指着横卧在车上的三四层气瓶说道："今天撇开你们当时资质考核是怎么要求的、管理体系是怎么规定的这些理论上的，在不翻动气瓶的前提下你自己找一下哪几个气瓶没有粘贴警示标签，从你们充装作业实际来看，在充装台上装车前粘贴是最合理的，你自己说说看你的理由能不能站得住脚。"见无法逃避，该负责人最终说出了实话，原来检查当日是周六，该公司警示标签管理人员休息，而当天气体充装量较往常多，造成警示标签数量不能满足充装需要，充装工为节约使用警示标签，致使 7 只工业氧气气瓶没有粘贴警示标签。在朱林琪等执法人员的监督下，该公司当场进行改正，对 7 只工业氧气气瓶粘贴了警示标签，之后作出相应的行政处罚。他报送的《浙江省兰溪市查处一非法制造锅炉企业》《浙江省兰溪市质监局查封多台特种设备》等信息被国家质检总局采用。

刚　正

在执法办案中，会碰到形形色色的当事人，不管面对什么样的人，在朱林琪心中始终只有法律和人民群众利益。2013 年 1 月春节前夕，在一个已破产废弃的水泥厂检查时发现有新生产水泥迹象及标外地厂名厂址的水泥包装袋，见相关物品要被采取强制措施，窝点负责人恶狠狠地说："大家都是兰溪人互相给条路走，不要做绝了”，但他不为所动，在收集好无证生产劣质水泥的证据后第二天就移送公安机关由公安机关提前介入调查，最终该企业数名管理人员被追究刑事责任。同样在一个春节前，当时质监部门还负责食品生产企业的监管，为防止企业浑水摸鱼，朱林琪组织人员对食品生产企业进行检查，在发现某食品企业迎合市场需要生产不合格产品后，企业负责人说赶点货马上过年放假了，今天的事就算了，到时候我再来当面来拜访感谢，但朱林琪坚持在现场检查笔录等文书上如实进行记录……多年的执法打假，他始终自觉地维护人民利益，依法行政，坚决反对一切损害人民利益、脱离群众的行为。

在担任稽查大队负责人后，他不做甩手掌柜，依然奔跑在执法一线亲力亲为，还做好党支部、平安综治维稳、应急联动等工作，以永不懈怠的精神状态和一往无前的奋斗姿态，为当地经济社会健康发展保驾护航。

线索即命令　责任即使命

记安徽省滁州市定远县市场监管稽查大队副队长李永斌

“一个举报，一条线索就是命令，责任大于天”，这是安徽省滁州市定远县市场监管稽查大队副队长李永斌常挂在口中的一句话。他始终以“服从领导，团结同志，认真学习，扎实工作”作为工作准则，就在很多人都不看好的稽查岗位一干就是18年。他总认为，既然干了这份工作，就应该干好，是责任，更是“以德修身，以业立命”的稽查精神支撑着，默默地战斗在平凡而任重的岗位上……

责任为根　服务于民

2014年9月，中央电视台焦点访谈曝光全国毒凤爪事件，正值中秋佳节，李队和同事接到任务立刻行动起来，对定远县乡镇一家企业展开全面检查，检查现场，他们冒着高温对每一个生产环节仔细核查并抽取样品，详细地做了调查笔录，最终将案情圆满了结。“以服务为天职，以信念为先导”，带着责任工作，才能高效地完成每一个检查，办好每一件案件。

2017年春季，全市开展农资专项执法打假行动，任务布置下来，李队一马当先，带领组员，分区域，跑农资经营户。经排查，抽样检验，有个别企业以不合格复合肥料冒充合格产品。检验结果出来，李队再次前往问题经营户，责令其不准再出售不合格肥料，登记已购买问题肥料的农户并前往生产厂家调查其产品生产和出厂检验情况，通过细心询问和现场检查，发现肥料生产过程中存在的问题，使厂家认识到自身错误，并与农户协商赔偿事宜，减少了农户的损失，厂家也能重新投入生产合格肥料，案件圆满办结。

李大队在工作中就是孜孜以求、追根溯源、细心缜密、程序谨慎、办案迅捷的人，也成为队友们争相学习的榜样。

动之以情　谋事为民

古语有云：刚柔相济，始可有成。稽查工作，以法律为准绳，依法办事，据法查处的岗位，听上去，给人的感觉就是铁面无私，违法必究，无理可辩，无情可说的。在这里，无形中就让我们的执法人员与相对人之间筑上了一堵厚厚的无法跨越的墙，矛盾冲突，误会不谅解，由此加大了一线执法的难度。任何人或事，柔可以克刚，动而能变化，刚劲与柔软并济方可达到不一样的效果。2017 年国庆、中秋双节前夕，接上级部署，大队在双节期前，组织人员对城区各持证餐饮具集中消毒生产企业进行监督检查。经检验，一家生产企业餐具不符合卫生标准，稽查大队执法人员给予其整改机会，不合格餐饮具不能再销售，两个月后，再次抽检，仍然显示不合格。执法人员，现场检查了消毒生产设备、流程，询问了企业管理，查验资质、台账等，关注细节，从源头肃清造成不达标的缘由。经查，由于设备没有定期检修，设备陈旧，有的洁具面积过大，流水线不能做到面面俱到，清洁不到位的情况时有发生。就问题如何处理，双方一度陷入僵持阶段，影响案件开展。此时，李队并没有让这种局面持续下去，而是具体了解情由，以情动人："企业开门做生意，员工混口饭吃，依法办事，遵法运行，才能长久发展下去，一时侥幸，不是企业生存该有的，踏实走好每一步，才是上策……"动之以情、晓之以理，相对人经过思量，最终对执法工作予以配合，执法人员对伪劣餐饮具进行现场封存。处罚依据相关法律和自由裁量规定作出处罚，对于市面上仍存在的伪劣消毒餐具，配合卫生监管部门进行相应的查处。然而，李队和队员并没有因为案件了结就一走了之，而是坐下来和企业人真诚地沟通探讨，就此次检查发现的问题和企业的管理，生产给予一定的建议，消除了行政相对人的不安，建议餐饮具消毒单位健全消毒设备生产管理制度，加强车间封闭情况的监管，帮助企业改变内部环境，提醒餐饮单位与消毒单位合作要严格把关查验其资质，确保餐具消毒的安全性。

公而忘私　忘我查案

忙了大半年，好不容易盼来国庆长假。原来计划好利用假期多陪陪女儿，岂料一通投诉电话打破了假期早晨的宁静，投诉人声称其 5 岁的孩子喝了从超市买来的纯净水，腹痛作呕，已送去医院了。李队放下电话，以最快的速度联系好食品监管的其他同事，在投诉人的陪同下奔赴现场调查，向卖家了解该批次纯净水的购进，售出情况，做详尽的笔录，取样……在与卖家沟通下，给予投诉人调换等价值纯净水的赔偿，李大队还在调查间隙向投诉人询问了孩子的身体状况，当得知孩子之前的腹痛呕吐症状已经缓解，方才安下心来，进行下一步的产品采样工作。等到了家门口，已经是晚上 9 点多，女儿写完作业，已经在洗漱，准备就寝了。假期的第一天就在一片奔忙中过去，对于妻女，李永斌只有一脸的无奈和歉疚，原本这一天他应该是个丈夫和父亲。说“抱歉”已无足轻重，因为这样的突发状况对于从事多年稽查工作的他来说，已经是家常便饭了。

执法严明　原则为本

人们常说：常在河边走，哪有不湿鞋。从事稽查工作多年，李永斌始终坚持依法办案，在案件查办过程中，严于律己，严守办案程序，依据法律和坚决执行自由裁量的相关规定，以一名共产党员的标准要求自己，把用心办事，用情为民落到实处，做到“常在河边走，亦可不湿鞋”，自觉维护质监执法形象。

现如今，市场监控体系日趋完善，制假售假的手段更加高明，因势而变，应对之策也应与时俱进。作为副队长，李队带领队员集思广益、不断创新，寻求新思路，全面推进“说理式”执法和开门审案，深入实施行政处罚裁量规则，进一步规范执法行为；积极建立案件信息上报制度，案件信息通报制度，利用网络、电视、广播向广大群众宣传质量技术监督的法律法规以及常识，周知各项贴近民生的行动成果，耐心接受群众的提问并予以解答，听取他们的意见和建议。

多年的办案经历，让他拥有了丰富的质量技术监督的专业知识，熟悉企业的运作，经营情况，现场办案亦游刃有余，但他是个永远不愿让自己停下来的人。一直以来，李队重视对业务知识的学习，总结办案中遇到的各种情况、解决方法；和队友一起探讨、研究、协商，不断改进方法，改变思维方式；遇到困惑，虚心求教；利用闲余时间充实业务知识、学习法律、阅读典型案例、充实专业知识、提高办案能力，努力地让自己在本职岗位上做到更好。

责人之心责己，爱己之心爱人，勤于业务，踏实耕耘这是很多熟悉的人对他的印象。身材不算高大，体型也不算壮硕，无论天气寒暑，无论身体有无小恙，他每日都能以最大的热情投入到工作中，有人称李大队是在用生命工作，他总是很谦逊地说：“走自己该走的路，做自己该做的事，做就要做好，不求其他，但求对得起党员的身份，对得起广大老百姓将生命健康重托给我们的这份信任和责任……”在李队看来，稽查是选择，更是责任，值得他带着一众队员在机遇与挑战并存，困难与希望同在的道路上，一直向前……

执法打假战线上的合格战士

记“全国先进工作者”马凤志

马凤志从事一线执法工作17年，办理各类案件近200起，近年来结案率100%。先后被评为“山东省先进工作者”“山东齐鲁先锋优秀共产党员”“全国质检系统十佳办案能手”“全国十佳打假斗士”“全国先进工作者”等荣誉称号。

被评为“全国先进工作者”后，国务委员（国家质检总局原局长）王勇拉着马凤志的手，语重心长地对他说：“质检系统出个全国先进不容易，执法打假工作一线涌现出一个全国先进工作者就更加不容易了。马凤志同志，感谢你在艰苦的岗位上作出这么辉煌的成绩！”面对崇高的荣誉，马凤志吐露心声：要做就做一名合格的稽查战士。

17年如一日，甘做老黄牛

许多人最钦佩的是他勇挑重担的担当精神、任劳任怨的奉献精神。1998年从部队转业，2001年开始从事一线执法工作，17年执法生涯中，马凤志和同事们几乎跑遍了山东省17个地市。打击“地条钢”、查处危险化学品，查处生产许可证违法……哪里生产伪劣产品，哪里就有马凤志和同事们主持正义的身影。

“地条钢”等违法产品的生产多在地势偏僻、交通不便的偏远地区，为了精准打击，马凤志曾经创下了连续作战40多个小时，查处涉案劣质建筑钢材192.38吨，装载28车的记录。马凤志说：“执法工作非常辛苦，不做好吃苦耐劳的准备是不行的。不管何时何地，只要任务需要，就要不顾一切地冲上去。”为了办案，马凤志曾经冒着严寒蹲点观察30多个小时；为了办案，受辱骂、挨狗咬、被恐吓、遭围攻都是家常便饭；为了办案，扮过民工，常年奔波在外，以至于同事开玩笑说：“老马，你真是出差上瘾了！”

智勇双全，彰显法律尊严

马凤志的“勇”也是出了名的。一次，他带领执法队员参加打击假冒上海凤凰自行车违法行为。执法人员查扣产品时，不知从哪里冒出来20多位老太太阻挠执法，现场秩序一片混乱。为了确保安全，现场的公安要求马凤志马上撤离。但马凤志凭借多年执法的丰富经验，在人身受到威胁时，坚守现场，经过近10个小时耐心细致地工作，成功地将现场800多辆假冒自行车进行了异地扣押，取得了执法行动的胜利。

还有一次，他带领执法人员查处一家无证生产桶装水的企业。负责人态度非常嚣张，甚至破口大骂威胁：“姓马的，你要是敢跟我过不去，敢罚我一分钱，我弄死你！”马凤志出人意料地让其他执法人员都出去，独自一人应对。“老马，你一个人怎么行？万一他动起手来……”同事替老马的安全担心。“放心，他不会动手的。演员唱歌唱得再好，没有听众，也就唱不起来了。”马凤志平静地说。

等对方的情绪稳定了很多。马凤志伺机展开思想攻势：“我们执法人员看上去是个体，但其实我们是个大集体。你如果敢对我动手，我们省局全体质监职工都不会放过你，法律也不会放过你。”把对方的嚣张气焰打压下去后，马凤志又接着说：“我是执法人员，我是代表政府执法，我的后台是政府，你的后台是什么？”接下来，马凤志就像拉家常一样跟这位负责人讲起国家法律法规。最后，企业负责人不仅心服口服地接受了处罚，而且还对马凤志表示了钦佩：“冲着你马凤志，我一定配合你们的工作！”

马凤志现场执法

马凤志常说：“作为执法人员，经常面临危险，怎样把这种危险化为不危险？要有勇有谋，每次执法过程都是斗智斗勇的过程。”

马凤志说他的谋略来自学习，来自知识的积累。我们执法靠的就是法律、技术，不熟悉相关法律、标准，如何执法？在马凤志的办公桌上，堆满了各种标准、实施细则的培训材料，上面划满了各种记号。

马凤志说，要把一个案子办成铁案，就要证据扎实，调查全面，程序合法。这些不仅要喊在口头上，一定要落到实处。丰富而扎实的法律知识和专业知识让他每次都能对违法行为做到心中有数，对执法行动做到胸有成竹。

还有一种知识至关重要，那就是社会知识。他说，因为质监执法不能对当事人进行人身限制，所以执法人员在现场的一言一行、一举一动都非常重要。有时候一句话说得不妥，就可能激化矛盾，发生意想不到的事情；有时候一句话说得恰当，就能把局面控制住，取得行动的胜利。

忠于使命，严格自律品自端

一次，马凤志在某县查处了一家高耗能企业。当地的县领导闻讯赶来，要求他高抬贵手，放企业一马。原来，这家企业打着投资的幌子在这里寻求当地政府的保护。县领导对马凤志说："马科长，我们一定按照你们的要求督促企业整改。这个事情，你就不要往省局报了。"马凤志说："作为县领导，你肯定要求你的下属要对你忠诚。我作为质监局的职工，也要对我的组织忠诚。如果我隐瞒实情不报，可能连你都瞧不起我。如果将来有一天我成了你的下属，你会相信这样对组织不忠诚的人吗？"

还有一次，在查处一家生产违法危险化学品的企业时，企业负责人的妻子坐在门口挡住了执法人员的道路，死活不肯起来。马凤志走上前去蹲下来说："大姐，我们是接到举报才来的，不是故意跟你过不去。你们如果没有违法行为，我们绝不会来。大姐，我打个比方，你自己有没有买到过假冒伪劣的东西？你是不是也恨那些造假的人？如果你们的违法行为没人管，你们的产品流入市场，那是不是会有更多的人受害……"一席话下来，几分钟前还不依不饶的相对人一下无话可说，只能接受现实。

十多年的执法经历让马凤志每次行动总是游刃有余，不管现场的情况有多复杂，也不管当事人是蛮横凶狠，还是软磨硬泡，是威逼利诱还是哭爹喊娘，马凤志总有办法对付他们，总是能在最短的时间内控制局面，让当事人配合自己的工作。在他办理的近200起案件中，从未发生过执法人员与相对人发生正面冲突的情况。

为民服务，春风化雨显真情

严厉打击生产假冒伪劣的违法行为是我们的天职，但帮助企业走上正规合法经营的正途，才是质监稽查工作的最终目的。

马凤志曾查处了一家违法使用广东某企业厂名、厂址和品牌生产钢管的企业。马凤志说："虽然这次我们查处了你，但我给你出个点子，让你既能挣钱又能光明正大地用人家的品牌。"企业负责人一下就破涕为笑。后来，他不仅帮助这家企业成功申请了委托代理业务，还帮助企业办理了生产许可证，使企业走上了合法生产的正途。

这样的例子还有很多很多。17年执法生涯，每一个案例都是一个故事，而每一个故事后面都有辛苦的付出和充满智慧的较量。

在马凤志心中，能够从事执法打假是一件非常光荣的事。"我干的这些事都是为老百姓服务的。虽然我不能打击所有的假冒伪劣产品，但能够为此做一些工作，还能带动一批人，我没有理由不好好干。"

马凤志对那些造假售假的违法分子非常痛恨。一次，一个被他查处的制造伪劣化肥企业的负责人为了逃避处罚，到处找人疏通关系。马凤志知道后，严厉地说："我是农民出身，我知道化肥对农民意味着什么。他们辛辛苦苦一年，以为施的是肥料，结果却是你们生产的没有有效含量的伪劣产品。你知道这会给农民带来多大损失？”

正是这种对造假售假者强烈的恨让马凤志成为执法打假战线上的一名英勇战士；正是这种对人民深切的爱让马凤志成为守护一方百姓安全的忠诚卫士。

有人说马凤志是在执法打假的岗位上干上瘾了。但马凤志说：“我也有烦恼的时候，也有疲惫的时候，但既然干上稽查了，就要好好干，要做就要做一名合格的稽查战士。”简单朴实的语言透漏出的却是马凤志最真实的人生观、价值观。

正如马凤志所说：每个执法队员看起来都是个体，但他们又都是执法打假战线这个集体中的一员，代表的是全国数万名执法打假战士。他们满怀对质监执法事业的爱，用自己的青春和汗水书写着闪光的人生！

溪水汇聚，成就了大海的浩瀚；青山装扮，彰显出大地的妖娆。今天，正是因为有了千千万万个马凤志一样的执法打假人的辛勤努力、无私奉献才铸就了我们今天质检事业的辉煌。

奋斗不止　青春无悔

记山东省青岛市质量技术监督局稽查局稽查二处侯成彬

她，自2000年起已在质监稽查执法一线无怨无悔地奋战了十五回寒暑，在这个传统观念中更适合男性的岗位上，书写下一篇光辉的巾帼篇章。她，先后办理案件1200余起，其中大案要案近百起，罚没款累计1000余万元，为用户和消费者挽回经济损失2000余万元，没有一起案件因为行政复议或诉讼而撤销或败诉。她，先后获得青岛市政府“打假先进个人”“依法行政先进个人”“青岛市法制工作先进个人”；全省质监系统“十佳执法标兵”“全国质检系统执法打假办案能手”等荣誉称号。她，就是山东省青岛市质量技术监督局稽查局稽查二处处长侯成彬同志。

无论何时何地，你所看到的侯成彬始终是忙碌的。除去在外执法检查的时间，办公室中的侯成彬也很少能有闲下来的时候，偶尔有空暇，她的面前也一定摆放着一本法律法规书籍，书上往往写满了阅读时做下的各种记号和标注，即使她已是一名有着十几年执法经验的执法人员，即使她能随口准确地说出当事人的行为违反了哪部法律的哪一项条款，侯成彬仍然不曾放松过自身的学习。因为她深知执法岗位上沉甸甸的责任，尤其是质监“四位一体”行政执法，专业性强，涉入经济领域广，业务技术素质要求高，要担起这副担子，要求自身必须具备过硬的素质。多年来，侯成彬始终坚持把业务学习放在第一位，在抓好自身学习的同时，组织同事们研究法律法规和案件查办技巧，带领大家刻苦钻研业务，带出了一支能吃苦、会执法的过硬团队。在崂山分局，侯成彬带领崂山分局代表队在青岛市质监系统首届行政执法比武大赛中荣获团体第一名，她本人也取得“案例分析”和个人综合两个单项第一名。在稽查局，侯成彬带领处室连续多年获得“先进处室”荣誉称号，带出一名青岛市质监系统首届“行政执法办案能手”，她也两次被省局评为“十佳执法标兵”，并在全市质监系统中首次获得了“全国质检系统执法打假办案能手”的殊荣。

侯成彬（中）查阅企业生产记录

每个人在工作和生活中都有很多个身份，也有很多份责任。在工作中，侯成彬是一名优秀的稽查处长；在生活中，她也是一个好妻子、好母亲和好女儿，但因为对执法工作的敬业和投入，难免会在工作和家庭之间发生矛盾，每当这时，侯成彬舍弃的是自我的小家，顾的是质监事业这个大家。

执法检查往往有时效性，一旦错过时机，让违法者有了充足的准备时间，再去取得违法证据就非常困难。为了让违法行为都得到应有的查处，加班加点是侯成彬的工作常态，下午三四点吃午饭，晚上八九点回家也是家常便饭。在查处莱西某企业时，因为现场情况复杂，企业百般推脱抵赖，重要证据又被藏匿，执法工作陷入了死胡同。面对如此困难的局面，侯成彬没有丝毫动摇和妥协，一直坚持从生产的各个细节上取证，整整一天只在下午3点吃了两个蒸包，喝了一瓶矿泉水，直到晚上11点终于掌握了该企业违法生产的关键证据。当天从莱西返回的路上又遇到大雾，高速也封闭了，她回到家中时已经凌晨两三点钟。

2013年，侯成彬的父亲因病住院3次，有一次甚至下了病危通知书，在那段日子里，她晚上陪床尽心尽力照顾年迈的父亲，白天依旧兢兢业业地执法工作，尽管满脸疲惫，却从没有一声怨言，也没有一次耽误工作。在6月的一个雨夜，她正在医院陪伴刚手术完的父亲，市局12365指挥中心接到农资投诉举报，需要紧急出动。收到消息，侯成彬二话没说赶回局里带队赶往现场。在现场当事人不配合的情况下，她运用平时积累的丰富专业知识，采取攻坚策略，通过企业几十本的原料进货单、生产计划单、产品成本计算单中找到了蛛丝马迹，又在调查过程中提取了该企业所有的销售发票，通过所有的票据数量计算，找到了当事人的违法事实。所有证据环环相扣，相互印证，构成了极为完整的证据链，最终认定的108万元涉案货值和15万元违法所得也让当事人心服口服，该案最终下达罚没款120余万元，当事人当天就缴纳了罚款。也正是在这一年，侯成彬带领全处室连续办理了多起案值过百万元大案，罚没款数占全市质监系统罚没款总数的60%，占稽查局全局的90%，大案要案数量超过了历年总和。

作为一名女性执法人员，当面对违法分子的挑衅、辱骂甚至暴力时，侯成彬拥有丝毫不逊于男性的勇敢和坚强。在与即墨市某镇政府联合检查当地某啤酒企业时，企业对执法检查非常不配合并以多种理由推脱，正当执法人员在努力做工作时，办公室内突然冲入了四名满身酒气的男子大声辱骂执法人员，其中一名男子还挥舞着菜刀，一边威胁众人，一边殴打一名镇政府人员，还扬言就算公安来了也不怕，气焰十分嚣张。就在现场剑拔弩张，恶性事件一触即发的紧急关头，侯成彬挺身而出，挡在了被殴打者面前，严词斥责行凶者，对方显然也没有想到一名看起来柔弱的女性有如此的勇气，一时愣在了原地。侯成彬同志占据先声后，又法理结合的劝解，让对方意识到所作所为已经触犯了法律，继续下去会导致更加严重的后果。最终，对方放下了手中的菜刀并自己离开了办公场地，侯成彬凭借勇气和正气，柔中带刚地化解了一起可能发生的恶性事件，捍卫了质监执法的尊严。事件过后，暴力抗法者被公安机关抓获，也得到了应有的惩罚。

当面对一些并非恶意违法的情况时，侯成彬又能表现出女性特有的细致和柔和。2010年1月，在一个个体煤店监督抽查不合格后，她了解到该煤店是由几名家庭生活困难的下岗职工为谋求生计集资开办的小型加工店，因原料把关不严导致产品抽样不合格，经营者是初次违法而且不是主观故意违法。侯成彬向分局领导汇报了企业的情况并建议依法减轻对该煤店的处罚，营建和谐执法环境。在春节来临之际她还倡导全体党员干部为该店的下岗职工捐款献爱心。春节后上班第一天，该煤店负责人和单位职工将一面绣有“秉公执法　廉政爱民”的锦旗送到市南分局，感谢她的人性化执法和对企业的帮扶。

作为质监人的优秀代表，侯成彬身上体现的是“爱心、用心、细心、责任心”的质监精神，体现的是“让宜居幸福的岛城人民过上有质量的生活”的质监追求，也正是这样的精神和追求，一代代质监人不懈的努力和奉献，推动我们质监事业实现了跨越式发展。

守望质量

记山东省青岛市质量技术监督局稽查局于广深

于广深，男，中共党员，现为山东省青岛市质量技术监督局稽查局调研员。于广深同志曾在部队工作21年，转业后从事质监一线执法13年，处理12365投诉举报超600余起，查办行政执法案件400余起，涉案产品货值5000余万元，罚没款3000余万元，为消费者挽回经济损失6000余万元，先后3次荣立个人三等功，荣获“优秀共产党员”、市级“办案能手”等荣誉称号，2012年度被评为山东省“十佳执法标兵”，2015年获评为市局“劳动模范”称号，2016年度被评为“全国质检系统执法打假办案能手”。于广深一直工作在执法第一线，他用默默付出书写着最美的质监故事，守望我们的城市，守望质量。

勤于思，快速掌握执法技能

于广深同志善于学习，勤于思考，每当新的法律法规颁布实施，他就立刻埋头学习，深入钻研，直到烂熟于胸才肯罢休。对法律法规的融会贯通，不仅使他会解释、会宣传，而且在执法中达到了驾轻就熟的程度。多年来，他养成了一个良好的习惯，每天下班前，必将一天工作逐一记录，每周一汇总，每月一小结；

每办结一个案子，都认真进行梳理，把经验教训记录下来，工作日志记满了 10 大本，办案体会写了 3 万多字。随着市场经济秩序的不断规范，造假者的行为日趋隐蔽，造假技术也更加高明。但魔高一尺，道高一丈。于广深同志通过分析研究，练就了一手绝活，采取看、闻、捏、尝、搓等简单方法能够现场识别多种假冒伪劣产品。

于广深为群众讲解识假辨假常识

2010 年青岛市质量技术监督局稽查局开展研究型执法后，于广深同志坚持以科学发展观为统领，深入开展执法课题研究，以研究对建筑领域中的低压成套开关设备执法为工作主线，同时也对建筑领域中安全玻璃的情况进行了深入的学习研究，迅速总结出溯源查处、目录检索、由点及面等一系列行之有效的办案方法。一年来，检查 3C 生产企业及建筑工地 90 余家，共查处 3C 违法案件 16 起，占总立案数 50%，涉案货值达 1400 余万元，使此项研究性执法工作取得了显著成绩。知识和经验的积累使他成为执法方面公认的行家里手。每当稽查局有新人调入，领导总是把传帮带的任务交给他，他从未推辞，都能从大局出发，毫不保留地把多年来总结的宝贵经验传授给执法新兵。通过他的传帮带，先后有 6 名同志成为执法骨干。

于广深对石油液化气掺混二甲醚违法行为进行现场检查

在社会曝光液化气添加二甲醚事件后，为了打击不法分子，积极组织科研小组进行科技攻关，大胆提出构架，在科研单位的帮助下，成功地研究出了二甲醚快速判定仪。通过现场测试就能判断违法行为，对违法分子起到震慑作用，维护了市场秩序，保护了市民安全。

敏于行，勇于奉献履职尽责

于广深同志能够始终牢记肩上的责任与使命，保持着军人令行禁止、雷厉风行的作风。特别是任稽查局二处副处长后，仍能端正思想、摆正位置，在行政执法工作中，不怕苦、不怕累、不畏艰险，尤其是在查大案、端窝点等急难险重任务面前，常常是站排头、打头阵、当冲锋。当时稽查三队只有两名执法人员，在为期一个月的青岛市出租车计价器专项检查工作中，经常是早晨5点前或晚上10点后围绕着机场、汽车、火车站周边的出租车进行检查。在人员少、任务重的情况下，积极联合交通委开展专项整治，严厉打击出租车计价器的违法行为，维护了青岛市市民的利益，树立了质监局的形象。

在开展对生产许可证发证范围的浸渍胶膜纸饰面人造板产品的专项检查中，短短的两周内，共检查生产、销售企业25家，立案10起，罚没款到位数6万余元，并通过加班加点将 942张人造板全部没收到位。处置某问题奶粉期间，于广深带领稽查人员任劳任怨，克服各种困难，放弃节假日休息时间，多次往返胶南、黄岛等6个仓库及销毁地，对库存原料及成品数量逐一核实，监督销毁1.6万余吨。当某公司生产的鲜奶中含有三聚氰胺事件发生后，他们又连夜赶到现场，并用一周时间对该公司使用的原奶和几个关键生产环节开展调查，查实了问题。青岛市质量技术监督局稽查局接到省稽查局督办的一次性生活用纸问题，于广深放弃节假日休息，在第一时间奔赴工作一线，连夜深入生产企业开展执法检查，关键时刻能拉得出去，冲得上去，处置迅速、果断，受到市局领导和业务处室的充分肯定。

善于变，敢办大案和要案

于广深大局观念强，善于从宏观上考虑问题、解决问题，善于带动大家共同提高。一是变行为经验为职责流程。根据市局开展的理顺工作职责，打造工作流程要求，该同志根据自己多年来的执法工作经验，积极协助做好稽查职责和流程的制修订工作，使执法工作程序一目了然，即使新进人员也能依照工作职责和工作流程进行简单操作，切实增加了流程的可操作性。二是变我用为全局用。时刻把自己作为稽查执法的普通兵，融入质监执法的大家庭，经常与同事一起探讨执法问题，并对自己掌握的理论和实践经验从不吝啬，乐于公开。三是变思路办出大案、要案。作风严谨，注重细节，在执法中把规范性、公正性、文明性融为一体，是他不懈的追求。该同志对执法办案工作有着极为执着的认真态度，如在办理洋马发动机案中，针对发动机的特性，对企业的每个生产环节进行细致检查，通过查找原始记录，最终抓牢了篡改发动机烟度的违法事实，给予该公司处罚 1472 万余元的处罚，不仅为青岛质量技术监督局案件之最，在山东省乃至全国系统内的行政执法开创了先河。

忠于职，规范执法构建和谐

省局开展“和谐执法、阳光办案”活动后，他率先使用了“执法监督卡、违法行为整改登记表、征求意见表”规范自己的执法行为，受到相对人好评。执法中经常要面对金钱关、人情关、威胁关的考验。他给自己和家人定了个规矩：凡是涉及执法办案，不管是谁，送礼不要，请客不到。有的朋友说他不近人情，有的朋友干脆跟他断绝了来往。对此，他忍受着别人的误解和埋怨，始终坚持着自己的做人原则。在查处某公司无证生产案件时，该公司经理私下往他包里塞了一个装着一沓厚厚人民币的信封，他立即制止并进行严厉批评。将情况向领导进行了汇报，并依法进行了处罚。事后，该公司经理表示：“虽然罚了我不少钱，但是我心服口服。”类似事件于广深已经记不清有多少起了，但能记清的是，他从未收受当事人赠送的礼品、礼金，从未参加过当事人组织的宴请。2010 年 12 月初，于广深带领两名队员根据群众举报前往查处一涉嫌生产假酒案件时，被所在村书记带领 20 多人围攻，执法人员多次被打倒在地，但于广深同志毫不动摇，在报警的同时，坚持留在现场，直到警察介入处置，将该案移交给公安机关，带头打人的该村书记被公安以妨害执行公务予以刑事拘留。类似的事遇到不少，但于广深从未胆怯过，因为他心里想的是群众的生命财产安全，早把个人的安危置之度外。

这就是于广深，一个为构建和谐社会尽职尽责的执法标兵，他酷爱自己的工作和岗位，为维护人民的利益和捍卫法律的尊严，以对党的无限赤诚书写着质监楷模的风采，守望着我们的城市，守望质量。

靠信念点亮心灯　用勤奋争创一流

记山东省潍坊市质量技术监督局稽查支队鞠进良

奋战在质监一线的执法人，是我们这个时代的无名英雄。他们的工作或许平凡，但平凡的脚步也可以丈量伟大的行程，平凡的事迹也能组成伟大的人生，平凡的付出也能汇聚感动人心的正能量。奋战在打假一线的质监人，是我们这个时代的无名英雄，“热爱稽查、享受稽查”多么朴实无华的语言，代表的是山东省潍坊市质量技术监督局稽查支队副支队长鞠进良的心声。他从事行政执法工作 23 年，爱岗敬业，秉公执法，热情服务，在平凡的岗位上任劳任怨，敢于奉献，作出了不凡的业绩。据统计，先后共查处各类行政违法案件近 500 起，罚没款总额达 1200 万元，其中罚没款 5 万元以上案件 40 余起。他所经办的行政执法案件，无一起行政复议、撤销、变更或行政诉讼，也无一起行政执法过错责任案件，办案准确率达到 100%。因工作成绩突出，多次受到组织表彰和领导好评，曾荣获国家质检总局“全国质检系统执法打假办案能手”荣誉称号、山东省质量技术监督局、潍坊市质量技术监督局“十佳执法标兵”荣誉称号，荣立个人三等功一次，多次获得市局“先进工作者”和嘉奖奖励。

总结鞠进良同志的心路和工作历程，不难发现：这些成绩的取得，来自于他对履行党的宗旨的坚定信念，来自他对社会公平正义的不懈追求，来自于他对神圣岗位的强烈责任感，来自于他争创一流业绩的上进心，也凝结着他 23 年来大量的心血和汗水。

虚心学习，潜心培养，言传身教做表率

鞠进良作为一名从事执法工作 24 年的执法人员，法律知识、业务素质不可谓不深厚，执法经验不可谓不丰富，但他却总是说："稽查工作，我永远是学习者"。在执法环境的不断变化中，他成了一名孜孜不倦的学习者。执法工作要做到"魔高一尺，道高一丈"，就必须走出执法的惯性思维，开拓技术执法的新路子。鞠进良同志主动给自己"充电"，本着工作需要什么就学习什么的原则，每当有最新法律法规和政策出台，他总是如饥似渴地研究，掌握出台背景、领会精神实质并结合地方实际运用到执法工作中。通过翻阅专业资料、网络搜索信息、会议掌握精神等方式，不断掌握最新稽查动态，了解最新的政策、法规、标准，不断研究新课题、拓展新领域、探索新思路。正是因为鞠进良刻苦、广泛地学习，为他创造性、前瞻性地做好执法工作奠定了坚实基础。

"一花独放不是春，万花齐放花满园。"在工作中，鞠进良甘作人梯，辐射带动，充分发挥"酵母"作用，培养了身边一个个的执法办案能手。根据局里安排，每年都承担授课任务，毫不保留地将执法实践中摸索出的经验和技巧传授给执法人员，特别是对新进入执法队伍的人员，他更是倍加关心爱护，耐心传授执法过程中的注意事项和执法心得，同事们都很尊敬地称呼他为"鞠老师"。每每在执法检查中遇到疑难问题，同事们首先想到的是"鞠老师"，都愿意打电话咨询请教他，直到说明白、讲清楚。某县局执法人员在对一家化工企业执法检查时，企业对执法人员所

提问题总能给出一个搪塞的理由，现场执法人员犯了难，不知如何入手？鞠进良接到县级局的电话后，每个环节、每个细节、每份证据如何获取，都详细解析，足足打了50多分钟电话，使现场执法人员终于找到了突破口。

敏锐执法，与时俱进，持续进步立新功

随着社会发展进步，质量要求也在不断提升，法律法规、技术标准也在不断地调整、修改、完善、更新，但同时，违法手段也变得越发隐蔽化、智能化。这对执法人员提出了新的更高的要求，只有把握市场发展趋势，对市场经营动态具有一定的高度敏感性和快速反应能力，具备一定的线索“嗅觉”和洞察力，具有预见性和创造性，并且能够自如地运用法律法规，才能与时俱进，不断提高执法能力，才能维护好执法队伍形象。

几年前，GB 175—2007《通用硅酸盐水泥》水泥新标准实施，鞠进良第一时间对标准进行了学习研究。进过研究，他敏锐地认识到，新标准对氯离子含量做了明确界定。他意识到新增加的项目必然有其目的性，一定存在有危害的企业和亟须规范的问题。在全面掌握了新标准要求后，从外围开展了调查摸底，并咨询专家和业内人士了解到，水泥生产企业为激发水泥的强度，普遍存在着过量添加含有盐泥的助磨增强剂，致使氯离子超标。在广泛摸底的基础上，他组织对水泥生产企业进行了拉网式检查，共检查12家水泥生产企业，经抽样检验发现有6家企业的水泥氯离子含量超标，有的甚至超标高达2倍。在依法立案处理的同时，他又积极联系有关专家，深入到每一家企业现场指导，讲解技术标准要求，帮助企业完善质量管理，改用无氯助磨增强剂，确保了水泥质量。

某食品公司被山东电视台生活频道曝光后，鞠进良闻风而动，马上赶到现场对该公司生产的猪肉丸、狮子头等产品进行了查封和抽样检验。检验结果是质量严重不合格，大肠杆菌超标；生产肉制品的环境脏乱，人流、物流不分。经调查，虽然货值不大，但社会反响较大，影响较坏，依法吊销了该企业的生产许可证。这是潍坊市第一家被吊证的食品企业。

2010 年，面对热轧带肋钢筋产品价格不断攀升，有许多钢材销售企业上马了钢筋调直设备，将盘状热轧带肋钢筋加工成直条后对外销售。他们销售钢材不是按实际重量结算而是按检尺结算。凭借多年的执法经验，他敏锐地感觉到“这里面肯定有问题”。通过调查走访发现，这些单位在加工钢筋过程中不仅仅是调直，而且增加了延伸设备，故意将钢筋拉长、变细，便于检尺销售，牟取非法利益。致使钢筋尺寸、重量偏差等指标发生很大的变化，往往达不到国家强制性标准的要求，导致建筑工程存在质量安全

鞠进良同志在热轧带肋钢筋加工现场检查

隐患。2010年3月，他提交了专题调研报告，潍坊市质量技术监督局稽查支队根据他的建议立即开展了专项整治行动，查处了9家违法违规企业，维护了市场经济秩序。结合整治过程中发现的问题，撰写了《我市建筑用钢筋质量令人担忧》的信息，潍坊市政务信息采用后，引起了市政府领导的高度关注，并作出了“从严从重查处一切质量违法行为，保证建筑用钢筋质量安全”的批示。

精雕细琢，深挖潜规，开拓创新求突破

国内铜价的上涨，导致变压器生产企业成本激增，很多变压器生产企业采用偷工减料，以铝箔、铝线或半铜半铝线圈冒充铜线圈进行变压器的生产、销售，外观难以区分，致使大量“以次充好”的变压器流入市场，埋下了很多安全隐患。这一严峻问题摆在面前，鞠进良就暗下决心，“再高的山也要登上去，潜规则后患无穷，必须突破！”对于敢打硬仗的鞠进良来说又是一次磨刀的机会。如何搜集证据是此类案件办理的关键，针对变压器行业的垄断性强，违法行为十分隐蔽的特点，他总结了“一个中心”“五个关键点”的查处方法。“一个中心”就是以突破行业“潜规则”为中心，“五个关键点”就是线圈绕制、变压器装配、变压器试验、成品保管、变压器出厂销售环节。成功查处了6家变压器以次充好案件，罚没款近百万，他这套切实有效的经验做法，被《中国质量技术监督》杂志推介发表。

胸怀大局，主动服务，有情执法促和谐

执法办案是为了维护社会公平正义，促进社会和谐。在和谐理念指导下，鞠进良始终坚持依法办案与社会效果双赢，把对具

体案件的处理放到社会和谐的大局中加以考虑，找准工作的结合点和着力点，最大限度地化解利益冲突和矛盾，做到和谐执法、有情执法，寓服务于稽查中，赢得企业的理解与支持。

对细木工板企业检查时，企业反映细木工板甲醛释放量超标的原因是板厂为了保证细木工板的黏合强度，多使用脲醛胶生产，脲醛胶中的游离甲醛不好解决。如果使用乙烯醋酸乙烯乳液环保胶，不但价格高（价格是脲醛胶的 4 倍）而且板的黏合强度会降低，容易导致产品质量不合格，让企业左右为难。面对企业既无奈又怨恨的眼神，鞠进良下定决心，无论多么困难也必须帮企业这个忙！证明我们不仅仅是为了处罚，更重要的是为了企业发展。多方打听，找到了游离甲醛治理专利申报人张先生，向其说明了事情的来龙去脉，并想请他现场指导，解决游离甲醛超标问题，经过多次的沟通交流，张先生为这种精神所感动，“我没想到你会这样执着，没想到你们单位对企业如此负责，凭你的这种精神我也得要去”。细木工板终于解决了脲醛胶游离甲醛问题。该问题的解决降低了企业成本，保证了产品质量。

为国家重点工程项目保驾护航。在对省重点工程项目检查过程中，高铁潍坊西站反映“自制直角尺计量工具，有几米长，联系好多单位都说检定不了”。直角尺计量工具是生产许可证发证审查必须检查的项目，针对这个难题，他积极帮助企业联系市计量所，特事特办，切实帮助企业解决自制计量工具检定的难题。在对榆横—潍坊 1000 千伏高压输变电项目潍坊变电站国家重点工程检查时，发现所签订的合同中拟购进的消防设备没有取得强制性产品认证，并及时告知施工方，企业随即更换了有证产品，避免了消防隐患问题的发生。

通过帮扶企业，企业与质监部门之间打消了隔阂，增加了理解，提出要酬谢他，鞠进良婉言谢绝了他们的好意，并说“你们只管抓好自己的产品质量就行了，不要有其他的顾虑和想法，帮企业解难脱困是我们的职责”。

自律廉洁，彰显形象，勤政为民葆本色

“己正才能正人，无私才能无畏。”作为一名共产党员，鞠进良同志时刻牢记手中的权利是人民赋予的，这个权利只能用来为人民服务，为人民谋利益，绝不能用来作为谋取个人和团体私利的筹码。在执法权利部门工作，面对物质利益的强烈诱惑，他十几年如一日，坚守堂堂正正做人、干干净净做事的处世原则，严格自律，秉公执法，经受住了名、利、权、位的考验，保持了一个共产党员的公仆本色。

作为一名稽查执法人员，经常会遇到形形色色的诱惑，时时面临着权与法、情与法、钱与法的多重考验，但他始终坚定地做到“不为私心杂念所扰，不为人情世俗所困，不为不正之风所压”。在稽查工作岗位上工作了23年，办理过的大大小小案件几百起，但从没吃过当事人一顿饭，从没收过当事人一分钱，从没办过一件人情案。以至于有些行政相对人说：“鞠进良太认真太难办事了，是一堵推不倒的钢铁城墙。”

某金属材料公司因为生产“瘦身”钢筋被依法进行查处。在办理此案时，该公司经理王某多次打电话要见个面，还跑到宿舍门前按门铃，见面的目的再明白不过了，但都被鞠进良婉言拒绝，并告诉他们：“有事请到办公室谈”。到调查处理时，王某趁周围无人对他说：“我知道问题的严重性，但请你高抬贵手，这5000元钱你先拿着，少认定点货值，日后我还会重谢。”说着就要把包好的钱往他口袋里塞。当时鞠进良同志毫不犹豫地对他说：“我们执

法人员必须坚持原则，实事求是，我也不会接受你的礼金，希望你能尊重我们，不要把社会上不良的东西带到质监局来！你首先要做好的就是配合好我们的调查。”在他的耐心说服下，王某乖乖地把钱收起，心悦诚服地接受了调查，积极配合案件的处理，认真纠正了违法行为。据统计，近几年来，他先后拒受礼金、代金券共计 10 万多元，以实际行动维护了一个质监稽查人员的形象，受到了当事人的广泛好评。

经历记录精彩，付出见证辉煌。鞠进良同志的执法历程，印证了他始终是稽查工作的业务骨干，始终是稽查战线的“排头兵”，他始终以满腔的热情对待他所热爱的工作，用正气、真诚和奉献谱写了一曲曲动人的乐章，诠释了新时期质监执法人员的风采。

质检战线上的创新先锋、“中国好人”

记山东省泰安市质量技术监督局稽查局局长李希恩

泰山巍巍，岱城壮阔，风中扬起创新质量大旗；汶河浩浩，泮河奔流，惊涛拍岸如队伍阵阵号角。

一个参加过对越自卫防御作战的老兵；一名新时代的质监党员干部；一位走到哪里，哪里就是先进单位的质监领路人，用辛勤工作的汗水谱写了事业的华章，被中央文明办授予“中国好人榜”的“敬业奉献中国好人”。

只是一名基层质监战线上的领导干部，怎么会获得如此荣誉？还得从他敬业奉献的事迹说起。

李希恩，山东省泰安市质量技术监督局党组成员、稽查局局长。先后被授予“敬业奉献中国好人”、山东省质监系统“十佳公务员”、泰安市“优秀公仆”、荣立二等功 1 次，三等功 5 次。2004—2007 年，他带领的泰安市岱岳区质量技术监督局创新区域监管模式，受到国家质检总局主要领导和 9 个司司长的视察，国家质检总局新进公务员被下派到泰安市岱岳区质量技术监督局实践学习。2008 年至今，在他的带领下，泰安市质量技术监督局稽查局连续五年被省文明办评为“省级文明单位”，连续两年被评为“泰安市事业单位考核 A 级单位”，执法队伍在全省质监系统模拟行政处罚听证会竞赛中荣获第一名，由他主持研发的电子信息化办案系统在2012年以第一名的成绩获得“全国质监系统十大法制创新奖”。该系统在山东省政府上报国务院鲁政字〔2014〕208号文中写入建议推广；2016年由山东省鲁政办发2016〔1〕号文提出在全省推广，由国家质检总局上报国务院法制办，成为行政执法全记录试点待定单位。一名同志先后两次获得全国质检系统法律法规知识竞赛和执法办案大比武笔试环节第一名，已被国家质检总局列入专家库成员，一名同志在全省质监系统技术比武获得第一名，一名同志被国家质检总局评为“全国执法标兵”。先后有四名同志被山东省局评为全省“十佳执法标兵”，两名同志撰写的论文在国家质检总局《产品质量法》征文评比中分获一等奖、三等奖。

“进”“退”之间——毅然转业，扎根基层作奉献

李希恩1979年11月入伍参军，28岁成为某集团军最年轻的少校军官，军校毕业后奔赴对越防御作战战场、执行过重大的政治任务，经历过血与火的考验。但谁也想不到，1993年他毅然放弃原有职级和良好的工作环境，“退”到泰安市质量技术监督局担任一名普通办事员。

从零开始，从未把丰富的经历作为个人资本，转业地方工作之后，用扎实的军人作风，一步一个亮点，一步一个创新。工作中，他是工作创新的行家里手；在单位，他是服务群众、服务泰安经济的能手；在群众眼里，扎实、创新、热心、奉献，是他的标签。李希恩也因此被人说成是“大傻子”。李希恩背负着这样一个“美名”，硬是在基层一干24年，从普通宣传干事干到财务科长，再二下基层到岱岳区质量技术监督局，最后来到泰安市质量

技术监督局稽查局带领一支执法队伍。

“进”与“退”的抉择，不仅是义利的权衡，还是勇气与智慧的考验。在办公室拟写材料期间，他成为质量技术监督局的一支笔，每年在各大媒体发表文章近百篇，连续 8 年是国家质检总局和省质监局的“宣传先进个人”。

2000 年，他担任财务科长。3 个月的时间他埋头苦读了有关财务方面的书籍 60 多本，不仅带领财务科在工作中迅速走上正轨，还在全省质监系统率先实行了财务电算化，省质监局在泰安召开财务工作现场会推广泰安经验，泰安财务工作的九个统一在全省推广。

2004 年担任岱岳区质量技术监督局党组书记、局长期间，他主持实践运行的岱岳区区域监管模式，国家质检总局党组书记李传卿在山东省王省长的陪同下来到岱岳区质量技术监督局现场推广，全国各地 2000 余名同行来岱岳区质量技术监督局参观学习。

2008 年至今，他担任泰安市质量技术监督局党组成员、稽查局局长。在他的带领下，稽查局在全省质监系统模拟行政处罚听证会竞赛中荣获第一名，局执法人员获得全省、全国执法标兵达 11 人次。由他主持研发的电子信息化办案系统更是以第一名的成绩获得“全国质检系统十大法制创新奖”。

20 多年来，无论走到哪里，李局长都随身携带着一本工作笔记，他一直保持着记工作日志的习惯。李希恩会将当日的工作进展、未完成的工作事项、未来的工作计划等，事无巨细地罗列；还会将自己近期的心得感悟、经验教训梳理总结。恒者行远，思者常新，在李希恩的笔耕不辍中，是他对本职工作的用心和上心，正是这份认真，换来了职工的荣誉和群众的安心。

“善”“恶”之间——恪尽职守，打击假冒伪劣保民安

2004年深冬，李希恩接到举报，在岱岳区夏张镇有人夜间偷偷生产假水泥，他亲自带队，在村周围的洼地里从傍晚埋伏到半夜，天降大雪，路况复杂，他与行政相对人斗智斗勇，终于人赃并获，正准备带同志们拉货装车返回家中喝口热水，却又突然接到举报，辖区内又发现一家“地条钢”窝点，而且装了监视器、养了狼狗、大门禁闭，情况非常复杂。他二话不说，带领一天一夜没有休息的执法人员，在纷纷大雪的门外劝服相对人开门配合检查，他和同志们生生站成了一个个雪人，终于做通了相对人的工作，迅速查处了这个窝点。此时，他已经不眠不休36个小时了。

有人事后问他：“他们手里有刀，你都快50岁的人了，赤手空拳地冲上去，就不考虑后果吗？”李希恩说：“当时没想那么多，保护人民群众的生命财产安全是我们的天职，面对艰难境地党员不上，谁上？！”

打击假化肥、打击假冒煤矸石、打击劣质汽油、打击假冒茅台酒，一次次深夜行动、一次次高强度连轴转，李希恩从不缺席，永远冲在队伍的最前方，虽然在别人眼里他安装着心脏支架已年过半百，但他说，他是一个战场归来的铁血汉子!

“李局长对待工作不仅是苦干，也是巧干，他特别善于总结经验和创新思维，总能想出一些让人拍案叫绝的好点子。”泰安市质量技术监督局稽查局副局长曹继海跟随李局长多年，他深有感慨地说。在工作思路上，他着长远、谋大局，“思路就是出路”，是他经常教育职工的一句话，他认为执法办案工作也必须先统一思想，列出原则。因此他提出了“三点一路”“六两六一”“十用”

等工作框架和原则，统一了全体执法人员的执法思想。同时在队伍建设上他也创新有方，抓业务、抓作风、建三铁，实行三会两课、一评议一创新活动。特别是在学习上，每位职工上半年一课、下半年一课，抽签式讲课，不讲不许下台，大家学习热情空前高涨，也因此，小小一个二十人的稽查局，涌现了两个全国第一，十几个省级标兵，大大小小的荣誉挂满一面墙。被省局领导称赞：不愧是一支办理铁案件、打造铁案卷的钢铁队伍！

在办理质监稽查案件的实践中，李希恩发现传统的办案手段、方式和程序有较大的执法风险。他思考了很久，觉得要锻造公正不阿的质监钢铁之师，办好铁案子，就应当运用现代高新技术和平台。攻关新项目，运用高技术，谈何容易。李希恩带头搞研发，全身心地投入研发之中。从方案制定、人员培训、设备购置、用房改造、安装调试到开机运行，他全程靠上，攻关实战。经过 13 个月的艰难拼搏，2010 年，泰安市质量技术监督局稽查局电子信息化办案系统正式运行，这套执法系统是依法行政、技术办案、文化执法的亮丽结晶，是基层执法实践中的榜样模板。到目前，稽查局办案实现零败诉。2012 年，该系统获得“全国质检系统十大法制创新奖”。

“情”“法”之间——秉公执法，道是无情也有情

打击假冒伪劣和服务企业，是质监稽查局的两大主要职能，作为稽查局的局长，李希恩除了到企业执法、法律服务，更多的是各种接地气的为民服务，比如处理汽车 4S 店纠纷、协助群众退换货、检查加油机计量是否准确。只要收到举报电话，就没有“不在工作时间内”的拖延，只要群众有诉求，就没有“不在工作范围内”的推脱。

李希恩经常对同事们说，“执法办案工作和其他工作一样，不只是业务过硬了工作就会过硬，执法办案工作中的文化执法，特别是作为行政相对人的思想政治工作尤为重要。”因此，他创建了执法文化体系和文化长廊，并定期开展思想政治工作能力测试和教育。同时，注重党组织建设，将党的堡垒作用贯穿在行政执法的全过程，加强党组织对行政执法工作的领导。自担任稽查局局长以来，所办案件1000多起，企业主动整改问题到位，顺利上缴罚没款5000余万元，无一起群众投诉，并为企业纠正违法行为3000余个，完整实现了国家的法治意志，为群众挽回经济损失上万元，最大程度地保护了人民群众的合法权益，受到企业的广泛好评。

作为执法人员，李希恩在不徇私情、秉公执法的同时，也传递着温情。“我永远感谢李局长，没有他就没有盐化工的今天”，泰安市泰山盐化工企业负责人感慨地说。2005年，泰山盐化工作为岱岳区的大型招商引资项目落户岱岳区后，产品生产出来堆积在仓库，没有生产许可证一斤也卖不出去，光是产品损耗每天都有上万元的亏损，企业负责人愁白了头，员工工资不知如何发。李希恩为帮助企业快速办理生产许可证，能尽快获得利润，立即组织市局、省局相关专家直接驻厂办公，硬是将别人半年办下来的生产许可证用一周的时间就审核成功。为了不耽误企业生产销售，早点拿到证件，他汇总情况，亲自带着材料向国家质检总局说明情况，到北京拿回了企业的生产许可证，让泰山盐化工在最短的时间里正常生产，创造了3000余万元的利润。他在位期间，岱岳区质量技术监督局累计为企业办理生产许可证30多个，占泰安市拥有生产许可证企业的三分之二还多，极大地巩固了岱岳区制造业经济的基础，促进了岱岳区经济的发展。

李希恩的座右铭是《孙子兵法》中的“将者，智信仁勇严也。”他将其作为人生信条以自勉。思深益远、开拓创新谓之智，奉献基层、践行誓言谓之信，爱民情深、服务群众谓之仁，打击犯罪、惩恶扬善谓之勇，坚持原则、秉公执法谓之严，而这些又何尝不是群众和同事心目中的李希恩。再多的荣誉压不住他前进的脚步，这位钢铁老兵依然精神抖擞，斗志昂扬，他立志再攀新高峰，再创新业绩！

勤奋工作，廉洁奉公，努力开拓稽查工作领域

记山东省威海市质量技术监督局稽查支队马胜

马胜，中共党员，质量工程师，1999 年起从事质监行政执法工作，现任山东省威海市质量技术监督局稽查支队综合科副科长。2016 年 1 月，国家质检总局授予马胜同志 2015 年度“全国质检系统执法打假办案能手”称号。

从事质监行政执法工作 19 年来，他潜心钻研，秉公执法，先后查办各类案件 600 余起，无行政诉讼败诉和行政复议更改处罚决定案件，其中 2005—2010 年连续 6 年办案数量居全局之首。19 年来共查处违法货值金额达 9000 余万元，端掉制假、售假窝点 190 余个，处理 12365 举报 360 余起，为企业和消费者挽回经济损失 1000 余万元。他多次受到上级部门表彰和奖励，先后获得 2005 年度威海市“杰出青年岗位能手”、2007 年度威海市“整顿和规范市场经济秩序工作先进个人”、2008 年度山东省质量技术监督系统“青年岗位标兵”“质监服务明星”等荣誉称号；2010 年、2011 年连续两年获威海市质量技术监督局嘉奖奖励、被中共乳山市委市直机关工作委员会授予“优秀共产党员”称号。2004 年度、2005 年度，他承办的《威海市恒利乳业有限公司生产不合格全脂

奶粉案》和《威海市量具厂有限公司无制造计量器具许可证制造万能角度尺和数显百分表案》被省局评为“优秀执法案卷”；2008年他撰写的《如何做好区域监管工作，为促进当地经济有序发展》在国家质检总局2008年质检法制征文活动中，获得了“优秀论文奖”；2013年他撰写的《小功率电动机3C认证查处方法》被评为2012年全省质监系统行政执法论文三等奖，并作为优秀论文向国家质检总局推荐。

努力学习，潜心钻研，练就执法打假的“火眼金睛”

19年来，他深知执法岗位不是权力与荣耀，而是沉甸甸的责任，尤其是质监“多位一体”行政执法，专业性强，涉及经济领域广，业务技术素质要求高，只凭热情是难以胜任的，只有自身具备过硬的素质，才能担起这副担子。对此，他在日常的执法工作中，在注重政治理论学习的基础上，通过多种途径来加强业务知识的学习，以此来练就执法打假的“火眼金睛”。

为掌握不断更新的质监业务知识和法律法规，他将质监工作有关的法律法规和一些涉及安全有关的强制性标准分类储存在电脑中，方便自己与同事查阅。对刚颁布实施的新法规和新标准，他总是第一时间掌握。在学习的过程中，他坚持记录学习笔记，几年来，记录的学习笔记达20多万字。他充分利用单位外派业务学习和每年参加质量工程师注册培训的机会，不断提高质监系统业务知识水平。单位的同事在执法办案中遇到疑难问题时总是愿意向他请教，被同事誉为稽查战线的“活法规”“活标准”。一分耕耘，一分收获，19年来他熟练掌握了相关法律法规，并通过对相关产品标准和产品工艺的研究，先后总结出了干海参、钓鱼竿、全脂奶粉、塑料窗、夹芯板等产品的辨假识劣知识以及小功率电动机等 3C 认证产品一致性执法检查要领，在全局得到推广，起到了很好的社会效果。2003 年，他代表威海市质量技术监督局在全省质监系统识假辨劣技能比武中参加两个项目的角逐，取得了优异成绩；2011 年 12 月，代表威海市质量技术监督局参加全省质监系统“模拟行政处罚听证会竞赛”，获得三等奖。

他充分利用互联网的网络资源，积极拓宽知识面。一方面按时浏览质监系统网站，掌握第一手的质监资讯；另一方面通过加入质监稽查 QQ 群和质监稽查论坛的方法，和质监稽查同行交流，取长补短，获得第一手办案信息。通过学习，带动了全系统行政执法业务水平的迅速提升。2007 年 4 月，他通过浏览互联网，了解到威海某涂料有限公司持有的 3C 认证证书由于产品 3C 认证监督抽查不合格被认证机构暂停这一信息后，及时赶赴该公司查清该公司在 3C 认证证书暂停后仍继续出厂、销售木器漆总货值达 33 万余元这一违法事实。在案件的查处过程中，考虑到该公司是外商独资企业，他利用自己掌握的 3C 认证知识，及时向该公司董事长讲解，从而使这位外商从不理解到理解，愉快地缴纳了罚款，推动了 3C 认证工作的开展，维护了 3C 认证法律法规的尊严。

勤奋工作，严格执法，维护正常的市场经济秩序

19 年来，他勤奋工作，积极参加到 2007 年全国食品安全专项整治、2013 年涉氨制冷企业专项整治和 2015 年电梯安全执法大检查等活动中去。

他始终保持高度的责任感和事业心，热爱稽查事业，敢于吃苦，敢于打硬仗。由于稽查工作的特殊性和突发性，没有上下班、节假日和白天黑夜之分。案情就是命令，他总是能第一时间冲到执法办案一线。在办案过程中，为做到有的放矢，他总是提前查

阅相关产品标准、法律法规以及被查处企业的基本情况，往往忘记了下班时间。有时被查处企业地理位置距市区较远，为确保查处案件的效率，及时准确掌握案件的第一手材料，他总是起早出发，有时连午饭都顾不上，在办案现场连续工作，从上午一直工作到下午，甚至工作到次日。2008 年 1 月 3 日，他接到辖区一企业国抽查产品不合格信息后于当日下午带领执法人员对这家企业实施不间断外围蹲点暗访一直到次日早晨，经过一夜的蹲点守候，他不辞辛劳对该企业实施突击检查，当检查到该企业院内西侧的一处平房仓库时，该公司负责人神色慌张、表情极不自然，并一再解释“这个仓库是存放维修工具的仓库，没有什么产品，你们没必要检查，再接着检查别的仓库”。他并没有被当事人的言语所蒙骗，而是客气地讲“现场检查要求全面检查，这既是对工作负责，也是对企业负责，请你打开仓库配合检查”。该企业负责人一看抵挡不住，只好打开仓库，最终在这个仓库的隐蔽角落里发现了违禁添加的原料，查清了该企业违规添加原料生产食品的违法事实，随即他组织执法人员于当日晚 19 时异地扣押这些违禁原料入库。

他深知：没有过硬的业务知识和高超的执法办案技巧，就很有可能使造假者在我们眼皮底下溜走。因此他不断钻研质监业务知识和执法办案技巧，敢于查大案、要案，向制假售假者说“不”。2007 年 12 月 18 日下午，接到荣成某企业生产假冒空气滤清器的举报后，他迅速驱车赶往该企业突击检查，在该企业成品仓库内发现标有“MADE IN KOREA”字样和国外知名汽车配件生产厂家厂名、厂址的空气滤清器，他立即对检查现场实施控制，并查阅该公司的生产记录和相关账目，经过缜密调查，查清该企业生产伪造产品产地、冒用他人厂名、厂址的空气滤清器的违法事实，并于当日晚20时成功异地扣押涉案空气滤清器共计6939个，一举端掉了这一造假窝点，维护了正常的市场经济秩序。

2008年“三鹿奶粉”媒体曝光后，他积极参加国家质检总局开展的派驻乳制品生产企业监管工作中去。他严格按照国家质检总局的驻厂监管工作要求，对辖区的威海奥友食品有限公司实施24小时驻厂监管，重点加强了原料奶入厂关、生产过程控制、成品出厂检验关等三个环节的管理。2008年9月25日，国家质检总局加强乳制品监管工作组在听取了他的工作情况汇报后，给予了高度评价，称赞“威海奥友食品有限公司监管工作组是督查山东乳制品生产企业驻厂监管工作以来工作做得最扎实、最具体、最全面的一个驻厂监管工作组”。

在2015年开展的电梯安全执法大检查中，他重点开展了人员密集场所用电梯执法检查，先后查处了5起不按特种设备安全技术规范要求维保电梯案件，及时消除了安全隐患，确保了人民群众生命财产安全，维护了正常的市场经济秩序。

突出重点，开拓创新，努力开拓稽查新领域

他善于总结和掌握稽查工作的特点，有针对性地开展执法工作，努力开拓稽查工作领域，取得了比较好的工作成效。

食品质量安全和特种设备安全一直是人民群众和政府关注的热点话题，因此他在质监稽查岗位上认真履行职责，严格执法，确保食品质量安全和特种设备安全。自2007年开展产品质量和食品安全专项整治行动以来，他发扬“特别能吃苦，特别能战斗，特别能奉献”的优良作风，连续组织和参与了查处5起生产不安全全脂奶粉案件，打掉了5个造假窝点。在查处案件的过程中，他连续工作，不辞辛劳，甚至连续工作到次日下午，及时异

地扣押不安全全脂奶粉共计 90 余吨，涉案货值近 300 万元，极大地震慑了制假者的嚣张气焰，同时也维护了消费者的合法权益。2008 年 4 月，根据 12365 举报，他对辖区一凉皮加工点进行检查时，发现该加工点一台常压锅炉承压使用，存在严重安全隐患，他果断作出决定，立即查封了这台擅作承压使用的常压锅炉。经过他的说服教育，该加工点负责人认识到了危害性，主动拆除了这颗“定时炸弹”，消除了安全隐患，得到了该加工点周围业主和群众的好评。

2013 年年底食品职能划转之后，他更是将特种设备安全执法作为工作重点，2014—2015 年先后查处了特种设备违法案件 23 起，其中查处了 1 起未经许可擅自安装门式起重机案件，涉案的 2 台门式起重机货值达 28 万余元；2014 年他承办的《威海市 A 食品股份有限公司收到〈特种设备安全监察指令书〉后逾期未改案》和《威海市 A 电梯工程有限公司交付使用电梯安装过程未经特种设备检验机构监督检验电梯案》等 2 起案件入选山东省质量技术监督局稽查局 2014 年度《山东省质监执法典型案例分析报告》。

在抓好两个安全的同时，他在执法办案中以点带面，办案中案、连环案。2007 年 4 月，通过对威海某涂料有限公司的查处，他了解到辖区有多家木器漆生产企业这一情况后，及时向稽查局领导请示汇报，开展了辖区木器漆生产企业和家具生产企业执法检查，查处了 3 家木器漆生产企业未取得 3C 认证证书出厂、销售木器漆案和 3 家家具生产企业在经营活动中使用未经 3C 认证的木器漆案，取得了很好的效果。

他不断探索、开辟新的执法领域，扩大案源，积极与中国质量认证中心（CQC）、中国电磁兼容认证中心（CEMC）、中国安全技术防范认证中心（CSP）等认证机构联系，在全局率先组织开展了电动机、三轮摩托车、汽车防盗报警器、配电箱、机顶盒等3C认证产品的执法检查，自实施3C认证制度以来，他查办的3C认证案件在全局数量最多、罚没款及到位率最高。2007年1月，他开展了机顶盒3C产品认证检查工作，查处了威海某网络公司提供给用户使用的由国内某知名企业生产的机顶盒未经3C认证，在案件查处的过程中，该知名企业提供了3C认证证书，但他经过仔细核对后，发现其提供的3C认证证书所覆盖的产品型号与被查处的产品型号不一致，属于目前部分3C认证产品生产企业一证多用、逃避监管处罚的通用手段，由于他精湛的业务知识，该知名企业承认了存在没有及时申请认证的违规事实，最终对威海某网络公司实施了行政处罚。2006年，他组织开展了全市汽车防盗报警器3C认证专项执法检查，并根据检查结果，撰文《加强3C认证产品市场监管，切实履行质监职责》在《中国安全防范认证》2006年第五期上发表。

严于律己，清正廉洁，树立良好质监稽查形象

他牢记习近平总书记的“坚定理想信念、守住廉洁自律底线”的嘱托，正确行使手中的权利，坚持做到廉洁奉公、秉公执法。在查办案件过程中，第一时间向局领导汇报案情，及时做好当事人的工作，动之以情、晓之以理，认真地向当事人讲解违法行为的危害性，讲依法接受处理、守法经营的道理。

和许多工作在稽查岗位上的同事一样，在查办案件过程中，他经常会面临方方面面的压力，有时甚至是本单位同事的说情，但他都能及时和说情人沟通，讲明道理，在情与法面前，他没有忘记原则，严格地以一名党员干部的标准来要求自己，认真执行

省市局的“八禁止”，从不接受当事人或者代理人任何理由的宴请和礼品。他严于律己、清正廉洁的工作作风，为工作在稽查战线的同事们作出了表率，也得到了企业的理解和好评，树立了良好的质监稽查形象。

他就是这样的一个人，永不停步，不懈追求，把满腔的工作热情，投入到质监稽查事业中，以实际行动，展示了一名共产党员在新的历史时期的行为标准和价值追求。

梅花香自苦寒来

记山东省日照市莒县市场监督管理局赵兰梅

赵兰梅自1993年起一直从事一线执法办案工作，她有一颗对人民群众生命安全负责的赤诚之心，遇到群众反映的问题，她都第一时间赶赴现场，解决问题，敢于碰硬，勇于执法，在平凡的岗位上，兢兢业业，任劳任怨，默默奉献。

赵兰梅作为一名普通的市场监管基层执法人员，深深地知道市场监管工作涉及群众的方方面面，关系到千家万户的利益，只有对市场主体实施有效监管，才能从根本上排除潜在隐患，只有掌握好市场秩序这面大旗帜，才能提高人民群众的生活质量。她多年来一直在市场监管执法第一线，将维护市场经济秩序视为神圣职责，用自己的实际行动捍卫法律的尊严。经她查处的案件约200多起，受理投诉150多起，消除隐患500余起，挽回经济损失3000多万元。共获得市级“先进个人”等荣誉称号十余次，获得县级“先进个人”“先进工作者”等荣誉称号十余次，锦旗见证了她的工作，先后多次被政协莒县委员会评为“建言献策优秀委员”。

加强学习，潜心钻研，做执法工作的明白人

她常说的一句话是“干什么就要研究什么，就要精通什么”。

执法工作来不得半点马虎，在一线办案的工作人员既需要综合素质过硬又需要专业水平突出，所以必须脚踏实地学好理论知识，吃透法律法规。她经常自我加压，积极参加各类培训，认真学习《中华人民共和国产品质量法》《中华人民共和国特种设备安全法》《中华人民共和国标准化法》《中华人民共和国行政处罚法》等与市场监管有关的法律法规，不断提高业务素养和自身修养。

2003年，棉花价格上涨，运输成本增加，使得“黑心棉”生产厂家如雨后春笋般迅速涌进市场，获得了巨大的利润空间，严重的危害了消费者的身体健康和基本权利。就在一次偶然的机会，她回农村老家，恰好看到一个亲戚穿的黄大衣破了个洞，露出了棉絮，出于执业的本能，她发现棉絮存在问题，便凑上前去，认真查看，又了解了购货渠道，于是她心中有了一个大胆的想法，开展黑心棉检查。但是查办“黑心棉”制售厂家，需要很强的专业知识和辨别能力，于是回到家后，通过上网查询、借阅图书等多种方式，自学了《纤维制品质量监督管理办法》《纺织品和服装使用说明》《国家纺织产品基本安全技术规范》等法律法规。“纸上得来终觉浅、绝知此事要躬行”，在执法过程中会遇到一些不明白的问题，她便打电话咨询上级业务部门。纤维制品就是女人的“针线笸箩”，男同志耐不下性子检查，她却端着这个针线笸箩一干就是十几年，研究出一套查处黑心棉的快速有效方法（一摸，二拆、三看、四拉），她辨别黑心棉准确率达到100%。用心的工作态度净化了棉花市场，使得学校、敬老院、农民工等弱势群体免受“黑心棉”之害。

令在必行，法在必信，传递市场监管的正能量

古人说：天下之事，不难于立法，而难于法之必行。执法难，

她有一颗明知山有虎，偏向虎山行之心，她脑海里时刻绷着一根弦，那就是奉法者强，则国强。严格执法，就要敢于碰硬，做一名执法者就要凛然正气。

2012年的一天，接到一起投诉，反映小商贩刘某有从事液化石油气罐倒罐无证充装的行为。她同队里另一名刚参加工作不久的女同志着便装，顺藤摸瓜找到刘某的家。此时刘某大门紧锁，并且从事液化石油气罐倒罐工作的人员走街串巷，地点不固定，给检查工作带来很大的难题。为了不打草惊蛇，这两位女执法工作人员，在附近长时间蹲守，直到夜色降临，功夫不负有心人，与刘某同村的张某带着气瓶到刘某家门口充装石油气，执法人员推断，刘某即将回家，并且可以获得一条有利的证据。就在刘某回到家中正要准备给张某充装液化气时，她们走了进去，警觉的刘某发现陌生人员，立即停止充装活动，迅速跑到门口，阻止执法工作人员进一步入内，两名执法工作人员亮明身份，但是由于刘某身材魁梧，面对瘦小的执法工作人员，他毫无畏惧之心，一手把她们推出门外，瞬间将大门闭合。此时，身边的女同事被吓得一大跳，并说改天多叫几个男同志一起来查办，虽然她心里也是怦怦直打鼓，但一想到放弃这次行动，会给下次查办案带来更大的难度，她立即调整心态，并鼓励身边的女同事，告诉她附近离派出所不远，会有兄弟单位支持此次执法工作，一起打起精神来。她勇敢地走上前，用手拍着门，和行政相对人讲道理，摆事实，谈法律，讲得行政相对人哑口无言，面红耳赤，最终敞开了大门，完成了此次执法工作。事后同事心有余悸地说："我们在那个大个子面前就是小不点，她说邪不压正，我们虽然个子不高，但是我们的正义有力量。"

在打击违法窝点时，需要经常深夜蹲守，在查处一处液化天然气无证充装加气站时，连续深夜蹲守三天，大队长对她说，“你一个女同志回家休息吧，我们在这里盯着”。她说：“工作不分男女，液化天然气加气站无证充装这个案子非常重要，这个区域是我负责的，我必须坚守岗位。”最后取证成功，使接下来的案件查办顺利进行。检查特种设备，如电站锅炉、球罐、大型游乐设施时，需要爬到十几米的高度，才能发现设备铭牌，看清压力表指示刻度。每次她都冲到前面，取得第一手资料。当时一个企业老板对她说，“没想到你还敢爬这么高，服了，你真是个汉子。”

创新服务，拓展监管，及时解决市场的风险点

在一线办案执法从来不会遇到一成不变、千篇一律的案子，面对的行政相对人是各有不同，违反的法律事实也是千差万别，所以做工作最忌讳的是缺乏创新精神和创造力，要想有一双洞察案件的“火眼金睛”，窥破违法分子的“障眼法”，就要与时俱进，利用好现代科技，开拓创新工作方式、方法。

随着社会的进步，电梯已经深入了我们的生活，也成了我们不可或缺的生活工具。电梯事故90%是由于维修保养不善，管理不到位造成的。各维保单位为了在有限的市场中分得一杯羹，尽显其能，打价格战，维保费从每年每台1000~3500元不等，维保质量参差不齐。莒县目前共有电梯1052部，严格按照电梯维保操作规程，一台电梯须具备2名维保人员共同负责，并且每人平均每月不超过30台电梯。通过对比维保人员数量与维保电梯数量发现，每个持证人员维保数量超过60多台。因此，规范电梯维保市场，确保有序竞争已经是必须解决的一个难题。面对维保造假现象，她潜心研究，开拓思路，创新工作模式，大胆采用公安办案思路，调取监控，查看维保单位实际维保情况，发

现一些维保单位存在虚报、虚填维保信息，查处了一批不按操作规程维保的不法行为。有效地遏制了电梯事故的发生，确保一方平安。

莒县从事果蔬保鲜的涉氨制冷企业有122家，从业历史久，设备老化，并且2002年以前对冷库压力管道没有完备的技术规范要求，90%以上冷库属于非法安装，超期未检现象严重，存在重大安全隐患。针对这种情况，她与队长商讨，对全县涉氨制冷企业开展专项整治，经过分析当前形势，依法彻底查办此类企业，相关企业会将面临大额罚款，影响企业运转，她与分管领导制定详尽的执法工作方案，从企业的角度出发，取得县政府同意，为企业争取到《全县涉氨制冷特种设备事故隐患整改专项资金》，即从涉氨制冷企业罚没款中按一定比例提取为隐患整改专项资金，用于资助隐患整改企业，调动了企业的积极性，按照查处和整改相结合的策略，本着处罚与教育相结合的原则，此次涉氨制冷企业特种设备改造取得了巨大进步。

探索总结办案经验，坚持学以致用，不断开拓行政执法工作的新局面。莒县农村淘宝成为新时尚，带动了广大农民经济效益，也给不法分子有了可乘之机。在“互联网+”的大潮下，网购化肥也成为了农民朋友的新选择。在2017年春季农资打假执法过程中，她创新工作，通过淘宝信息搜索发现，莒县晨阳肥料有限公司在淘宝有店铺销售复混肥料的记录，经过查询该企业未办理复合肥料生产许可证，但该企业在淘宝店铺中标有生产许可证编号，通过线上线下相结合的方式，成功查处了这起借证生产化肥案，有效地阻止了不符合生产的化肥流入市场，保证了农民群众耕作的顺利进行。

扎根基层，默默奉献，甘当市场监管的铺路石

基层稽查工作说走就走，说干就干，不按时间上下班是常有之事，但是人的时间和精力是有限的，她作为一名高中女生的妈妈，与那些一日三食，每餐送饭的母亲相比，对女儿是有所亏欠的，她忍痛让孩子到亲戚家蹭饭，这一蹭就是三年。舍小家、为大家，把对父母、孩子无尽的牵挂和愧疚之情深藏心中，为市场监管工作默默地奉献着。

2016 年 9 月，她父亲突发心脏病住院，经过县医院从省聘请的专家会诊后，发现父亲血管阻塞位置特殊，莒县目前的医疗条件难以满足手术需要，必须马上转院到北京做心脏搭桥手术，就在此时，局里正好处于工作繁忙阶段，全县环保专项行动、淘汰分散燃煤锅炉、国庆节前大检查、大快严专项整治等一系列执法行动，时间紧、任务重、人员少等执法难题摆在面前，她决然放弃陪护工作，老人住院治疗 2 个多月，她没有请过一天假，没有向组织提过任何要求，一直坚守在工作岗位，完成各项检查任务，取得了各项执法行动的预期效果。

赵兰梅（右）同志收到消费者送来的锦旗

用真诚擦亮窗口，用奉献抒写平凡。几年来，在莒县各地都

留下了赵兰梅同志奔波劳累的身影，她为了崇高的市场监管事业，用青春和热血守护着一方百姓的贴身利益。在她的带动下县市场监管局稽查队多次被评为市级、县级“文明单位”。赵兰梅同志也因工作突出，多次获得“先进工作者”“先进个人”等荣誉，所有的荣誉都是过去的经历，然而让她更加感到喜悦的是经过自己的努力，获得了广大消费者、生产企业的认同。

寻梦，撑一支“长篙”。中国梦是每一个中华儿女的共同期盼，圆梦更需要执法这支“长篙”的护航，她的梦想就是把自己美好的理想，融入到平凡的工作中，把自己的真心奉献和辛勤的付出，融入到中国梦这一实现国家和民族伟大复兴的事业中。

不忘初心，牢记使命，做新时代的质监人

记山东省莱芜市市场监督管理局稽查局任道龙

虽然是质监站线的一名新兵，但他已战斗在稽查执法一线7个年头，始终恪尽职守，默默耕耘，用青春、汗水、热情践行着一名质监人“立党为公，执政为民”的铮铮誓言。7年来，他连续4年被评为“单位先进个人”，2015年度被评为“双打”先进个人，2016、2017年度两次考核优秀。成绩属于过去，更使他感到欣慰的，是一路成长，一路收获。回眸远望，不忘初心，风雨兼程，一路走来；展望未来，牢记使命，勇往直前，再立新功！他就是山东省莱芜市市场监督管理局稽查局执法人员任道龙。

真钻研，做执法打假的专家

2010年刚一参加工作，非法学专业的任道龙就遇到了不小的挑战，质监相关法律纷繁复杂，多达100多部，如何尽快掌握成了难题。办法总比问题多，他制定了专门的学习计划，沉心研究，不倦请教，扎实实践，7年来终于从初入职的懵懂新兵，成长为独当一面的执法“专家”。

记得有一次，在电梯安全执法大检查期间，同事发现有一单位在用电梯超期运行，当时就给使用单位下达了安全监察指令书，要求其立即停止使用电梯，并按照规定对使用单位立案处罚。然而任道龙却提出了不同的意见，维保单位也有责任，电梯超期运行，电梯维保单位在维保过程中有责任将电梯超期运行这一安全隐患告知质量技术监督部门，而维保单位并未这样做，因此按最新规定应对维保单位一并处罚，由于是第一次处理这种案件，领导问“小任，有把握吗？”“我研究过了，绝对没问题！”他自信满满。随后，立案、调查先后展开，一切似乎很顺利，但是很快维保单位就带着律师提供的异议书，找到了我们，对我们的法律适用提出了质疑，认为不应当对其进行行政处罚，这下可急坏了领导和同志们，“我来解答”任道龙主动站了出来，把维保单位的人请到了自己办公室，标准、技术规范、检查规则、安全法，一项一项地解释，如数家珍，维保公司的人一看傻了眼，“没想到你们对法律研究这么细”。“我们办案有理有据，绝不诬陷一个好人，但也绝不放过一个违法者”任道龙镇定地说，经过一番唇枪舌剑的争论，维保公司的人终于被他的专业说服了，“是我们疏忽了对法律的学习，我们认了”。最终维保单位承认了违法的事实，受到了应有的处罚。同事们都对他竖起了大拇指。

炼胆识，做敢于亮剑的勇士

执法打假工作，不仅需要充足的法律知识储备，更需要灵活的执法技巧和过人的胆识，面对强大的对手，明知不敌，也要毅然亮剑，敢于担当，冲锋在前，对违法行为形成强大威慑。

记得一年冬天，大雪下了一夜，整个城市银装素裹，这时，一阵急促的电话铃响起，有人举报某镇一企业违法生产线缆，线缆是关系国计民生的产品，不良线缆一旦流入市场，不仅会给群众人身、财产安全造成危险，更会对莱芜的电缆品牌造成不可估量的损失，“不能让劣质线缆流入市场，造成安全风险，影响市场公平，败坏莱芜线缆的名声，必须马上处置！”领导这样强调，而此时由于雪大，高速路早已封闭，如何尽快赶到现场成了难题，询问单位的司机，他们都默不作声，“还是我去吧！”这时任道龙站了出来，“走国道，这条路我最熟，生人不稳当！”说着拿起车钥匙就往外走，查车况、加防滑链，很快做好准备，他和一名执法队员系上安全带就匆匆上了路。只见路上的车辆像蚂蚁一样慢慢蠕动，还不时传来急刹车的声音，因为路滑难走，他双手紧握方向盘，两眼死死盯着前方。这次的行程让人终生难忘，不到 30 公里的路，走了 2 个小时，赶到现场时已是中午时分。来到现场，满目狼藉的线缆却是触目惊心，而现场只有一名管理人员，老板与其他工人早已跑得不见踪迹，这让执法困难重重，但他没有慌乱，凭借多年一线执法积累的经验，很快掌握了现场情况，执法工作有条不紊地进行，出示证件、拍照录像、填写执法文书，执法动作一气呵成，但该管理人员害怕承担责任，拒绝配合检查，开始耍赖，“老板不在家，我什么都不知道”，面对刁蛮的当事人，任道龙义正词严地说“有录像、有拍照，铁证如山，还想抵赖，只有老实配合检查，才会从宽处理！”在一系列证据和执法人员的强大攻势下，当事人心理防线开始崩溃，最终全部交代了违法生产的事实。通过该案的查处，有效防止了不良线缆流入市场，维护了莱芜线缆的品牌，保障了人民群众的人身财产安全。

用真心，做群众维权的卫士

专业源于敬业，执法工作千头万绪，特别是质监执法，不仅需要我们对法律法规烂熟于心，更需要对产品的生产加工环节吃透、摸熟，执法人员的专业精通、真诚热情换来的是消费者权益的保障，是生产企业的赞许。

7月的一天，那是一个炎热的午后，刚一上班，一位眉头紧锁、满头大汗的中年人急匆匆地走进了稽查局的办公室，一进门便问："这里是稽查局吗？""是，您快进来，您有什么事？"中年人紧锁的眉头舒展开来，笑着说："太好了，终于找到你们了，我要申诉啊！6月份我买了莱芜某公司的钢板，但是在使用过程中发现了质量问题，给我造成了经济损失，多次联系厂家，厂家不管，希望你们能帮助协调解决"。说完长长叹了口气。"您别着急，我已经把你提供的情况记下了，一定尽快帮您解决。"问清了具体情况，把申诉人送走了，接着任道龙便开始查资料看标准，做到心中有数，将情况汇总后，和领导进行了汇报。第二天一早便和同事们一起赶赴这家公司进行实地调查，由于该公司是莱芜的大型企业，向来对质监执法工作颇有微词，这次更是不承认自己的产品有质量问题，并试图阻挠执法人员进入生产现场执法检查。讲法律、讲道理、讲后果，在任道龙的耐心解释和一再坚持下，终于来到了生产现场。生产现场火花四溅，温度高达50℃，10分钟不到汗水就已经湿透了衣衫，陪同检查的人员都嫌热，躲到一边，但任道龙却顾不上高温与汗水，对生产线的每一个环节都仔细观察、认真记录，一丝不苟，终于功夫不负有心人，在该生产线的末端找到了质量控制的缺陷，主要是末端卷板控制器松动导致压力不均造成质量缺陷，而该缺陷正好就是造成申诉人使用产品质量问题产生的根源，问题找到了，同志们都长舒了一口气，而该厂的技术人员也竖起了大拇指，"没想到还真专业！""我们也一直在找原因，这下你们可帮了大忙，太感谢了！

我们一定积极配合调解工作！”该公司生产负责人握着任道龙的手说。申诉人知道调解顺利达成的消息，更是高兴地合不拢嘴，“我磨破了嘴，跑断了腿，也没有要到赔偿，还是你们有办法，你们可真是老百姓权益的捍卫者，太谢谢你们了！”最终这件质量申诉得到了圆满解决。

像上面的例子，在稽查执法打假工作中还有很多很多。冬练三九，夏练三伏，我想这是对我们质监执法工作者最真实的写照，但是他却从未后悔，因为他始终牢记自己是一名质监人，更是一名共产党员，对党忠诚，勇于担当。“抓质量，保安全，促发展，强质检”不仅仅是一句口号，更需要我们无数质监人在平凡的工作岗位上奉献自己的力量！不忘初心，继续前行，做新时代的质监人！

履职尽责，做新时代的执法者

记山东省德州市质量技术监督局黄新辉

黄新辉同志1998年参加工作，中共党员，自2008年以来，主要从事特种设备执法工作，他工作积极主动，立足本职，热爱从事的工作，熟知特种设备法律法规和技术规范，能认真完成领导交办的工作。

他是一个热爱学习的人

该同志工作勤于思考，热爱学习，能积极带头学习党的十八大、十九大会议精神和习总书记的一系列重要讲话，积极为党支部建设建言献策，按时参加党支部组织活动，在党员中起到了先锋模范作用，并于2017年被评为山东省德州市质量技术监督局“优秀共产党员”；业务学习方面，该同志非常喜欢和热爱学习特种设备相关法律法规和技术规范，为了能够出色地完成自己所在岗位的任务，他工作之余的时间几乎都交给了书本，为全市特种设备安全监察工作提出了很多可行的建议。同时，他还鼓励其他同志加强业务学习，向他们推荐好的业务书籍，收集到一些有用的课件和论文，也会与同志们分享和讨论，不仅自己刻苦学习，也营造了积极好学的良好氛围。

他是一个爱岗敬业的人

他十分热爱所从事的特种设备执法工作，在工作中勤勤恳恳，任劳任怨并热情服务。组织编制了《特种设备安全监察工作手册》，其中包括了《全市特种设备概况》《特种设备目录》《特种设备现场安全监督检查规则》以及《特种设备事故应急响应》等内容，并将《手册》下发到各个县级局。组织制定并印发了特种设备安全监察动态、德州市特种设备安全状况和特种设备执法工作实录，进一步规范了全市特种设备安全监察和执法工作，提高安全监察工作的有效性，为全市特种设备安全监察工作的有序开展起到积极的指导作用。周末和其他休息时间经常加班加点，把特种设备安全工作当成是自己的使命，从不消极敷衍，他深知只有工作做实了，特种设备使用单位才能科学有效管理特种设备，才能确保特种设备更加安全运行，正是有了这样的理念，在特种设备安全监察工作中，他时时刻刻秉持原则，在他人看来，他有些“死脑筋”，有些不通情理，但他深知安全工作关乎重大，作为一名特种设备安全监察人员，就应该以身作则。记得有一次去企业检查特种设备安全，为核实锅炉分气缸上的压力管道的公称直径和压力大小，他不顾自己有恐高症，依然爬上了20多米高的锅炉去核查，爬到锅炉一半，他额头已是大汗淋漓，当爬上锅炉，他脸色苍白，双手紧抓栏杆去核实数据，当核实完数据再下锅炉时，他足足用了半个小时才爬了下来。到达在地面那一刻，他双腿发软，竟然站不住了。事后有人说，你恐高就不要爬这种高锅炉，但他摇摇头，只说了一句，“没关系，我能克服”。因为他深知，做好工作要远远重要于自己的恐高症。

他是一个严格执法的人

作为法学专业毕业的他，严格执法是他心中的信仰。从事执法工作多年，这个信仰一直都没有改变过，甚至变的更加坚定。从事特种设备执法，关注和遇到了很多特种设备事故，因为违法造成的财产损失和人员伤亡的事件太多了，造成事故的原因无论是制造缺陷、违章操作，还是管理不善、不能履责到位等。其实绝大多数事故是可以预防和避免的，很多人更是不应该伤亡。一幕幕触动人心的事故，一个个破碎的家庭，让他感到执法打假工作的神圣。“因为看得见黑暗，才更珍惜光明”，他始终严格执法，因为他知道，严格执法的背后，在保护着不应该伤亡的人们，也在守护着许许多多美好的家庭。

黄新辉同志在进行执法检查

他是一个热爱普法的人

长期接触特种设备执法工作，能熟知特种设备安全法律法规，他经常无偿地去各县市区质监局和企业讲解特种设备安全的相关法律法规和技术规范，从企业应当建立的安全制度、应急预案和技术档案，到设备应当如何检验和相关法律责任；从特种设备事故案例分析，到事故引发的社会责任一一讲解，让从事特种设备安全工作的人，真正的认识特种设备，了解特种设备安全的法律法规。在执法工作中，为被执法对象普法几乎成了他工作中的常态，帮助企业分析违法的原因，讲解违反的法律后果，设身处地的从被执法对象的角度分析倘若出现事故企业需要承担的相关责任等，让执法对象真正地了解相关法律法规、自觉地去遵守法律法规。比如在德城区某 CNG 加气站，加气站的负责人认为充装前后的检查记录太繁琐，没有什么作用，会导致充装工作效率低下。他耐心对加气站的负责人说，“法律规定的事情，就要严格执行，充装前后的检查记录，就是你们充装单位的保护伞，假如你们充装的汽车在道路发生交通事故，并且气瓶泄露引发了火灾，造成了更大的财产损失和人员伤亡，事故调查组对事故车辆的气瓶充装单位进行调查，调查你们充装的气瓶是否是检验有效期内的合格气瓶，气瓶有没有办理使用登记、充装前气瓶是否完好、充装后是否有泄漏等情况，充装前后的检查记录就是你们最好的证明。如果没有这些材料，你们恐怕要承担很大的法律后果啊！”加气站负责人听了连忙表示说，“原来写这些记录是真正保护我们自己的啊，再苦再累我们也要认真仔细做好这些记录。”

2017 年，他以总排名第一的成绩被评选为德州市“最美安全卫士”，面对这沉甸甸的荣誉，他感到更多的责任。习主席曾讲过

“人民对美好生活的向往就是我们的奋斗目标”，在人民对美好生活向往的道路上，他会一如既往，更加认真努力地在执法打假工作中尽职尽责，为特种设备的安全运行保驾护航。

这就是他，是一名普通而又平凡的质监执法人员，一名为特种设备安全而奋斗的安全卫士。

构筑质量安全防火墙，民生战士撑起群众健康保护伞

记山东省滨州市滨城区质量技术监督局李俊荣

2005 年 9 月，李俊荣通过山东省公务员招考进入滨州市滨城区质量技术监督局，先后在滨州市局挂职从事过监督法制、监察室等工作，一年后回到滨城区局先后从事办公室、特种设备安全监察、稽查队工作，从一名普通工作人员，一步一个脚印，逐步成为单位的业务骨干。质监执法打假工作专业性强，不仅要有驾驭各种复杂局面的能力，更要注重执法方式、方法和技巧。李俊荣刚开始工作时有一腔激情，事事冲锋在前，但是通过不断的锻炼知道要做好工作必须要有过硬的业务素质。为了在工作中真正干出成绩，他结合所学法学专业优势，利用业余时间努力钻研质监法律法规及相关业务知识，并且注重在工作实践中提高自己，为了在特种设备安装单位检查中发现问题，他多次与特检院检验人员一起到现场参与检验，掌握第一手资料。同时，为了提高综合管理能力，他于 2012 年 6 月考取了山东大学的法学硕士学位，并将所学知识和工作进行有效衔接，不断进行总结，在查处工业产品生产企业以及特种设备非法安装等案件中总结出了一套行之有效的工作方法和办案技巧。对待工作始终兢兢业业、精益求精，

多年的工作经验和知识积累，使他对质监执法打假工作真正做到了轻车熟路。

一心为企业解决困难，执法与服务并重

“路人口是碑，人心是杆秤。”作为一名基层质量技术干部，他始终把群众利益放首位，坚持把群众权益当作自己的使命。多年来，无论是文明城市创建、城市环境综合治理，还是深入企业走访、打假保优、维护消费者合法权益，处处都能看到他的身影。2013 年 9 月在滨城区执法检查中发现一家单位使用未经检验的压力容器，企业负责人说设备使用多年，从未出现过问题，对执法人员的执法不配合不理解，经过耐心说法，负责人终于认识到自己的违法行为。执法人员通过了解该企业工作人员全部是残疾人，执法人员认识到服务企业才是最重要的，在该单位多次进行特种设备条例的讲解，帮助该单位作业人员取证，办理相关手续，该负责人在办完手续后到稽查科办公室，语重心长地说：“没想到政府工作人员还有这么为企业着想的”。得到企业的认可，至今李俊荣心里暖暖的。

2015 年滨州市滨城区一小区电梯经常出故障，多次拨打市长热线和 12365 投诉举报，李俊荣接到处理单后，立即进行全面调查，了解到是由于电梯费用没有结清，电梯的相关技术资料厂家不交接使用单位，电梯没有办理注册登记手续。同时该小区业主由于多次上访其他事项，区里和市里分别住有工作组，电梯只是该小区的一个小事情，但在质监人的眼里，电梯关乎住户的生命，必须尽快、尽早解决。经过与厂家联系，讲解特种设备条例的规定，一周时间从厂家补了材料，协调特检院检验完毕，办理了注册登记手续。一块大石头从李俊荣心头上搬走了。

廉洁自律，洁身自好，坚持原则

历揽古今多少官，成由勤廉败由奢，廉洁执法是做好质监执法工作最起码的标准，也是最严格的要求。李俊荣把廉洁自律作为干好工作的根本，尤其在从事稽查执法工作后，他常念“紧箍咒”，早打“预防针”，十分注重廉政理论学习。他克服人员少、工作量大的矛盾，无论工作有多忙，每次单位组织思想政治学习或者开展教育活动，他都积极踊跃参加，多次到淄博虎滩监狱、滨州市杜受田故居等接受教育。通过经常性、多种形式的党性、党风、党纪和廉政教育，使他树立了正确的权利观、地位观、利益观，增强了在新形势下拒腐防变的能力。从事质监执法工作多年来，他从不接受企业的吃请，因为他深知，吃了人家的，碍于情面就说不了硬话，有一次检查一个企业后，已经是下午 1 点多，一同检查的稽查队员都已饥肠辘辘，企业也非常热情，一定要留大家吃饭，但他坚持不在企业吃饭，带着队员开了半小时的车回去吃工作餐。质监稽查工作压力较大，阻挠执法的行为时有发生，有的甚至诬告中伤、散布谣言。在处罚一家充装单位时，由于对处罚很不满意，单位负责人到局长办公室歪曲事实，说李俊荣接受了宴请，最后在事实面前，企业负责人也认识到自己的错误。在复杂的环境下，李俊荣始终正气凛然、毫不退缩。有一次查处一家安装单位时，甲方的一位负责人拒不配合，态度蛮横无理，并且到办公室露出纹身，威胁到：“我杀人，一般只杀老人和孩子，留下……”。此时李俊荣没有冲动、没有退却，他对不懂法律的负责人讲法律、摆道理，最终一场激烈的矛盾冲突化解了。不仅维护了质监局公正执法、廉洁执法、文明执法的良好形象，还圆满完成了工作任务。

作为一名质监基层执法人员，要努力做到爱岗敬业、公正执法，把党和人民赋予自己手中的执法权用来服务人民、奉献社会，真正做到文明执法、阳光执法和廉洁执法，把质量监督管理的执法权关进制度的笼子里，让权力在阳光下运行。

揭秘潜规则的“打假先锋”

记河南省溯源式执法打假理论创立者和践行者王二锋

王二锋，现任河南省质量技术监督局稽查总队科长，从基层质监所开始，先后在县局、市局、省局从事稽查执法工作，并曾在国家质检总局执法司借调。“用心”是他工作的态度，“坚持”是他工作的方法，他在多年的一线打假中，用心思考、不畏艰险，揭秘了一个个造假潜规则；探寻规律、勇于创新，逐渐形成了独具特色的溯源式执法打假理论体系。他主办的多起案件入选全国典型案例，2010 年 2 月，以总分第一名的成绩，被国家质检总局授予“全国质检系统执法打假办案能手”称号，2011 年 4 月，被评为“全国质检工作先进个人”。

责任心胜过能力，保护群众切身利益绝不轻言放弃

“努力做事只能把事情做对，用心做事才能把事情做好。”提起自己执法打假的历程，王二锋说，这就是他的座右铭。说到这里，他深情地回顾起了焦作市质量技术监督局老局长闫新富语重心长地向他说的一句话：“工作到了一定程度，最关键的不是能力，而是责任心。不仅在执法打假中，在一切工作中都要用心。”王二锋认为，“打假的初心，就是责任心和正义感”，这是执法打

假中最关键的因素，是工作的原始动力。

执法人员，应当为谁打假?

王二锋曾经查办的一起农资领域经典造假案例，就是他的回答。

在一次农资执法打假专项行动中，王二锋和同事到某肥料企业检查，这家企业是将结晶状碳酸氢铵进行造粒后，生产标注为长效碳酸氢铵的产品。在包装袋上标注 GB/T 3559—2001《农业用碳酸氢铵》、N ≥ 17.1、替代尿素等字样。

多年打假的职业敏感让他心生疑问，这家企业购入的原料碳酸氢铵价格为 500 元 / 吨，加工后的产品售价 520 元 / 吨，每吨仅有 20 元差价，去除工资、包装袋等费用后，企业根本不可能挣钱，这是极不正常的。

强烈的责任心督促王二锋深入思考。该企业如何保持盈利?王二锋初步怀疑肥料中添加有其他更加便宜的物质。经现场查看，发现企业堆放有一些白色粉末状物质，经过辨别和追问企业负责人，这些白色粉末是碳酸钙（石灰石）。

这一物质与肥料有什么必然的联系吗?面对怀疑，企业负责人解释称，自己的长效碳酸氢铵中确实添加有碳酸钙，这是专家研究的“绝密配方”，既可以降低成本，又可以给农作物“补钙”，使用后效果比尿素更好。

王二锋没有被他的引导偏离目标，继续追根究底，“既然肥料中添加有碳酸钙，那么含氮量怎么并不降低呢? ”对方又辩称，这是“绝密配方”的关键，这一配方里还添加有一些“高科技物质”，可以确保含氮量合格。对于添加了什么“高科技物质”的问题，该负责人称配方是企业最高机密，绝对不能泄露，若怀疑养分不够，可以化验。

在掺入有碳酸钙的情况下，加入什么“高科技”物质，可以使碳酸氢铵的氮含量依然足够?

难道是三聚氰胺的幽灵又走向了农作物?经过现场突击检查和成本核算,初步排除了掺入三聚氰胺和尿素等高氮原料的可能。三聚氰胺和尿素的含氮量分别是碳酸氢铵的3.9倍和2.7倍,价格却是碳酸氢铵的10多倍和4倍,用这两种方法都是要亏本的。

看到王二锋的认真劲头,该企业负责人感到简单应付难以过关,神秘地把他拉到一边,称自己在碳酸氢铵中添加的"高科技物质"是复硝酚钠,并再三要求保密(后经证明,这是转移视线的谎言)。

复硝酚钠是何许物质?打开电脑去查询,发现该物质确实含氮,与肥料复配使用,可提高肥效。在对复硝酚钠并不特别了解,且初步检查未能发现问题的情况下,王二锋决定采用检验手段试试看。很快,检验结果出来了,含氮量是17.4%,检验确实合格!

复硝酚钠可以提高肥效,肥料经检验含氮量也是合格,面对这样的结论,按说本次检查皆大欢喜,应当到此为止了。

然而,强烈的责任心令王二锋心中的疑团反而越来越重。复硝酚钠真的有这么神奇的效果吗?他带着疑点,紧紧抓住含氮量这一关键指标研究复硝酚钠,查出该物质的分子式后,经计算氮元素含量不足10%,低于碳酸氢铵。也就是说,碳酸氢铵中如果加入复硝酚钠,只会使含氮量更低,所谓的"高科技物质"依然没有解决含氮量问题。王二锋想起钱伟长教授在批判"水变油"时说过的话:"科学是不能无中生有的"。氮元素不可能凭空产生,那么它从何而来?

"谁知盘中餐,粒粒皆辛苦",王二锋说:"农民是可敬可爱而又非常弱势的群体,他们辛勤耕耘,冒着严寒酷暑将肥料撒入田间，渴望收获希望，收获我们赖以生存的粮食。然而，如果他们承载希望的肥料，竟然有可能是没有营养成分的假劣产品，谁来替他们讨回公道呢？”说到这里，王二锋动情地说：“我出身普通农民家庭，深知农民的苦辣酸甜，绝不能让坑农害农事件发生在自己的眼皮底下。这种精神激励着我，我下定决心，不澄清疑点，找不到氮元素的来源，决不罢休！”

带着疑点，王二锋翻阅了无数资料，请教了很多专家，均未能找到答案。在没有前人经验可供借鉴的情况下，没有学过化工专业的他，决定依靠自己去解开谜团。他找来了GB 3559—2001《农业用碳酸氢铵》等大量资料，一遍遍地研读，试图从中找出蛛丝马迹。功夫不负有心人，当读到标准第5.1条：“氮含量测定酸量法”几个字时，他不禁脑海中灵光一闪：“酸量法、碳酸氢铵、碳酸钙”，酸，都有一个“酸”字！这几个“酸”之间有什么联系吗？

一个“酸”字，终于抓住了造假者的狐狸尾巴，肥料行业一个类似于奶粉中掺入三聚氰胺的重大行业潜规则就此浮出水面！原来，按GB 3559—2001，碳酸氢铵中“氮”含量检验并不是直接检验氮，而是“酸量法”，即碳酸氢铵与过量硫酸反应，消耗硫酸越多，推算含氮量越高。造假者利用这一检验方法，在化肥中掺入了价格低廉、不含氮的碳酸钙，因碳酸钙也能与硫酸发生反应，掺假后检验结论依然为“氮含量合格”。

谜底揭穿之后，当事人再也没有了侃侃而谈的兴致，作出了交代：碳酸氢铵中掺入碳酸钙确实是该行业的潜规则，在行业内已经存在多年了，因为披着“检验合格”的外衣，几年来没有被真正打击过。这个情况如同奶粉中掺入三聚氰胺一样，都是钻了标准检测方法的空子进行掺杂掺假的。碳酸氢铵的检验中利用

“酸量法”漏洞，凭空在检验后出现了根本不存在的“氮”；奶粉的检验中利用“凯式定氮法”的漏洞，将人体不能消化吸收的“氮”视为“蛋白质”。

碳酸氢铵是国家重要的基础性肥料，一旦大规模出现问题，后果不堪设想。面对这一紧急情况，还在县质量技术监督局工作的王二锋，在案情查明的当天，立即向上级进行了汇报，焦作市局、河南省局两级领导高度重视，连续下发多份紧急通知，迅速部署了对该类产品的集中查处，并及时向国家质检总局进行了汇报。

不久后，国家质检总局执法司下发了《关于对长效颗粒碳铵产品执法检查工作的意见》，国家标准化管理委员会发布了GB 3559—2001《农业用碳酸氢铵》国家标准第1号修改单，将蒸馏后滴定法列为总氮含量的仲裁检验法。国家质检总局监督司、地方各局也先后对碳酸氢铵产品采取了开展专项整治、列入监管重点等措施，该行业的造假潜规则目前已经销声匿迹。

作为一名好猎手，想要抓住狐狸，就要比狐狸更聪明

“面对越来越隐蔽的造假，我们打假人不能局限于简单的招数。”王二锋说，打假就是与造假者斗智斗勇，然而，部分执法打假人员习惯于用“看标识、查无证、抽样品”的两招半来解决复杂的造假问题。之所以称两招半，王二锋笑笑说，“这是因为完整的第三招应当在抽样之后加上检验。”

造假者大多是多年从事某一行业的专业人员，在表面的造假被打击之后，就会选择隐蔽更深、科技含量更高的手法，执法人员如果满足于使用旧习惯打假，往往会无功而返。

怎么查处高科技的造假？“唯一的经验，就是要比这些造假

的内行更加内行”，没有豪言壮语，王二锋只轻轻说了这么一句。

加油机的计量问题充满了神秘色彩，历来被视为“高科技”作弊的典范，一直是投诉的热点，也是执法查处的难点。面对消费者的质疑和执法人员的查处，作弊者一个不经意的微小动作，就有可能将一切痕迹消灭于无形。“如果解决不了加油机作弊的问题，我就愧对打假能手的称号”，王二锋决定，一定要把加油机作弊的原理、手法彻底搞清楚，还群众一个公平公正。

加油机计量作弊查处难，难在哪里？难在加油机计量原理高深难懂、内部结构纷繁复杂；难在作弊手法隐蔽、作弊位置多变；难在可以迅速还原、证据难以获取。

为掀开加油机作弊的神秘面纱，王二锋开始了他孤独的探寻之路。七年的时间里，先后走访了郑州正星、石家庄神通、邢台联盛、厦门榕兴新世纪、珠海贝林等加油机制造企业，请教了北京拓盛、北京英泰赛福、北京计量检测科学研究院、中国计量协会等加油机防作弊系统研制单位的专业技术人员，学习了全国各地执法高手500余起典型案例。

“天下事有难易乎？为之，则难者亦易矣。”努力之后，王二锋再次站在了行业的顶点，加油机在他眼里，不再神秘。几年来，他已成功查办了上百起加油机计量作弊案件，探索出的“事先暗访准备、现场迅速控制”两个要点和“检定误差、作弊物品、账本账册”三大关键证据，成为查处加油机作弊的“绝活”。并且，他还应部分加油机制造企业和防作弊系统研制单位的请求，多次帮助他们改进技术手段，堵塞漏洞。在多方共同推动下，2015年，加油机检定规程再次进行了修订，升级后的新一版防作弊计量POS机已经在全国投入使用。

加油机在防作弊系统的严密监控之下，仍然存在作弊。那么，天然气加气站在计量方面有没有存在类似的问题呢？带着这一疑惑，王二锋将打假的目标锁定在了这一新兴行业。

功夫不负有心人，事实证明，压缩天然气加气机计量过程中确实存在作弊行为，王二锋的打假实践再次取得重大突破。作弊者盯着国家计量检定规程的漏洞，利用日常生活中气体密度随温度、压力变化的特点，偷换概念修改密度系数，公然“偷气”。其作弊方式非常抽象，胆子更大、欺诈更狠。

王二锋立即撰写文章、制作课件，将该行业作弊原理、表现手法和查处技巧进行了详细的解读，把自己的经验毫无保留地推广，从而在全国拉开了打击加气站计量作弊的序幕，他也成为又一重大行业作弊行为的终结者。后来，国家质检总局根据加气机工作的实际情况，修订并发布了新的 JJG 996—2012《压缩天然气加气机计量检定规程》，新规程修改了加气机的计量单位，不再使用密度这一系数。

检验检测是服务经济社会发展的重要技术支撑，社会各方对其需求日益增长。然而，在快速发展中，检验机构中的个别害群之马，采用出具虚假检验报告等恶性竞争方式扰乱市场秩序，使得检验报告失去了应有的公信力，严重影响消费者的合法权益。

在河南省质量技术监督局傅新立副局长、郭全保总队长的大力支持下，王二锋再次亮剑。面对检验机构的技术权威，他没有畏惧；面对高深专业的检验过程，他化繁为简；面对无迹可循的电子数据，他另辟蹊径。他运用高超的智慧，从宏观角度找问题，不纠结于琐碎的评审准则，采用大数据的观念，用证据来还原数据、样品、设备之间的联系痕迹。

几番斗智斗勇之后，他彻底理清了虚假检验报告的来龙去脉，揭秘了检验行业部分机构收钱不检验即出具报告、不合格出具为合格、擅自删除不合格数据等多种造假潜规则。在他探索出来的这一全新的道路上，截至 2017 年年底，他亲自查办并帮助指导 10 多个省市的打假同行查处出具虚假检验报告的机构 100 余家，涉及建材、水利、珠宝玉石等多个领域，技术专家的造假再次遇到了克星。

认证认可是与检验检测紧密联系的又一高新技术领域。在检验领域打假成功之后，2017 年下半年，王二锋确立了新的目标，认证的核心是传递信任，绝对不能让失信的污点给“中国制造”抹黑。

全新的行业，全新的开始，一摞摞认证的专业书籍摆上他的书桌，一句句抽象的认证术语在他口中念叨，一家家获得认证的企业厂房里丈量着他的脚步，一个个认证的疑点在他的脑海中被串成证据链条。

王二锋（左一）通过检查企业的工艺和设备核实认证情况

2017 年年底，磨砺了几个月的打假利剑再次出鞘，认证过程遗漏减少项目、企业明显缺少必备的生产工艺和设备竟然可以通过质量管理体系认证、环境管理体系获证企业酸碱废液去向不明未进行监督等，部分机构的认证违规行为在他眼中一一现出原形，认证机构的恶性竞争有望得到遏制。

探寻规律，溯源式执法打假理论的创立和推广

经过与造假者的一次次交锋，王二锋深深地认识到，产品的种类多种多样，加之造假者想方设法隐藏自己的违规行为，想要从根源上铲除造假，就必须认识和掌握造假的普遍规律。

王二锋给自己定了一个高远的目标。任何事物都有规律，那么他就要立志寻找出打假的规律。他不再满足于查办了某些单一的造假行为，开始更加重视深入探寻事物的本质，分析研究造假的规律。一次次打假实践，一遍遍分析总结，在查阅无数资料，写下了数百万字的心得笔记后，答案也变得清晰起来。他摸索的“创新执法、科学办案”，逐渐形成了自己的溯源式执法打假理论。

“溯本求源，就是追寻根本，探求起源。”王二锋阐述了他的理论，“溯源式打假”理论基础来源于马克思的商品二因素观点。商品存在价值和使用价值两方面，正常情况下，两者是相对等的，这是产品生产流通中的共同规律。但是，产品的生产者和使用者掌握的产品信息是不对等的，生产者往往具有更多的优势。不法生产者为获得更高的利润，就有可能利用自己的优势，降低产品的价值，并采取伎俩掩盖这一做法，这就形成了潜规则。溯源式打假，就是理解顾客的需要，剖析技术指标，分析生产过程，还原本质属性。

运用这一理论，王二锋针对群众关注的衡器计量作弊进行了演练。案件查办中，他牢牢抓住“数据”这一本质进行溯本求源。计量数据需要经过测量、传输、计算三个环节，这是作弊者改变

衡器准确度的机会。果然，沿着这三个环节，测量时垫支异物干扰数据、传输中加装信号发生器修改数据、计算中修改软件获得错误数据等各种作弊手段现出了原形，目前，衡器的作弊伎俩已经被他在讲授打假技巧期间公之于众。

在溯源式执法打假理论基础上，王二锋继续深入研究具体的执法打假方法，总结出了锁定目标的三大法宝和查找问题的五项技巧，这些方法经过多年的实践检验，已经形成了一套行之有效的理论体系。

建立这一理论体系之后，王二锋又做了一件出人意料的事。他没有把“理论”高深化，反而力求将复杂的打假技巧用最简单的手法予以展现。

“溯源式打假理论，如果实在要用简单一句话来概括的话，那就是‘原因背后找原因’。”节能减排日趋重要的今天，能源效率也是王二锋的打假研究的重点，他以洗衣机的案例展示了“原因背后找原因”。

为什么洗衣机容易出现洗净比不合格？主要原因是容量虚标，衣物在洗涤时难以充分翻转，所以洗不干净。

为什么要容量虚标？表面原因是消费者更喜欢大容量洗衣机，实际原因是计算单位耗电量和单位用水量时，增大分母，检测容易合格。

为什么部分洗衣效果不太好的洗衣机能够检验合格？因为个别洗衣机设定了所谓的专用检测程序，启动后洗衣机延长了浸泡时间，衣物通过“多浸泡”变得干净。

三次追问之后，洗衣机能源效率的问题已经呈现在我们面前。

“简单的就是最好的”，王二锋认为，只有简单，才能更易于推广，才能让人人都拥有“慧眼”，把纷扰看个清清楚楚、明明白白。

“授人以鱼，不如授人以渔”，打假不能藏私，一个人执法打假的力量是有限的，只有全民打假，才能真正让造假潜规则走向终结。王二锋积极推广执法打假理论，传授经验技巧，现场指导办案。多年来，应国家质检总局和全国各地邀请，他已经走遍了全国 31 个省市自治区，累计培训指导全国各地执法打假人员上万人次。

这些年来，王二锋一种一种的产品溯源下来，目前他的电脑里记录有上千种产品和行为的原理分析、关键指标、打假技巧，成为一个识假打假的宝库，并且这个数字在持续增长中。例如，汽车发动机排放虚标，水表检定伪造数据、液化石油气掺入二甲醚、油库利用密度作弊、煤炭掺假……这些潜规则遇到了王二锋，都一一现出原形。

“骐骥一跃，不能十步，驽马十驾，功在不舍。”王二锋深知，自身的天赋和能力并不比别人高，只有将“用心”这一信念持之以恒，以勤补拙，才能不掉队并干出一些成绩来。比如，作为法律外行的理工生，在无数个日日夜夜的“笨功夫”之后，他曾获得全省质监系统法律知识第一名，为顺利打假奠定了扎实的法律功底。

他坚持学习、坚持记录和积累、坚持思索和总结。投身打假 17 年以来，不管外界事物如何变化，不怨天、不尤人、不攀比、不搞三分钟热度，克制浮躁，静下心来，坚持做好自己本职的工作。

在执法打假的道路上，他用智慧和汗水浇灌出璀璨的创新之花。

襟怀执着之心　践行质检执法

记河南省“全国质检系统执法打假办案能手”李振昌

李振昌同志自1991年12月进入质检系统以来，先后从事过技术检测、行政管理、行政执法等多岗位工作，由于襟怀执着之心，不离不弃，勇于担当，干一行爱一行，从一名普普通通的质监人员，一步一个脚印，逐步成为业务全面、能力超强的质检尖兵。尤其是从事质监行政执法一线工作13年以来，随着社会和科学技术的不断进步发展，执法打假形势非常严峻，假冒伪劣呈现规模大、专业化、手段翻新、网络售假隐蔽性强等难点，该同志始终坚持党性原则，恪尽职守，履职尽责，围绕政府支持、群众关心等惠及民生领域方面，严格科学执法、文明执法，利用自身技术业务优势，不断探索开拓创新技术执法新理念、新领域、新方法，勇做质监技术执法排头兵，更显执着之气魄，为整顿和规范市场经济秩序、维护国家群众利益，作出了优异贡献，取得了良好的社会经济效果。一分耕耘，一分收获，先后受到国家、省、市多次表彰，2010年2月被评为2009年度“全国质检系统执法打假办案能手”，2015年6月30日被评为“全国质量监督检验检疫工作先进个人”，成为一名名副其实的公正廉洁、能力超强、文明高效、求真务实的质检执法楷模。

襟怀执着，扎根质检，苦练内功，开拓创新

李振昌同志从进入质检系统以来，始终把质检事业当作光荣使命，自始至终，扎根质检系统基层第一线，终身无怨无悔，不管在何种岗位，均能刻苦钻研，苦练内功，不断提高自身业务素养，练就一身过硬技术水平。该同志在质检技术机构及基层干了十几年，面对自身职责，认真学习各项有关计量、质量、标准、特种设备及许可类等各种技术规程和标准，不以熟练掌握为标准，更加注重能实际运用为原则，绝对做到理论与实践相结合。所以，在技术机构及分管技术机构工作期间，先后任过多个科室主任，担任过十几个新上检定、检测新项目负责人，从项目考察、设备选型、技术资料起草及上级考核到每个项目开展及正常运行等，均是亲临身为，每样都取得优异实效。在履行执法工作后，深入研究执法现状，深感执法形势严峻，为不断与时俱进、适应新形势下质检执法的需要，牢固树立技术执法新理念，认真探索技术执法新路径，找到技术与执法协调共赢之方法，凸显“技术证据”之重要，使质检执法再上新台阶。所以，在执法实践中，充分利用自身掌握技术及技术机构的经验，想方设法把技术证据融入到执法案件中，保证了案件的成功率。如破解加油机计量作弊案件，针对作弊技术含量高、作弊隐蔽随机、误差等主要证据难以取得等特点，首先，不厌其烦多次参加国家、省及生产厂家组织的专业技术培训，研究其作弊目的、作弊原理等，找出其作弊规律。其次，根据理论研究，确定主要技术证据取得方法，制定查处方案。最后，责任明确，严密布控，有效查处。经过多次实践，利用技术手段查处高科技技术作弊方法和经验都日臻完善，总结出一套比较完整、有效的查处方法，实现查处高科技计量作弊新突

破，并得到全国各地推广，效果特别显著。特别是2008年北京奥运期间查处濮阳市中石化某加油站通过键盘修改流量系数案例：2008年8月12日由其亲自主办，根据群众举报，精心组织，在公证处、技术机构等人员配合下，于2008年8月12日对位于南乐县东环路的×××加油站进行了突击执法检查。现场发现该站共有加油机6台，在用3台，该3台加油机电脑主板与机壳之间的铅封均被破坏，芯片盒盖易碎纸均被破坏，芯片均无出厂胶封，在现场对型号为1110010857（93# 汽油）的加油机检定时发现加油机误差非常异常（检定第一次时误差为+6.32%，检定第二、三次时误差分别为−0.22%、−0.19%）。随即在该站站长办公室的办公桌内发现一本笔记本上，上面记载异常操作程序及密码即“查询—切换—4204.39—切换—OX—切换，（1）查询—调出（2）单价—调出”。对涉案加油机电脑主板及异常操作程序按照规定请相关单位进行鉴定和验证，其结论是加油机主板硬件及软件均进行了更改，现场对其异常操作加油机及恢复程序进行一一验证，通过加油机键盘操作随意控制加油机准确度，在“OX”处的“X”当输入1~9数字后，加油机误差就是1%~9%左右；按照“查询—调出”“单价—调出”或“停电”操作后，其加油机均恢复正常合格，就为锁定证据现场检查、验证检验做了3天，难度之大可想而知。该案例是加油机作弊科技含量高、作弊随即隐蔽、缺斤短两严重及查处难度大等特点的充分体现，该案例成为全国查处加油机高科技作弊典型案例，为日后查处上百起各类加油机高科技作弊提供了宝贵经验。

在此基础上，李振昌在加气机、电子产品等多种高科技违法疑难案件上也不断开拓创新，取得了非凡成效。共亲自办理计量、标准、质量、许可、特种设备等各类案件650余起。其中，涉及外企、国企等大案要案30余起；端掉劣质食品、建材、农资、化妆品、电动车、汽车配件等窝点35个；查获各类违法产品总货值超过2亿元，为消费者和用户挽回经济损失4000余万元。每年接受全国各地省市局执法人员的电话、信函的咨询近200余起，件件给予回复。其典型案例是办理涉及美国摩托罗拉、思科高科技外资企业电视机顶盒违法案件，考虑到涉外企业的复杂性、舆论影响等原因，认真研究违法产品的设计构造原理，就违法行为定性问题，咨询国家省认证、检验机构技术人员几十次，经过多次沟通，最终涉外企业对违法行为予以认可，主动履行处罚并整改到位。通过该案例，为以后查处几十起国内大案要案积累了丰富经验。

襟怀执着，勇于担当，资源共享，无私奉献

李振昌同志在执法方面取得优异成绩后，一心一意为了质检事业，从不吝啬自己取得的经验，每次都是毫无保留交给全国各地有需要的兄弟单位，始终信奉执法为民的远大理想信念。

近几年，先后有60多个外省、地市局执法人员前来学习交流。作为专家型办案人才，30多次受邀在南京、潍坊、郑州、兰州、银川等国家级、省级、市级培训班上授课。同时，做到了资源共享，无私奉献，受江西、山西、吉林四平等外省地市以及本省各地市局的邀请近90余次，共行程近9万多公里，亲自到现场无偿传授指导办案经验，多次在协助外地现场指导时，不顾路途劳顿，加班加点，有时一天行程近千公里，连续工作30个小时，不管刮风下雨、还是严寒酷暑都阻止不了，其敬业精神令人敬佩，彰显了共产党员执法为民，勇于担当，无私奉献的真正本色。多年来，共帮助兄弟省（市）局查办案件收入共计近2000万余元，

效果特别显著。如2011年帮助省局办理的绿能高科加气机伪造密度案，曾不下20次去省总队参与技术指导，使得对方心服口服，8次去国家质检总局进行请示与解释，最终得以圆满解决；协助外省典型案例，特别是2012年12月受山西省局邀请，亲自把查处加油机疑难案件的方法、经验及注意事项和山西省局全体执法人员进行了毫无保留交流，随即和执法队员冒着严寒驱车100公里以外的忻州市，现场查处一中石油加油站人为故意更改加油机流量计作弊案件，经现场检定，在用16台双枪加油机其中一台两条枪流量误差均为3%，超出国家允许误差的十倍，该台加油机营业额也十分惊人，为了保全证据，亲自拆卸加油机主板等主要证据，两天往返太原至忻州4次，现场该加油站负责人也供认不讳，成功取得误差证据，处罚213万元。

襟怀执着，廉洁公正，一心为公，服务为民

稽查工作是矛盾的焦点，人情的集中地，为做到“常在河边走，就是不湿鞋”。该同志始终保持“廉洁公正、一心为公、服务为民”的依法行政要求。坚持科学、公平、公正的原则，做到了执法必严、违法必究，拒腐蚀、永不沾。从未接受相对人的高档娱乐和宴请，拒绝礼品、有价证券和现金近30万余元。

李振昌同志在执法中，一直将群众利益放在至关重要的位置，带着对人民群众深厚的感情去执法，热情解决群众投诉案件，真心帮助群众追回损失。

该同志从事执法工作以来，共处理投诉、申诉案件近700余起，主要是加油机、加气机、水表、电表、特种设备、汽车、食品等，对待投诉案件都认真落实到位。特别是2014年6月受理的濮阳天健生物科技有限公司投诉购买的12台搪瓷反应釜质量案

件，在安装使用一个月内就有 8 台出现了不同程度穿孔现象，接到投诉后，作为第三方，秉着科学、公正、严谨的态度，严格按照程序，多次到生产方、使用方调查，认真查找标准，了解生产工艺等技术原因，多次召集双方进行调解，积极联系仲裁检验机构进行检验，查明了质量原因，为企业挽回近千万元的损失。

该同志作为一名普通质监执法人员，不仅熟练懂得相关法律法规知识、办理程序，而且能处理好行政执法与服务的关系，严格执行行政处罚并不是最终目的，只是纠正相对人违法行为的一种手段，帮助相对人以后正常经营不再发生违法行为。同时还具备如何解决相对人疑难请求，热情服务。对待办理的每一个案件，无论案件大小、处罚多少，都是在不违反原则的情况下，积极帮助相对人纠正其违法行为。如查处的濮阳龙宇等无证充装单位，积极无条件帮助完善技术资料、协调检验等工作，使得企业顺利取得充装许可证，得到企业的一致赞誉及好评。

总之，李振昌同志正是凭着对质监稽查工作的无比热爱，对质检事业的无比热情，以扎实的工作态度、过硬的工作作风，在质监稽查工作上精益求精、不断开拓创新，几十年如一日，始终抱着“用心、细心、耐心、爱心、开心”的工作姿态，在平凡的质检工作岗位上默默无闻地做着积极奉献，得到了社会的公认和人民的赞誉。

用责任和信念镌刻对质监事业的忠诚

记河南省三门峡市质量技术监督局稽查支队任艺峰

“莫道桑榆晚，为霞尚满天。”2004 年，任艺峰脱掉戎装，从副团职的岗位上转业到河南省三门峡市质量技术监督局稽查支队工作，在质监执法一线上一干就是十四年。多年来，他凭借着对质监工作的满腔热情和对党的事业的执着追求，夙夜在公，栉风沐雨，带领着他的战友们战斗在执法一线，用自己默默的耕耘，弹奏出了一篇开拓创新、无私奉献的动人乐章。

“我坚信，只要把工作放在心上，就一定会有所作为”，这是任艺峰同志经常说的一句话。朴实的话语透彻出他坚毅的内心，穿梭在执法一线的身影更是他对誓言的忠诚实践。无论是在骄阳下查处假冒伪劣农资的田间地头，还是在风雨中的端黑打点现场，只要他在，大家看到他刚毅的面孔和高大的身躯，就更加信心倍增，他的一身正气春风化雨般地融入到每个人的心上。

执法就要硬碰硬

“稽查队员一定要硬气，对违法行为就要敢于硬碰硬”，这是军人出身的任艺峰经常对同志们讲的一句话。二十年的军人生涯磨练了他坚韧不拔、不屈不挠的意志和敢于担当、无私奉献的精神。多年来，他始终把维护质量安全和保障人民利益视为神圣职责，工作中他敢于碰硬，不管多难啃的骨头，多难办的案子，总是以身作则，冲锋在前。2014 年 3 月的一天，他接到电话举报，辖区内有一家生产假冒化肥的黑窝点正在发货。得到消息后，他立即组织人员赶到现场，经过调查取证确认，该窝点的确涉嫌生产假冒化肥。这时候，造假者拿出一沓钱硬往他兜里塞，被他严词拒绝，坚决要依法扣押这批假冒化肥。见软的不行，狗急跳墙的造假分子掂出刀子，大声吼叫威胁执法人员。危机时刻，只见他挺在前面，临危不惧，厉声斥责造假分子："你今天和国法过不去，我就和你过不去！"心虚的造假分子被他的凛然正气所折服，老老实实接受了处理。这个窝点的捣毁，震慑了辖区内的一批造假制假分子。

任艺峰

"安全工作大于天"，质监稽查一线实际上也是安全生产的一道重要防线，作为质监部门专职执法机构的负责人，他也深知自己肩上的担子有多重。多少个日日夜夜，多少个监督执法现场，都有他忙碌奔波的身影；多少次剑拔弩张的场面，多少次错综复杂的局势，都有他沉稳从容的脸庞。他把汗水挥洒在质监执法事业中，他用那颗火热的心，默默无闻地奋战在质监一线，履行着质监人的光荣使命。

队伍要有精气神

“工作拉高标杆，执法从严要求”，这是任艺峰任支队长以后对稽查队伍建设的基本要求，他更是把打造一支作风过硬、纪律严明、团结协作、勇于担当的稽查队伍作为一个重要目标。他提出每一位执法人员都要在执法实战中培养和锻炼“精气神”，为了“维护人民利益”这个共同目标，以更加饱满的工作状态履行好质监卫士的光荣职责。2017 年 2 月，市局 12365 接到举报称灵宝市工业园内有一加气站无证进行气瓶充装活动。接到上级指令后，任艺峰同志亲自带领执法人员对举报线索进行摸排，锁定违法单位后，为了能够掌握扎实有效的证据材料，执法人员对该加气站进行了轮班蹲点，春寒料峭的夜晚，执法人员也只能在车里蹲守，他带领着执法人员一干就是好几天，全然不顾自己疲惫的身体。经过几天的蹲守调查，终于取得了该单位未获得气瓶充装许可证擅自进行气瓶充装的违法证据，执法人员依法对其进行了行政处罚。而这起案件刚办结，任艺峰同志就因疲劳过度导致腰椎间盘突出住进了医院。

就任支队长四年来，他带领三门峡市质量技术监督局稽查队伍开展了以保障民生领域、安全领域为重点的农资、建材、汽车及其配件、汽柴油、日用消费品等“质监利剑”和民生计量、农产品收购等“民生维权”专项执法行动 40 余次，组织市县两级质监部门查处各类违法案件400余起，查处各类违法产品货值总额700余万元，全力保障了产品质量和特种设备两大安全。他正是怀着对人民群众生命安全负责的赤诚之心，用自己的行动诠释了为人民服务的忠诚信念，也感染了和他一起奋斗在执法一线的战友们，三门峡的质监卫士一道用他们的“精气神”守护了三门峡的一方平安。

执法就是搞服务

2016年10月，三门峡市一烟草合作社负责人将一面绣有“服务企业、执法为民”的锦旗送到了稽查支队，以表示对质监执法人员贴心服务的感谢。

近年来，三门峡市烟草种植产业依托自然生态优势，加之政府部门的大力扶持，得到了较快发展，逐渐成为了农民增收、企业增效、财政增长的重要产业。针对建设服务型执法机制的新要求，任艺峰提出要把为烟叶生产提供“精准服务”作为推进服务型执法的一项具体实践。

每到烟叶生产施肥的关键时节，三门峡市质量技术监督局就以保障广大烟农合法利益和烟用物资质量为出发点，组织开展全市烟用物资的质量专项监督检查。稽查支队执法人员一方面走进企业，实地查看三门峡市烟草公司各个烟叶工作站的烟用物资储备情况，督促企业执行索证索票制，严把烟用物资进货渠道，同时依照标准对各烟叶工作站库存的农业用聚乙烯吹塑棚膜（耐候膜）、烟用聚乙烯吹塑地膜（黑白地膜）、基质、有机肥、复混肥料等烟用物资进行抽样检查；另一方面深入田间地头，向烟草种植户了解使用烟用物资对作物的影响，宣传农资产品识假辨假的知识，标准化管理、种植的优势和相关法律法规，以提高广大烟农的法制维权意识，保障自身合法权益。正是这种“保姆式”贴心服务，感动了烟叶生产部门和烟农群众，也为烟叶生产的顺利进行提供了有力的保障。

己正方能正人

执法过程中会遇到很多艰辛和困难，同时也到处充满着“诱惑”，任艺峰深知手中的权利是人民赋予的，只能用来为人民服务，绝不能用来为自己谋取私利。在工作中，他坚持正人先正己，对自己高标准、严要求，依法办事、公平公正，不徇私情。他经常对执法人员说：“你们要做的就是发现问题，依法查处，其他的事情都由我来顶着，谁来说情都不行。”于是多年的工作下来，大家都知道他的规矩，谈案件只能在办公室，出去“坐一坐”的要求一律免谈，即便是老熟人、老同学也概莫能外。就是在这份硬气之下，别人不敢承办的案件他敢办，别人办不成的案件他能办成。他就像一个拓荒者，带领执法人员不断地开拓新的执法领域，规范一个个新的行业，依法查处了一批批大案要案，狠狠打击了违法分子的嚣张气焰。

太阳燃烧，因为它选择辉煌；高山伟岸，因为它选择坚毅。他选择质监事业，因为它寄托着期望和梦想。正是有了无数个像他一样的质监人默默无闻的奉献和工作，才有了地方经济建设的繁荣与发展。用责任固守峡市平安、用忠诚诠释职业使命、用信念镌刻质监灵魂，这就是他终其一生所做的答卷，朴实无华，无怨无悔。

握紧利剑铸忠诚

记湖北省武汉市质量技术监督局稽查局局长童启斌

2017年11月9日在迎接国家质检总局执法司领导来汉调研工作会上，一位身材敦实、面容憨厚的中年男子，不看材料，很流畅地向与会人员介绍数据：截至2017年10月31日，全市质监系统共出动执法人员6693人次，检查企业5796家，查办案件211件，查获涉案产品货值约668.4万余元，其中大案、要案20起……博得了与会领导和同志们阵阵掌声。此人不是别人，正是湖北省武汉市质量技术监督局（以下简称武汉市质监局）稽查局局长、党支书记，湖北省执法“先进个人”、武汉市“劳动模范”童启斌同志。谈起童启斌同志，与他打过交道的人无不投去赞赏的目光。

打假治劣的锋利剑

“质量问题无小事，只要我当一天局长从事执法打假工作，我就有责任一抓到底！”这是童启斌同志的一句口头禅。2017年10月初的一天，一位与童启斌熟悉的省直机关某处长领着一位朋友来到童局长的办公室，在一阵寒暄后便向童局长介绍来人情况，此人在武昌开了一家酒店，店内加装3部电梯，就是电梯手续未办下来，请童局长通融一下，尽快把证办下来。“您的电梯在区局办了登记没有？电梯加装手续办了没有？……”童局长一连问了五个问题，问得对方张口结舌。“想不到我们的童局长对业务这么熟悉，这么认真。”“哪里！哪里！我们吃这碗饭就要对质量安全负责，否则就会成为人民的罪人。”说完后，童启斌又语重心长地对来人说：“电梯问题事关顾客的生命财产安全，绝非小事，既然你们来，肯定还有问题没有解决，这样，我叫执法人员帮你们联系相关部门尽快办理，但电梯一定要在手续齐全并经检验合格后方能使用。”就这样，在既不伤害彼此的感情，又能坚守住质量安全底线的情况下，使来人满意离去。

但凡与童启斌打过交道的人和企业都知道，表面上看他很随和，但在执法打假方面绝不含糊，人称他就像一把利剑，不断斩断制假售劣的黑手。2017 年 1 月 10 日稽查局从 12365 举报中心获悉，位于武汉市洪山区葛化街左岭的武汉某建筑材料有限公司涉嫌违法生产国家明令禁止的“地条钢”产品，童启斌同志阅信后，立即派人秘密前往调查核实，控制局势，随后又亲自带着执法人员增援执法现场。一月的天气乍暖还寒，仍处在天寒地冻的时节，以童启斌同志为首的参加执法检查的同志顾不上喝一口热水，经过昼夜 27 个小时连续奋战，终于查出了生产“地条钢”的全部违法事实，并立即办理了扣押手续，使违法企业受到了应有的处罚。类似这样的案例不胜枚举。

除了明的获取线索开展执法工作外，据说童启斌执法打假还有另一个高招，就是通过明察暗访获取线索开展执法打假。2017 年 3 月，根据相关反映全市不少出租车市场，尤其是车站、机场等场所存有少数不法分子通过给出租车计价器做手脚骗取顾客钱财的情况，严重影响了武汉市这个全国大都市的形象。为了调查现实真相，刹住这股歪风，童启斌同志迅速调集稽查科室精兵强将会同计量处、计量所深入到重点地方和群众反映多的地域，利用早、中、晚乘坐出租车的形式进行明察暗访，共乘坐出租车 192 台次；通过近半个月的暗访获取证据，终于查出极少数司机利用安装出租车计价器遥控器做手脚宰客的违法事实，并依法让不法出租车司机得到了应有的处罚，净化了出租车市场，维护了乘客的合法权益。据统计，近两年来，童启斌同志通过明察暗访共组织查处质量违法案件 20 多起。正如童启斌同志对同事们说的，“只要稽查局存在一天，就不能让那些质量违法企业和不法分子有机可乘。”

护法服企的守护神

俗话说：“人非草木，孰能无情。”熟悉童启斌的同志都知道，他既有严厉的一面，更有柔情的一面，特别是对于那些遵纪守法讲规矩，杜绝生产伪劣产品，讲究信誉的企业，他关爱有加，与其结对子、交朋友，为企业保驾护航，成为企业挚爱的朋友。武汉某电线电缆有限公司是一家质量信得过的企业，几十年来，坚持顾客至上，质量第一，该公司生产的“飞鹤牌”电线闻名全国，家喻户晓。为了帮助这样的企业发扬成绩，巩固成果，促进企业良性发展，童启斌同志组织稽查局专为这些企业免费订阅《中国质量报》，以此来激励他们，并经常进企业入车间了解生产一线情况，深受企业的拥戴。他经常告诫身边的同志说：“企业和人民是我们的衣食父母，我们既要帮他们疗伤治病，又要甘于为他们排忧解难、保驾护航，真诚地维护他们的合法权益，使企业越办越好，这才是我们执法者的初衷啊！”童启斌同志是这样说的，也是这样做的，用他的言行举止诠释了一个质监执法人员的责任担当。

童启斌同志（右）对涉嫌检验不合格电梯进行执法检查

2016 年 3 月，武汉市质监局稽查局收到省内一兄弟单位寄来的案件移送书，移送书及所附材料显示：武汉某电梯公司生产、销售的室外自动扶梯涉嫌未进行型式试验且逾期未改正。童启斌同志接到移交手续后，当即指派执法人员前往调查核实，经查，特种设备安全监察指令书中给定的时间是 15 个自然日，而按照《电梯型式试验规程（试行)》第十条和第十九条的规定，企业从申请到取证所需时间，至少需要 20 个工作日，该指令书明显与规程不符。该公司取得型式试验合格证的时间虽超出了兄弟单位特种设备安全监察指令书的要求，但仍属于在合理时间内改正违法行为，且能够积极主动地消除违法行为的危害后果。经报请市局案审会审理，根据案情和《行政处罚法》相关条款的规定，决定对该公司不予处罚。事后该公司送来了“秉公执法，实事求是”的牌匾，作为对童局长以及稽查局工作的回馈。“这一牌匾不仅仅是一块牌子，而是对我们质监稽查工作的首肯。”童启斌接受牌匾时感动地说到。

2016 年 10 月，武汉市质监局鉴于全市电梯隐患突出的问题，要求稽查局开展一次电梯专项执法行动。童启斌同志一马当先，立即带领全局同志奔波在全市有关电梯隐患的大街小巷，除了发现隐患立即进行整改和处罚外，还就全市电梯问题，总结出了四大共性问题。一是部分电梯使用单位信息不准确；二是电梯信息表中登记的超越期限未检和检验不合格情况，与实际不符；三是涉及部队使用电梯与监察监管脱钩，无法核实；四是市局与各区局电梯执法协调还不够。针对上述问题，童启斌同志一方面向市局上报，另一方面和同志们研究提出五项整改对策。一是继续抓好重点区域的巡查和督导；二是做好不合格和超期未检电梯信息表的更新；三是尽快畅通两个渠道；四是抓好重点区域的执法跟进督导；五是对办案有困难的区局及时给予帮助。使这一共性问题及时得到整改。

这样的事例何止一起，据稽查局的同志讲，童启斌同志总是在查处案件中要求执法人员，发现隐患必须限令整改，变被动执法为主动防范，实行以防为主，打防结合，成为了武汉质监稽查工作一道亮丽的风景线。

过硬队伍的领头人

俗话说：“打铁还需自身硬。”童启斌同志把这句话作为座右铭，他深知要想别人做到的首先自己必须要做到。因此在工作和生活中，他以身作则，率先垂范，用实际行动诠释了一名共产党员和基层执法排头兵的光荣使命。2017 年年初，西安地铁使用的劣质电线电缆被新闻媒体曝光后，童启斌同志寝食难安，他联想到武汉市有没有类似问题，并严格按照市局要求在全市开展了电线电缆大排查大清理集中整治行动，当时他唯一的爱女因病住院治疗，有的同志知道情况后就劝他，“女儿病重住院就请几天假在医院照顾几天，替换嫂子休息两天。”“这怎么行呢？女儿病重住院固然重要，但是电线电缆质量安全更是牵涉千家万户的大事，我怎么能请假呢？”说完后便和同志们一起投入到电线电缆清查执法的战斗中。在他的带领下，全局共出动执法人员126人次，办理行政执法案件2起，胜利的完成了本次执法突击任务。

平时童启斌同志还经常深情地告诫身边的同志，“一个人有再大的能耐也比不过团队，只有团队过硬，才有无尽的战斗力。”因此他除了以身作则、率先垂范外，还把精力放在抓班子、带队伍、促工作上；特别是党的十八大召开以来，他按照习近平总书记系列重要讲话精神和依法治国的新思想新理念，认真组织全局党员干部深入开展“两学一做”学习教育和党风廉政教育，教育全局同志牢固树立正确的人生观、金钱观、权利观、名利观，老老实实做人，脚踏实地做事，公正廉洁执法，用自己的汗水换取全市人民的质量安全，因而各类先进典型和事迹层出不穷。2017年3月稽查局从暗访中获取黄陂区前川街某工业园一家企业涉嫌无证生产粉末喷涂铝材，副局长李向军按照童启斌同志的要求立即带领执法人员前往调查核实。通过检查，一举查获了该企业无生产许可证擅自生产销售粉末喷涂型材案。稽查一科科长艾军、稽查四科副科长姜爱斌等四名同志经常钻研执法本领，运用自己的火眼金睛，查获了大量质量违法案件，被评为“全国质检系统执法打假办案能手”称号。据统计，仅近几年，全稽查局就先后有12人被国家质检总局、省局和武汉市政府通报表彰，有25件行政执法案件分别入选国家质检总局、湖北省局和武汉市政府执法典型案例，两年来共收到锦旗15面、牌匾2块，如今该局成了一支能战斗、能打硬仗的过硬团队。

“长风破浪会有时，直挂云帆济沧海。”童启斌同志深刻认识到，成绩属于过去，新的征程就在脚下。他决心在市局党组的正确领导下，在国家质检总局、省局的精心指导下，乘党的十九大胜利召开的强劲东风，扬帆远航，用实际行动在执法打假中再创佳绩，为实现“两个一百年”奋斗目标和中华民族伟大复兴的中国梦增光添彩。

打假“铁娘子”亦有柔情时

记湖北省利川市质量技术监督局稽查分局局长孙利

她善于发现蛛丝马迹寻找破案的切入点；

她执法严谨，把案件办成经得起推敲的“铁案”；

她是个令制假售假分子闻风丧胆的“打假卫士”。

她就是令制假售假分子闻风丧胆的打假“铁娘子”——湖北省利川市质量技术监督局（以下简称利川市质监局）稽查分局局长孙利。2013 年年底，她从利川市质监局食品安全科调岗到稽查分局任局长，面临新的挑战，一直奋战在打假第一线。她和同事们打响一场又一场没有硝烟的战役，捣毁了一个又一个制假售假窝点。尽全力维护企业和消费者的利益，为民执法保平安，风口浪尖写忠诚。

带着责任办案

2016 年 6 月中旬，接到州质监局 12365 热线转办的辖区内某种烟大户投诉，反映地膜有质量问题，他种植的烟田有 20 亩出现地膜多处爆裂，长草严重，影响了烟叶的生长。

“这个样子，我今年烟就全泡汤啦！”谭某指着土里疯长的杂草对赶到现场的孙利一行倒苦水。拍照、取样、记录同事忙碌起来。

“村里还有其他人买过这样的地膜吗？”根据实地调查，细心的孙利发现相邻的烟田里也是地膜破裂，杂草茂盛。

“有有，某某家的10亩地也是用的这个地膜，这几天也正在为这事发愁呢！”谭某回答道。

顺藤摸瓜，该乡镇400余亩烟田的地膜都有质量问题。情况严重，超出想象，稍微处理不好就会引起群体事件。

本着客观、公正、依法、合理的原则，孙利多次沟通协商，采用三级联动分头做好申诉双方的调解工作，使申诉双方最终达成一致意见，销售企业在免费更换地膜的基础上及时补偿了覆膜用工工资近10万元。

烟农的利益得到保护，损失得到补偿，销售企业也得改过自新的机会，有效化解了社会矛盾。此举，受到烟农的赞誉，企业的拥护，当地党委、政府的好评。

“一个质监工作者，要为社会负责任。”孙利这么说的，也是这么做的。她把追求社会效益，保护消费者合法权益，提高老百姓维权意识作为目标。担任现职以来，共受理各类举报投诉咨询100余件，主办案件60件，为用户、消费者挽回经济损失200多万元，涉及领域有计量、农资、特种设备、产品质量等多方面。

带着温情执法

“我结识过不少人，很少佩服一个人、真正感激过一个人，这次我真服了，真是心存感激。”说这番话的是一位农资企业的负责人，而话中的这个人就是孙利。

2016年春节刚过，执法人员在开展春季农资专项执法打假工作时发现一家农资企业生产的肥料不合格，批量有50吨。

“这在以前，她们将没收产品，对企业进行罚款处理，就可结案了，而且还可以作为成绩向上级报告！”质监局局长向伟介绍道。

“这家企业在之前的多次抽检中从未发生过不合格现象，为何会出现这种状况？我们不能简单处理，一定要找到问题症结在哪里！”孙利并没有仓促处理，而是带着一帮人沉到企业，和企业负责人、技术人员一道查找问题的根源。一连几天，大家反复对生产各个环节进行梳理、对比、分析，才发现该公司生产的有机肥采用的原料 90% 是该公司自己养殖的牲畜产生的粪便，早春晚秋是疫症高发季节，为了预防疫症，该公司养殖场用了 1 吨多石灰对圈舍进行全面消毒，导致了原料 pH 超标，该公司疏忽了原料的把关，造成这批肥料不合格。

不合格肥料怎么处理？是没收？是销毁？“很明显，企业不是主观故意违法生产。”孙利当即要求企业召回不合格产品，并与企业一道向有关教授、专家请教，制定了切实有效的整改措施及办法，质监人员再次为企业找到了减少损失的最好办法，也净化了农资市场，切实维护了广大农民朋友的利益。

孙利带着利川市质监局稽查分局转变执法理念，不再以罚没指标衡量工作，而是以全心全意帮助企业在质量管理问题上下功夫，执法理念转变了，但产品质量整体提升的目标没有变，积极采取指导、建议、提醒、劝告等非强制性方法，防止“重事后查处、轻事前预防”。同时，为了及早发现苗头性问题，做到防患于未然，利川市质监局稽查分局采取以个案调查为重点向区域性、行业性调查为重点的转变，以重点区域、重点行业的产品质量状况调查为主，根据举报投诉工作为稽查打假搜集信息。还就检查中发现的问题与相关企业管理层进行了深入的沟通和探讨，宣贯相关法律法规，帮助企业改变内部生产环境，通过建立市场质量投诉台，定期协助市场进行产品质量检查、管理等措施，建立起一道道防止假冒伪劣和不合格产品进入市场的防线。

近年来，老百姓反映较多的加油机、集贸市场、民用三表计量热点问题，为确保辖区内计量准确，保障消费领域计量诚信，利川市质监局稽查分局根据群众举报投诉，举一反三，先后在全市范围先后开展了加油机专项计量执法、定量包装等专项执法工作，获得一致好评。

带着信念工作

自从成为一名质监卫士，“为民执法保平安”就成为孙利心里神圣的职责。为了这一信念，她带领他的同事们，经受危险与艰辛，义无反顾地为净化市场、维护消费者和企业的合法权益，捍卫法律的公平与正义，谱写出无私奉献、忠诚履职之歌。

作为一线执法人员，在常年对违法分子进行调查的过程中，孙利深知“惧法朝朝乐，违法日日忧”的道理。从事稽查工作以来，她坚持依法办案，在查办案件中严肃办案纪律，严格办案程序，坚决执行自由裁量权和案件移送的有关规定，自觉维护质监形象。这种严于律己也让同事们敬佩不已。她定下一个规矩：谈案件只能在办公室，出去“坐一坐”的要求免谈，即使是老熟人、老同学也概莫能外。近期她所办的20余起案件中未出现一起复议，诉讼案件，结案率100%，案件归档率100%。

一直以来，孙利十分注重对业务的学习，她说只有这样，遇到新情况、新问题时才能做到理论联系实际。她常和其他业务处室的同事一起讨论、研究，探索解决问题的新思路、新方法。工作之余，她虚心好学，不忘抓紧时间学习技术、法律、典型案例分析、案件实务操作等相关业务知识，不断提高自己的业务水平，不断提高自我综合素养，努力使自己成为精通业务的综合型人才。

这些年来，孙利每年都要坚持带队下乡执法检查，她每年下乡天数多达 80 多天，始终保持着高昂的工作热情。一次下乡办案时，因为案情需要连续作战推迟午餐，导致她因为低血糖突然感到身体极为不适，头冒冷汗，几乎晕倒。同事们连忙把她扶到车上，心里放不下案情，仅仅休息片刻，就不顾同志们的劝阻，又投入到现场执法办案中去。时时不忘稽查办案，就连下班陪家人逛街，她也在处处留意案源，从中发现蛛丝马迹寻找破案的切入点。

2014 年上半年，正在出差的路上，孙利突然接到家里的电话，70 多岁的公公婆婆一氧化碳中毒双双住进了医院，虽然生命抢救过来，但是由于迟发型脑病，两位老人生活已经不能自理，吃喝拉撒都得靠人，公公长期卧床，吃饭依靠鼻饲；婆婆突然不会走路，神智也不清醒，不懂得吃饭，每次喂饭都得一个多小时，年幼的女儿刚上小学一年级，生活和工作的重担压得喘不过气来。但是和婆家的五个姐姐一起，六个小家庭齐心协力，公公卧床的一年多时间，直到过世都没有生过褥疮，婆婆在精心的照料下，生活恢复自理（2016 年下半年婆婆还是由于体弱生病去世）。即使这样所有的工作都没有耽误，圆满完成组织交办的工作任务，当年由其个人主办的案件仍然达到 10 起，没有一件行政复议和行政诉讼。

由于工作出色，孙利多次被评为“先进个人”“优秀共产党员”。面对成绩荣誉，她显得很平静，她说：“为了国家和人民的利益，我愿意一辈子坚守在执法打假办案的第一线，做一名质监卫士打假先锋。”

质监执法战线上的一线尖兵

记湖南省质量技术监督局稽查局组织督查科科长易晓艳

在湖南省质量技术监督局，有一位政治立场坚定，业务素质精湛，连续15年奋战在质监执法一线的女尖兵，她就是该局稽查局组织督查科科长易晓艳。

易晓艳，中共党员，自参加工作以来，先后担任湖南省质量技术监督局稽查总队办公室科员，稽查总队五支队科员、副支队长，六支队支队长。凭着勤奋的工作，凭着对质监事业的热爱，办出了一批有影响、有指导意义的案件。她历年带队办理的行政案件中，无一起行政复议和行政诉讼案件。个人和所带的支队，无一起因廉政问题的投诉举报。

因工作突出，在年度考核中连续4年（2012—2015年）被评为优秀等级，连续3年（2013—2015年）被省质监局评为“先进个人”。2012年被评为全省质监系统“办案能手”。2013年被国家质检总局评为“全国质检系统执法打假办案能手”。2015年6月，入选全国质检系统执法人才储备库。2017年，被湖南省委、省政府授予“湖南省人民满意的公务员”荣誉称号。

历时半年，辗转3个省市，成功查办湖南省质监稽查总队近10年的三个大案之一——长沙某汽车厂生产不合格汽车案

2013年5月，省质监局接到由国家公安部办公厅发出的《关于通报涉嫌违法汽车产品有关情况的函》，反映北京某上市公司的长沙汽车厂的汽车存在不符合国家安全技术标准与道路机动车辆公告不一致等问题。省质监局领导高度重视，指派易晓艳带队迅速查办该案。

为查清楚这个案件，易晓艳带队历时半年，辗转广西、北京和湖南省多地，调查、取证，与违法人员斗智斗勇，从源头上坚持不懈地查下去，案件越查越大。

现场调查如戏剧般传奇，连续两次抓了个现形!

案件接手后，易晓艳带领支队人员迅速进入北京某上市公司的长沙汽车厂，对摆放在该厂的成品汽车进行执法检查，经检验机构检验，发现5台汽车整车质量不合格。

在检查过程中，易晓艳观察到企业人员急于结案，对发动机尾气排放异乎寻常地紧张。她没有就此止步，决定进一步调查，突击检查了该厂生产车间，抓了一个现行。该厂生产线正在更改铭牌，将11辆汽车的发动机尾气低排放标准改换高排放标准产品。易晓艳当即查扣了这些汽车，并要求提供这款汽车的全部生产记录。该汽车生产企业以各种理由推脱拖延，磨了一整天，最终于次日提供了全部生产记录：共3箱605本生产记录单。

易晓艳逐一查看后，表面上没发现什么问题。她怀疑该企业在生产记录单上做了手脚，又联想对比该厂的发动机进货记录，细心逐一查验后，疑点更大了。她随即两下广西，向发动机生产企业调查取证，由于发动机生产企业与长沙汽车厂之间的利益关

系，调查取证不理想。她又通过各种方法，不厌其烦地多次深入发动机生产企业的湖南办事处调查了解。根据前期掌握的线索，又抓了一个现行。广西的发动机生产企业正在湖南某物流园内按该汽车生产企业的指令更换发动机铭牌！原来，北京某上市公司的长沙汽车厂经执法人员现场抓了个现形后，发出指令，要求发动机供应商根据指令要求更改铭牌后再销售给自己。

这个案件，由于易晓艳同志心细如发，坚持不懈，最终由查办一家汽车整车违法企业，延伸到了两个发动机生产企业，查出了一家汽车生产厂家不按标准生产汽车、两家发动机生产企业生产以次充好发动机的系列窝案。通过该案的办理，查清了一个汽车行业的“潜规则”，规范了一条产业链，消除了安全隐患。该案办成了湖南省质量技术监督局稽查总队近10年的第三个大要案！

用霹雳手段，显菩萨心肠，寓执法于服务之中，使一个省重点企业柳暗花明

2011年，湖南省一家茶油生产企业的茶油被检出强致癌物质——苯并芘。经网络传播，该事件在全省乃至全国造成极大影响，该企业的其他品种产品也被迅速波及。媒体纷纷跟进，影响急剧放大，该企业产品在全国各地的销售开始出现断崖式下跌，进而影响到了湖南省其他茶油生产企业的声誉。这家省重点企业、一度声誉很好的农业产业化龙头企业一下子处于风口浪尖！

省质监局在质监稽查总队抽调易晓艳等精干执法力量对该企业进行全面调查。该企业法定代表人——湖南省人大代表、湖南茶油行业领军人物认为，自己是湖南省的重点企业、农业产业化龙头企业，作为本省的监管部门，此时应该保护才对，怎么还来查处？一开始对执法调查极抵触、不配合。

易晓艳等人反复告知该企业负责人："质监部门严厉打击食品造假行为，但同时也会帮助正规企业查找原因，解决问题，扶持企业发展。"该企业负责人开始有限度地配合调查。随着来自全国各地舆论的压力越来越大、销售急剧下跌，这位负责人急了，最终主动上门求助："你们说该怎么办我就怎么办！"

易晓艳向这位负责人建议："必须主动、迅速地在全国范围内召回这批问题产品，并且主动、迅速地向媒体通报召回情况，才能重新赢得市场的信任。"

企业听取了意见，舆论风波逐渐平息。

易晓艳等执法人员又与湖南省质量技术监督局食品生产监管处、省质检院以及企业技术人员一道，对企业的生产环节逐个排查，帮助查找原因。终于，找到了"苯并芘"在生产工艺中产生的原因，并研究了"碳吸附"去除的办法。该厂按新方法组织试验生产，新产品中再未检出"苯并芘"成分！湖南省质量技术监督局在新闻发布会上通报了此结果。

这家省重点企业，乃至湖南省的一个农业产业，历经山重水复，迎来了柳暗花明。

不管面临多大压力，始终挺直腰杆，勇敢面对，坚持奋战在执法第一线

经常在外奔波，冒严寒酷暑，时常加班加点，拒威逼利诱。近年来，易晓艳同志查处的案件，无论数量还是质量，在湖南省质监稽查总队，一直处于前列。

2013 年，在办理北京某上市公司的长沙汽车厂案件时，由于工作任务繁重，连日奔波劳累，加上精神高度紧张，患了严重的荨麻疹，皮肤奇痒难忍，身上抓得没有一块好肉，医生叫她赶紧

住院治疗。但现实不准许，她就一边打吊针，一边办案，从医院拔了针头就去办案现场。后来因为要到外省调查取证，打吊针实在不方便，她就带着几袋熬好的中药出门，但中药保质期也只有两三天，她就改吃西药，回来之后再换打吊针。结果案子办了半年多，因延误了治疗，打针吃药搞了整整一年才好。领导和同事们知道后，都说她是“拼命三娘”。

每年春节刚过，易晓艳就带领支队人员深入田间地头，了解情况，到农资生产企业执法检查。人都晒黑了，依然无怨无悔。近15年来，她共处理农资方面的投诉举报156起，主办农资要案35起，查扣不合格农资产品680多吨，追回不合格化肥150多吨。

面对违法甚至犯罪分子的破坏、恐吓、威胁或者利诱，她从不为所动，始终是一名冲锋在前、值得信赖、文明合格的执法尖兵。

2015年，格力公司举报，反映有不法人员生产假冒格力空调销往湖南省内。接举报后，湖南省质监稽查总队选派一名副总队长，与易晓艳一起带队，联合湖南省公安厅对该销售点进行执法检查，一举查获假冒格力空调2899台，涉案货值800多万元。案件移送省公安厅后，省公安厅又向公安部汇报，被列为公安部当年的重点督办案件。

该案在现场查处时，临近凌晨，为首的违法分子看到一整仓库的假冒空调被拖走异地扣押，脸色大变，行为异常，电话联系频繁。易晓艳一面安抚为首的违法分子，一面叮嘱现场办案的质监、公安人员，不要分散走动，防止对方报复。最终，由于处置妥当，办案顺利。

易晓艳遇到的查处“地条钢”案件的情形更加惊心动魄。2004年腊月，冒着大雪，易晓艳和其他支队人员驱车7个小时到达湖南省郴州市嘉禾县城，在那里吃了个盒饭后又开了1个小时才到指定的村子。因为这些地条钢生产企业都知道生产地条钢是违法的，所以一般选择深夜偷偷生产。他们深夜到这企业进行摸点，发现该企业正在灯火通明的生产地条钢。支队不敢贸然进场，只好瑟瑟发抖在车上守到天亮后才开展检查。但当检查完毕，联系车辆对这些钢材实施异地扣押时，却遭遇了涉案企业的百般阻挠。老板满身酒气，拿出一把一尺多长的杀猪刀，扬言谁搬就砍死谁；几名不明身份的妇女手抱婴儿围在大货车旁不准装货；好不容易将地条钢装车准备离开时，厂区公路却被挖断了等。但易晓艳及所在支队没有退缩，顶住压力、克服层层困难，将该企业非法生产的地条钢全部予以了没收，案子最终圆满的办了下来。

一个任劳任怨的公务员、一名优秀的执法尖兵，又开始在新的岗位上服务、闪光

省质监稽查局的工作，不但要办大案要案，而且要指导市州各地办案。易晓艳同志特别重视经验的积累，坚持不断地加强法律法规学习，熟练掌握相关法律法规和文件，自己把案件办得令执法相对人服气，办得没有行政诉讼和行政复议。在向市州办案人员进行案例教学时，用亲身经历分析解说，用过硬的理论、法律水平让人信服。

“查一家企业，了解一个行业”，这是易晓艳对自己的要求，在办案过程中，她善于从实践中学，向专家学，向书本学。为参加全国质监系统的执法大比武，易晓艳在中南大学封闭训练，家虽近在咫尺，但没回过一次家，每天坚持看书、做题、看案例，理论知识得到了提升。她先后在中国质量网等媒体上发表了《警惕行政执法中忽视利害关系人权利的保护》《通知、案情通报在执

法风险防范中的作用》《食品接触用不锈钢制品行业现状和建议》等4篇论文，受到行业关注。在省质监稽查微信群、QQ群，易晓艳经常耐心、热情地讨论、回应市州各地提出的执法难点、热点问题。2016年6月，易晓艳顺利入选全国质检系统执法人才储备库。两年来，先后受湖南省局和国家质检总局的邀请，在本省和青海、天津、广西、昆明等地为全国基层执法人员授课，反响很好。

因为表现突出，2017年湖南省质量技术监督局推荐易晓艳参评湖南省人民满意公务员。同年被湖南省委、省政府授予“湖南省第六届人民满意的公务员”荣誉称号。

一个任劳任怨的公务员、一名优秀的执法尖兵，又开始在新的岗位上服务、闪光。

不忘初心，牢记质监执法职责使命

记湖南省湘潭市质量技术监督局稽查支队支队长李雄

自从1996年进入稽查岗位以来，李雄一直奋斗在质量技术监督行政执法工作第一线，他始终不忘初心，牢记质监执法“打假维权、执政为民”的职责使命，坚持把每一个质量违法行为都绳之以法，取得了突出的成绩。历年来，所在支队多次被评为省质监系统“先进集体”，个人2011年被国家质检总局评为“打击侵犯知识产权和制售假冒伪劣产品专项行动先进个人”，先后被省局评为“执法办案能手”、省质监系统“先进个人”、省党风廉政建设“先进个人”，2013年荣立三等功1次。其雷厉风行的工作态度、敢打敢拼的工作作风得到了领导和同事的一致赞誉，赢得了社会的良好赞誉和群众的好评。

必须让人心服口服

在湖南省湘潭市质量技术监督局稽查支队，支队长李雄的较真是出了名的。

2016年，在协调处理某不锈钢产品存在质量问题的投诉时，支队执法人员先后组织申诉人、被举报人等相关人员就此事先后进行了4次调解，然而由于双方在赔偿金额等问题上始终无法达成共识，调解陷入了僵局。应双方的要求，执法人员最终只能组织对不锈钢产品进行抽样送检。

当天去现场组织抽样的执法人员，办案经验极为丰富。无论是不锈钢样品的选择，还是不锈钢样品的封存措施，都做得一丝不苟，组织得非常严密，但美中不足的是由于前期调查中，双方都已认可产品为“201 不锈钢”材质，所以在组织现场抽样时，执法人员理所当然地认为抽样产品的材质为“201 不锈钢”，省略了请双方对样品材质进行确认的环节，直接在笔录中记录了“对 201 不锈钢产品进行现场抽样”。

“执法人员不管做什么事情，必须让人心服口服，你们这样搞，怎么能让人心服口服。”抽样工作完成后，执法人员向李雄汇报这次抽样的基本情况，执法人员的这一瑕疵被心细眼尖的李雄一眼看出，并受到了严厉批评。

处理投诉追求让人心服口服，办理质量违法案件也同样如此。

2014 年，支队在办理某企业使用不合格的计量器具和伪造数据对外销售石油产品案件时。由于之前没有办过类似的案件，虽然该企业使用不合格的计量器具和伪造数据的行为已经确认，但该案涉案的石油产品数量是多少？涉案标的如何计算？怎么确定违法所得的问题？等一系列问题让执法人员头疼不已。

这个数据的确定，涉及油品运输、入库及销售时的温度、密度等相关数据和专业计算方法，每个环节计算起来相当复杂，一个个专业的计算公式及庞大的计算量让执法人员脑袋发胀，让执法人员有了算得差不多就行了的想法。

“必须把涉案石油的数量搞准，让企业挨罚也挨得心服口服”，听了执法人员的案情汇报后，李雄的态度十分坚决。

李雄带领执法人员边请教专家，边翻阅数千页的石油产品行业内部操作手册，一边办案。最终，当执法人员把涉案石油产品的数量告知涉案企业，涉案企业心服口服。原来执法人员计算出来的数据跟该企业专业人士得出的数据分毫不差。

再难啃的骨头也要啃

“执法者必须维护法律的权威，执法就是要迎难而上，再难啃的骨头也要啃”作为支队长，李雄总是跟支队的队员讲。

“要不是李支队一直在给我们加油鼓劲，这个案子我们真不一定能按时结案”对李雄支队长这种“再难啃的骨头也要啃”的劲头，支队一大队大队长聂雪亮回忆 2016 年办理某电机电泵企业案件的情形时深有感触。

虽然涉案企业的违法事实十分清晰明了，但在啃这块骨头的过程中，聂雪亮还是感觉到压力大。

一般情况下，对涉案产品送样检测，绝对不会超过 2 次，但在确定该企业的违法事实上，聂雪亮先后 3 次送样进行检测。后续调查过程中，该企业负责人不仅反复无常，前一秒刚刚亲口承认的事情，下一秒他立马推翻，甚至在做完笔录签字确认时，该企业负责人硬要加上“被逼无奈”字样，好似受了多大的冤屈。该企业的负责人还多次扬言，要去纪委告状。

聂雪亮表示，在办理过程中，他也曾产生过打退堂鼓的念头。

“你们专心办案，其他的我来解决”关键时刻，是李雄支队长帮他纾解了压力，才最终把案子办成。

同样的事情也发生在 2010 年，当时“三聚氰胺”事件爆发，湘潭某乳业公司迅速成为舆论的关注焦点，各界新闻媒体齐聚湘潭，蜂拥而来。

从政府部门的公开职责到社会媒体的公开要求，一时间各种关注点都集中到了与乳酸玉米含乳饮品相关的数据上，包括生产数据、销售数据以及产品召回数据。

对于李雄和他的稽查队伍来说，这块骨头不是一般的难啃，媒体的关注度和政府的重视度更是直接转化成了重重压力，数据的敏感性将李雄和他的稽查队伍推到了风口浪尖上，此时的他们深知，数据的准确性事关维稳大局，自己不能出错，也不允许出错。

面对各重压力，李雄怀着一切从头开始的决心，从最开始的进场到最终数据的锁定，一环扣一环，开始了对案件的重新梳理。在办案人员上，给予了充分保证，指定专案人员，安排增援大队，明确指示放下手头一切工作专攻此案。

李雄用手机查询涉嫌假冒伪劣产品信息

在办案要求上，遵循了个人绝对服从案件，只要案情需要，无论是双休时间、用餐时间还是晚上睡眠时间，都必须毫无疑问地无私奉献。正是在这样一种不怕苦不怕累执法为公无私奉献精神意念的支撑下，李雄带领他的稽查队伍历经整整一周的魔鬼式办案，最终锁定了问题产品的相关数据，再次得出了乳酸玉米含乳饮品总量861件的生产数据、309件的对外销售数据和59件6瓶的召回数据结论。前后数据的一致性让所有办案人员长舒了一口气，“幸好数字没有发生变化”，相关数据的最终锁定也再一次很好地证明了李雄和他的稽查队伍办案工作的严谨性和细致性。

这样的贵手我坚决不能抬

趋吉避凶是人的本能，想尽办法逃避或减轻处罚则是各种质量违法当事人的本能。

2015年的一天，湘潭市质量技术监督局稽查支队某办公室，一企业负责人偷偷摸摸递给李雄一个装满钞票的信封，希望李雄能在办理该公司案件时能高抬贵手，放他们一马。

“这样的贵手我坚决不能抬”李雄拒绝的十分坚决。

原来在前不久开展的整顿汽配市场的大行动中，该公司因生产销售未经认证的汽配产品，被湘潭市质量技术监督局稽查支队执法人员逮了个正着，正被立案调查。

担任支队长以来，同样的情况，李雄一年到头至少能碰到十来起，有的是自己拿着现金、红包过来，也有的是托关系找朋友过来，但每一次都是无功而返，碰了一鼻子灰。

身在质监执法战线，一定要管住自己的手，不该伸的手决不能伸，不该抬的手也坚决不能抬。担任稽查支队队长以来，李雄头脑始终非常清醒。李雄表示，作为一名质监执法者，一定要保护好自己，不出事，才能为党多干事、干好事。从事质监工作以来，他身边就有同事栽在了收受红包礼金这个问题上。

源于对下属的保护，李雄和支队执法人员约法三章，“不唯上、不受物、不失良心”，并自己带头示范。不受物就是不能收企业的东西、吃企业的饭，因为“吃人嘴短，拿人手软”，将来很有可能会作出徇私枉法的事情来。

在湘潭市质量技术监督局稽查支队，下午1点多，还经常有队员到食堂吃饭。碰到这种情况，不用多问，就知道这几个人员肯定是刚从企业检查回来。因为李雄要求，执法人员到企业检查，能回单位的都必须回单位吃饭，绝对不能在企业吃喝。

在这个原则上，支队二大队刘队长就挨了批。那次，支队二大队刘队长带着队员去某锅炉厂处理群众投诉。事情处理完毕后，检验机构驻该锅炉厂的一位同事拖着刘队长，非得让吃了中饭再走。由于实在推脱不了，又是同系统的同事，并不是企业请吃，应该没有违反原则，所以刘队长没有再推辞，和检验机构的同事简单吃了个饭后才匆匆赶回单位。

没想到，回来后，不管怎么解释，李雄还是对刘队长进行了严厉批评。

自身行得正，方能站得稳。李雄担任支队长以来，支队一年办理质量违法违规案件上百起，从没发生一起违纪违法行为。

实践证明一个优秀的党员干部只有找准了工作的重点与核心，坚定了自己身上的责任心与使命感，坚守心中理念、信念，坚持不断学习、与时俱进，增强自身工作本领和素质，不断实现自我人生价值，怒放璀璨的生命之花。李雄作为单位领头人，他就是这样严格要求自己，坚持树立起模范的作用，要求同志们向他看齐，通过自己的工作，找到自我价值的取向与是非标准，成功实现人生的目标，才会在群星闪烁的时候同样灿烂。

业精于专　方显卓越

记湖南省永州市质量技术监督局零陵分局副局长刘雄

他没有惊人的豪言壮语，也没有可歌可泣的英雄事迹，只有一颗对质监事业赤诚的心，一腔对执法工作深沉的爱。自从事质监基层稽查工作以来，他十几年如一日，刻苦钻研，不懈追求，以坚实的业务知识功底和超强的办案技巧办理了一个又一个的案件，赢得了领导的认可、同事的好评、群众的赞誉。同时也令造假制劣者闻风丧胆，令遵纪守法者拍手称快。他，就是湖南省永州市质量技术监督局零陵分局副局长刘雄，一名默默耕耘在质监稽查一线的基层执法人员。

大胆创新巧办案

在多年的执法工作中，刘雄一直注重创新执法模式，提出了"轻案办理人性化""重案执法高压化""跳出标准看标准""慧眼看行业'潜规则'""从边际成本看违法成本"等执法理念。摸索出了逆向检查法、倒取证法等办案技巧。2010 年 5 月，接群众投诉，称使用了辖区内某肥料制造有限公司生产的不合格复合肥料导致作物减产。刘雄带领执法人员对投诉人留存在家的复合肥料和被投诉人成品仓库内的同规格复合肥料均进行了抽样。样品经法定检验机构检验，让人意料不到的事情发生了，检验报告表明，被投诉人生产的复合肥料各单养分指标，养分总含量指标均符合国家相关标准，案件一下子陷入了僵局。该案何去何从？是就此结案，还是另辟蹊径？在案件即将走入死胡同中时，刘雄凭着对业务知识的精通与钻研，转变思路，寻找破案良机。通过研究该企业的执行标准，查阅被投诉人的原材料进货台账和财务账册，发现被投诉人生产复合肥料所用的原材料比执行标准中多了一种。经查，该种原材料的加入使企业的生产成本大幅度降低，但其所含的大量元素在土壤中难以溶解。刘雄和他的同伴们运用“跳出标准看标准”“从边际成本看违法成本”的方法，巧妙地揭开了化肥行业的“潜规则”，从而使案件有了新的突破，最终顺利办结。

敢为人先办难案

2017 年 4 月，刘雄在办理一件案件中涉及当地一家知名公司，且该类案件此前零陵分局从未办理过。该公司产品知名度高，人脉关系复杂，当地领导高度关注。与这样大的企业较量，是一场与巨人之间的博弈，是一场只能赢不能输的战役。如果该案出现任何一点差错，自己就会输得一干二净，弄不好还会让质监局坐上被告席。对于这个案件，某些同事说刘雄是“异想天开”，行政相对人说他是“痴人说梦”。但执着而坚毅的他，毅然决定向更大权威挑战，“不撞南墙誓不归”。在该案的办理中，刘雄和同事们非常注重细节，不放过任何可能出现的漏洞，为了一个证据的固定，他先后 5 次到省、市局进行请示；为了案件的定性，他和同事们多次查标准、问同行、找专家，多方求证。当最终铁的证据摆在行政相对人面前时，行政相对人终于低下了他那“高贵”

的头颅，刘雄和他的同事们脸上又一次浮现了会心的微笑。

力排众议办要案

在2017年的电线电缆专项整治中，刘雄和同事们接市局交办，负责某电线电缆有限公司销售无3C认证电线和生产销售不合格电线案。此案是2017年度永州市质监系统高度关注的案件。作为交办的案件，一个把握不好，是有被可能追责的。而且，办本地企业案最大的忧虑是说情风。当时，刘雄所在单位的大部分干部职工认为分局没能力也没有必要办理此类要案。建议此案由市局稽查支队办理，分局协助。但刘雄和他的同事们硬是办下来了。此案调查取证历时近3个月。为了把案件办成铁案，刘雄所在单位举全局之力，先后数次到广东、广西两省和永州市的九县两区进行调查取证；为了尽快查清违法事实，刘雄和同事们克服各种阻力，严查细巡，经常加班加点，放弃节假日，在关键的取证期间，他们在现场连续蹲守4个夜晚。同时，刘雄会同电线电缆行业的专家指导企业制定整改方案、整改措施。由于该案违法事实清楚、证据确凿、程序合法、适用法律法规准确，而

刘雄（右）和同事们深夜加班核对涉案物品

且执法人员注重办案的方式方法，该企业并没有找人说情，而是积极召回违法生产销售的电线；查找造成不合格电线的原因；配合执法人员的调查取证。整个案件办理的过程异乎寻常的顺利，得到了当地政府、省市局、企业和社会的一致好评。

学以致用办铁案

为了更全面、准确地积累办案技能，刘雄如饥似渴、勤学苦练。多来来，他养成了一种热爱读书的良好习惯，那就是坚持每天必须学习一个小时的业务知识。从事执法工作十二年来，刘雄深知执法岗位不是一种权力荣耀，而是沉甸甸的责任。尤其是质监“四位一体”行政执法，专业性强，涉及经济领域广，业务技术素质要求高，只凭热情是难以胜任的，只有自身具备过硬的素质，才能担起这副担子。在他的公文包里，办公室桌上、家里的床头柜上总是有几本诸如《执法打假攻略》《质量技术监督行政执法理论与实务》之类的书籍，以便能随时阅读学习。为使自己的专业知识结构包容汇通，他还积极参加司法考试，自学了《法理学》《民法学》《刑法学》和其他相关法规知识，并在具体执法过程中有效运用，不断丰富了自身的业务素养。刘雄所在的单位流传着一个笑话：“刘局长上厕所这么久没出来，肯定又是研究法律入迷了，赶快把他叫醒。”但刘雄并不是“书呆子”，而是将所学的知识运用到具体工作中来，正是由于他的博学多才，在案件处理过程中总显得如鱼得水，无论是案件定性、证据收集他都有独特见解。2011 年，在某肥料制造有限公司生产销售不合格复合肥料案一案听证会上，刘雄从法的基本原理、违法事实的构成、证据、程序、法的适用等与行政相对人来势汹汹的律师团队进行了针尖对麦芒的交锋。听证会结束后，行政相对人心悦诚服地说：

“我从改革开放初期开始做生意，走遍了大江南北，也多次受到执法部门的处罚，但今天在贵单位是我30多年来受到的处罚最重的一次，也是最心服口服的一次。”从2007年7月至今，通过他查处的案件累计达300余件，结案率100%，入库率100%，无一例出现行政复议、行政诉讼，件件都办成铁案。2014—2016年，连续3年刘雄主办的案件被零陵区政府法制办评为优秀案卷。他办理的很多案例都被质监系统乃至其他执法单位作为经典案例学习借鉴。

公正廉明办“洁”案

多年来，刘雄始终信守“守正为心、疾恶不惧”，默默奉献在稽查岗位上，正确对待手中的权利，珍惜自己的岗位，不唯上、不受物、不失良心。有一次，一位行政相对人在案件的处理过程中，多次当面送礼不成的情况下，趁刘雄出差时，来到他家里，想通过向家人送礼达到减轻处罚的目的。但不知为什么，这位行政相对人在刘雄家里坐了一会儿后，却什么也没做就走了。等刘雄出差回来后，主动地接受了处罚。事后，他说：“我走进你家里后，无论是你父母、妻儿的言行还是衣着，无论是你家里陈旧的家具还是墙上悬挂的已经泛黄的‘淡泊明志’横匾，都在无声地告诉我，在你及你的家人面前，行贿送礼是对您的侮辱。”

刘雄以自己的实际行动证明了自己，以真诚带动了大家，以执着的热情奉献在平凡的执法岗位上。2012—2016连续5年被评为“优秀共产党员”；2013、2015、2016年度被评为永州市质监系统“先进个人”；在湖南省2016年“寻找最美青年卫士”活动中，荣获省“最美青年卫士”称号。

在众多荣誉面前，刘雄没有丝毫骄矜。他说，成绩只代表过去，目标永远在前面，追求永无止境。这就是一个共产党员的胸怀，这就是一名执法者的写照，他用对质监事业的执着点燃了激情，抒写了自己的青春华章。

情系稽查　心怀正义

记广东省质量技术监督局稽查局二支队支队长李图

有一个人，他殚精竭虑，刻苦钻研，在平凡的稽查岗位上创造了不平凡的业绩。有一个人，他爱岗敬业，开拓创新，以一个共产党员的博大胸怀和高尚情操为质监事业增添光彩。他就是李图，现任广东省质量技术监督局稽查局二支队支队长。

稽查打假工作没有固定的时间、地点，不仅要与违法造假分子斗智斗勇，还时常面临着各种风险和威胁。李图勇担重任，一头扎进执法打假、维护广东市场经济秩序的事业中，贡献出他自己的汗水和智慧。自 2005 年参加工作以来，始终以自己的优秀品质和模范行为诠释着一个优秀共产党员的精神风貌。2013 年、2014 年、2015 年他连续三年年终考核优秀，2016 年被评为省质监局“先进个人”。

苦心钻研练就火眼金睛

李图有句口头禅：“没有过硬的本领，就没法干好质监打假工作。”进入稽查局后，他利用一切可以利用的时间，对我国《中华人民共和国计量法》《中华人民共和国标准化法》《中华人民共和国产品质量法》《中华人民共和国行政处罚法》《强制性产品认证管理规定》等相关的法律法规进行反复学习和钻研，使各项法律法规熟记在心，融会贯通。他的书架上放满了法律书籍，抽屉里藏满了案件笔记。即便如此，李图也从不满足，他总是颇有文化地念叨：“纸上得来终觉浅，绝知此事要躬行。”他对全省范围内的农资、加油站、液化石油充装站、建材等行业的情况深入了解，不把这些东西吃透啃透绝不罢手。为查处一起生产假冒伪劣电线电缆案件，他会反复学习相关产品的生产技术资料，请教行家学者，调研该产品的市场经营情况；为查处加油站短斤缺两行为，他曾数次奔赴外省、外地学习取经，对加油机工作原理、维修技术做了全面的学习和了解，对加油站现场每个房间、每个工作人员岗位都做到心中有数。就这样，在理论和实践的双重加持下，一个企业分布的“活地图”诞生了，还顺带练就了一副“火眼金睛”专门辨别假冒伪劣产品，每次只要一提李图，那些企图弄虚作假的生产企业就得抖三抖。

李图

特殊时期肩挑重任

2012—2013 年“三打”期间，只要是交给李图的案件，从未发生过“跑风漏气”的问题，每宗案件都是一场漂亮仗。不论是前期的线索搜集、摸底排查，还是中间的行动方案制定、联合各部门行动，抑或是后期的追查上下游、深挖利益链保护伞，保证次次听从命令、服从指挥，兼带出谋划策、攻坚克难，绝不含糊。由李图主办的深圳假冒通讯产品附件案、东莞劣质化肥案、南海劣质润滑油等重大案件，都成为了省局领导或市厅级领导包干办理的有较大社会影响的案件。

在执法实践中，李图总是与有关同志一道积极探索解决区域性、行业性质量安全问题的执法新模式，采取预防、教育、惩治等措施进行综合整治，有效落实企业主体责任，取得良好成效，用实际行动兑现“严格执法、公正执法、文明执法”的信念。

困难面前永不言退

2012 年“三打”期间，李图带领执法人员对汕头市某违法食品加工点进行依法取缔，令人始料未及的是该加工点老板在其他群众的挑动下，根本听不进任何解释，开始动手推搡。现场瞬间乱作一团，一些人甚至乘乱抓起砖头，操起榔头、木棍等工具恶狠狠地向我们执法人员身上砸来，不少队员因此受了伤。面对混乱又暴动的人群，李图丝毫没有退缩，以近乎本能的对完成任务的坚持与执着，压住怒火，积极与老板进行沟通。最后，在公安干警的配合下，圆满完成了此次取缔任务。事后你再问他：“当时怕不怕？”他会笑着说：“怕！不过当时就是觉得我就该那样！可下次要是还会发生这样的事情，我一定提前做好所有的准备，绝不再让我的弟兄们受伤了！”

多年来，每遇专项行动，李图总是带领他的“弟兄们”按照专项整治行动方案，立即部署，迅速行动。有的时候连续十多天顾不上休息，不分昼夜，全情投入。为圆满完成工作任务，曾因为酷暑上吐下泻过，也曾连续十多天没睡过一个安稳觉。

“阳光下”的执法者

李图的逐步成长，与其坚定的信念分不开，这一信念就是使自己在“阳光下”工作，自觉接受组织、群众和社会各界的监督，能够认真执行党风廉政建设责任制各项规定，自觉遵守党员领导干部廉洁从政若干准则，自重、自省、自警、自励，廉洁自律、干净干事。在日常工作中，自觉与行政相对人保持距离，不私下接触行政相对人，不接受行政相对人和工作对象的吃请、财物和有价证券，不跑风漏气、不办人情案、不干预基层正常执法，自觉提高工作透明度，使自己在“阳光下”工作，自觉接受组织、群众和社会各界的监督。

不忘初心，这支稽查执法队伍将继续在广东这片改革开放前沿的热土上挥洒激情；不变赤诚，他们将继续在质量强国的大时代谱写自己青春的无悔篇章。

铁骨柔情书华章　尽职履责是本科

记四川省广元市质量技术监督局稽查分局执法大队大队长赵本科

他，个头不高，汽车兵出身，1995 年转业到质监，干的还是自己的老本行。2000 年，他被组织调整安排到质监稽查部门，干起了执法打假工作。这一干就是十七年，从一个不是执法领域的科班生，一跃成为质监领域小有名气的“本科”。先后被四川省人事厅、四川省质量技术监督局评为全省质监系统“执法打假先进个人”，被四川省质量技术监督局评为“办案能手”，被广元市委、市政府评为“执法先进个人”，被当地百姓誉为“打假英雄”。他就是四川省广元市质量技术监督局稽查分局执法大队大队长赵本科。

“打假，不仅是他的工作，更是他的事业。”在十七年执法打假的道路上，他始终践行社会主义核心价值观，牢记“人民质监　质监为民”的宗旨，不忘初心，奋勇前行，兢兢业业默默奉献，扎扎实实筑牢廉洁自律防线，刻苦钻研质量技术监督法律法规，磨砺质监利剑，在执法实践中不畏艰险迎难而上，用铁骨和柔情书写了质监执法打假的华丽篇章。

面对制假造假者，他敢于碰硬，从不妥协，是位铮铮铁骨的汉子。还记得 2007 年 1 月的一天，当地群众举报某县区有企业在半夜偷偷生产地条钢，知道“地条钢”企业内情的执法人员都有点避而远之，且晓得这样的事情一旦查实，最终的处理结果就是关停企业，断企业“活路”，很多执法人员的“畏惧之心”“同情之心”“人情之心”就上来了，致使单位在安排处理“地条钢”投诉事件一时陷入了人员安排的困局。他，赵本科，时任稽查分局执法一大队大队长，按当时局内对每个执法大队执法辖区的划分，这一辖区不属于他所在的队负责。当领导带着试一试的想法找他谈话的时候，“保证完成任务”，只听到这一句响亮而坚定的回答。在领到任务后，他立即召集本队执法人员，商定行动方案，不顾寒冷，2 人一班连续 7 天 7 夜对举报点实施蹲点守候。2 人一班中每班都有他的身影，实在困了，他就在蹲守点打会吨，且时刻不忘提醒同伴睁大眼睛盯着。功夫不负有心人。在最后一天守候到凌晨 3 点钟左右时，他发现了苗头，带领队员迅速出现在生产现场。深夜有人来，造假者慌了，煽动在场工人围攻、封堵执法人员。当时的赵本科，没有丁点退缩之意，而是亮出执法证件对阻挠执法的工人说，“我们是质监局的执法人员，请你们看清楚我们的执法证件，我们此刻是在行使执法公务，阻挠执法是要负法律责任的，触犯刑律还要依法追究刑事责任，请无关人员立即离开现场”。封堵执法人员的工人被赵本科的义正词严所震慑，自行离开了现场，局面得到了控制，查获工作在他的带领下得以顺利进行。当晚，现场查获地条钢 55 吨，废钢材原材料 10 多吨，中频炉 2 台，生产模具 170 套，端掉了群众恨之入骨的“地条钢”生产窝点。此窝点端掉后，他来不及休息和调整，又马不停蹄地带领队员继续摸排，连续作战，一举端掉了 5 个“地条钢”生产窝点。此事办结后，群众为之欢呼，同事为之折服，领导为之赞叹，而他，却是淡淡一笑，又投入到执法打假工作中去了。

面对百姓需求，他热情似火，从不推诿，是百姓利益维护的贴心人。“5 · 12”特大地震发生后，重建家园是广元人民的头等大事，建材质量成了广元人民最为关注的话题、最为焦虑的事情。他急灾区人民之急，承担起全市建材质量监管的任务，向全市人民作出了庄严承诺——决不让不合格建材流向灾区。在灾后重建最关键的2009年，他加班加点处理建材质量投诉，没日没夜出入在建材产品生产现场、建筑工地施工现场。曾在一个月的时间里，他就处理建材质量投诉20起。累了，在车上眯会眼，又投入到繁忙的工作中去。还记得2009年3月的一天，一重建户到局投诉，说她买的页岩砖用在房子上就风化了。他听到情况后，立即带领相关人员赶赴现场，查看情况，抽取样品。通过检验，证实了砖为不合格品。在处理纠纷时由于农户无购买发票，厂方拒不承认砖是他们的，致使纠纷调解工作一时陷入僵局。为了替农户挽回损失，他开动脑筋，组织人员认真调阅了企业生产台账，往返在厂房与建房用户崎岖不平的山间小路上，穿梭在货车司机队伍中，追踪和证实每一批产品的销售去向。同时组织人员查看生产工艺流程，查找出了生产企业质量无法保障的证据。在去向旁证和不合格质量的双重震慑下，厂方低下了头，为农户赔偿了10000多元的损失。像这样的事例，在赵本科同志身上是不胜枚举。正是他这份辛勤的付出，一座座民居、高楼才安全屹立于广元的乡村、城市间。

面对自己，他洁身自好，不忘初心，守住了正确的人生价值。执法打假十七年来，他参与办理的各类打假案件不胜枚举，在与各种当事人的接触中，时常发生各种“勾兑”行为。面对金钱和物资的诱惑，他始终以一个共产党员的标准严格要求自己，从未动摇过。还记得有一次，在查处一家违法企业过程中，这家企业负责人在他不知情的情况下，在他办公桌抽屉里放进了大额现金和名烟，当他发现后，立即要求这位负责人将东西拿走，但这位负责人却执意不肯，他本人毫不犹豫地将现金和名烟送到了当地纪委部门。这种对他送现金、送高档商品的现象发生还不止一次，但他从未为此而动过心。他常说，“权利是人民赋予我的，我的职责就是为人民服好务，不做人民利益的蛀虫。”在他身上，从未发生过任何违纪违规行为。

无私奉献，恪尽职守，无怨无悔，赵本科以实际行动履行了一名行政执法人员的神圣职责，谱写了一曲荡气回肠的共产党员之歌。展望未来，他只说了一句话，“执法打假之路尽管充满困难和艰辛，但我将义无反顾地继续走下去！”

执法打假步伐劲　脱贫护航身影忙

记四川省凉山彝族自治州德昌县食品药品和工商质量监管局综合执法大队大队长张捷

凉山彝族自治州，是我国最大的彝族聚居区，位于四川省西南部川滇交界处，境内有汉、彝、藏、蒙古、纳西等十多个民族。凉山人杰地灵，山水秀丽，有神秘的“女儿国”泸沽湖、国家级湿地邛海和闻名中外的西昌卫星发射中心。

这里有如画的风景，这里有勤劳的人民，但这里也是国家级深度贫困地区，发展不平衡、不协调的情况尤为突出，“悬崖村”的困难群众牵动着习近平总书记和亿万人民的心。在党中央的关怀下，在州委、州政府的坚强领导下，凉山脱贫攻坚决战决胜的号角已经吹响。在这场战斗中我们凉山质监人正饱含热情，以十九大精神为统领，以昂扬奋发的姿态，紧紧围绕“质量强州”主旋律，为脱贫奔康保驾护航。张捷同志就是其中的一员，折射出了这个群体的耀眼光芒。

四川省凉山彝族自治州德昌县食品药品和工商质量监管局综合执法大队大队长张捷同志从事行政执法多年，近年来查办质监、工商、食药案件 300 余件，罚没金额 400 余万元，移送涉嫌犯罪案件 6 件，追究刑事责任 1 人，挽回群众损失上千万元。他是优秀党务工作者，是执法办案能手，是“十佳食品安全卫士”，带领他的团队多次荣获“质监利剑行动”“红盾春雷行动”省、州“先进集体”荣誉称号。请随我一起走进这名普通质监工作者用汗水谱成的青春之歌和用奉献书写的人生芳华。

敢执法、擅打假，助力脱贫好卫士

在凉山州，农资和建材产品是脱贫攻坚工作中的重要商品，是困难群众通过生产建设改变贫困状况的重要物资，关系到脱贫攻坚能否顺利完成，关系到小康社会能否全面建成，可就是这么重要的物资也还是出了问题。

在 2017 年“质检利剑”春风行动中，德昌县某农资公司销售的化肥经抽检为不合格产品。张捷心里想，习近平总书记说过，“在脱贫奔康的路上一个也不能掉队，要是让这批不合格化肥流入市场，掉队的可就不止一个了！”张捷带队当天就查封了这批化肥。因涉案产品数量高达 60 吨，当事人为逃避法律责任极不配合、百般刁难、拒不签字，张捷创新思维，邀请当地司法所工作人员见证，及时采取了强制措施，防止不合格化肥流向市场，并依法对当事人实施了行政处罚。同时函告涉案化肥生产企业和所在地监管部门，加强重点物资质量管控，创造了“查处一个案件，规范一个行业，净化一片市场”之典范。

为了让贫困群众“住上好房子”，顺利实现脱贫攻坚“四个好”目标，张捷和同事们针对建材市场展开了拉网式检查。在“地条钢”清查行动中，张捷发现某钢球生产企业生产场所堆放有上一任场主遗留的地条钢模具。为杜绝“地条钢”死灰复燃，他立即请示上级将该批模具毁型。无奈模具为生铁铸造，普通的敲打、切割根本起不了作用，张捷便和同事将重达 100 公斤的模具一根一根抬出厂区，封存装车。打完封条时，他的双手已是一片乌黑，手掌还渗出了血，来不及包扎，他又马上联系冶炼厂，全程监督将 44 根模具熔炼销毁。当模具全部熔毁后，他和同事们擦去脸上的汗水露出了微笑。

记使命、重质量，细微之处见担当

习近平总书记在十九大报告中指出，“要永远与人民同呼吸、共命运、心连心，永远把人民对美好生活的向往作为奋斗目标”，人民对美好生活的追求，离不开优质、安全、放心的生活用品。不忘初心，牢记使命，作为一名质监卫士，张捷无时无刻保持着职业敏感。

2017 年春节前夕，德昌县某超市里人流涌动，煞是热闹，一群人正在围观抢购一款开展促销活动的电取暖器，陪着家人在选购年货的张捷也被吸引了过去。当他拿起这款电取暖器翻看之后发现，“怎么没有认证标志呢？电取暖器可是列入国家强制认证目录的啊。未经认证的产品质量难以保证，说不定还会引发安全事故！”他拿出手机将涉嫌违法的电取暖器拍照记录，联系执法队同事前往调查取证。最后，他和同事在该超市共查处了 6 款未取得 3C 认证的取暖器和 5 款声光电玩具枪，有力保护了消费者的人身财产安全。

抓安全、重防范，特设监管放心上

特种设备因其高空、高速、高温、高压的特点，一旦出现事故将会给人身、财产安全带来重大损失，所以特种设备安全监管工作历来是质监工作的重点。

随着经济发展和生活水平的提高，辖区内电梯数量逐年增多，但德昌县境内没有专门从事电梯维保业务的企业，现有电梯都是县外维保公司派驻专人定点负责，个别维保人员没有严格执行安全技术规程，执法人员多次与维保公司联系，督促其落实维保责任，但维保方仍不重视，不落实责任，甚至发生电梯钢绳部分断裂的情况。为消除电梯使用安全隐患，张捷仔细搜集、固定证据，查阅大量法律依据，开出了全州首单针对电梯维保公司的罚单，这张罚单不仅规范了违法行为，也为全州特种设备监管开拓出了一条行之有效的新路。小区住户对执法人员严肃认真的工作给予了高度评价，联名为执法队赠送了锦旗。

张捷（左一）在电梯机房检查

勤思考、苦钻研，细查案件促质量

多年的执法经历，使张捷养成了随时学、随手学的好习惯，各类和执法打假有关的论坛、QQ 群、微信公众号都是他工作之余启发思维、讨论案情的好去处。单位配发了摄录机、执法记录仪、快速检测设备，他总是第一个研究使用方法，然后耐心地将使用技巧传授给其他同事。

县级市场监管部门执行质监、工商、食药法规1000余部，张捷熟读熟记，并热心解答基层监管所同事在执法中遇到的难题，大家都打趣地称他为“行走的法典”。

海量的法律基础知识储备和丰富的执法经验，练就了张捷发现违法行为的“火眼金睛”。2016年6月，张捷在一次药品流通领域专项检查中，从某药品批发企业数十张二类精神药品的随货同行单中发现了“猫腻”。单从票据上看，这些精神药品的购买单位资质、购买数量、签收情况都没有异常，但张捷还是从购买单位的地理位置分布中发现了一些端倪。“这些村卫生室都地处偏远，药品用量小，为了避免药品过期造成浪费，进药的时候都会严格控制数量，这次怎么成箱成箱地进药了？”他立即调阅了药品批发企业关于该精神药品的所有购销记录，更加深了他的怀疑。于是，他带领团队，经过数月的走访调查，从上万张购销单据中抽丝剥茧，终于成功破获一起贩卖复方磷酸可待因糖浆的违法案件，涉案药品达4万余瓶，是凉山建州以来最大的贩卖含可待因药物案件。这个案件的办理，极大地规范和提高了医药行业的服务质量。

聚力量、求实效，勇闯新路当先锋

在一线执法打假工作中，张捷始终坚持“监管必须查案，查案必须从严，办案必须合规”的要求，敢办案、能办案、办铁案，有时为了讨论案情，他会和同事争论得面红耳赤。“真理越辩越明”，他笑呵呵地说道。

在他的带领下，德昌县食品药品和工商质量监管局综合执法大队成立的第一年就创下了全州“五个第一”：第一个完成食药、工商、质监综合执法试点改革，第一个统一了执法程序，第一个统一了执法文书，查办案件数量全州第一，罚没金额全州第一。因工作成绩突出，德昌县食品药品和工商质量监管局多次荣获省、州“先进集体”荣誉称号，各项业务工作均排在全州第一方阵，有力彰显了脱贫攻坚主战场的“质检力量”。

公生明、廉生威，廉洁执法谱忠诚

党员干部必须坚守“法律底线、纪律底线、政策底线、道德底线”，在利益面前不贪心、在诱惑面前不动心，把好人生方向盘，堂堂正正为人，踏踏实实做事，牢记党的宗旨，真正为人民服务。

从事执法工作，总不免遇到说情、打招呼甚至威逼利诱的情况，张捷总是以他共产党员清正廉洁、刚正不阿的政治本色不卑不亢地应对。“张队，这是我的一点心意，您看这个事就这么算了吧！”某企业老板在生产中偷工减料，质量不过关，产品被查封，于是找到张捷递上一沓报纸包裹的钱，希望“行方便”免于处罚。“我们对你的企业进行处罚，是我们的职责所在，你这样做不仅违反了我们的工作纪律，对你企业的发展也是非常不利。质量是企业发展的命脉，你应该用这些钱改进你的生产工艺，把好质量关，不再出现类似抽检不合格的情况，这才是我们处罚的最终目的。”最后企业老板心悦诚服地缴纳了罚款，并在张捷和同事的指导下，完善了生产线的工艺流程，成为“德昌制造”的优秀代表，销量比以往翻了一番。

面对形形色色的处罚对象，张捷动之以情、晓之以理，耐心仔细地宣讲法条，让当事人认识到自己的违法行为和后果，并指导他们改进。“我没有钱！要不你把我关起来嘛！”一个违法经营者在面临处罚时要泼喊道。“你别激动，你冷静下来想想，真把你关起来了，你的孩子谁照顾？孩子在同学面前怎么抬得起头？作为父母，你的一言一行可都是孩子的表率，犯错误不可怕，可怕的是面对错误的态度，这可是将影响孩子一生的啊！”听了张捷的劝解，当事人扭转了对案件的看法，主动履行处罚，改正了违法行为。

“法律面前人人平等。”张捷坚持以公平、公正之心办案，以高度的责任心对待每一起案件和每一位当事人，使自己处理的每一起案件都经得起考验，无一起引起行政诉讼、行政复议，以理服人，树立起执法威严。

乐助人、甘奉献，时代先锋树标杆

生活中，张捷是个极具爱心之人，遇到街边乞讨的老弱病残，他总会悄悄地放上一些零钱。打开他的手机你会看见好多稀奇的名词“你是我的眼”“爱心包裹”“贫困儿童免费午餐”……其实这些都是手机 APP 爱心捐赠项目。张捷说：“个人的力量是有限的，但如果大家都献上一点点爱心，就能改变这些急需帮助的人的命运。”

综合执法改革之后，监管对象数量陡增，无论是凌晨时分的蹲点守候，还是深夜的投诉举报，张捷都认真对待，无怨无悔，第一时间到达现场处置。早出晚归已是日常，披星戴月也是家常便饭，长期的超负荷工作已让 40 岁出头的他鬓角爬上了丝丝霜白。“老百姓满意就是对我工作最大的肯定。”每次处置好投诉举报后，群众脸上满意的笑容让他倍感欣慰。刚处置好一起突发事件，还没等他喘口气，电话再次响起，张捷带领他的队员，又奔赴下一个现场……

基层综合执法改革已走过三年历程，像张捷这样的基层执法人员认真学习贯彻十九大精神，以十九大精神为指引，深入推进供给侧结构性改革，维护市场经济秩序，保障消费产品质量，既监管又服务，既执法又普法，不断推进地域经济发展，为脱贫奔康，创造人民美好幸福生活不懈努力奋斗。

知行合一　用行动捍卫法律尊严

记贵州省质量技术监督局稽查局稽查三科科长陈先国

他是活跃在质监一线的执法人员，他提倡柔性办案，却对违法案件绝不手软，将技术执法作为质监部门行政执法的主要着力点，依法行政，知行合一，捍卫质监法律人的尊严。他经手的大要案曾受到国家质检总局通报表扬，可面对荣誉他谦虚地说："自己仅仅是比别人幸运而已。"他是陈先国——"全国质检系统执法打假办案能手"贵州省质量技术监督局稽查局稽查三科科长。

生活中，陈先国言语不多，可面对工作却能散发出自己所有的热情，从事执法打假工作以来，他先后总结出《商品混凝土案件办理技巧》《质量技术监督行政执法证据收集及执法过程中注意事项浅析》《发动机冒用汽车案件查处方法交流》《行政执法中产品质量终端监管模式存在的问题及对策研究》《家用汽车三包申诉处理探讨》等培训材料，并有论文发表于《中国质量技术监督》等杂志。

好学、钻研成就专业质监人

在同事的眼里，陈先国是个勤于钻研的人，他常在违法案件证据信息及产品技术标准的比对中找出行业潜规则，结合自己曾为机械工程师的工作经历，陈先国逐渐成为水泥、钢筋、建筑安全玻璃、商品混凝土、汽车及其配件等产品质量监管方面的“专家”。但他并未以“专家”自居，只要有机会，他都会主动与省内外检验机构和生产企业技术人员交流，了解相应产品生产流程及检验方法。同时，运用所掌握的知识，注意学以致用，在检查中他会根据实际情况对企业进行指导，帮助其解决生产过程中遇到的困难，规范企业按标准组织生产，提高产品质量稳定性。

2014 年，陈先国注意到，贵州省汽车市场存在国家明令淘汰的“国Ⅱ”发动机冒充“国Ⅲ”“国Ⅳ”发动机柴油机汽车的违法情况。劣质发动机是造成环境污染的主要因素之一，同时给消费者在后期审车带来不便，损害其切身利益。在上级的支持下，陈先国开始钻研学习汽车柴油发动机原理，并组织科室人员对涉嫌存在质量问题的汽车进行暗访，掌握了一系列轻卡柴油机汽车发动机冒用的违法行为线索。

有了专业知识的支撑，自 2014 年第四季度以来，陈先国率科室执法人员联合省工商、公安、环保、经信等部门执法人员在全省针对汽车发动机冒用、非法改装等汽车产品违法行为开展专项整治工作。通过对汽车生产企业及销售市场的检查，共查获涉嫌“国Ⅱ”发动机冒充“国Ⅲ”“国Ⅳ”发动机汽车 300 余辆，立案发动机冒用及非法改拼装等汽车案件 32 起，涉案货值 1000 余万元，违法汽车涉及 10 余个品牌。相关省份质监部门根据贵州省局信息通报开展了相应的执法检查，查获违法车辆 1 万余台，有效遏制了生产销售劣质发动机汽车的违法行为。此案中央电视台、贵州省电视台均进行了专题报道。贵州省发动机冒用系列案被国家质检总局列为典型案例。

在陈先国同志办理的 400 余件质量违法行政案件里，商品混凝土、建筑用钢筋、建筑安全玻璃、汽车及配件等产品违法案件均在全省形成系列案，有效遏制制假售假行为，达到了查处一种违法行为，规范一个行业的效果。

不畏险阻　迎难办案

作为质监系统的一名执法人员，陈先国的工作时间大部分是在办案中度过的。由于查处不法企业违法行为往往会阻断他们的“财路”，一些不法分子时会铤而走险，对执法人员采取人身威胁、恫吓，特别是涉及经济利益巨大的案件更是如此。然而，这并未让陈先国感到害怕，每到这时陈先国更感觉到国家赋予质监人的责任是多么神圣不可侵犯。

2009 年 5 月，有举报人向省长信箱举报，称贵州省某县酒厂在产品中加用药物，该药物长期服用对身体危害明显。当时，正值“三聚氰胺毒奶粉事件”发生的第二年，食品安全无时无刻不在触及着国民敏感的神经，而涉案企业生产的黑糯米酒当时在省内属畅销食品。贵州省政府主要领导批示，要求质监、药监等职能部门“认真对待，严肃处理，并追究当事人责任”。

陈先国作为该案件的主办人，在现场检查中没有发现违法添加的药物，检验机构通过常规标准检测，产品是符合标准要求的。难道举报人信息有误？依标准检不出举报人所称的药品，此案就难以定性。但陈先国并没放弃，在经过分析书证关联性，对相关当事人分别调查等方法，取得了证实该酒厂在酒中加入药品（伐地那非）的相关证据。

就在此时，酒厂负责人单独把陈先国邀到角落，表示愿给予好处费来解决该事，在遭到陈先国严词拒绝后，酒厂负责人马上露出凶恶嘴脸，对其进行人身威胁，陈先国临危不惧。最终，他针对案情制作出更深入有效的取证方案，联系相关企业购买到伐地那非药物作为对比样，并协助食药局工作人员赴国家体育总局反兴奋剂中心对涉嫌添加药物的5种产品进行检测，均检出含有伐地那非（该药物定性为“伟哥”的衍生药物），此案最终取得了关键证据并准确定性，生产厂受到严惩。

然而，这种危险性大、定案难的案件在陈先国执法打假生涯中从未停止过，但即便这样，他的“打假”脚步仍未画上休止符。

2012年4月至6月，在办理假冒茅台酒系列案过程中，陈先国又多次受到不法分子的威胁，甚至扬言“让他走不出黔灵乡”。即便这样，他仍然坚守在案件查办一线，对行政相对人、涉案车辆展开追踪，并及时联系公安机关技侦干警及茅台集团打假人员取得技术支持，在执法打假中掌握主动权，直到锁定目标，达到最佳收网时机。他和同事们经过3个月的辛勤付出，成功端掉位于贵阳市南明区小碧乡一民用出租房及贵阳市云岩区黔灵乡小关桥下一两层民居内的两个茅台酒制假窝点，现场查获假冒茅台酒涉案货值500余万元，9名涉案人员被公安机关刑拘。此案中央电视台进行了专题报道，国家质检总局给予了通报表扬。

柔性执法　情系民生

如果说，陈先国对不法分子的“刚”是不留情面的，那他的“柔”则和民生紧紧联系到了一起。

2013年3月在进行建筑防水卷材专项整治行动中，陈先国同志发现贵州圣元防水有限公司因当地招商引资厂房搬迁，新的生产许可证未能及时获得审核，计量器具未能及时检定的情况后，积极协助该公司对不规范的行为进行整改，协助其办理生产许可证。该企业获得新的生产许可证后向省质监局稽查局送来“情系民企，执法扶优”的锦旗。

2013年8月，省质监局收到省长信箱转来群众来信，申诉人称“房屋因水泥质量问题房盖不凝固，大面积炸裂，联系多个部门，都不能鉴定”。接举报后，陈先国与科室同事多次赴纳雍县对群众举报情况进行调查，并协调贵州省建筑科学研究院免费对此栋房屋楼面进行检测。针对检测情况陈先国与科室同事依法按产品质量申诉处理程序对申述人及所用水泥生产企业进行调解。水泥生产企业愿意提供一定资金用于申诉人房屋加固处理，双方对调解结果均表示满意，申诉人给省长信箱及省质监局写来了感谢信。在陈先国身上，这样的事情还有很多，在工作中他坚持“情为民所系，权为民所用”，从不推诿责任，在法规允许的情况下尽量站在相对人的角度考虑问题，协助其解决具体困难。

陈先国的工作获得了上级的认可，分别于2012年、2016年两次被贵州省质量技术监督局机关党委授予“优秀共产党”称号，并于2012—2014年连续三年被评为“优秀公务员”；2012年，在酒类打假专项行动中被国家质检总局评为“先进个人”；2013年，被国家质检总局授予“全国质检系统执法打假办案能手”称号。

面对荣誉，陈先国认为，自己的收获，源于对质监工作的热爱，更是在团队成员积极帮助下获得的，无论时间走过多久，他都甘愿做一名扎根在一线的质监执法人，在平凡的岗位上实现自己的价值，践行为老百姓服务的宗旨。

执着的稽查能手　忠诚的质量卫士

记贵州省质量技术监督局稽查局稽查四科科长贺云

2004年，大学毕业的他青春年少，意气风发，怀揣着追逐人生梦想的赤子之心，通过公务员公开招考幸运地成为了贵州省质监稽查执法打假战线上的光荣一员。时光荏苒，物换星移，时间如白驹过隙，如今他已默默在贵州质监稽查执法岗位上辛勤耕耘，风雨兼程十四个年头。一路走来，在日常执法工作中有喜悦、有无奈、有迷茫，但是他更有坚定的信心，始终不忘作为一名质监稽查执法人员的初心，时刻把质监执法打假的神圣职责牢记心间，努力践行质监稽查心系共和国、情牵老百姓、打假保安康的光荣使命。他就是“全国质检系统执法打假办案能手”贵州省质量技术监督局稽查局稽查四科科长贺云。

十四年来，他从普通的执法人员到副科长，再到科长，成长的道路留下他执着的背影和坚实的脚印，他以饱满的工作热情和昂扬的工作态度，刻苦钻研质监执法打假业务知识，努力实践质监执法打假办案技巧，办理了大量有影响的农资、食品、认证认可和特种设备等大要案件。在办案的同时，他还不忘实时总结案件来源和办案经验，近年来他根据执法打假工作重点及工作经验，总结出《化肥产品执法打假探讨》《防火门、防火卷帘执法探讨》

《强制性产品认证执法技巧》《低压成套开关设备执法小结》等质监执法培训资料和化肥产品、家用电器和自卸汽车等产品的《行政执法作业指导书》，并多次受邀作为国家质检总局、中国质检出版社、浙江省局、湖北省局、四川省局、新疆维吾尔自治区局举办的质监执法打假培训班师资，交流他的执法办案经验。

质检利剑护三农　执法打假保春耕

一年之计在于春。在 2017 年的“春季农资打假”行动中，他接到举报，称有人将假劣的复混肥料销售到该县多个偏远乡镇，坑农害农。正值春耕大忙时节，化肥是农业生产的重要物资，如果假劣化肥用于农业生产，将给农民带来极大的损失。案件线索就是命令，他立即牵头制定工作方案，组织黔西南州质量技术监督局、册亨县市场监督管理局执法人员对销售假劣大顺牌复混肥料案件线索开展摸排。

他和他的同事日夜兼程、进村入户、不辞辛劳地对册亨县秧坝镇、达秧乡、双江镇、岩架镇等偏远乡镇的假劣化肥线索进行摸排，经走访当地多名农户及化肥经销商，得知假劣化肥已销售给当地农户，为防止农民使用假劣化肥给农业生产造成损失，他当即决定与册亨县市场监管局会同生产企业打假人员和相关乡镇党委政府，通过驻村干部及村干部对更大范围的村组进行排查。经过挨家挨户的周密排查，在农户家中发现了大量剩余的假冒复混肥料。经调查，假冒化肥是从册亨县城的化肥经销商周某处购进并销售，经对农户家中剩余未开封的假冒复混肥料（N−P2O5−K2O：10−7−8 总养分≥ 25.0%）抽样检验，均为不合格产品。经统计册亨县农户共购买到假劣的复混肥料共计 118.25 吨（4730 袋），货值金额为 13.717 万元。案件查获后，他又积极协调组织乡镇政府干部、驻村干部监督化肥经销商用合格化肥从农户手中调换假劣化肥，避免错过农时，最大限度地减轻了农业生产的经济损失，维护了农民群众的合法权益。因货值金额较大，已涉嫌触犯《中华人民共和国刑法》，该案已移送册亨县公安局立案侦查，国家质检总局将该案列为2017年全国“质检利剑”行动典型案例。

2012年以来，他组织办理的农资大要案件多次入选国家质检总局公布的全国“质检利剑”典型案例。他撰写的全省质监系统农资专项执法打假行动政务信息，多次被国家质检总局、贵州省委内刊和贵州省政府政务信息采用，省政府刘远坤副省长亲自批示：“省质监局农资打假工作非常好”。

顶风冒雪　严查违法气瓶充装行为

为深入推进“质检利剑”专项行动，切实保障特种设备安全运行和人民群众生命财产安全，根据国家质检总局转办的群众举报，2017年1月他组织铜仁市质量技术监督局及松桃县市场监督管理局组成联合执法组，“三级联动”突袭检查了松桃县洪富液化气储备有限公司。为查清违法事实，他组织执法人员精心制定工作方案。经过全面分析，该液化气站地处黔湘渝三省交界，来往车辆众多，属边区地带，即充即走，违法隐蔽性较强，采取常规检查方式难以查处。确定采取深夜分组蹲点值守、跟踪追查摸底、现场突击检查的方式进行检查。他带头对该气站进行蹲点值守，进一步摸清其违法充装液化气的时间段以及违法运输的车辆，掌握好时间节点。1月11日晚，下起了雨夹雪，气温骤降、寒风刺骨，他和其他执法人员仍坚守在蹲点值守岗位上，12日凌晨1点发现该液化气站有运输车辆进入，疑似装载液化石油气瓶。预计液化气充装好后，他带领执法人员立即奔赴现场，迅速对运输车辆和已充装的气瓶进行控制。经初查，该气站充装台上两名充装人员正在进行液化石油气气瓶充装，一名充装人员不能现场提供特种设备作业人员证，该气站涉嫌违法充装气瓶共计 42 只。其中，报废气瓶 7 只，超期未检的气瓶 8 只，所有气瓶均不属于该公司的气瓶。以上气瓶存在着严重的安全隐患，联合执法组依法进行了现场查封，查实了该液化石油充装站非法充装液化石油气钢瓶的违法行为。

此次执法行动结束的时候已是 12 日凌晨 6 点。经过整晚辛苦疲惫的工作，有力地打击了液化石油气充装站违法充装气瓶的嚣张气焰，进一步规范了气瓶充装行业生产经营秩序，提高了企业的安全意识和管理水平，监管部门严守安全生产高压红线。他积极履行执法打假监管职责，取得了良好的成效，赢得了广大群众的一致好评。

情牵百姓身边事　执法打假促发展

在做到执法监管到位的同时，他也时刻不忘利用质监部门特有的技术优势，积极帮扶企业发展，他经常对监管的企业晓之以理、动之以情，让企业深刻认识到严把产品质量关的重要性，一方面对企业生产质量不合格产品的行为进行严格行政处罚，另一方面还积极帮助企业查找产品出现质量问题的原因。比如在一次 2015 年的春季农资执法打假工作中，有一家化肥生产企业生产的复混肥料经抽样检验不合格，在整改的过程中，该企业一直找不到不合格的原因，他就积极协助企业从原材料采购使用、生产过程管理控制，生产工艺精准优化和生产产品包装库存等各个环节入手，经过大量的调查研究，终于找到了该企业不合格产品的原因，真正做到了帮扶企业，企业管理人员满怀感谢地送来锦旗和感谢信，对他的热情帮扶表示感谢。

此外，他还积极处理消费者的申诉投诉，他说："老百姓的事，再小也是大事"，他一直以这样的理念对待每一个他经办的消费者投诉。2016 年 8 月，他负责处理一起汽车质量的投诉，消费者因为购买不久的家用汽车出现油箱漏油等情况，几次联系经销商和求助其他部门都未能解决，情绪很激动。他安抚好消费者后，通知汽车经销商来办公室仔细了解情况和经过，经过耐心细致的调解，汽车经销商同意按照汽车三包规定给消费者换车，圆满地解决了这起汽车售后纠纷，得到了消费者和经销商的共同认可。消费者给他写来感谢信，汽车经销商送来锦旗，齐声为他的处事风格和办事效率点赞！这样的事情，还不胜枚举，他一直用质监的行动践行"依法执法，执法为民"的工作使命。

贺云的工作得到了上级的认可和表扬，于 2012 年、2016 年两次荣获贵州省质量技术监督局"优秀共产党员"荣誉称号；在 2015 年、2016 年的年度考核中，被贵州省公务员局评为"先进个人"；经过层层选拔他荣获了国家质检总局 2013 年度"全国质检系统执法办案能手"的光荣称号。

在他看来，一切的荣誉和成绩都已成为过去。新时代、新征程，要有新气象，在全面建成小康社会的决胜期，在脱贫攻坚工作的攻坚期，他意气风发，必将以高度的政治责任感和坚定的执法使命感，结合稽查工作职责，贯彻落实国家质检总局执法打假工作的决策部署，在新形势下发挥执法打假的突出作用，为质监执法打假事业发展和脱贫攻坚工作作出新的更大的贡献。

踏实行走在精准扶贫路上

记贵州省贵阳市“共圆小康精准扶贫十大标兵”马程铧

马程铧同志是贵州省贵阳市质量技术监督局选派的一名党员干部。2016 年 4 月，他肩负着“精准扶贫”的使命，来到开阳县高寨乡久场村，任第一书记、扶贫组组长。

马程铧同志下乡前向领导表态：“我要履行好肩上的职责，为久场村百姓实实在在做点事儿，帮助更多的村民富裕起来。”他是这么说的，也是这样做的，一年半来，他遍访全村 1278 户人家，走进田间与村民共同劳作，为久场村的脱贫致富做了大量工作。

从质监办案能手到贫困村“第一书记”

2009 年，马程铧同志以优异的成绩考入贵阳市质量技术监督局稽查局工作。在稽查执法一线，他不断成长，从科员到科室负责人，8 年来办理各类案件 950 余件。2014 年，马程铧同志接到群众关于加工柴油黑窝点的举报，他主动请缨，冒着生命危险，带队对偏僻的窝点进行摸排，确定了消息的可靠性。在随后成立的专案组中，马程铧作为主力干将，与组员们开始了没日没夜的蹲点、调查，半年内他们辗转涉案各地上千里，做了 20 余份上百页相关人员调查笔录，最终形成完整的证据链，一举端掉该窝点。该案的涉案产品达645.58吨，涉案金额516.73万元，涉案人员分别被依法判处2~13年不等的有期徒刑。2016年因为该案的办理，马程铧同志获得“全国质检系统执法打假办案能手”荣誉称号。

正是在2016年，马程铧同志开始了他的一段新征程，被选派到久场村担任第一书记。初到久场村，没有热烈的欢迎仪式，取而代之的是村民们渴望脱贫致富的目光。这些目光灼烧着他，让他深刻意识到自己肩上的责任。久场村有着30%的贫困发生率，如何找准扶贫的突破口？在城市里长大的他决定从了解村情村貌入手。

马程铧开始了遍访之旅，久场村共有1278户、4478人，14.15平方公里，村内大山重重，道路崎岖，可哪怕山再高也阻挡不了他的脚步。他说，习总书记都说了，脱贫致富一个都不能少，我也绝不丢下一户一人。这一路，他看到了身患严重风湿疾病但仍然在田间劳作的老者；步行20公里山路到集镇售卖鸡蛋的老人；贫困却热情质朴的村民：“马书记，进来喝口热水吧！”“马书记，今天我家老母鸡正好下了几个鸡蛋，给你煮着吃吧。”村民的热情质朴、勤劳善良，深深地打动了他，他渐渐爱上了这片土地，也形成了数万字的工作记录。

从千头万绪到找准方向

作为村党支部第一书记，马程铧同志清醒地认识到，村党支部是直接面对群众和服务群众的最基层组织，要想脱贫致富，必须充分发挥村党支部的引导、凝聚、服务作用。他帮助村支两委完善村规民约、公章管理、工作制度等一系列村级规章制度，一改过去村支两委“各自为政”的局面，这个团结的班子逐渐赢得了村民的信任，为后续扶贫工作的开展打下了良好基础。

久场村是贵阳市20个特别贫困村之一，贵阳市委、市政府为该村成立了专门的扶贫解困指挥部及前线工作队。作为第一书记，马程铧同志在前期深入调研的基础上，认真撰写了久场村脱贫规划初稿，内容涵盖该村基础设施建设、产业发展、民生保障等58个项目。此后，他积极与市、县各部门对接，统筹传统渠道的市、县扶贫资金和新渠道的贵阳市扶贫基金，认真梳理、筛选、归纳，确保各项目能落地、能实施，最终十易其稿完成“一村、两带、三园、四场”的发展规划。

从蓝图规划到取得实效

“留守人员得到关爱和帮助”——久场村共有1000余名留守老人与儿童，其中大多数存在残疾、重病，缺乏劳动力，生活条件非常困难。马程铧一方面积极协调相关部门，筹集帮扶资金，筹集、发放慰问金3.2万元，共慰问留守儿童10户、困难党员8户、计生户10户、困难群众27户等。另一方面，他向每家每户发放驻村干部联系卡，耐心仔细倾听群众的诉求，积极解决群众的困难，联系协调民政部门提供临时救助，及时向困难群众送去米、油、棉被等生活物资。2016年，为了帮助久场村一名五保户解决住房问题，他与村支两委商量，并多次协调住建部门，说明情况，争取到最高标准的3.5万元住房补助资金，实现了该村民的居住梦。再穷不能穷教育，孩子是国家的未来，是民族的希望，久场村共有适龄儿童300余人，但因为村所辖面积较大，交通条件差，许多小孩上学起早贪黑，翻山越岭，从最远的地方上学要10公里，经常是雨天一身泥，晴天一身灰，不时发生上学途中摔伤的现象，存在严重的安全隐患。为此，他主动协调单位，出资10万元，修建3条人行便道，帮助解决孩子们上学出行难的问题。协调教育部门出资3万元，帮助久场村幼儿园修建塑胶草坪，提高办学条件。

“一批项目得以落地实施”——村集体公司与村茶叶公司签订250万扶贫资金入股协议，村集体公司持有股份，每年固定分红给125户低收入户，农民变股民，如今已经分红两次，村民拿着分红的现金乐开了花；与贵州省盆景协会合作，由贵州省盆景协会提供每年100万盆盆景花卉订单，产值可到1000万元，打造盆景花卉专业村；与台湾产业园区合作，启动50亩八月瓜种植项目试点，试点成功后扩大种植规模，形成产业链；与贵州山野公司洽谈100亩黄花菜种植项目；按照“一村两带三园四场”的发展规划及已种植的5000亩清脆李、4000亩茶叶，着重打造茶果特色小镇，产业发展项目全部覆盖全村19个村民组，389户低收入困难户。

“村民脱贫致富积极性得以高涨”——马程铧同志一遍又一遍地向村民宣讲党和政府的好政策，久场村面临的发展机遇，积极发动群众结合自身优势，因地制宜成立合作社发展优势产业；在他的发动和引领下，村民的积极性高涨，纷纷以土地、资金入股的方式，自发新成立合作社10家，发展桑葚、生态循环种植、香猪养殖、红心猕猴桃、晚熟葡萄等优势产业。

“小山村迎来华美转变”——马程铧同志打破久场村基础设施薄弱的桎梏，按照基础设施围绕产业发展的思路，利用市扶贫基金，规划新建外联道路97公里、内部采摘便道77公里；水利设施10处；开工建设8个村民组的人饮工程，沟渠20公里；久场村群众工作中心总建筑面积1000平方米投入使用；申请向世行办协调加快道路升级改造工作，总投资3500万元，打通该村与高速公路的连接；启动“组组通”道路建设 4 条，解决村民出行不便的问题；采摘便道 77 公里，向市体育局申请并获批 2 个村级文化广场丰富群众的生活；启动集镇 1.5 公里道路“白改黑”工程。

看着一大批项目的开工实施，村民们自豪地感叹道：“以后我们也有像城里面一样干净整洁的街道，可以喝干净安全的自来水，下田干活再也不用肩挑马驮。”“我家以后要买农用车，让我家的马儿下岗吧！”“我们以后也可以像城里人一样跳广场舞了，城里面有的我们都有，我们就是百姓福、生态美的山村了。”

2017 年 9 月是一个收获的季节，处处洋溢着丰收的喜悦，但与往年不同，今年村里因为一大批项目的实施，显得格外的热闹，处处充满着生机。而此时，马程铧同志因为任期已到，马上要离开这个他奋斗一年半的地方了。走的时候，群众拉着他的手迟迟不肯松开：“马书记，我们舍不得你走，我们忘不了你带领我们为了修建通组路，在没有路的泥地里踩路线，更忘不了你一块一块给我们丈量土地，你的点点滴滴已经深深地印刻在我们的脑海里，是你给我们带来了致富希望，带来了变化，我们大家需要你，我们要联名上书给市里，请求留你在我们这儿再干几年。”他动情地回答：“我们质监人都一样，以后还会有我的同事接任我的工作，他一样会带领大家共同致富，谢谢大家对我的厚爱与支持。”带着满满的感动，马程铧同志回到了原来的质监岗位，他的质监队友接过他手中的接力棒，来到久场村，继续踏实行走在这条精准扶贫的道路上！

乌江信念的传递者

记全力保障“梵天净土桃源铜仁”质量安全生产的质监人谭军

“生在乌江边，一生只做乌江人。何为乌江？乌江水畅淌千里，万丈豪迈、源远流长，有力挽狂澜之势、容万象非凡之物、生传唱千年之情；何为乌江人？不驰于空想，不骛于虚声，脚踏实地、中流砥柱，不论身何处，不惧、不慎、不躁，以波澜不惊之姿态滋养一方，始终为求学、明理、做事、建业。”这是贵州省铜仁市质量技术监督局党组成员、稽查局长谭军的乌江情怀，也是他的人生信念。多年来，他一直秉持这一信念，以实际行动践行自己的铿锵誓言，用执着的追求诠释着一位质监工作者应有的本色。

“外行变内行”让乌江信念点亮在异地

“我愿秉承乌江意志，在质监行业中点亮！”2016 年 6 月，是谭军人生中的一个重要转折点，他从未想过，组织上会安排一个“门外汉”到这个业务性、专业性极强的质监部门开展工作。

谭军任铜仁市质量技术监督局党组成员、稽查局长前，在有着“乌江明珠”之称的贵州省铜仁市思南县工作长达 20 余年，先后在县直部门、乡镇任职 10 年，在县人大任职 10 年，丰富的基层工作经历，使得他或喜或悲时都必须穿梭于乌江两岸，时而感受乌江的“萧瑟”、时而感受乌江的“惊涛”、时而感受乌江的“涌动”……与乌江结下了自己人生轨迹“殊途同归”的独有感情。

不管走到哪儿，始终带着这一份独有感情。初到稽查局，干部职工队伍不稳定、人员结构不合理、执法装备滞后、案件办理太少、专项督查不顺畅和群众投诉机制不完善等突出问题映入眼帘，看到与规范化、标准化、制度化、智慧化质监稽查队伍的差距，他决心要转变这一现状，把铜仁市质量技术监督局稽查局建设成为主动服务全市“一区五地”建设、保障质量安全生产、内部廉洁务实高效运转的质监稽查“铁军”。

任职后，他坚持知行合一、以上率下、学以致用，从苦学质监法律法规、经常带队开展执法、主动深入企业一线等方面为切入点，决心以最短时间适应质监稽查工作、进入工作角色。

从2016年6月开始，他独自加班50余天、召开工作例会30余次、走访基层企业200多家次，向干部职工咨询问题100余个。《新编质量技术监督行政执法手册》《质量技术监督行政处罚程序规定》《质量技术监督行政处罚案件审理规定》《中华人民共和国特种设备安全法》《质量技术监督稽查执法研究》等书籍被翻得起毛、满是标记。下班后晚上九十点钟稽查局局长办公室亮着的灯光，明显感觉到快速且有序的工作节奏，经常到市局各科室主动请教业务工作等，谭军的一系列行为让干部职工大吃一惊“谭局长是不是在基层呆傻了！”而谭军却明白，从一个“门外汉”来到稽查局，要掌握熟悉各项工作，这些方式是必然途径。

他秉承“内正其心、外正其容”，从最基础做起，向干部职工学习、向书本学习、向案审会学习、向企业学习。用了近半年时间，执法、调研、检查、评审等工作均轮了好几遍，他积累的十来个资料笔记，总结了全市稽查工作存在的经验和教训，基本摸清了全市特种设备安全运行情况和重点打击假冒伪劣产品领域。总结出了执法工作“六个一”做法，即遵守一个宗旨（法定职责必须为，法无授权不可为）、紧扣一条主线（重服务，促规范，抓整改，保安全）、坚持一个原则（有诉必查，有查必果，快速反应，服务于民）、落实一个要求（全覆盖，零容忍，严执法，重实效）、健全一个机制（上下联动，分级负责，属地执法，加强督查）、夯实一支队伍（政治合格，业务精通，执法规范，纪律严明，作风优良）。

“领导变实干”让乌江信念燃烧在异地

“很多人对乌江的感觉就是大气磅礴、奔涌千里，犹如一位硕大的领导者。我对乌江却有独特的看法，它像一位敬职敬责、默默无闻的守护者，用自己的力量滋养两岸万物，让两岸朝气蓬勃。”谭军20年的基层工作经历，培育了他善用独特的眼光去看待乌江，无论多么伟大的主宰者，也离不开苦干实干。

他并不因为工作生活环境变化就产生思想变化，依然脚踏实地。把学习作为一种自觉行为、一种生活习惯、一种精神追求，在学习中坚定信念、养成作风，牢记“正人先正己、万事先为民”的古训，深入学习党章党规、系列讲话、各级重大安排部署以及党的建设和质监业务知识，积极参加市局党组中心组学习，深刻践行“四讲四有”合格党员标准，始终与党中央、省委、市委及省质监局在思想上同心同德、行动上同心同向、目标上同心同行。

2016年6月以来，从执法检查、“双打”工作、案卷评审、特安监察、特安检测，到打击加油机利用高科技扣油违法行为，他所牵头承担的一个又一个重大工作接踵而来，在重大考验面前，始终以自己严谨细致、勤奋务实的工作作风，带领干部职工圆满完成了一个又一个艰巨任务，以实际行动创造了一流的业绩，各项工作组织严密、管理有序、特色明显、成效突出，受到省、市的高度评价。先后组织在6000余家次生产单位开展“质监利剑”专项整治及打假行动，全市质量行政执法查处案件1300多件。其中，亲自带队查处了“贵州思南珠宝电线电缆有限公司涉嫌生产未经3C认证案”“松桃县洪富液化气储备有限公司未按照安全技术规范要求充装气瓶案”等一大批在全省有一定影响力的大案要案，办结12365投诉举报平台案件150余件，创造了2016年执法打假工作由上半年全省排名倒数第一跃升为顺数第一的奇迹；2016年全市行政执法和行政许可案卷评审中共有5件获一等次、4件获二等次；稽查支部被市质监局表彰为2016年度“先进党支部”；2017年在全市节能减排工作中，淘汰10蒸吨及以下燃煤锅炉87台；所查处的“加油站利用高科技手段进行计量作弊案件”被中央电视台、贵州电视台和中国质量报宣传报道，其个人在全市信访案件处理中，得到市政协主席陈康同志高度肯定和书面表扬；因抓全市特种设备安全生产工作突出，被市政府评为2016年度“全市安全生产工作先进个人”称号。

“把‘质监变利剑’，让它永远在路上。保障企业健康发展、促进市场规范有序，让消费者不再担惊受怕。这就是我作为质监人的追求。”“行政执法责任大，方法技巧手中宝，网络平台有玄机，举报投诉存嫌疑，依理依法仔细查，对照标准要公平，耐心细致听陈述，掌握证据办铁案，密切关注身边事，运用技巧出高招，群众利益无小事，确保质监好名声。”谭军所理解的“质监利剑永远在路上”就是对社会的庄重承诺。

“独享变共享”让乌江信念延续在异地

“我这个人性格坦坦荡荡‘天不怕地不怕’，就怕有一天乌江水干枯、河床龟裂，失去她原有的磅礴。”谭军坦言，乌江水是绿的，映着树、映着山，绿的纯净、博大，充满力量，只要乌江在，自己也就充满了无限力量，会将这股力量传递给其他人。

他将好学、担当、敬业、廉洁、友善、正直作为工作和生活准则，始终坚持从自身做起、从小事做起，廉洁从政、干净做事、助人为乐，带头遵守各项规章制度，用忠诚守卫政治底线，用信念守卫思想底线，用良心守卫道德底线，永葆共产党员政治本色。不仅如此，他盘算着将乌江信念与质监事业结合起来，传递给其他人。

2013 年，他因公下乡镇开展工作调研时分别在青杠坡中学、许家坝三溪中学、思南二中遇见了 4 名“特别”的学生，经过进一步了解后，得知他们家庭极度困难。于是，他决定个人出资帮助这 4 名贫困学生完成他们的学业。与对待质监工作一样，坚持到底是他的原则，这一资助就是 5 年多，总金额达 3 万多元。5 年前，这 4 名学生只知道，这位“谭叔叔”每逢开学和过年过节时就会来陪伴他们，会不定期地收到“谭叔叔”汇来的生活费、学费及寄来的新衣服和学习用品，始终有一位“谭叔叔”在关心他们。5 年后的今天，这 4 名学生均已逐步成长，其中 2 名分别就读初高中、1 名就读贵州财经大学、1 名高中毕业外出务工，不但都主动了解到“谭叔叔”的生活和工作情况，在得知“谭叔叔”在质监部门工作，正在为质监事业和社会作出贡献后，懵懵懂懂的他们，更是学会了感恩，希望成为同“谭叔叔”一样的人，长大或今后能为国家分忧，成为社会有用之才。

“小孩子能够有这样的想法，我觉得很欣慰，算是把乌江信念发扬光大了。我也会用实际行动去感召更多的人，尤其是在关乎民生的质监事业中。”谭军总会这样满意的去解释如何传递乌江信念。

“乌江，一泻千里，惊涛拍岸，浪花淘尽，青山依在，寂寞富春水、英气放在斯。咱就想做个绿色无比的碧水乌江——干净、漂亮，净化一切污秽，懂得尊敬长辈，孝敬老人。”谭军之母身体不好长期生病，特别是 2016 年 11 月又患上脑梗，致使身体瘫痪住院治疗，在长达 8 个多月的时间里，他本可请公休假去照顾，而只向单位请了 3 天事假，安排好相关事宜，请了 1 名陪护人员后，马上回到单位就跟没事人一样，一直坚守在工作岗位上，兢兢业业、任劳任怨，为全市特种设备安全监察和质量行政执法打假工作埋头苦干。俗话说“百善孝为先”，谭军感悟，父母的养育之恩终生都应该报答，而党和国家对自己培养三十余载，又怎样去报答我们的国家呢？那只有坚守一条信念，圆满完成组织安排的工作，全心全意为人民服务。

目前，谭军所带领的一班人，不忘初心、牢记使命、解放思想、实事求是、团结奋进、开拓创新、苦干实干、后发赶超，各项工作都有了质的飞跃，取得了令市委、市政府、省质监局满意的成绩。他从一名基层“门外汉”到领导全市开展执法打假工作的铜仁市质量技术监督局稽查局局长，所走的每一步都稳健踏实，以实际行动塑造了一位“乌江精神继承人”的感人形象，诠释了一名质监工作者对党和人民的无限忠诚。

情系质监"打假维权"的时代先锋

记陕西省质量技术监督局执法督查局副局长李务清

每每回忆起走过的"打假维权"之路，李务清都惊叹于这十几年来的热情竟然从来没有退减过，即使现在，一说起哪里有案情，他都觉得浑身是劲儿！对于他来说，能有这样让自己充满激情的工作，这实在是一件非常荣幸的事；对于老百姓来说，能有这样一个值得信赖的好公仆，着实让人放心许多！

参加工作以来，他始终年如一日地坚持着，其中的心酸只有自己知道，而心酸过后的荣誉，这是对他人生最好的阐释。他先后从事过计量、质量、综合业务等行政管理及执法工作，曾多次荣获省、市质监系统"先进工作者""优秀公务员""优秀共产党员"陕西省质监系统"执法能手""全国质检系统执法打假办案能手"等称号。

多年来，他始终坚持刻苦学习，具有较高的政治、文化素养和较强的组织协调管理能力，也具有丰富的执法经验和独特的办案技能，同时具备化解、处置尖锐复杂矛盾的真功夫。

长期以来养成了信念坚定、对党忠诚、坚持原则、公平公正、勇于担当、以身作则、开拓创新、务实高效、严谨细致、爱岗敬业、吃苦耐劳、乐于奉献、遵纪守法、严于律己、清廉俭朴、乐于助人的思想、工作、生活作风和良好品质。

在他从事执法工作的十多年间，大胆地、创造性地查办了质量技术监督行政违法案件800余起，端掉制假、售假窝点20多个，受理投诉、举报案件500余件，为企业和消费者挽回经济损失5000多万元，依法罚没2000余万元。为维护正常的市场经济秩序，保护广大企业和人民群众的合法权益，作出了积极的贡献。在他的身上时刻闪烁着一名质监人的优秀本色。

勤钻业务　苦练内功

他深知"工欲善其事，必先利其器"的哲理，不但刻苦钻研党的理论、法律、法规和业务技术知识，而且还很注重实践经验的积累，在工作实践中学习、思索，在学习、思索中实践、创新。不断更新观念、更新知识，努力提高自身素质。他为了掌握识假辨真技能，除了常常向专家、学者讨教外，还充分利用业余时间，将真品和假品放在一起，进行认真、细致、一丝不苟地琢磨、对比、研究，从蛛丝马迹中探求真假品的规律、特点，并做了大量笔记。通过日积月累、反反复复地潜心钻研，终于使他在识假辨真技能方面独树一帜，练就一双"火眼金睛"。目前，市场中相当一部分商品，凭他的经验和辨别力，就基本可以判定真、伪或质量的优、劣，这将为他大大提高执法打假的针对性、精准性和有效性，奠定了坚实的基础。

此外，他还能够在工作之余，虚心与同事们交流，也能够不厌其烦、苦口婆心、毫无保留地给大家传授执法理念、方法、技巧、策略……有时在出差乘车的途中，还和同事们在探究行政执法的点点滴滴、方方面面，一谈就是几个小时，潜移默化地影响和感染着身边的工作人员，努力使他们成为执法打假的行家里手、业务精英。

情系百姓　倾心维权

他始终把百姓利益放在首位，真真切切为民办事、打假维权。在他受理的投诉、举报案件中无论案值大小，都能热情接待、积极受理、全力协调、完满解决。近百个诉求案件中的每个简易案件，往往通过他几个电话，便迎刃而解。当遇到一些案情复杂、比较棘手的案件，他能够用心竭虑、多方讨教、深查细纠、精心研判，切准问题要害，采取有效措施，通过耐心细致、反复多次的协调与沟通，最终都能成功处置。在此，值得一提的有这么几件事：

一是他在接到山西吕梁用户投诉某汽车集团有限责任公司生产的SX5634ZPT384型非公路矿用自卸车存在严重质量问题，经与厂方多次交涉未果而将所购6辆车中的3辆车围堵企业大门口的案情后，立即请示领导，带领执法人员，多次深入企业进行走访、调查，并与用户及山西惠运、太原庞大、长治清华、河北邯郸等数家汽车生产、销售单位取得联系，请他们提供相关证明，然后又通过请当地质监部门协查、派专人外调等方式取得了大量确凿的证据。为慎重起见，他还组织了陕西省汽车产品质量监督检验站、西安汽车产品质检站等有关单位的专家召开案情分析研讨会，充分听取大家意见，准确判定企业存在的质量问题。后经艰苦卓绝地多方沟通与协调，终于使企业将用户所购的6辆价值为295.2万元的矿用自卸车全部退回，为用户挽回直接经济损失近300万元。

二是他在受理69户供煤户反映某煤炭总公司购煤时存在计量克扣的情况后，立即组织相关人员，先后10多次深入购煤企业和供煤户进行深入细致地走访、调查，形成了 300 多页的案卷材料。在查清事实后，责令购煤企业给供煤户退还扣煤款共计 700.0992 万元。

三是他在接到陕西鑫钰油田服务有限责任公司投诉其从上海某石油钻具有限公司购买 300 支 101.396 吨价值为 256.5318 万元的 5″ S135 18° 加长 1 寸钻杆，在使用过程中出现两次断裂造成直接经济损失 200 多万元的案情后，不畏艰险，冒雨翻越泥泞山路进行现场勘验、取样，随后立即带上所取样品及相关材料，日夜兼程赶往西安、兰州、内蒙古、北京、天津等地的国家级检验、鉴定、技术机构，向 10 多名专家咨询、请教相关问题，并认真分析事故原因，然后决定由中国兵器工业华北金属材料检测和失效分析中心组织质量鉴定。当鉴定报告出具后，他去上海通过艰辛、大量、卓有成效地多次协调，最终使厂家给用户赔偿石油钻杆 50 支，并承担经济补偿 120 万元整，共计为用户挽回经济损失 165 万元。

四是一个名叫武卡厚的消费者，花费 166 万元在西安购买了一辆保时捷凯宴越野车，行驶不到 5000 公里便出现了发动机缸体严重损坏的质量问题，通过几家新闻媒体、工商等有关部门进行维权，历时 3 个多月毫无进展，后听说质监部门为百姓维权很有成效，其抱着试试看的心态，向他反映了有关情况。接案后，经过他深思熟虑，立即选派执法人员深入企业，切中问题要害，精心施策，妙用良方，先后不到 1 个月的时间，经销商便主动给用户全额退车并补偿了上户税费等，为其挽回直接经济损失 198 万元。

亲临一线　领办大案

为进一步打开执法工作新局面，开拓执法新领域，近 5 年来，他亲自带领执法人员深入全省各大企业，克服种种阻力和困难，找准工作突破口，依法查处了无证生产、无证充装、计量克扣、伪造质量证明、出具虚假数据、冒用厂名厂址、生产、销售不合格产品等违法案件400余起。

在每个案件的办理过程中，他现场指导笔录制作，点拨办案技巧、策略，并密切关注进展情况，多次审阅案卷材料。重大案件他还要召集办案人员进行点评，提出存在的问题和补救措施，从每个细节上力求证据的完整、充分、确凿，确保将每个案件办成“铁案”。为全省执法人员拓展执法新思路、提升执法新水平、能办大案、善办要案起到了引领示范作用。

勇于探索　敢于碰硬

他总是能以一种常人不以为然的目光去审视工作中事物的细节和本质，探求案源的真相。近年来，他一直在着力探究能源化工行业的行政执法工作，特别是如何开展煤炭行业的监管，规范其生产经营行为？经过他反复思考和琢磨之后，带领执法人员以“加强煤炭产品检验与质量指标明示”为工作切入点，大胆、尝试性地开展行政执法工作，收效良好！从而确保了企业为用户提供质级相符、质价相当的煤炭产品，维护了陕北优质煤的良好声誉！

在他查办的案件中，针对少数企业负责人蛮横强势、藐视国家法律、法规，拒不执行处罚决定的问题，他能积极主动与人民法院对接，依法申请强制执行。如对国营某矿业有限公司强制执行106.4360万元；对私营某集团公司强制执行228.38万元。有力地震慑了违法者，维护了国家法律的尊严。

吃苦耐劳　恪尽职守

他在查办案件的过程中，为了不给行政相对人有喘息、可乘之机，及时查清违法事实，甘愿放弃正常的休息和进餐时间，下午2点多钟才吃午餐，晚上10点多钟还在整理文书、研究案情，已习以为常，但他从不叫苦叫累！

2017年2月20日，他带领执法人员直奔陕北开展行政执法检查，在抵达榆林的当晚，一场鹅毛般的大雪纷纷而降，翌日早晨起床后地面足有15厘米厚的积雪，在道路特滑的情况下，他依然带领大家前往距离城区几十公里远的几个单位开展工作。2月22日，在执法检查途中，悬崖上松动的滚石不时坠落于路面，他冒着生命危险与同事们早出晚归，每天至少工作12个小时。尽管大家都很累，也有不少怨言，但通过他耐心说教和在生活上的细心关照，使他们信心倍增，努力工作。在短短的10多天时间里，行程近4000公里，检查企业20余家，依法查处了数家企业的违法行为，在责令其停止生产、销售，立即改正违法行为的同时，经济处罚102万元。

为响应国务院、省委、省政府“调结构、去产能、防污染、降能耗”的号召，2017年5月2日，他冒着漂泊大雨，带领执法人员对群众举报的13家“地条钢”窝点进行了逐一核查，坚决予以取缔。5月4日他又直奔宝鸡岐山、陈仓两个县（区），对明盛、周圆、长乐等7家钢铁生产企业进行核查，发现了21台（套）国家明令淘汰的中频炉，并查获地条钢900余吨。当晚10点多，他立即召集陈仓区政府领导班子全体成员、各相关部门主要负责人、宝鸡市质量技术监督局主管领导和稽查队长等20余人召开紧急会议，通报严峻形势，要求陈仓区政府3天内组织相关部门务必拆除中频炉及配套设施，确保做到“四清”。对发现的900余吨地条钢，陈仓区市场监督管理局依法予以严厉查处。此项工作得到了国务院督查组的充分肯定。

李务清参加“地条钢”会议

在整个执法检查过程中，他能将“执法予于服务之中、服务必须重于执法”的理念贯穿于始终，对企业的违法行为既依法严厉查处，同时更能设身处地为其服务。如对神华、中煤、神木电化集团等几家企业，他积极主动与省安监局、环保厅、质监局等相关处室沟通与协调，全力帮助企业以最快速度、最短时限，取得安全、环保、生产许可手续，赢得赞誉!

清正廉洁　严于律己

他能以“清清白白做人，实实在在做事”为信条，铭记“常怀律己之心，常思贪欲之害，常修为政之德”的箴言，时刻保持清醒头脑，并能按照“十条禁令”“中央八项规定”精神等严格要求自己，要求亲属及身边工作人员。一名商砼站负责人过节时送了一张购物卡，被他婉言谢绝；一个企业老总通过司机给他车上悄悄放了2瓶五粮液、2条中华烟，在他回家下车时得知此事后，严厉批评了司机，并让其将东西物归原主；基层工作期间，一名很有实力的企业家给他送了一块儿价值不菲的精美手表，他再三推辞还是推辞不掉，万般无奈收下后，在返回单位时立即上缴纪检检察室……诸如此类事例举不胜举。他真是一名廉洁自律、心底无私的好公仆！

总之，李务清同志其人就像他的名字一样，为民、务实、清廉。他的先进事迹不胜枚举。他主持公平、正义，为百姓办实事、办好事，努力维护国家、企业和人民的利益，不愧为一名质监工作岗位上的忠诚卫士！

“铁”心不移　奉献执法打假事业

记新疆维吾尔自治区乌鲁木齐市质量技术监督局稽查队潘旭

“我们不能因现实复杂而放弃梦想，不能因理想遥远而放弃追求。”十九大报告中习近平总书记的这句话，正是对奋斗者不懈追求理想的最好诠释。有一位质检战线的干部，为了执法打假事业理想，不放弃梦想、不放弃追求，一直奋斗在打假一线。从大学毕业进入质监系统，二十年风雨兼程，主要只做了一件事——那就是质量执法打假工作！在工作中不仅铸就了铁骨铮铮追求卓越质量的坚强信念，而且也在平凡工作之中创造了不平凡，他成为新疆维吾尔自治区乌鲁木齐市质量技术监督局稽查队的一把利剑、一名尖兵。他就是乌鲁木齐市质量技术监督局稽查队一科科长潘旭。

“铁”心不移，勇于奉献

谈吐没有豪言壮语，行动也没有惊天动地，生活中的潘旭更多的是平静朴实，默默无闻。但翻开他走过的工作历程，可以清晰地感受到，他矢志不渝奉献执法打假工作的执着追求。

1998 年，潘旭大学毕业后就进入了乌鲁木齐县质量技术监督局。他爱岗敬业，勤奋好学，对相关的法律法规熟记在心，融会贯通。多年来，他始终把自己放在一个非常困难的环境中去磨练、学习，注重用正确的理论武装自己的头脑，从理论和学识上不断给自己“充电”，同时也树立了他对追求卓越质量的理想目标。

2002 年 5 月，潘旭从乌鲁木齐县质量技术监督局选调到乌鲁木齐市质量技术监督局稽查队工作。几年来，他始终奔波在质量执法第一线，勤勤恳恳，任劳任怨，履职尽责，铁面无私。他和同事们经常冒着严寒酷暑，甚至在黑夜蹲点蹲守与造假分子周旋，仅利用夜间执行执法任务就达百余次。每一次的办案过程，潘旭都展现出他不怕苦不怕累的铁人形象。

2006 年潘旭通过竞争上岗走上了稽查科科长的岗位。虽然当时他还有去局机关的选择，但他还是义无反顾地选择了他热爱的执法打假工作，成为乌鲁木齐市质量技术监督局稽查队最年轻的科长，也是同事眼中最老练的执法队员。他没有因此而骄傲，在平时的工作中遇到问题，他总是向年龄大有经验的同志虚心请教。在担任稽查科科长的几年来，他始终坚持以党员标准严格要求自己，严以用权、严于律己、严以做人。

近些年，他不断创新工作思路，认真履行职责，围绕政府和老百姓关心的社会热点，把执法重点放在危害百姓身体健康和生命财产安全的大案要案上。先后查办了“地条钢”窝点案件、郑丽娜销售假冒运动鞋案、假冒“现代”品牌的汽车配件案等一大批大案要案，案件货值上千万元，为企业挽回经济损失的同时，保护了企业的合法权益。

“铁”腕执法，维护公正

20 年来，潘旭始终铭记前辈的教导：加大执法监督，对那些有法不依、有令不行、有禁不止的人和事，要重拳出击、一查到底，切实从严守法、铁腕执法。

近几年来，打击质量违法的执法工作中，潘旭带领全科室同志积极查找案源。只要一有线索，不管严寒酷暑，不管白天黑夜，总能出现在执法第一线，以积极的态度和饱满的工作热情投身到执法工作中去。比如在他所办的劣质钢材案中，就可以领略和感受到他在办案中刚正不阿、铁腕执法的真性情。

2017 年 4 月初，潘旭所在的稽查队接到一封匿名信，举报在乌鲁木齐北方钢材市场内藏匿大量涉嫌不合格建筑用钢材。

潘旭和同事们非常清楚，如果劣质钢材被用到了房屋、桥梁、公路等基础设施的建设中，那后果不堪设想。

按惯例大家先摸查暗访，在乌鲁木齐城区 20 公里外的北方钢材市场，潘旭带着两位同事以买家的身份一家家查看询问。从上午走访到晚上，直到钢材市场下班，仍没有结果。初春的乌鲁木齐还是冰天雪地，手里的矿泉水已经冻成冰。

同事说，“会不会举报有误？”

潘旭说：“应该不会，我们到市场外面再找找。”三人边走边哈着气搓手，半个小时后，果然在钢材市场外围的露天空地上，看到了一堆黑压压的成捆钢条。多年的工作经验告诉潘旭，这就是被举报的假冒伪劣建筑钢材。

“通知局里！”大家异常兴奋。然而，接下来的走访却让他们愁闷起来。

“什么时候拉到这里的？”“什么车拉进来的？”……他们问询周边的商户、社区、警务站，都没有一条有价值的信息。

“贴公告。”潘旭说完看了眼同事，“今晚就守这里了。”

晚上 10 点，局里的同事送来了矿泉水和馕。“潘科长，一碰大案你就不吃不睡了。”大家开着玩笑，“都成铁人了！”

夜色笼罩下的市郊万籁俱寂。大家和衣坐在面包车里，每一个小时下车巡查一次。室外零下十几度，冷风像刀子割在脸上。车灯照射着白雪、黑铁，趁着晚上空闲，大家开始盘点货物。撕着纸条，或爬到两米高钢条堆上，或爬在雪地里，一捆塞一条。

天亮时，盘查完。360多捆，涉案金额至少400万元。大家长舒一口气。

取证、问询和名优企业联系鉴定，委托检验机构检测。然而，第二天货主还是没有出现。

这一晚，潘旭和同事依旧窝在车里，商议着接下来的对策。并联系了货车。

两天后，货主终于出现，辩称货物是抵账而来，并不是自己购买。潘旭做完笔录，请示局领导，在单位审批后，决定将这批伪劣钢材异地扣押。

货主急了，“你们有完没完，在这里盯了三天了。”

“我们还会盯下去，直到货物拉完。”潘旭说。

当晚，潘旭拖着疲惫的身体回到家。家人已把饭做好，准备动筷子时，潘旭接到一个匿名电话：“别把事做得太绝了，多给自己留条后路吧。”

愣了一下，潘旭冷静地说：“如果你用假货去坑人，那我会一直查下去，直到让你在市场上无法生存！”

对方挂断电话，团圆饭热情顿时冷清起来。妻子埋怨道，“你这个工作就是得罪人。”潘旭咽下一口饭，“邪不压正。”

1200吨的钢材，大货车拉了四天。从查货到最后过磅，连续200多个小时，潘旭吃住在车上。再次回到家时，面色铁青。女儿见到他愣了好久，慢慢地说，“爸爸，你是黑脸包公。”

这只是他所办的众多案件中一起比较典型案例的缩影。

“铁”面包公，不徇私情

担任科长5年来，潘旭始终坚持以党员标准严格要求自己。同事用“细心、爱较真、铁面包公”来形容潘旭。而正是这份责任与较真，让他在执法过程中发挥了关键性作用。

2014年1月，他接到举报，带领科室同志到南郊货运站检查，由于情报有误拉假货的卡车一直没到，大家准备回家，他坚守继续暗访。于是，潘旭带着同事喝着矿泉水就馕，冒着严寒在货场守了两天一夜，最终等到了拉假冒知名运动品牌服装的卡车。任对方如何解释，货场其他商家如何请求，他都无动于衷。

他从货车顶端盘查下来后，货物老板将他拉到一边。悄悄递来一个黑塑料袋，“抱歉，你们辛苦了。这五万元，你收下。”

潘旭推开，准备离去。对方追上，“放我一马，回头我再给您致谢！”

“不用致谢，我们按法律程序走。”潘旭冷冷落下话。

“兄弟，你怎么这么不讲情面了？”

“如果对你讲情面了，那么我就没脸面对消费者，没脸面对正常经营的商家，没脸面对我的同事、我的家人。”潘旭提高声调，“而且，你这批仿冒品如果走到中亚国家了，我们都给国家丢脸了！”

“没见过你这样不通人情的家伙！六万多双让你们收去，我还活不活了！”老板狠狠的丢下一句话。

“你这里的假冒‘adidas’‘NIKE’运动鞋六万多双，涉案金额至少400万元了，你已涉嫌违法！”说完，潘旭就开始联系公安。

二十分钟后，潘旭的电话响。接起来，是女儿的问候，“爸爸，你什么时候回来？为什么还不带我看眼睛。”

女儿出生后，眼睛就不好，近些年忙于工作，一直未能陪女儿去看病。“可儿，下次好吗？”潘旭鼻子发酸，一时语塞。

“没事，你好好办案吧，下午我带可儿去医院检查。”对面是母亲的声音。潘旭感到欣慰，母亲接着说，“潘旭，你是不是在南郊查了一批运动鞋？妈妈的好朋友张阿姨，刚打电话找我，货物你们正常查，就不要移送公安了。那是张阿姨的亲侄子，帮下张阿姨吧。算妈求你了！”

听到拒绝后，电话那头的母亲“哎”的叹气，挂了电话。

这样铁面无私，拒收贿赂的事情，也不知道在他身上发生了多少起！

“铁”血柔情，一身正气

这些年来，潘旭在生活上帮助过很多亲戚和朋友，但在工作上，他从不妥协。因此，在亲戚和朋友圈里，他也留下了“不近人情”的名声。在内心深处，是对家人的满心愧疚。

上顾不了父母，下护不了女儿，在外办案遇到多大的委屈，潘旭从不伤心，只有谈起家人，他的眼角才会挂泪。

选择了执法打假工作，就意味着放弃了家庭温暖；选择了去伪存真，眼睛里就容不了沙子。他以身作则，敢于担当。在执法过程中，每每遇到“难啃的骨头”，他都会冲锋一线，率先垂范。对待同事，尤其是新入行的质监人，他总是不厌其烦的讲解知识，传授经验。每次带同事夜间执法时，他都要给同事的家人电话告知，表示歉意。“队员们跟着我受了很多苦，我必须理解和支持他们。”潘旭说。

对同事热心贴心，办案时严格细心，他是质检系统的模范标兵。潘旭于2011年获得了市局评选的“行政执法工作先进个人”，2010—2012年，连续3年获得乌鲁木齐市质量技术监督局“优秀公务员”及2013年“优秀党员”的荣誉。同时，他还是2016年度自治区级“访惠聚”先进工作者。在访惠聚工作中，潘旭扎根基层，埋头苦干，热心服务当地群众，最大限度地争取人心、凝聚民心，有力地促进了新疆的和谐稳定。

就是这样一位铁血男儿，铁心不移，全身投入质量执法打假工作，为了做好这一件事，始终战斗在执法打假一线，无怨无悔奉献着青春!

鹰击长空

记克拉玛依质监之沙漠之鹰鲁文超

《沁园春·长沙》

……

看万山红遍，层林尽染；漫江碧透，百舸争流。

鹰击长空，鱼翔浅底，万类霜天竞自由。……

我国华夏民族文化中的鹰形象，可追溯至原始社会的图腾崇拜，鹰是神的化身。在古代军事上，鹰象征战神。鹰象征力量、勇敢、朝气蓬勃。

苍　鹰

苍鹰，俗称黄鹰。即使它在千米以上的高空翱翔 ，也能把地面上的猎物看得一清二楚，是鼎鼎有名的千里眼。

2015 年夏，还有两分钟就到下班的时间，稽查队的同志们正在收拾办公桌上的执法文书，准备下班。这时，新疆维吾尔自治区克拉玛依市质量技术监督局 12365 投诉举报咨询电话的铃声响起了，“你好！这里是克拉玛依市 12365 投诉举报咨询中心，请问有什么可以帮助您？”“你好！我是小拐乡的农民，我今年买的滴灌带有问题，裂口，跑水！把我的棉花地都泡了，我该怎么办？”“您不要着急，请将您所在的地址、联系电话和购买滴灌带厂名、联系电话告诉我们……”12365 值守人员立刻向队领导汇报，队长鲁文超当机立断，立刻组织两名执法骨干和一名质检所高工前往事发所在地。农业垦区，路途颠簸，且没有明确的路标，执法人员到达投诉人垦区已是晚上 10 点多钟。一到现场，向申诉人介绍过身份后，执法人员就开始了现场勘察和证据收集工作。虽然已是夏季，但在克拉玛依的戈壁滩上，昼夜温差极大，穿着夏季制服的同志们不禁抽搐着，心里感叹“真冷呀”，但是工作还要继续，每分每秒都事关一个农民今年的收成。鲁文超踩着已被泡透的黄泥，在伸手不见五指的黑夜里翻看爆裂开来的滴灌带，“生工，您看看，我觉得有必要抽检，连打带罚”。“我明白你的意思，你的判断是对的，从滴灌带所处的位置和爆裂形态来看不可能是人为的。”“好，生工，那就麻烦您配合一个同志把还未铺设的滴灌带进行抽样吧！您辛苦了！”“说什么客气话，我们可都是为农户服务，打击的都是坑农害农的不法分子。鲁队，后期调解补偿和执法工作还要靠你们呀！”鲁文超：“只要咱们程序合法，剩下的就交给我了。”

鹰的再生

传说鹰是世界上寿命最长的鸟类，一生的年龄可达 70 岁。但鹰活到 40 岁的时候，它的爪子开始老化，无法有效地抓住猎物；它的喙变得又长又弯，翅膀也越加沉重，飞翔十分吃力。这时，它只有两种选择：一是等待死亡；二是重整后再生。选择重整后再生的鹰，要经过一个痛苦更新的过程。它首先要努力地飞到山顶，在悬崖筑巢，在那里度过漫长而又痛苦的 150 天。这段时间，要用力将又长又弯的喙击打岩石，直到完全脱落，然后等候新的喙长出来；再用长出的新喙将指甲一根一根地拔出来；新指甲长出来后，再将羽毛一片一片地拔掉。待新的羽毛长出后，鹰又可以翱翔于广阔的天空，续走后 30 年的生命旅程。

2016 年，鲁文超同志有幸参加了克拉玛依市委组织部组织的中青班学习。通过两个月的学习，鲁文超深感与其他同学间的差距，所以他带头发起“从我做起，对我监督”活动，从党性培养，从做合格党员开始做起，佩带党标，时刻铭记：亮明我们的身份，让行动置于阳光下。重新认识执法稽查工作，将更多的时间用于执法新领域的研究与突破。将执法模式从单一处罚向服务式执法转变；以科技执法为依托，从事后执法向事前预防转变，坚持宽严相济的法治理念。

打破常规，把监督抽检作为强有力的手段，充分发挥质监系统的“技术优势”，改变了以前依赖自治区统一监督检验、打假治劣相对滞后的工作模式。特别是在农资打假治劣工作中，针对部分生产企业采取季节生产的特殊性，采取早期介入、先行监督抽检的工作方式，以不走过场、不打招呼、不提前通知作为工作原则，对辖区内的农资生产企业展开全覆盖式监督抽检，并以编码盲样的方式送检，确保检验结果公平公正。鲁文超带领全队查处农资违法案件 33 起，捣毁一起非法生产农资的窝点，查获不合格农资产品 31.59 万元。使得源头打假治劣工作变被动为主动，取得了良好成效。

鹰之精神

鹰，捕食的时候，一面在海面或湖面上盘旋，一面用锐利的目光搜索贴近水面游动的鱼类，一旦发现目标，便急速俯冲下来抓获，奋力飞上天空。

狠抓大案要案查办工作，通过建立部门联动机制、“两法衔接”机制，使质监执法工作整体上台阶、上水平。2017 年，参与办理大案要案 8 起，向司法机关移交案件 2 起，向当地政府移送案件 2 起，移交法院强制执行案件 3 起。

2016 年 8 月 11 日，根据自治区执法稽查局下达的《重大案件督办通知书》反映的线索，鲁文超带领执法人员立即成立案件调查组，快速响应，查处一起销售冒用厂名厂址、产品质量合格证明、生产许可证标志和编号的钢筋案，共查获冒牌钢筋货值 29.59 万元，扣押钢筋 66.04 吨。在本案查办中，克拉玛依市质量技术监督局和兄弟地州建立联动机制，追溯违法源头，整合多方执法力量，共同打击违法行为，取得了良好成效。

鲁文超（左）亲自到现场督办“地条钢”案件

2017 年 6 月 7 日，根据新疆维吾尔自治区人民政府办公厅下发的《关于对部分地州市“地条钢”产能开展核查的紧急通知》

要求，克拉玛依市质量技术监督局联合市经济委、白碱滩区市场监督管理局等多个部门，查获一起违法生产国家明令淘汰的“地条钢”案，年产能约为2000吨。经查实，涉案企业共生产地条钢140余吨，现场查扣地条钢30余吨，涉案金额近24万元。此案中，鲁文超同志自始至终冲在执法一线，决策正确，部署周密，反应迅速，案件查处的同时监督企业将生产地条钢的中频炉拆除，彻底杜绝该企业再次从事地条钢生产，规范了企业生产经营行为。此案具有极大的影响力。

雄　鹰

鹰的雄强威严、器宇轩昂和阳刚大气，是最具感染力的精神要素之一，在美学中是高贵与壮美的象征。有史以来，一直崇尚自然天地，崇高生命永恒与超凡力量的中国人，是代代追求，相承于一脉。把天地日月、嵩岳高山、沧海百川、雄鹰之搏击，乔松古柏之岁寒磊落恰与物我相谐的精神方式，不卑不亢的阳刚气节相照映，来完善自我人格，以及传达精神象征意义。现代文化展现的是共通的时代审美和时代价值，时代赋予了鹰的象征所呈示的至高、至大、至刚、至正所凝聚的宏大致远、浩然正气的时代意义和现代品格。国运强盛、积健为雄，鹰的象征是蕴含、汇成中华民族的振兴、腾飞和崛起。

鲁文超同志始终保持鹰作风。廉洁奉公，不利用职权和职务上的便利为自己谋取私利，凭良心做人，凭能力干事。始终把民生作为执法工作的主题，坚持以打假促服务，以服务促执法。在他的指挥领导下，重点对农资、建材、电线电缆、特种设备、汽车4S店、儿童玩具、消费品等进行了专项检查。参与办理案件118起，查获货值共计300.48万元，罚没款100.33万元，罚没物品拍卖所得款 10 万余元（已上缴国库），及时排查了安全隐患，规范了企业生产加工行为。

作为稽查队长的他，关心集体，关爱队员，有很强的集体荣辱观，在他的带领下，稽查队年年评为“先进单位”，行政执法方面获得多项自治区级荣誉。2014 年稽查队在自治区汽车“三包”及缺陷汽车召回联合执法检查工作中成绩突出获得自治区局在全疆范围的通报表彰。2016 年度获得全疆质监系统“执法稽查工作优秀单位”；鲁文超同志荣获自治区文明办、质监局等四部门联合表彰的 2016 年度“汽车产品管理工作先进个人”；四名执法人员因办理大案要案工作突出获得自治区局发文通报表彰。

为了克拉玛依的安全稳定和经济的发展，鲁文超忘我地工作，使稽查队形成“招之即来、来之能战、战则必胜”“特别能吃苦、特别能战斗”的优良作风，赢得全体干部职工的尊敬。

做扎根基层的执法尖兵

记新疆维吾尔自治区吐鲁番市质量技术监督局稽查队队长吕志军

吕志军，自2001年3月至今一直在新疆维吾尔自治区吐鲁番市质量技术监督局稽查队从事行政执法工作，该同志立足本职，踏实工作，从一个普通稽查队员、到副大队长，队长一步一个脚印，逐步成为吐鲁番市质量技术监督局稽查队的执法骨干，年年能够超额完成工作任务。

以身作则做尖兵

俗话说："没有落后的群众，只有落后的干部。"为了充实自我，将自己锻炼成为德才兼备的中层管理干部，树立自己在群众中的良好威信，他虚心向其他同事学习，努力改造自己的人生观、价值观，做队员的"带头人"。为了使所主管稽查队的全体执法人员思想素质得到提高，他积极支持并配合领导定期组织队员进行理论联系实际的面对面交流。工作中，他的严于律己也让同事们敬佩不已。他模范带头遵法守纪、遵规守章，廉洁自律，洁身自好。他勤政务实，以队为家，一心扑在工作上，很少休假。他坚持原则，依章办事，制度管人。他关心队员，乐于助人，热心为同事排忧解难。榜样的力量是无穷的，在吕志军同志领导下的稽查队逐渐形成了“团结务实、干事创业”的良好局面。

务实创新做尖兵

“维持现状，就是落伍。”如果老是墨守成规，自我满足，陶醉于胜利的战果，沾沾自喜，那我们的工作最后就必然会落伍。在我们市场监控体系日趋完善的今天，制假的手段也越来越隐蔽，对策也越来越高明，如何因势而变，提高对产品“源头”监管的效果，这是对我们全体稽查人员提出的更高要求。作为队长，他首先带领队员们集思广益，不断创新，努力拓展举报信息网络，发展信息员，利用一切可利用的机会发展举报信息渠道，加强法律法规的宣传，使地下制假窝点无藏身之处。其次，做到“细摸底、常分析、勤排查、紧盯防”的方法，彻底端掉制假、售假窝点，以有效打击他们的违法活动。并经常性地联合兄弟单位，集合群体的力量有效地打击违法行为。做好稽查工作需要对各种综合知识的掌握和应用，该同志自从事行政执法工作以来，虚心向老同志请教，经常查阅相关专业资料，不断加强对各种相关知识的学习，丰富提高自身素质，系统掌握质监法律理论知识，专业水平得到了长足进步，他坚持在干中学、在学中干，坚持理论联系实际的学习方法，对所学知识进行消化吸收转变成工作能力，总结出工作经验。通过多年来的学习使他更加熟练地掌握了做好稽查工作的各种业务知识，为更好地做好稽查工作奠定了坚实基础。几年来，他每年都制定学习计划。一是坚持记学习笔记；二是对学习的内容写心得体会；三是坚持记工作日记，并对当天的工作情况记录下，发现问题及时反馈。通过多年的学习和积淀，进一步提高了理论水平和业务素质。在思想政治上、业务上不断地完善自己。更新自己的同时，他当好表率，充分调动每个人的积极性、主动性和创造性，树立危机感、紧迫感、使命感，自觉服从和服务于大局，提高全员的业务素质，提高精通办案程序和识假辨假的水平，让全队人员具备透析市场变化，全面了解和掌握市场动态的能力，使吐鲁番市质量技术监督局稽查队真正成为一支“叫的应，拉的出，打得赢，都满意”的队伍。

稽查工作不仅需要扎实的专业知识，而且要有驾驭各种复杂局面的能力，特别是作为一个稽查工作的基层领导，更要有临机处置各种复杂局面的能力，要注重方式、方法和技巧，只有这样才能使稽查工作得以顺利进行。而这种能力的培养需要长时间的摸索和平时细心的总结积累，只有在平时工作中做一个有心人，善于总结经验教训，伏下身心去钻研学习，才能从中找出一般性规律，才能使自身素质和能力有所提升，才能在稽查工作中游刃有余。通过近些年来的不断磨练和总结，该同志从中找到了一些做好稽查工作一般性规律，总结出了一套符合自身实际的工作方法和办案技巧，并把所学到的知识与实践有机结合起来，运用于实际工作中，攻克了许多的大案、难案，受到了领导和同志们一致赞赏。例如：2001 年查办的大案要案中有 2 起被列为 2001 年新疆质量技术监督系统的十大案件；2002 年查处的吐哈石油勘探开发指挥部石油能源开发公司鄯善油品经销部销售国家明令淘汰的 70# 汽油案中，涉及 70# 汽油 2875.376 吨，涉案货值达 653.3 万元，在全疆质监系统引起很大震动；2006 年承办的新疆电力公司吐鲁番电业局经营以电表计量为结算依据的电量实际值与结算值不一致案，在全疆质监系统也引起了很大反响，填补了新疆查处此类违法案件的空白，得到了各兄弟单位的认可学习。2011 年查办的浙江天顺玻璃钢有限公司销售的 SMC 玻璃钢电表箱上未加贴“CCC”标志一案，涉案产品600台，货值36万余元，在内地销往新疆此类产品的企业中，引起了不小的轰动。在执法过程中，他不单纯于执法，而是在执法中予以服务，牢固树立为企业“服务”理念，站在服务于政府工作，服务于企业发展，服务于经济建设的角度，去深入细致地为企业搞好服务工作，把执法工作融入到服务企业中去，从而消除企业对我们执法的抵触情绪，不但圆满完成工作任务，还赢得了企业对我们的尊敬。

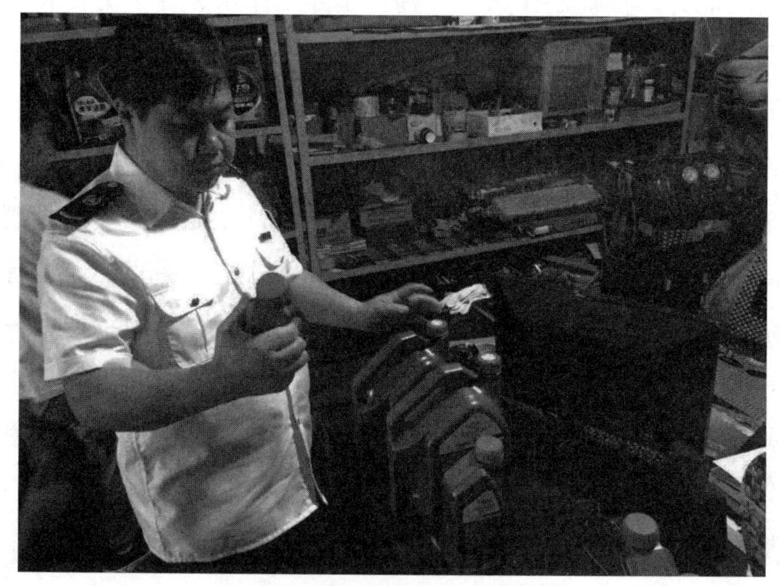

吕志军在汽配打假现场检查

敢于拼搏做尖兵

作为稽查队负责人，吕志军同志能够做到思想领先，讲到做到，行动快，处理突发案件迅速，带领全队人员顺利完成了上级交办的各项目标任务。在开展的各项专项整治中，行动快，有案件随时出发，并强化日常巡查，及时掌握企业和市场的第一手资料，打击窝点，消除监管盲点，保持对质量违法行为的洞察力，做到善于发现问题，分析问题，善于打击不法分子，让违法行为得到应有的惩罚。

众所周知，稽查工作难度较大，阻挠执法的行为时有发生，有的甚至诬告中伤、散布谣言、威胁等。作为队长，在这种复杂的情况下，吕志军同志不胆怯、不退缩，自觉抵制不法分子的阻挠。在平时的工作中他端正执法思想，牢记“公仆”身份，明确与相对人之间关系，动之以情、晓之以理，将国家的法律、法规、行业政策宣传，讲解给他们，消除或化解了在工作中碰到的难点、疑点和矛盾冲突，以达到他们对我们工作的支持和理解，例如在对一家辖区生产企业的检查过程中该厂负责人不提供任何情况，拒绝在现场笔录上签字，态度蛮横无理，对执法人员恶语相加，说我们没事找事，还鼓动在场的工人阻挠正常的执法工作，对执法人员横加指责，甚至执法队员一度被他们拒之厂外，现场检查被迫中断无法正常进行。在这种情况下，吕志军同志没有冲动、没有退却，稳住阵脚、据理力争，对不明真相的工人讲法律、摆道理，最终控制住了局面，一场激烈的矛盾冲突消解了。不仅维护了质监局公正执法、廉洁执法、文明执法的良好形象，还圆满完成了工作任务。

廉洁奉公做尖兵

在市场经济领域的活动中，精彩的世界到处充满着“诱惑”，执法人员要经得起大风大浪的冲击，经得起诱惑，不被大风大浪给吞没。为此，吕志军同志注意加强自身的道德修养，苦练内功，强提素质，使自己成为一名德、才兼备的高素质人才，以适应新形势下的执法要求。他在办案过程中坚决执行各项工作纪律，以身作则，率先垂范，多年来他带领的大队没有出现一起违规违纪行为。

吕志军坚持凡案必铁原则，严肃办案纪律、规范办案程序，落实办案责任，切实把每个案件办成铁案。一是严肃办案纪律。二是公开办案程序，接受社会监督。三是严格履行职责。不搞歪门邪道，做到廉洁自律、不徇私情、公正廉明。在近年他所办的近 300 多起案件中未出现一起复议、诉讼案件，年年受到局党组和同志们的一致称赞。

不忘初心　永不放弃

记新疆维吾尔自治区哈密市质量技术监督局稽查队郭燕

从事一线行政执法工作21年，办理各类案件近450起，结案率达到100%。自2011年起，连续多年被评为“优秀公务员”“系统办案能手”和“监管先进个人”，2014年记三等功奖励并获得“全国质检系统执法打假办案能手”称号，2017年成为国家质检总局执法专家库人才，多次受外省邀请开展业务知识和经验授课。连续两年在《中国质量技术监督》发表文章，独立起草的《电梯执法作业指导书》和《以案代培》被自治区局审核立项并拨付经费。这些成绩的背后是一个永不放弃、不忘初心的平凡身影，她就是新疆维吾尔自治区哈密市质量技术监督局稽查队一室主任郭燕。

在总结自己的办案经验时，郭燕冷峻严肃地说了五个字：“专业加敬业”。

寒来暑往　生产安全做保驾

1996年，郭燕正式成为哈密市质量技术监督局稽查队一名从事一线专职行政执法人员。21年执法生涯中，郭燕和稽查队的同事们不辞辛劳走遍了哈密市18个乡镇和16个兵地厂、区，先后帮助区域内45家规模企业建立健全特种设备管理制度，完善设备安全技术档案，为662台件特种设备排查隐患240处，拆除重大安全隐患的设备31台，累计为企业节约资金近145余万元。打击"地条钢"，打击侵犯知识产权，查处食品安全、特种设备安全……哪里有质监违法行为，哪里就有郭燕和同事们主持正义的身影。

郭燕（左）认真检查现场和设备

执法打假　勇于亮剑显法威

有一次快过年了，根据打击侵犯知识产权和制售假冒伪劣商品犯罪"亮剑行动"的工作方案，由哈密地区公安局牵头，联合工商、质监、烟草组成联合检查组对当地一家公司待售的84瓶"贵州茅台酒"进行现场执法检查。经贵州茅台酒股份有限公司鉴定，84瓶涉案货值金额85638元的"茅台"均为假冒产品。有关证据显示，该批假茅台到哈密市的总数为30件，可能涉刑。公安机关对其核查后，转交哈密市质量技术监督局稽查队办理。郭燕和同事们在春节团圆祥和安乐的氛围里，冒着冬日的严寒，放弃节假日加班加点，按照线索层层剥丝抽茧，最终在年尾申请强制执行案款全额到位。

2015 年 8 月初根据举报，郭燕和同事们依法对位于哈密市东南部风区北部的中国能建广东火电新疆哈密烟墩七 B 风电场施工现场进行检查，发现有 402 箱违法货值达 62.7 万元的防风跌落式熔断器。对涉嫌存在质量问题的这批熔断器，郭燕拒绝了相对人自己保管的提议，坚持采取异地扣押行政强制措施，从发现制作笔录到完全拉回哈密市扣押至库房已近半夜 4 点。

这批熔断器究竟内在质量如何？是真的还是假冒的？为此，郭燕请教专家，查找标准，确定抽样方案，联系检验单位，随货同行至西安高压电器研究院检验。关键质量指标严重不合格。在案审会讨论前，为了让与会案审成员充分了解这个产品的情况，郭燕和同事们精心准备了 PPT，以图片对比和动漫效果解释该不合格产品会带来的后果，最后案审会全员同意全部没收。

相对人送卡请吃饭，意欲掏钱买回，郭燕严词拒绝。2017 年，郭燕主动联系举报厂家，由地物价部门作价，厂家派车拉回河北，哈密市质量技术监督局稽查队人员随车同行。最终，在当地质监部门的配合下监督这批熔断器由第三方具有环保资质的机构利用专业设备拆解，并做特殊销毁处理。

立身为民　确保安全创举措

郭燕始终把“民生”作为执法的主题，坚持以打假促服务，以服务促执法。8 年内下发特种设备安全监察指令 331 份。结合当前形势，在多部门的齐抓共管下，她和同事们临危不惧、果断出击，彻底清理了全市淘汰螺丝报废瓶，重点规范了民用液化石油气和车用气瓶的充装行为。在郭燕的心中，辖区内每一部特种设备她都了如指掌，工作起来更是轻车熟路、有的放矢。正是得益于用心，在她的努力下成功地办结了数十余起社会关注、群众反映、具有社会影响力的典型性案件，为哈密市的安全生产作出了积极不懈的努力。为了让更多的群众了解、文明正确乘用电梯，她和同事在业余时间共同拍摄并制作了《哈密安全乘坐电梯宣传片》，已在市中心多次播放。她还在业余制作了《电梯行政执法作业指导书》和《以案代培》，用于指导基层工作人员快速开展工作。

能学善思　办案技巧寻突破

和郭燕共事过的同事们都说：“在她身上我们可以学到很多。”多年来，郭燕一直以“勤思考、勤学习、勤实践、勤总结”的标准严格激励着自己，潜心学习质监基础知识和相关法律法规，通过不断钻研，逐渐梳理总结出了涉及质量、计量、标准化、特种设备安全监察等223个类型的违法行为。在当地“严查车辆治限治超”专项行动中，她开拓思维、勇于创新、成功地办理了几起获证企业生产与获证信息不符的超高超限车辆案。哈密市目前还缺乏对整车性能检验的机构，因此如何利用有效资源和合法手段找到定案依据形成完整的证据链是办理案件的关键。为了攻克这个工作难题，她查阅了大量的相关标准和技术规范，刻苦钻研办案技巧，为成功地查办案件寻找到了突破口，为案件的定性画上了一个圆满的句号。由此她撰写的《在检验能力薄弱地区怎样查处认证认可案件》一文被刊登在《中国质量技术监督》杂志上，为今后查办同类案件提供了很好的指导方向和新思路。

一身正气　执法公正有担当

那年同事因工作调动，郭燕接手了他未完成的案件。一拿上这些案件郭燕和她的同事针对案件办理中的不足，与企业沟通想办法让其尽快符合要求完成安全隐患的排查和后期整改。企业在告知时当即提出听证要求，办案多年的郭燕心里清楚，企业无非就是想给我们制造点麻烦。事毕，听单位领导说，该企业老总通过向别的执法单位人员、质监局同事和与本单位有业务往来的人员了解到郭燕的为人和品行。在听证前主动取消了听证申请，心甘情愿地接受案件的处罚结果。

“她是一名有担当有作为的干部，一身正气，同时也是一位很有修养的人！”一位相处多年看着郭燕成长的老干部这样评价。

刻苦求知　打铁先求自身硬

按国家法规要求，每个地区要配备一定数量的特种设备 A 证安全监察员。现实是，特种设备 A 证安全监察员不仅要求取证者有较强的理论和实际专业知识，还需参加国家质检总局统一组织、通过率极低的考试。郭燕磨刀霍霍想试一试，老公有些心疼：“全单位没有取证人员，你们的工作不是也运转了这么久，也没出什么问题，干什么非得自加压力，四十好几的女人每天早起晚睡的看书、背题，把日子过得比牛都累，图什么？”郭燕坚定地回答：“考取这个证的过程也是学习的过程，我想从管理层面，站在更高的角度重新审视我们从事多年的工作，看看还有什么是没做好的，需要继续完善的。说安全，践于行。”就这样，郭燕硬是用碎片时间，见缝插针地将三块砖那么厚的书，21 个法律法规规范全部“啃”了一遍，一遍记不住就再看一遍，反复记忆，充满信心地走进了考场。最终她通过考试取得 A 证资格。

不辞辛苦　安全底线严把关

2011 年，郭燕和同事们冒着 38℃的夏季高温，二十多次深入位于400公里之外的雅满苏的180个矿点，逐台拍照登记核对设备资料，汇总问题。按照锅炉、压力容器、起重机械的类别，将存在的安全隐患按整改程度分别下达《特种设备安全监察指令书》。针对每一类问题，郭燕手把手地教企业如何去整改与规范，同时对于那些资料缺失、制造厂家已不存在或不详的起重机械，郭燕还主动请示局分管领导，联系自治区特检院的同志对这些设备做了性能检定和问题排查，确定参数。一腔辛苦共为企业清理排查各类设备100台件，查清已不存在或重复的设备12台，查找各类安全隐患98条，截至2012年6月，存在安全隐患全部落实到位。看着档案室内整齐的100多个设备资料盒，该企业的负责人感动地说："你们的工作不仅仅是消除一个盲区和监管死角，更重要的是帮助我们查清了家底，比起八钢前期的设备清查整改时间整整缩短了大半年，节约了近百万元资金。真是我们企业的守护神呀。"

风风雨雨数十年，在郭燕担任稽查队室主任期间，没有接到一起质疑她工作未履责到位的投诉，2017年哈密市迎接了国务院各类督导组7个轮回的检查，通过考核，她负责监管的领域未发现问题。

有勇有谋　安全执法有收效

郭燕常深有感触地说："作为执法人员，经常面临危险，怎样把这种危险化为不危险？光有勇是不够的，还要有谋。每次执法过程都是斗智斗勇的过程。"

郭燕坦言她的谋略来自学习，来自知识的不断积累。首先是法律知识，其次是专业知识。她说，要把一个案子办成铁案，就要证据扎实，调查全面，程序合法。这些不仅要喊在口头上，更要落到实处。丰富而扎实的法律知识和专业知识让郭燕每次都能对企业的违法行为做到心中有数，对执法行动做到胸有成竹，让违法企业心服口服。

“还有一种知识至关重要，那就是社会经验知识。”郭燕颇有心得的说道：“执法人员在现场的一言一行、一举一动都非常重要。有时候一句话说得不妥，就可能激发矛盾，发生意想不到的事情；有时候一句话说得恰当，就能把局面控制住，取得行动的胜利。单纯的对抗和强硬并不能使执法工作更顺利，相反，和谐执法才是我们追求的目标。”如何让对方配合检查，郭燕自有她的一套方法：换位思考，耐心说理。

这样的例子还有很多很多。21年执法生涯，每一个案例都是一个故事，而每一个故事后面都有辛苦的付出和智慧的较量。

有人说郭燕一干执法就像打了鸡血一样，有冲劲。但生性淡然的郭燕说：“其实我也有烦恼、疲惫的时候，但既然干了稽查，就要好好干，要做就要做一名称职合格的稽查战士。身为社会人，首先要有担当，做好表率，为母为父也亦然。”简单朴实的语言透出的是郭燕最真实的人生观和价值观。

二十二个春秋，郭燕同志始终勤勤恳恳，兢兢业业，忠于职守，奋斗在平凡的质监行政执法第一线，她用智慧和汗水谱写了一幅幅动人的乐章，展示了一个普通稽查工作者的广阔胸怀……

牢记使命，为民执法，做合格的质监执法人

记新疆维吾尔自治区昌吉回族自治州质量技术监督局稽查队队长冯建江

冯建江，中共党员，现任新疆维吾尔自治区昌吉回族自治州质量技术监督局稽查队队长。作为一名质监工作者，多年来，默默奉献，在平凡的岗位上作出了不平凡的贡献，他忠于职守，尽职尽责，清正廉洁，秉公执法，无私奉献，牢固树立正确的人生观、世界观、价值观，牢记“权为民所用，利为民所谋，情为民所系”的责任感，能够在思想、政治和行动上始终和党中央保持一致，起到模范带头作用。在任稽查队支部书记、副队长期间，与其他党员一道，认真贯彻学习党的路线、方针和政策，始终坚持以经济建设为中心，认真抓好党建工作，以促进全队执法打假工作。认真落实“为民、务实、清廉”的要求，使党风、政风、行风明显改进，机关工作效率和工作水平明显提高。充分发挥其领导作用，不断探索工作中的新经验、新方法，带领全队职工不断加大工作力度，尤其在全面提高执法水平和案件质量上下功夫，坚持“抓大案、端窝点、整市场、堵源头”的执法方针，全面落实行政执法责任制，重拳捣毁土炼油、小轧钢、小轧花，严厉打

击食品质量违法企业，抓紧抓好特种设备安全工作，几年来的重拳出击不仅打出了良好的市场秩序，而且使外部环境明显改善，为当地经济持续、快速健康发展和优化投资环境作出了应有的贡献。在十多年的质监工作生涯中，真真切切用自己的爱心、诚心、耐心去热爱着质监事业，不断增强着自己的政治意识、责任意识、大局意识、创新意识和服务意识，切实保障广大企业和消费者的合法权益，维护法律的尊严和质监部门的权威，为质监事业的发展积极奉献着、拼搏着。不论白天黑夜，无论刮风下雨，哪里有假冒伪劣，哪里就有他打假治劣的身影。其所在单位连续荣获区局执法责任制先进单位、执法打假先进单位和系统行风示范窗口单位，被自治州人民政府评为人民满意执法单位，多次被州局评为“党建、业务目标先进单位”，由于成绩突出，本人也多次被州局评为“优秀公务员”。

秉公执法，不徇私情

稽查队是质监系统行政执法工作的主要职能科室，既是情与法矛盾最为集中的地方，也是权与利最为微妙的部门。他在质监执法过程中，给自己立了一个十分清楚的界线，要讲感情、讲同情、讲亲情，更要讲政治、讲原则、讲道德。2003 年，对刚刚进入昌吉回族自治州质量技术监督局稽查队的他，遇到了一个难题。一位自己从事稽查工作的老领导，为一件不合格农资案件，找到他，提出了超越法律范围的要求，为相对人说情，请求免于处罚。论情，如果得罪老领导有切肤之痛；论法，自己无权放弃原则。面对曾经朝夕相处的老领导，比自己资历深、业务精，他只说了一句话：“对不起，按原则办事是您老大哥教我的，而且您以前也是这样做的。请您帮助学生向您的朋友（相对人）宣传法律，配合处理，感谢您了，对不起您了。”老领导当时虽然有些不快，但后来，多次在不同的场合，称赞冯建江同志原则性强，是一个值得放心的干部，非常适合干稽查执法这项工作。和许许多多稽查岗位上的同事一样，该同志在处理行政案件中，经常会面临方方面面的压力。在稽查执法过程中，有些不屑一顾，甚至出言不逊，当面谩骂，有的还当面公开自己和某某领导的背景，希望能达到减轻，甚至免除处罚的目的；有的还会采用请客、送礼等各种手段；该同志谨慎对待，做到拒收一分钱、一张券、一个纪念品、不赴和行政案件有联系的宴请。一次，呼图壁县的很多棉农，由于买到了质量不合格的地膜，导致了当年该棉农的棉花产量大幅减产。这些棉农多次向当地镇政府、稽查队反映、上访，接到举报就是接到命令，该同志和另一名同事立即赶赴现场，投入调查。为弄清事实真相，他不顾疲劳往返于农田与地膜经销商之间，并当天往返于呼图壁县与昌吉市，亲自把需要检验的地膜样品送到昌吉回族自治州质量监督检验中心进行检验。并最终对生产该不合格地膜的生产企业进行了行政处罚，同时再次对辖区内的地膜生产企业进行了专项执法与整治。就是这样，该同志在情与法面前，没有忘记原则，也没有推卸肩上的责任，即讲法，又有情，没有让法律的天平倾斜。正是他严于律己，清正廉洁的良好作风，赢得了企业、基层单位和人民群众的广泛好评，树立了良好的社会形象。

倾心事业，忘我工作

冯建江在家庭和事业上，他更加热爱自己的质监事业。他深深地爱着自己的女儿，几年来，他对女儿的关心照顾，让他常常问心有愧，这并不是他铁石心肠，他有一颗慈善的父爱之心。由于稽查工作没有上下班、节假日和白天黑夜之分，突然性举报，随时要出发，经常是一个案子要整天整夜地在办案现场。在女儿参加高考那一年，在一般人家一切都得让路，以考生为轴心，但当时正逢全州进行“纯净水整治”和“食品生产加工小企业、小作坊整治”工作，时间紧，任务重，小企业、小作坊遍布全州，企业状况参差不齐，情况比较复杂，全队人员加班加点，都在为完成任务而努力，别说坐下来陪女儿谈谈心，陪着女儿复习了，就连和女儿说几句话的时间也不多。女儿紧张的复习迎考，他没有请一天假。虽然愧对了自己女儿，但他却无愧一个共产党员的称号，干起工作总是兢兢业业，一丝不苟，他虽然不是一个合格的父亲，但他是一名合格的共产党员。他虽没有惊天动地的事迹，但却在质监事业的大厦上添了砖、加了瓦，为党员的称号、党旗、党徽争了光。

勤于学习，团结创新

冯建江从不为名不为利，全心全意作贡献。他的座右铭是“荣誉来自集体，成功依靠大家。”他认为一个人的力量和智慧是有限的，集体的智慧和力量是无穷的，党员领导干部重要的是发挥集体智慧，当好领头雁。他担任稽查队长以来，带领大家，一是围绕区域监管这个中心工作，创造性地履行职能，落实源头抓质量。加大了对企业的巡查力度，深入到企业开展调查研究工作，在标准、计量、质量管理和特种设备安全检查工作时，既执法又服务，引导企业走规范的标准化路子，建立了全州辖区内所有企业档案。他注重在新形势下，把行政法与为企业服务有机结合起来，帮助企业纠正不足，规范管理，真正体现了质量技术监督行政执法工作服务地方，规范市场的行为，为保护名优产品，打击假冒伪劣的职能发挥了重要作用。二是勤于学习，善于思考分析问题。冯建江从事质量技术监督行政执法工作以来，对质监执法工作满腔热情，以高度的责任感和强烈的事业心，把质监稽查岗位作为忠实践行习近平重要思想的阵地，立足本职工作，刻苦学习质量技术监督及相关法律、法规，潜心研究办案方法和技巧，勤于思考，积极探索质监执法的新途径、新形式，写下了十几万字的读书笔记。他还经常结合执法工作深入企业、乡村，了解企业和农民对质监工作的要求、希望和建议，为增强企业和消费群众的法律法规意识，掌握识别真假能力和安全消费知识，积极参加宣传咨询活动，收到了积极的社会效益。三是身体力行，做好榜样。冯建江总是以实际行动处处严格要求自己，工作上严肃认真，纪律上遵守规定，生活上明明白白。他踏踏实实办事，清清白白为政，堂堂正正做人，勤勤恳恳工作。在党风廉政建设上自身带头遵规守纪，时刻用党员的先锋模范作用影响和带动大家，在社会上树立起了质监系统的良好形象。仅 2017 年，冯建江领导所在稽查队共出动执法人员 560 人次，执法车辆 135 辆次，检查和巡查生产经销企业 343 家次，查案件 30 起，罚没款收入 300 万元，受到企业和广大消费者的一致好评。

他——撑起稽查为民的一片蓝天

记新疆维吾尔自治区喀什地区质量技术监督局稽查队队长方天煜

南疆八月，烈日环绕，苍穹之下，一个熟悉而忙碌的身影，穿梭在喀什噶尔最大的东门大巴扎，人流熙熙攘攘，叫卖此起彼伏，他时而与地摊商户亲切交流，时而拿起销售物品“察言观色”，时而与街边群众握手言谈，时而与随行队员自信示意……汗水浸透了他褪了色的队服，黝黑的脸庞浓缩了他犀利的双眸，每一次的“质检利剑”行动都践行着他的承诺和梦想！

他，就是方天煜，新疆维吾尔自治区喀什地区质量技术监督局稽查队队长——心中装着人民，头上顶着蓝天！

他，生在新疆，情系南疆，刚满40岁，倾心热衷质监事业17载。一口流利的双语，一个坚定的信念，他用汗水和脚步丈量着刚正不阿的执法形象，他以法制肩负起稽查为民的重大使命。

（一）

“打铁必须自身硬”，他临危受命、重任在肩，深知质监稽查队队长的责任和担当；他内强素质、外树形象，必须依靠执法培训锻造一支“打假英雄”队伍。

“今天我们讲课的内容，涉及质量范畴的部分行政解释……”，“每周一讲”的课堂上，只见气宇轩昂的方天煜，正在黑板前绘声绘色地讲解着案例分析，学员们认真地听着、记着，不时提问着，互动着，会议室里充溢着严肃活泼、热烈有序的气氛。

“每周一讲”活动作为喀什地区质量技术监督局稽查队的常态化工作。在这里，方天煜队长不只是令人钦佩的领导，更像是学校课堂上的一名人民教师。

方天煜参加工作 17 年，更在质监系统战斗了 17 年，从内心深处已经与这份崇敬的事业难以割舍。2016 年年初调任稽查队伊始，他就把爱的一切交给了这里……

他深知，质监执法工作千头万绪，任务更是繁重艰巨。他的工作专一而不简单，面对的环境复杂而又多变，不仅关系到社会稳定和长治久安“总目标”，而且对于规范市场秩序、维护消费者权益、保障改善民生、促进民族团结发挥着无可替代的重要作用。

“内强素质、外树形象”，是他始终不渝地遵循和抓手。他狠抓执法队伍的培训工作，创造性的在“每周一讲”课堂上，让稽查队员当老师，取得新的收获和进步。每个队员在做老师时，在备课中学习；在做学生时，在研讨中查漏补缺，共同进步。刚开始做老师时，有的队员因为紧张而出错，有的讲课结结巴巴，有的埋头照本宣科，这样的氛围对队员们的学习效果反差十分明显，时间长了，大家对法律、法规便熟记于心、入脑入耳，对外宣讲更是朗朗上口、家喻户晓。

他还采取“请进来、走出去”方式提升培训水平和稽查能力。2017 年，他 5 次邀请区内外“办案能手”“执法标兵”来传授经验、解疑释惑，让队员们增长见识。他先后组织 12 人次参加区局及内地的各类专项执法培训班，让队员们开阔视野。目前，全队有3人通过司法考试并取得C证及以上资质。

他亲力亲为，通过坚持不懈地学习培训，进一步加大了典型案例、疑难案件查处、行政处罚技能及辨假识假方法的学习和掌握，锻造了一支敢打攻坚战、坚决打胜仗、为民谋权益的“打假英雄”队伍。

在他的身上，在他的团队，充分展示了质检人刚正廉明的依法行政形象、科学权威的技术执法形象和可亲可信的人民质检形象。他觉得，外在的形象还不够，内在的形象才是最强大!

(二)

“众人拾柴火焰高”，作为质检稽查队的“领头羊”，方天煜善于依靠班子，挑战作风建设，敢于直面矛盾，制度管人管事，端正了行风，加快了执行力。

“火车跑得快，全靠车头带”，方天煜就是领导班子的“火车头”，时刻冲锋在质监稽查队的战斗第一线。

他提出“建一流班子、带一流队伍、创一流业绩”的工作目标和行动誓言，矗立在办公楼前的醒目位置，也作为“座右铭”鞭策激励着自己和全体队员。

他常说：“领导班子必须团结，众人拾柴火焰高，如果班子不能团结，不能同舟共济，肯定不会出色完成各项任务，即使个人能力再强，不会包容别人，没有大局观，也不能很好地完成工作。”多么朴实的语言，又多么令人深省鼓劲!

坚持民主集中制是我党的优良作风，也是班子建设的重要法宝。方天煜的做法如鱼得水，基本形成了决策办事既有民主、又有集中、分工合作、集体领导的良好格局。久而久之，大家从中也深刻认识到一个简单的道理：“整个稽查队是一个集体，一荣俱荣、一损俱损，只有团结在一起，才可以更好地开展工作。”

狠抓党风廉政建设，端正稽查执法行风，他不仅在履行职责承诺，更在考验自身和他的团队。他以身作则，率先落实“一岗双责”和“岗位责任制”，强化执法人员的绩效管理与考核，提升稽查管理的质量和效益；积极开展案件回访，深入一线明察暗访、征求意见、接受监督，确保工作落实的连续性和有效性。

方天煜深知，制度建设是管全局的、根本性的问题。他有自己的一套小总结：“‘人管人’是瞎胡闹，只有抓住制度建设这个‘牛鼻子’，坚持用制度管人，靠制度管事，才能真正解决工作中的难题，推进各项工作的落实。”一年来，他建立完善队内各项规章制度20多套，督查处理违纪违规违章3人次，扭转了部门作风，杜绝了推诿现象，提高了全队的执行力和战斗力。

他引领着这支队伍，经得起磨练，扛得起重任！

（三）

“群众利益无小事”，他驻村工作和“下沉”基层，时刻把农民冷暖和脱贫攻坚放在心中至高位置；他亲临一线执法打假，为了群众的利益无暇顾及个人的安危和得失！

2016年，方天煜积极响应号召，进驻莎车县恰热克镇21村开展“访惠聚”活动，一年来与村民“同吃同住同劳动”，舍身攻坚克难，送去关爱温暖，为村民办实事、好事50多件，使该村面貌焕然一新。而他自己却瘦了一圈、黑了一身，进门时连3岁的女儿也认不得“爸爸”了。

2017年3—5月，方天煜下沉到喀什市荒地乡5村蹲点，帮助市卫计委开展群众工作，又结识了一帮农民朋友。如今工作之余，他经常会想起和他结对子的农民亲友，还有帮扶过的贫困户，他们生活的怎么样？是否脱贫？今年的收成怎么样？一点一滴的小事，总是滞留在他的心上，萦绕在他的脑海，成为他永远的牵挂和念想！

“质检利剑”行动，是方天煜监督执法的杀手锏。为了消灭市场上的假冒伪劣产品，为了各族群众的切身利益，为了帮助脱贫路上的农民朋友，他浑身充满干劲，无论再苦再难再累，他要让消费者脸上的笑容灿烂飘洒。

看看 2017 年他和队友们的执法稽查战果：开展农资、钢筋、水泥、儿童用品、危险化学品、成品油、电线电缆、电气产品、特种设备等专项执法行动 12 次，出动执法人员 700 余人次，排查安全隐患 65 起，下达责令整改通知书 20 件，转各县局督办案件 9 起；12365 受理、投诉、举报案件 98 起，已办结 90 件，受理咨询 142 起。办理案件 19 起，涉案货值 1100 余万元；行政复议败诉率为 0 。

这些成绩来之不易，不只是稽查队从早忙到晚的汗水和疲倦，也不只是“打假”路上唇枪舌剑舍生忘死的艰辛和安危，更是方天煜持之以恒热心投身于质检稽查事业的心血和智慧！

面对南疆严峻复杂的维稳安保形势，方天煜和他的队友义无反顾地冲锋在前，责无旁贷地坚守阵地，无条件地聚焦落实“总目标”。他把稽查队分成两部分，一部分集中下沉在农村攻坚扶贫，一部分兼顾执法稽查保一方平安，加班加点已成了家常便饭，每月能轮休一次已盼为“奢侈”。身为队长，他一人兼三用，哪里有困难，他总是第一时间出现在那里！

“人心都是肉长的”，方天煜不是不想家，而是没时间想家顾家。他的父母均已年迈，81 岁的老父亲患有慢阻肺，常年住院，他几乎没有专门陪床照料过老人。9 岁的儿子已上了三年级，他很少接送孩子上学，也没参加过“家长会”，更叫不上儿子老师的名字了。对于3岁的女儿，他早出晚归，无暇照看，时间一长，小孩总是认生，妻子又气又心疼。他觉得，亏欠妻子的太多太多了……

他，不记得获得多少次个人荣誉，也不记得颁奖台上的掌声和笑容，他只坚信，执法稽查的路还很长，他要一步一个脚印，憧憬美好的未来，走向光明，走出辉煌！

先进集体

理想信念在这里起航

记扎根在执法一线的北京市大兴质监人

这是一个普通的周末。当黎明的阳光从地平线缓缓升起时，大多数的人依然沉浸在自己的梦乡里，然而却有一群爱岗敬业、可亲可敬的人早已进入自己的工作岗位，他们就是大兴质监人。

有的人正在执勤岗位上为过往的行人指路；有的人正在去往执法检查的路上；有的人抱着手中的文件行色匆匆，所有人都坚守在自己的岗位上忙碌着，因为对他们来说做好十九大的保障工作比周末的休闲娱乐有意义得多，扎根这里的大兴质监人用自己的实际行动诠释着共产党人为人民服务的理想信念。

扎根基层、脚踏实地书写履职尽责的篇章

虽然这群可爱的质监人并不能在春去秋来，寒来暑往的岁月时光中刻上自己的痕迹，但却在执法打假的工作中书写了履职尽责的光辉一页。

2017 年，大兴质监人在局党组的坚强领导下，牢记使命，发扬“5+2、白加黑”的精神，履职尽责，主动作为。在一线执法人员实有 24 人的情况下，开展执法检查 3034 起，人均执法检查达 125 起有余；办理行政处罚案件 634 起，人均处罚案件达 26 件；

触发职权48项，履行率达12.44%，四项指标及人均指标均为系统第一名。

在充分发挥行政监管职能的同时，大兴质监人不忘质监事业建设质量强国的初衷，加强国家质量基础建设，提升质量发展水平。制定年度质量发展行动计划，建立区镇两级融合的质量考核体系，重点工业产品抽检合格率达到96.2%。发挥标准化引领作用，培育和聚集一批标准化运行优质企业；推进国家级农业标准化示范区建设，打造大兴智慧农业标杆；落实企业标准自我声明公开制度，网上自我公开占比达到88.7%。夯实量值溯源基础，保障计量服务水平与区域经济社会发展更加适应。

站在执法一线的质监人深知质量水平的提升最终要发挥人民群众的主体力量，只有形成国家关注质量、社会崇尚质量、人人追求质量的社会氛围，才能助力质量强国的建设。质监人不仅在日常的执法检查中开展普法教育，讲解最新修正的法律条文，而且深入到人民群众的日常生活中。在一次“质量月质量安全宣讲进农村”的宣传教育活动中，他们为群众讲解日常生活中的质量知识。一位退休的老奶奶聚精会神地听着讲解，时不时地提问、点头，表示以后在菜市场买完东西一定要去公平秤上再称一次。人民群众的肯定就是对他们工作最大的奖赏，大兴质监人用扎根基层的工作态度，脚踏实地的工作作风，将执法为民，精益求精的质监精神发挥得淋漓尽致。

锐意进取、奋发有为奏响昂扬向上的乐章

正如哲学家王守仁在《传习录》中所写的“种树者必培其根，种德者必养其心”，质监人在工作中，坚定信念、凝心聚力，奏响了锲而不舍、永不懈怠的乐章。

大兴质监人以党建为引领，坚持主动担当、积极作为的工作标准。党组成员率先垂范、靠前指挥，带队检查成为常态，每到节假日商品交易最为频繁时，制假、售假违法行为最为猖獗时，就是质监人最为辛苦忙碌的工作日，党组成员与执法人员同甘共苦，深入企业生产车间、库房，对其管理体系、生产流程、销售记录等开展了全方位、多层次、立体化的执法监管。北京市大兴区质量技术监督局（以下简称大兴区质监局）同志在局党组的坚强领导下精诚合作，共同开创质检事业新局面。

党支部发挥战斗堡垒作用，党员模范带头，激发了全局干事创业的信心和决心。全年开展党组专题学习 38 次，全体集中学习 12 次，集中观看警示教育片 6 次，开办讲座 8 期，开展经验交流 10 次。干部职工在教育培训过程中，坚定了理想信念，改变了精神风貌，把学习成果巩固落实到了日常工作中。2017 年年底，站在执法前沿的产品科为做好执法打假工作召开了誓师大会，党员同志发挥先锋模范作用，主动承接艰巨任务，感召全局同志更加团结一心，做好质监工作。在全局同志的共同努力下，大兴区质监局也获得了喜人的成绩，大兴区质监局机关党支部 2016 年被大兴区发改工委评为“先进基层党组织”；大兴区质监局在十九大特种设备服务保障工作中作出突出贡献，被国家质检总局通报表扬；质监局窗口被评为 2017 年度政务服务“优秀先锋岗”；张金鼎、张越、赵鹏，三名同志 2016 年被评为“优秀共产党员”；雷浒同志 2016 年被评为“优秀党务工作者”；杨二祥同志被授予 2016 年度“全国质检系统执法打假办案能手”称号。

综合部门全力支撑，业务部门从不懈怠，全局上下凝心聚力，始终保持奋发有为的精神风貌。当业务部门扎根一线时，综合部门全力支持，做好法制服务、法制监督、法律咨询、教育培训，通过周一例会督查、周五提示督办的长效机制，使执法打假工作得到有效的管控。一批又一批的质监人将自己的一生奉献在这里，他们默默无闻，不求名利，只为在这一方天地，挥洒汗水，实现为人民服务的理想信念。

直面挑战、攻坚克难绘就成绩斐然的蓝图

选择了质监事业，成为一名质监人，就选择了不畏困难，勇于挑战、顽强拼搏的质监精神。一茬又一茬的质监人在这种质监精神的鼓舞、激励下绘就了一幅幅成绩斐然的质监蓝图。

强化大气污染防治，全力服务首都蓝天

城市化进程的加快，给人们的生活带来了极大的便利，但污染问题也接踵而至。尤其到冬季，因汽车尾气排放、工厂废气排放、煤炭燃烧等原因，造成严重雾霾污染，影响了人们的身心健康。质监人主动担当、积极作为，强化大气污染防治工作，全力服务首都蓝天。

在大兴区质监局党组的带领下成立了清洁空气行动计划领导小组，按照工作要求，3 次召开专题会议进行研究部署，拟定了《大兴质监局清洁空气行动计划 2017 年工作分工方案》，方案中明确了各项工作任务的具体内容和主要措施，并细化落实到人。依据监管方式的不同，将工作分为两大类。对建筑涂料、胶黏剂为主的一般工业产品生产企业，采用主动对接、提早行动的方式，在各镇及有关部门的积极配合下，摸清 33 家企业的情况。对 17 家正在生产的企业进行了全覆盖检查，对其中 6 家存在违法违规行为的生产企业进行了查处；其余 16 家企业停产或搬迁。对家具制造、木制品加工及有机溶剂型涂料、沥青类防水材料、人造板等

涉及取得生产许可证的37家生产企业，实施行政许可证后监管，召开会议宣讲有关政策，要求有关企业及时主动注销生产许可证。

同时，参加区内联合检查，在全区散乱污治理中发挥了质监力量。组织执法人员全程参加了大兴区经济和信息化委员会牵头的对北臧村、旧宫地区的联合检查，检查中共发现压力容器违规使用、叉车未办理使用登记手续、起重机械未检验、压力表未检定等问题7个；现场开具“特种设备安全监察指令书”5份；现场消除问题隐患5处；并对2起涉嫌违法问题进行了调查处理。

开展“质检利剑”专项行动，打击制假售假违法行为

大兴质监人始终坚定为人民服务的理想信念，把人民群众对美好生活的向往作为他们工作的目标，充分履行行政执法打假的工作职责，严厉打击日常消费品中的制假售假行为。

大兴区质监局结合2017年执法打假工作要点与辖区实际，积极开展了日用消费品、农资、建材产品、消防电器、“低慢小”航空器专项、学生装、高校床上用品、汽车及配件、3C认证产品、电子商务产品等执法打假工作。查处假冒伪劣产品案件21起，罚没金额458593.29元；查处无证出厂销售强制性产品认证目录内的产品11起，罚没金额1669444.83元。

转变监管模式，把“双随机、一公开”作为主要监管方式。在执法检查方案制定过程中，随机抽取检查对象，随机选派执法检查人员。在执法检查中，重点检查生产企业的原辅材料库、生产车间、实验室和成品库，核对企业的原辅材料进货台账、销售台账和出厂检验记录，认真做好现场检查笔录，查处违法行为。最后将抽查情况及查处结果及时向社会公开。

圆满完成电梯安全风险评估和隐患排查治理工作

大兴质监人长久以来把保障人民生命财产安全，打造安全精品建筑工程为己任。积极配合市政府2017年度重要民生实事项目的开展，以老旧小区为重点，大力开展老旧电梯的安全风险评估工作，根据市局方案要求，结合大兴区实际情况，将辖区264部电梯纳入到2017年全市高风险电梯评估范围。及时制定了《大兴区2017年高风险电梯安全评估工作方案》，使评估工作开展有据可依；召开专题会议，部署电梯安全风险评估工作，实现评估单位特检中心和被评估单位的无缝对接，为评估工作开展奠定坚实基础；配合特检中心推进电梯评估工作，协调评估过程中出现的问题，确保评估工作顺利开展。电梯安全风险评估工作已全部完成，风险评估报告已全面出具。

稳步推进电梯安全隐患排查治理工作

稳步推进电梯安全隐患排查治理工作。大兴区质监局牵头制定了《大兴区2017年度高风险电梯隐患治理工作方案》并下发至各相关行业部门、属地政府。要求各成员单位按照“管行业必须管安全，管业务必须管安全，管生产经营必须管安全”的工作要求，履行电梯安全管理责任，消除安全事故隐患。大兴区质监局协调相关检验检测机构对更新改造大修的电梯实施监督检验，依法查处违法违规行为。同时，及时统计电梯隐患治理工作进度并制作《电梯高风险治理工作简报》，通过多措并举共同推进电梯安全隐患治理。

大兴质监人坚持脚踏实地的履职尽责，保持昂扬向上的精神风貌、坚守攻坚克难的决心与毅力，为人民服务的理想信念在这里实践，也在这里起航。

敢拼能战才会赢

记冲锋在一线的河北省石家庄市长安区执法打假质监人

一滴水，可以折射整个海洋的光辉；一个部门，可以代表整个城市的形象；一支队伍，可以彰显整个系统的魅力。在河北省石家庄市长安区质量技术监督局（以下简称长安区质监局）有这样一支队伍，他们在苦难面前敢拼敢干，危险面前能挡能战，他们用坚定的岗位坚守，依法行政，科学执法，仅2016年就立案70余起，罚款百万余元，为当地经济社会健康有序发展创造了良好的外部环境，筑起一方质量安全的铁壁铜墙。

一把“利剑”劈顽症

“叮铃铃”，一阵急促的电话铃声，原本正在组织集体学习的执法队员们都不约而同地看向了办公桌上的电话，“你好，这里是长安区质监局稽查科，请问您有什么事情？”2014年11月份的一个周三，长安区质监局稽查科科长董培强像往常一样，认真记录着电话投诉。“我发现在我们村有生产洗洁精的黑窝点，想请你们来核实一下。”“好，我们马上组织人员调查，请你提供一下详细的地址……”“像这样的电话，是经常接到。”董培强说：“电话一接完，就得马上填写投诉单，立即给局领导汇报，迅速安排执法人员调查取证，查实原因，涉及百姓利益的事情，一点也马虎不得。”近两年，长安区质监局每年接到的举报投诉案件均达到50~70起，当地的老百姓遇到产品质量问题，已经形成了一种习惯：有疑问，找质监，明白！有案情，找质监，给力！

这一群普通执法人，担负着质量技术监督执法打假工作的重任，不忘初心，方得始终。和全国其他的质监稽查队伍一样，他们紧紧围绕“抓质量、保安全、促发展、强质检”的中心任务，通过强化业务技术学习，坚持提升群众满意度、企业信任度、社会认可度的标准，默默无闻地忙碌在每一个岗位上，锻造了一把听党指挥、为民服务、依法行政的质监“利剑”，保得一方安全。

有人把稽查科，比作质监系统的“刑警队”，而长安区质监局综合执法队可谓是“刑警队”里的“尖刀连”，他们常常办大案、要案，啃硬骨头，重拳出击治顽疾。十八大后的一个深秋，这支“尖刀连”在调查长安区某建筑工地涉嫌使用假冒伪劣电线电缆产品案件过程中，该供货商暴力抗法，在四处托关系，找熟人说情无果后，找来社会人员20余名，将副局长刘静媛等5名执法人员围困近6个小时，扬言“谁敢动这些电缆试试”。执法人员面对恐吓和威胁，没有妥协，而是临危不惧，稳妥处置，最后在长安区政府统一协调下，把犯罪嫌疑人绳之以法，有力打击了违法犯罪分子的嚣张气焰。

“咬定青山不放松，立根原在破岩中。千磨万击还坚劲，任尔东西南北风。”郑板桥《石竹》描绘了竹枝形象，借以表达坚韧、刚直、不屈的品格。长安区质监执法队员们正是发扬着这种品格，打造了一支与质监事业相符、全面过硬的稽查队伍。那是在开完奥运会后的一年，在处理某公司起重机械未经检验案过程中，副局长刘伟带领两名执法人员，驾车配合法院执行人员远赴河南强制执行。在经过鹤壁时，突然，前面一辆大货车因车况不佳，骤停！执法车辆以及后面紧跟而来的大货车，都来不及刹车，只听“咣咣”两声！执法车辆迅疾像夹肉饼一样，被夹在中间，当惊魂未定的执法人员一一从车窗中爬出来时，望着已不成形的车辆，欲哭无泪！万幸的是人员无伤亡！此时，平复情绪后，刘伟当机立断，执法人员兵分两路，一路留下来处理事故，另一路继续赴厂强制执行！最后也没有因为遇到挫折使案子而半途而废！

这是一支不普通的队伍，他们用“质监魂”造就“大稽查”，用“大稽查”推动“大质量”，为建设现代省会，质量强市保驾护航，在燕赵大地奏响了一曲又一曲荡气回肠的守护乐章！

三个“得力”抓关键

当个别造假分子混淆概念制售不合格产品侵害群众利益的时候；当个别造假分子利用高科技手段在加油机上作弊侵害群众利益的时候；当个别违法经营商销售不合格汽车侵害群众利益的时候……长安区质监局 9 个执法队、20 名执法人员，招之即来，来之能战，战之能胜，都能做到迅速行动，及时制止侵害行为，维护群众利益。究竟是怎样做到这些呢？主要得益于 3 个“得力”。

业务“得力”是根本。队长的业务专长与责任区特点相匹配，每个人都能独当一面；队员与队长双向选择，既实现了能力互补又能配合默契。同时，还加强执法人员业务技术学习，坚持每周举办“质监执法大讲堂”，设定“农资打假”“特种设备执法”等不同的专项课题，让精通业务的执法人员围绕法律法规、当前热点、执法难点等重点内容登台讲课。以执法促监管，推动整体工作。近年来，长安区质监局通过强化行政执法促监管，全面推动全局整体工作的提升。比如近两年对强检计量器具案件的大量查处，给各大医院提了醒，使医疗机构医用诊断设备计量检定工作得到有效的规范和落实。行政执法同样也能为企业服务，长安区质监局办理的深圳某游乐设施案件，就帮助企业挽回损失1110万元。

方法“得力”重成效。只要精神不滑坡，办法总比困难多。长安区质监局各执法队坚持问题导向，用心动脑想办法，既有发现问题的能力，又有解决问题的水平。这在处理石家庄首例汽车三包申诉中最能体现。2013年，北京的耿先生在石家庄某汽车贸易有限公司维修家用汽车后，车辆仍存在故障，随即向该公司投诉索赔。公司调查后，双方就该车返修项目及维修方案没能达成一致。耿先生曾多次向石家庄有关部门及媒体反映，但是两个多月过去了，问题一直没能得到解决。万般无奈的情况下，车主耿先生来到长安区质监局进行申诉。质量科长孙军格依据《家用汽车产品修理、更换、退货责任规定》，深入细致调查，积极帮助车主与汽车贸易有限公司进行沟通协调，经过执法人员晓之以法、明之以理，双方最终达成赔偿协议。遇到困难，长安区质监局就是凭着钉子般的精神，每年都能收到很多汽车三包争议受益的消费者发来的感谢信及送来的锦旗。长安质监三包争议处理工作也已成为全省质监系统乃至全国的标杆。

作风“得力”见行动。从主管副局长刘静媛到一线执法队员，都具有强烈的事业心、责任感和顽强拼搏的精神。2016年，长安区质监局在对某省级医院进行检查时，刘静媛带领3个执法队在炎热的天气武装上全套防护服，进入每一间科室、病房核对计量器具，出来后所有人都跟刚从水里捞出来一样，但没有一个人叫苦叫累。在执法过程中，长安区质监局还注重“监管＋服务”的模式，办案人员除了依法调查取证，依规处理外，还要认真听取当事人的申辩，特别是针对企业存在的实际困难，积极帮助其寻找解决方案，组织沟通协调。前几年，在对石家庄市兴华世星贸易有限公司进行检查时，发现该公司生产场地有一台刚安装好的30吨起重机械。该公司现场提供不出安装告知书、登记证等技术资料，执法人员依法下达了《特种设备安全监察指令书》，责令其立即停止使用并提供相关资料。几天后，为该公司安装起重机械的人员提供了通用门式起重机合格证书、起重机械制造监督检验证书等材料。但经过执法人员调查核实，这些材料均为伪造，这台起重机为冒用厂名的产品，长安区质监局将此案移交公安机关立案处理。本着对人民群众生命财产安全高度负责的精神，长安区质监局对使用此台天车的石家庄市兴华世星贸易有限公司不只是简单地责令其停止使用，而是积极与各方面取得联系，为该公司向供货方追究经济赔偿提供了重要依据。为帮助其尽快恢复生产，长安区质监局又帮助企业联系正规的天车生产厂家，以最低的价格对设备进行改造维修。对他们的真诚帮助，兴华世星贸易有限公司表示深深的感谢。

服务百姓，维护百姓切身利益始终是长安区质监局行政执法的最终宗旨。为确保供热设施安全运行，长安区质监局每年从10月份就开始对全区供暖单位的锅炉设备进行专项检查。2017年供热前在对某热力公司设施检修督导检查时，发现该公司的75吨、20吨供热用燃气锅炉未进行定期检验。执法人员当场下达了《特种设备安全监察指令书》，责令其立即整改，如在供热开始时仍然不能提供有效的检验报告，则要依法查封该锅炉。在调查中，该公司有关人员道出了锅炉不能检验的真正原因。这两年因频繁更换股东，造成资金严重困难，现在已拖欠了省锅检院两年的检验费，今年如再不付款，锅检院就不会再为其进行检验了。供暖即将开始，如果按照《特种设备安全法》的规定强制责令其停止使用未经检验的锅炉，必将给老百姓供暖造成严重影响。但如果不强制停止使用，锅炉一旦未经检验出现问题，其后果不堪设想。针对这一特殊问题，该局不是一罚了之，一封了之，而是千方百计为企业想办法。主管副局长刘静媛数次与锅检院有关领导沟通，经过反复协商，最终锅检院同意特事特办，层层审批后先行检验，全力以赴确保全区民众共享暖冬。

无论是石家庄市质量技术监督局转办的案件，还是区委、区政府领导的批示，长安区质监局都做到了件件有落实。在 2017 年全市质量技术监督工作会议上该局就行政执法工作作了典型发言，近年来，也多次受到国家质检总局、省质监局、市质监局的肯定表扬。这些成绩的背后是执法人员多年如一日敢于拼，善于拼、乐于拼的真实写照。

五项“制度”着长远

不积跬步，无以至千里；不积小流，无以成大海。翻开长安区质监局行政执法工作的系列长卷，一条条的制度，将监督贯穿执法办案的每一步。无论是打击假冒伪劣活动，还是专项打假没有规范的执法程序，难以促进科学的监管思路。

“没有规矩不成方圆、没有制度保障难以长远。”长安区质监局局长李德良在谈及制度保障时，对该局制定《执法办案六严禁》《案件集中审理制度》《工作清单制度》《区域监管职责分工管理办法》《行政案件办理报批制度》5 项制度娓娓道来。

制度的建立让长安区质监局执法人员履职尽责的能力明显提高。特别是《区域监管职责分工管理办法》，将辖区划分为 9 个责任区，9 个业务科室兼设 9 个执法队，构筑起了横向到边、纵向到底的监管网络，执法没有死角。制度的建立使办案从立案，到过程中的实时进展，再到集体审理，以及对结案的案卷经法制科、主管副局长、局长审阅后，两周内上交归档并上传两法衔接平台，每一个环节都做到了公开透明。同时每年利用“双随机”交叉执法，制定奖惩，互相监督，提高效果。

多少个执法行动中，长安区质监局执法人员在现场度过了中秋、国庆等诸多节日；多少个执法案件里，都凝聚了他们的汗水、甚至是泪水！他们时时刻刻以责任警醒着自己，在捍卫着一方净土，在与那些“筑高墙、设监控、养恶犬、抗执法”的企业斗争着……

“小基层”亦能有“大作为”

河北省唐山市路南区市场监督管理局经济检查大队打假工作纪实

在河北省唐山市路南区市场监督管理局有一支以打假治劣为重点工作的专业执法办案队伍——经济检查大队。他们在多年的执法办案实践中，始终坚持严格公正执法就是最好服务的思想理念，不断适应新形势、拓宽新领域、挖掘新案源、运用新手段，加强对制假售假等违法行为的查处和打击力度。几年来，共办理各类制假售假案件 50 余件，案值 1000 多万元，罚没款入库 260 余万元，捣毁制假售假黑窝点 16 个，销毁各类假冒侵权商品 2 万余件，违法生产经营者受到了强烈的震慑，收到了良好的社会效果，从而有力地促进了区域经济的健康有序发展，真正成为守法经营者和消费者利益的保护神，先后有 12 人次获得省市“办案标兵”荣誉称号，大队也先后 7 次被评为省（市）级“先进集体”，他们以实际行动诠释“小基层”亦能有“大作为”的实际内涵。

适应挑战，苦练内功

近年来，随着执法办案工作地位的日益提升，大队领导深深感到执法办案队伍自身的素质与新的形势和任务的要求不相适应的问题也愈显突出，可以说队伍的素质已经成为影响和制约执法办案工作一个“瓶颈”问题，如果办案人员所掌握的法律法规不全面或者仅仅满足于一知半解，那么就谈不上正确运用，更不可能主动地去发现和挖掘案源和线索。学习的过程就是把自己由“外行”变成“内行”的过程，在学习方法上有一种说法叫“拣有用的学”，他们认为这还远远不够，必须全面地学，不但要学本系统内的法律法规，还要学旁门别类的其他部门法，这样才能保证在日常监管执法工作中通过各种现象—提出疑问—对照法律（法规）—发现问题—立案查处。为此，全队上下始终坚持把提高执法人员的整体素质当成一项首要的也是长期的基础性工程经常抓、抓经常，通过组织专题讲座、分散自学、互联网论坛的交流、典型案例辩论剖析和定期组织考核验收等多种方法和形式，促进了学习制度和学习效果的落实。几年来，全队共有 5 名同志通过自学取得了法律专业的本科学历，1 名同志取得了法律专业研究生学历，还有 1 名同志顺利通过了国家司法资格考试，使经济检查大队不仅成为全局执法办案的先锋和拳头，同时也是培养全局一线执法办案人员的“摇篮”。现在，经过经济检查大队培养和锻炼过的一线执法办案人员已经遍及区局的各个分局，成为各分局执法办案的骨干力量，有的同志还走上了区局领导的工作岗位。

熟练掌握办案技巧，时刻掌握办案主动权

打击制假售假违法行为是执法办案工作的“重头戏”，是“正义”和“邪恶”的一次次精彩较量，也是检验执法办案人员综合素质和办案能力最好的“试金石”。随着科技的进步，违法者在假冒伪劣商品的产销手段上也随之不断翻新，给案件的查处特别是调查取证带来了较大的难度。俗话说：“天下武功，唯快不破”，

比如，在对辖区内某橡胶化工企业侵犯注册商标专用权一案的查处，就是他们成功运用了“闪电”战术的典型案例，他们在当事人没来得及“喘息”的情况下，就结束了调查取证工作。原来，辖区内一橡胶化工企业，因为销路不好濒临倒闭，企业主便铤而走险，在夜间生产市场上销路较好的某名牌的同类产品。经济检查大队在接到群众的举报后，组织精干力量成立专案组，经过几天的厂区外的“蹲坑”侦查，很快摸清了该企业生产、运输及人员活动的全部规律，迅速出击，办案人员在现场冒着有毒化工原料的熏呛，仅凭着简单的防护口罩，硬是将十余种 20 多吨的化工原料清点得清清楚楚，随即又辗转至天津、山东及周边各县市调查取证，将当事人的种种诡辩一一击破，在极短的时间内就查结了案件，此案罚款 33 万元、并没收价值 20 余万元的假冒产品。在调查取证中，还发现了该当事人有其他违法行为，且构成犯罪，他们便将案件移交到公安机关，当事人除受到行政处罚外还被依法追究了刑事责任。

多渠道、多部门协同，形成打假合力

在打假办案的实践中，他们一方面通过广泛地宣传发动，号召广大群众积极参与，并按照相关规定给予奖励，在辖区内营造了假冒伪劣人人喊打的良好的社会氛围，让假冒伪劣无处藏匿。另一方面，他们还积极与生产厂家（商标所有人）联系，使假冒伪劣商品瞬间原形毕露。2016 年 4 月，他们在市场巡查时，发现辖区内一家汽车玻璃安装门店的生意异常火爆，原因是该商家经销的汽车玻璃品种较多，且低于正常的市场价格，于是，执法人员迅速与商标所有人委托的广州诺顿商务顾问有限公司取得联系，经鉴定该商户所经销的“大众”“丰田”“奔驰”“宝马”“现代”等品牌的

4700 多块汽车玻璃全部是侵权商品，货值 14 万余元。最后，当事人受到了没收侵权商品并处罚款 15 万元的行政处罚。2014 年，他们还主动与北京市智慧谷知识产权代理有限公司联系，查获侵犯“N”“NB”“new balance”商标的新百伦运动鞋 1200 多双，因已经销售和尚未售出的商品的违法经营额达到刑事立案标准，此案被移交公安机关，追究当事人的刑事责任。

坦荡做人、廉洁做事

俗话说得好：“吃人家的嘴短，拿人家的手短”，如何能够顶住各种诱惑，做到常在河边走，就是不湿脚，这是全队上下时刻都面临的深刻考验，最根本的一条就是必须树立正确的权力观，如果在执法办案中掺杂着个人的私心杂念甚至想以案谋私，那必然不可能做到秉公执法，公正执法，长此以往肯定要栽跟头、犯错误。近年来，他们本着对工作负责、对全队每名同志负责的态度，把廉政教育和制度建设一直放在突出位置，做到警钟长鸣，通过纪律约束、制度管理和相互监督等手段，使廉政建设不挂空挡。在大队有个不成文的规定，就是不管是谁都无权决定案件的处罚额度，每个案件都必须由大家集体讨论后决定，真正做到了公开透明，从根本上避免了办人情案或者以案谋私现象的发生。

严格监管抓质量　狠抓落实保安全

记河北省邢台市宁晋县市场监督管理局执法打假工作事迹

河北省邢台市宁晋县市场监督管理局（以下简称宁晋县市场监管局）认真贯彻落实党的十九大精神和全面依法治国战略，紧紧围绕县委、县政府中心工作，以事业发展为基础，以服务县域经济发展为目标，扎实开展“质量和安全年”“质量提升”等活动，全面建设和谐质监、效能质监、服务质监、法治质监、科技质监，实现了事业跨越式发展，为宁晋经济发展方式转变、促进经济平稳较快发展和社会和谐稳定提供了坚强的质量保障。该局先后被国家质检总局评为“全国质量工作先进集体”“质量和安全年活动先进单位”，被河北省委、省政府授予“人民满意的公务员集体”，被省人事厅、省质监局授予“质监系统先进集体”，局领导班子被省局评为“优秀县级局领导班子”，连续3年被市局和县委县政府评为“实绩突出单位”，局党支部被市局和县委评为“先进基层党组织”。

强化团队建设，打造和谐质监

作为市场监督部门，宁晋县市场监管局担负着全县标准化、计量、质量、产品生产许可证、质量认证、安全认证、计量认证、特种设备安全监察和执法监督，负责专业市场和区域性产品专项治理和县打假办的协调工作。

要想把服务县域经济发展工作做好、做实、做到位，必须要有一支干事、为民、创业的战斗团队。为此，宁晋县市场监管局首先着力抓好党的建设，以党建带创建，以党风带行风。对党员树立正确的世界观、人生观、价值观，通过上党课、组织党员演讲会、开展反腐倡廉警示教育等形式，激发全体党员的工作热情和无私奉献精神。为激励党员模范带头作用，在工作中他们开展“党员示范岗”，为全员起到标杆作用。其次是抓好班子建设。制定了领导成员廉洁自律守则，处处严于律己，带头垂范，凡要求下属做到的事，领导首先做到，凡要求下属不做的事，领导首先不做。班子成员年出勤都在300天以上，公休和节假日经常加班加点工作，同时还分包3个重点企业，每月深入企业2次以上，为企业解决疑难问题300多个。最后是抓队伍建设。本着内强素质，外树形象的原则，经常对干部职工进行政治理论、法律法规、业务技术知识培训，提高全员政策理论水平、工作能力和业务技能水平，全体执法人员实现了从原来的表象执法（只看标识标注、查验生产资质）到现在的技术执法（查看生产计划单、过程控制记录、技术指标计算）的转变，检查更全面，发现问题更准确。

提高履职能力，打造效能质监

宁晋县市场监管局以“深化机关作风整顿”“一问责，八清理”暨“基层微腐败”活动为契机，修订和完善了机关效能问责办法、岗位责任制、首问责任制、服务承诺制以及机关考勤和请销假等20多项制度，并加强督查，对违反制度的进行内部通报，做到“以制度促管理促规范，以制度抓落实抓发展，以制度提效能提形象”。以深入开展创先争优活动为抓手，在党员干部中营造学先进、赶先进、作贡献、当表率的良好风气，不断提高履职尽责能力。牢固树立“状态第一”理念，始终保持与时俱进的精神状态，爱岗敬业，忠实履职。目前全局一线监管人员 31 人，企业 1100 多家，监管任务繁重，每名干部职工同志都克服种种困难，发扬“5+2、白加黑”精神，坚守工作岗位，有力地保证了各项工作的落实。

惠企惠民惠商，打造服务质监

多年来，宁晋县市场监管局紧贴县委、县政府的中心工作，积极主动把质监工作融入地方政府工作之中，以建立“依靠政府、协调部门、抓住企业、监管产品”的大质量工作机制为目标，寓监管于服务之中，以大力推进“质量强县”战略为切入点，积极开展“质量强县、名牌兴企”战略，采取一系列措施着力提升企业产品竞争力。在全县开展“重点项目有需要，质监全力帮助办”活动，为企业提供质量、标准、计量等全方位、高质量的服务。共帮助企业建立企业标准 323 个，完成采用国际标准 81 个，建立省级农业标准化示范区 1 个，申报企业标准化示范单位 4 家，年度检定计量器具 10000 多件，为企业解决问题 2400 多个。截至目前，宁晋县已拥有国家地理标志保护产品 1 个，河北省政府质量奖 4 项，河北省名牌产品 40 个，河北省优质产品 37 个，河北省质量效益型企业 9 家，邢台市政府质量奖 6 项，名优产品数量位居河北省前列，宁晋县先后被授予“河北省品牌建设先进县”和“河北省品牌建设典范县”称号。

坚持依法行政，打造法治质监

宁晋县市场监管局以规范行政执法程序为重点，进一步完善行政执法责任制度，通过定人员、定目标、定职责、定奖惩，在全局开展了“查思想抓提高、查制度抓规范、查职责抓监督、查效果抓落实”四查四抓活动，不断提高行政执法水平；以“一问责，八清理”暨“基层微腐败”两个专项活动为契机，以廉政教育室为平台，组织开展廉政荐读和警示教育活动，提高全体干部职工的拒腐防变能力和组织纪律性；解决了干与不干都一样的问题，使全局有了一个积极向上的氛围；聘请县人大代表、政协委员等社会各界代表42人，定期召开会议，听取对党风政风建设工作的意见和建议，对照问题，找原因、抓整改、抓落实，有力地促进了行风建设工作，提升了部门形象。

夯实机构基础，打造科技质监

近年来，在省、市局和宁晋县委县政府的大力支持下，宁晋县市场监管局围绕电线电缆、纺织服装、机械制造、食品四大县域主导产业，分别建设了宁晋县质量技术监督检验所电线电缆检测室、煤质检测室、化肥检测室（投资380万元），河北省牛仔、针织类服装质量监督检测中心（投资220万元），宁晋县食品药品检验检测中心（投资360万元），检验能力覆盖所有支柱产业，为县域经济发展提供了坚强技术支撑。在实验室建设上，突出专而精，有特色。主要设备均为进口设备，包括美国安捷伦气相质谱联用仪、气相色谱仪，美国赛默飞世尔原子吸收光谱仪，日本岛津液相色谱仪，德国耶拿分光光度计等，以检测准确为目标，力求小而强、专而精；河北省牛仔、针织类服装质量监督检测中心连续两年被评为河北省质监系统“优秀技术机构”，2015—2016年连续两年承担省质监局科研课题。同时积极与市特检所协调，在宁晋县设立了安全阀检验站，每年可为企业节省运费开支20余万元。

加强监管整治，保障“两个安全”

为从源头上把好产品安全质量关，宁晋县市场监管局牢牢把握县域产品特点，坚持“源头治理，打牢基础，整体推动，务求实效”的工作目标，实行产品安全监管责任制，加强企业巡查回访，完善质量管理档案，建立健全产品安全长效监管机制，围绕电线电缆、食品相关产品等重点产品和高风险产品开展了一系列产品安全专项检查，严厉打击假冒伪劣、以假充真、非标电缆、无证生产等违法行为，推动了县域产业质量整体水平的提升。制作了规范企业生产经营行为“十个严禁”、监管人员公示牌，并悬挂到企业显著位置，在重点乡镇、村张贴了宁晋县市场监督管理局《关于严厉打击电线电缆行业违法生产经营活动的通告》便于群众监督。同时强化企业主体责任意识，邀请国内、省内行业专家对全县电线电缆生产企业进行定向强化培训，印发明白卡并一一签订安全生产承诺书。严格实施市场准入制度，突出抓好企业日常监管，确保企业生产水平不降低。截至2017年年底，已成功组织了四期共计4120人次的质量提升培训会和定向强化培训班。特别是11月18日上午，组织全县党政科以上领导干部和规模以上企业860人参加的“宁晋县贯彻党的十九大精神建设质量强县知识讲座”大会，特邀请武汉大学质量发展战略研究院院长程虹教授就质量强县战略给我们传经送宝，答疑解惑，有效规范了产业发展、促进了县域经济发展，先后有8家电线电缆企业收购了中高压生产线，实现了由低压到中高压产品的转型升级，帮助 85 家企业获得工业生产许可证。

针对宁晋县特种设备点多面广、监管任务繁重的现状，宁晋县市场监管局采取了日常专业监管和集中突击检查相结合的措施，围绕非法小油炉、锅炉及压力容器开展专项整治，以使用环节为重点，坚决打击违规操作行为，杜绝“三违”“三超”现象发生，对违法使用特种设备进行强制拆除和更换。每年定期组织特种设备操作人员培训，已累计培训人员 1260 余人次，有效提高了操作技能，保证了使用环节安全。

开展专项整治，提升产品质量

按照“规范提升一批，关停取缔一批，整合重组一批”的原则，卓有成效地开展了“行业提升年”“整合升级年”和“质量提升”等活动，使全县区域产品质量水平得到显著提升。一是建立了电线电缆企业质量提升“五包一”责任制。对全县电线电缆企业，由县、乡、局、村和监管人员实行“五级”分包责任制，责任人定期向县委、县政府汇报分包电线电缆企业的产品质量整治提升工作进展情况，确保县委、县政府及时掌握一线情况和科学决策。二是加大随机监管力度。采取“双随机一公开”监管模式、交叉互查和专家帮扶排查等方式，全方位抓好产品质量提升。三是强化督导调度。县政府县长和分管县长采取不下通知、不打招呼、直奔基层、直插现场的“两不两直”检查方式，带队检查，并定期组织开展调度会，认真听取质量监管工作进展情况的汇报，并对下一步质量提升工作进行深入研究和安排部署。由市场监管局牵头，发改、工信、公安、电力部门联动，对电线电缆生产企业进行了规范整治，县政府督导巡查小组不间断进行检查，对严重质量违法生产经营行为的的企业一律移交公安机关处理，始终保持专项整治的高压态势，一举解决了使用不合格原材料生产这个老大难问题。得到了国家质检总局、河北省质监局对宁晋县电线电缆质量提升工作予了一致肯定。领导的评价是：决心大、措施硬、效果好。

在今后的工作中，宁晋县市场监管局将总结经验，发扬成绩，努力拼搏，勇于进取，为开创质监事业发展的新局面作出更大的贡献。

踏平坎坷成大道

河北省邢台市清河县质量技术监督局全力提升区域产品质量纪实

清河，偏居冀东南平原一隅的小县，却因为一位英雄人物而广为人知。

在文学名著《水浒传》中，清河武松面对凶猛可怕的拦路猛虎，敢于斗争、勇往直前，用铁拳将为害一方的猛虎除掉，维护了当地百姓的安康，显示了无比神勇的英雄气概。时光百转千回，楼阁亭榭已成断壁残垣，而英雄人物依然不朽。在今天的清河县城，随处可见以武松名字命名的雕塑，街道、建筑、宾馆，本土作家还创作了诸多有关武松的专著及艺术作品，到处都在延续着武松文化的传承。武松精神已经成为清河县转型升级、跨越提升的精神支撑，成为清河在冀东南平原迅速崛起的恒久动力。正是在清河这方浸润了英雄文化基因的热土之上，清河质监人面对产业的呼唤与人民的重托，用胆识和毅力诠释了更具时代意义的敢上山打虎的“武松精神”。

特色产业，是区域经济发展的强力支撑

对于清河县而言，羊绒、汽车及零部件、稀有金属等特色产

业，更是实现命运转折的强大动力。在改革开放之初，清河在河北150多个县当中排到了倒数的行列，很多清河人为了生存，背井离乡，到关外谋生。

特色产业让清河华丽转身，奇迹般地实现了逆袭

20世纪70年代末，一个名叫戴子禄的农民在内蒙古跑业务时，从一家羊绒企业扔弃的下脚料中分梳出羊绒，从而唤醒了清河人被封存已久的经商意识，羊绒产业开始在清河大地生根发芽，并从此打开了经济发展的阀门，形成了“千军万马闯市场、千家万户奔小康”时代洪流，从羊绒到汽车零部件到再逐渐到耐火材料和稀有金属等富民强县产业不断在清河落地。在一代代清河人的坚持下，清河成为了河北省民营经济发展的一面旗帜，享有了北方温州的美誉。

时间的镜头推进到21世纪。此时的清河，特色产业经过几十年的发展，已经拥有了庞大的体量。其中，作为全县支柱产业的羊绒产业，年加工经销各类无毛绒45000吨，进口粗纺生产线140余条，精纺、半精纺纱锭5万锭，年产值达170亿元；汽车零部件产业拥有一般纳税人汽车零部件企业473家，产值2000万元以上企业186家，从业人员达到10万余人……

特色产业，开出了令人炫目的花朵。可是，在耀眼的光环下面，却也存在令人惊心的暗流涌动。虽然，长期以来，河北省邢台市清河县质量技术监督局（以下简称清河县质监局）高度重视区域产品质量问题，始终保持了严抓、严管的高压态势，推动了特色产业整体质量的提升，但不容否认的是，产业的过快发展，法理和体制、机制的缺失与不完善，导致在一些隐秘的角落，依然存在着不容忽视的质量问题。在一次清河县汽车零部件行业产品质量整治提升推进会上，播放了省质监局对清河汽车及零部件产业的暗访片，作为清河汽车及零部件产业当中占据相当比重的空气滤清器行业假冒知名商标，伪造、冒用他人厂名、厂址的情况令人触目惊心，关于清河空气滤清器产品的质量投诉居高不下，清河一度成了空气滤清器行业假冒伪劣的代名词！

羊绒产业怎么样呢？问题同样不容小觑

近年来，伴随着电子商务的崛起，清河羊绒网销呈现出井喷式发展，清河一跃成为全国电商百佳县，形成了独具特色的清河模式。可是，成分含量虚标、标识标注不规范等打擦边球现象仍有不同程度的存在，每到销售旺季，来自全国各地的投诉质量问题的电话响个不停。

质量问题，犹如野蛮生长的毒瘤一般侵蚀着清河特色产业的健康肌体。面对严峻形势，清河县委书记、县长把羊绒、滤清器产品质量提升作为施政清河的大事之首，全面安排部署。作为主管部门，清河县质监局冲锋在前，责无旁贷。

2016 年 12 月，一场区域性质量整治提升攻坚战，在清河全面打响。

非常之事，当以非常之力

按照河北省质量技术监督局指导意见和县委决策部署，清河县质监局立即行动：全县质量整治提升部署会、全县质量整治提升推进会、全县质量整治提升调度会……各项工作会议密集召开，各项工作安排紧锣密鼓，在全县引起较大反响，社会各界广泛关注。可是，很多企业也都在观望，都在用赞许但同时又有些怀疑的目光看着质监局一班人紧张而忙碌的身影，人们担心这次行动雷声大、雨点小，只是做做声势、走走过场、摆摆样子！

2017 年 2 月 23 日，清河县质监局稽查队在队长苑晓堂的带领下，对一家汽车配件公司执法检查，发现该公司生产、销售伪造产地和冒用他人厂名、厂址空气空调滤芯。可是，检查过程中该厂负责人不提供任何情况，拒绝在现场笔录上签字，态度蛮横无理，对执法人员恶语相加，还鼓动在场的工人阻挠正常的执法工作。在这种情况下，苑晓堂没有冲动、没有退却，稳住阵脚、据理力争，对不明真相的工人讲法律、摆道理最终控制住了局面。看到苑晓堂不吃这一套，该企业负责人又改变了策略。正当苑晓堂调查取证之时，来自县内县外的办案人员的同学、战友、同事等不下10人找到苑晓堂，为企业说情。面对这种复杂的情况，苑晓堂在局领导的坚强支持下，不胆怯、不退缩，自觉抵制不法分子的阻挠，冲破种种压力，最终依法对其进行了处罚，没收违法生产的汽车用空气及空调滤芯3218个，并处罚没款6900.88元。这一仗，打出了声威，打出了信任。清河质监严格执法、铁面无私的作风赢得了全县社会各界的喝彩，全县质量整治提升工作势如破竹，成效显著。在全省区域性产品验收考核中，清河取得第三的成绩。2017年8月，清河的滤清器不再列入全省重点，但清河县质监局从没有产生“刀枪入库、马放南山”的思想，而是立即针对省局提出的清河县依然存在的问题，以“宜将胜勇追穷寇”的决心和勇气，继续“战斗”。

既然是战役，必然有“敌我双方”的斗智斗勇

多次面对面的交锋，县城汽配市场经营业户摸准了清河质监上班后开始检查的规律。对此，清河质监决定组织开展错时检查。一天中午12：30，质监、市场监管、电视台等执法和工作人员近20人，在简单用过午饭后，直奔市场，迅速检查了两家经营门店，对一家问题严重的进行了查封，对一家经营不规范的下达了整改通知书，收到较好效果。在查处羊绒电商、汽车零部件小加工作坊案件中，针对大多数电商、小加工作坊设在民宅的特点，对有涉嫌有问题的经营点一经发现，就安排人员连续盯守，坚持案件无进展，人员不撤离。

质量整治提升行动的全面开展，不仅推动了全县特色产业的健康发展，也让特别能吃苦、特别能战斗的清河质监队伍的风采得到充分彰显。

2017年9月，清河县质监局接深圳一家公司投诉，称位于清河县尹儒林村的一家滤清器厂生产制造假冒伪劣滤清器。因怕线索、证据流失，引起举报人误解，接到举报材料后清河县质监局立即安排执法人员赶赴该滤清器厂。当时是下雨天，该滤清器制造厂位于尹儒林村一民居内，大门紧闭，找不到负责人，无法入户检查。执法人员自上午9点一直蹲守到下午6点，并联系公安经侦部门，分3班进行夜间蹲守。经过质监执法人员的耐心等待，最终于晚上10点多，成功入户检查。这是一组被辛劳的汗水浸湿的数字。据不完全统计，在全县整治提升行动中，清河县质监局共组织出动执法人员千余人次，联合市场监管、公安以及镇政府开展联合突击检查8次，检查生产、经销企业563家，巡查网站、网店887家次，实地检查67家，涉嫌假冒侵权、不合格立案查处（羊绒、汽车零部件合计）21起，查没假冒侵权汽车零部件11829个、羊绒制品161件、纱线388千克，假冒包装盒（箱）、标签13361个，罚没款15.4万元。

这虽然是一场没有硝烟的战争，
但同样惊心动魄，同样战果丰硕

清河县质监局高频次的严厉打击假冒伪劣违法犯罪行为的高压态势，对假冒侵权行为坚持露头就打、绝不姑息的决心，使清

河区域性产品质量提升工作取得了令人瞩目的阶段性成效。在最近一次的专项督查抽查中，全县汽车零部件省级监督抽查合格率由2014年的76.5%，上升到2016年的84.7%，三年提升8.2个百分点。质量体系认证企业大幅增多，质量管理水平和质量过程控制能力明显提升。清河实体绒毛制品企业质量比较稳定，2013—2015年羊绒制品国家监督抽查31个批次，合格率100%。2016年国家质检总局电子商务羊绒针织品产品质量国家监督专项检查产品93家企业中，清河10家企业检测结果全部合格。线上国家质检总局专项抽查不合格项目，逐渐由含量、安全指标转化为标识、标注问题。

产业整体质量的提升，也加快了产业集群的良性发展，清河汽车零部件、羊绒产业形成入区发展趋势。清河汽车产业园区作为首批工业聚集区，汽车整车装备制造及零部件入区企业331家，空气滤清器入区企业42家。清河羊绒制品市场、经济开发区入区企业及网货供应商194家，并且通过完备的市场配置，形成了社会化生产、集中式经营、互联网销售的模式。通过对聚集区域内空气滤清器、羊绒制品企业进行集中整治、规范提升，区域内逐渐培育形成了河北亿利、昊天、勃马、红太、宇滕、昭友等一批技术装备雄厚、工艺水平先进、产品结构合理、具备产品质量控制、自主检测和研发能力的龙头企业，投资26亿元兴建的中国首个“羊绒小镇”初具雏形。

2017年8月26日至28日，中国·清河第三届滤清器及原材料交易博览会在清河县会展中心举办。来自全国各地210余家企业和4000多家销售商和采购商参会，其中，参展的清河滤清器企业，全部拥有自己的品牌。3天的会展，签订合同900余份，交易额达14.5亿元。中国·清河滤清器及原材料交易博览会连续三届成功，向外界传递了一个令人振奋的信息：清河汽车及零部件企业逐渐由被动而主动，开始由政府、部门推着抓质量，转变为自己主动抓质量、树品牌。质量品牌、行业自律等普遍约束机制越来越成为众多企业健康发展的良性内生动力。而这种根本性的转变同样也在羊绒产业得到充分显现。日前，清河县羊绒产业品牌运营管理中心正式成立，推行“清河羊绒”质量品牌溯源认证和宣传推广体系，通过在制品上加制水洗标签形式的防伪码或二维码，形成从原料供货端至销售各环节的全产业链条质量监督，目前已有第一期5家规模重点企业实施。羊绒电商打假新的合作模式和溯源认证体系，必将大力推进清河羊绒行业规范整治、质量提升，羊绒电商质量监管创新探索扎实推进。

“潮平两岸阔，风正好扬帆。”今天，清河特色产业正以前所未有的良好态势快速发展。人们有理由相信，有了清河质监人的保驾护航，清河特色产业之花，一定会开放的更加美丽，更加绚烂！

扎根基层　不忘初心

记奋斗在基层一线的河北省霸州质监人

霸州市地处河北省冀中平原东部，位于京、津、保三角地带中心，历史悠久，人杰地灵。在这片繁荣富饶的土地上，活跃着一群为了“抓质量、保安全、促发展、强质检”而奋斗不息的质监人。

国　徽

2017 年 6 月 30 日，河北省金属玻璃家具质量监督检验中心迎来了一批特殊的客人，之所以说特殊，是因为这是金属玻璃家具质量监督检验中心第一次与外国友人合作。

为了增强霸州市企业品牌的影响力和质量竞争力，加快发展霸州检验检测认证服务业，推动霸州区域经济发展，霸州市质量技术监督局（以下简称霸州市质监局）与 TÜV 南德意志大中华集团多次接洽和沟通，终于就加强检验检测认证领域合作达成共识。这天上午，双方就在河北省金属玻璃家具质量监督检验中心举行了“河北省金属玻璃家具质量监督检验中心 TÜV 南德意志集团合作实验室”的签约揭牌仪式。

来自北京、天津、上海等地的知名企业家和其他来宾们欢聚一堂，与霸州市质监局的工作人员展开热情的交流和讨论，就连长年工作在TÜV南德意志大中华集团一线的外国员工代表也对霸州市质监局工作人员的专业素养竖起了大拇指，用蹩脚的中文说道：“好样的！”

蛇　杖

蛇杖（又称商神杖）是商人的庇护神，古希腊神话中赫尔墨斯的手持之物。《荷马诗颂》里描述赫尔墨斯是一个“变化多端、圆滑机灵的盗贼，他带给人梦境，是黑夜中的守望者，门外的小偷，在长生不老的众神里最先展示善意的人。”他也被视为行路者的保护神，是商人的庇护神，雄辩之神。

蛇杖是质监标志图案的中流砥柱，象征着国际贸易。随着霸州市经济的飞速发展，国内贸易已经远远不能满足各个企业的需求，各企业纷纷将眼光投向国外，积极开拓海外市场。

胜芳镇位于霸州市东南部，始建于2400年前的春秋末期，原为水乡，始称堤头村，后称武平亭、渭城，宋时定名为胜芳，取意“胜水荷香，万古流芳”。古时的胜芳是我国北方著名的水旱码头，“水则帆樯林立，陆则车马喧阗”，客商云集、风景秀丽、交通便捷。而如今，胜芳镇生产的家具、钢材等产品大量销往海外市场，为霸州市的经济发展作出了卓越贡献。

销量上去了，质量也必须跟上。霸州市质监局积极谋划、认真部署，用短短几个月的时间跑遍了千余家企业。质监局的工作人员帮助企业出谋划策，理清台账，建立了企业生产标准，成立了企业产品自检部门，使各厂的产品质量都更上了一层楼。对于违法生产经营的小作坊、小工厂，霸州市质监局对其坚决予以取缔，铲除市场毒瘤，有效地维护了市场的有序与纯洁。

天　平

公正性与准确性是质监工作的重中之重。为认真落实服务民生、计量惠民的总要求，霸州市质监局建立了民生计量服务中心，该中心建筑面积约620平方米，总投资约200万元。工程由四部分组成：民生计量服务大厅，设有服务受理咨询台、法律法规和标准自动查询系统、计量文化展、政务公开系统；民用四表检定室，承检全市水表、电表、燃气表、热量表；民用计量器具检定室，为群众维修家用血压计、电子秤、体重秤等民用计量器具；出租车计价器检定站，为出租车提供快捷高效检定服务，确保群众利益不受侵害。

新建的出租车计价器检定站，既维护了群众利益，也方便了的哥的姐们的检定。以前的检定站设在霸州市质监局的院内，院内公车私车混杂，每每到了出租车计价器检定的旺季，院内的交通总要瘫痪一阵子。

这次改站，霸州市质监局下了大力气，打通了院墙，把计价器检定站直接修在了马路的旁边，的哥的姐们路过时，直接开进来就可以检定。的哥李志存是第一个来新站检验计价器的师傅，他看着宽宽的马路，像质监人竖起了大拇指，笑着说道：“老百姓需要的不是惊天动地，就是这些发生在身边的，方便我们生活的实事！”

长　城

万里长城，是中华民族的象征，也是抵御外敌入侵的坚墙。在质监人的心中，自己就是将假冒伪劣产品与老百姓隔离开的不朽长城。

《中华人民共和国产品质量法》可能是与质监人关系最密切

的法律之一了，每一天甚至每一刻，质监人都要学习它、总结它，靠它宣传、靠它执法。霸州市质监局为了服务好老百姓，每月都要在霸州市内的繁华地段设立宣传站，向老百姓发放宣传单页和手册，讲解假冒伪劣产品的特点与危害，帮助老百姓识别假货、判断假货、远离假货。

荣贵岩是霸州市质监局稽查队的一名老稽查了，每次宣讲，他总是冲在宣传站的第一线。荣贵岩说，做了二十多年稽查工作，积累了不少打假的经验与教训，我多宣讲一次，就可能少一人受骗，我的工作也就更加贴近老百姓了。作长城苦，要受千年的风吹，千年的雨打，千年的践踏，但是鲁迅先生说的好啊，“俯首甘为孺子牛”，为了老百姓的利益不受损失，我愿意作长城，永永远远的作下去。

环绕的橄榄叶

大爱传承美德，热血彰显真情。霸州市质监局的工作人员，不仅专业素养高，而且具有深切的人文情怀。在无偿献血献爱心

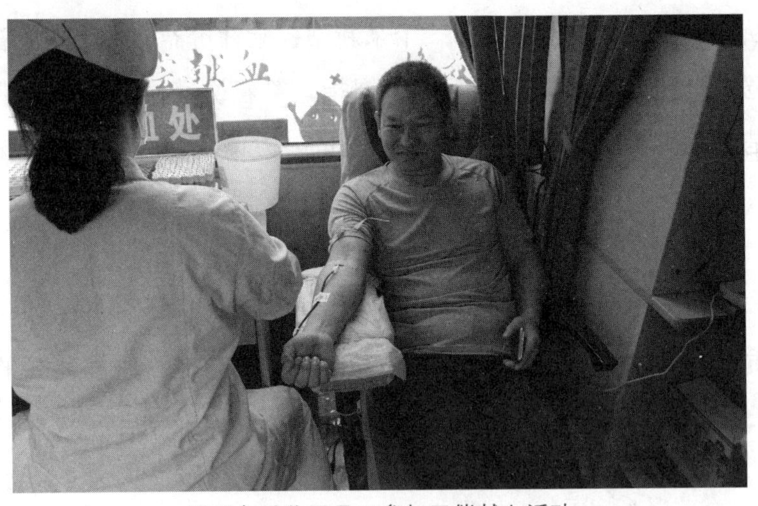

霸州市质监局员工参加无偿献血活动

活动当中，各个质监人都有条不紊地填表、体检、抽血，每个志愿者的脸上都洋溢着温暖自豪的笑容。有的质监人曾多次参加献血活动，那献血证上留下的一行行印记，既是光荣的，也是神圣的。

志愿服务作为一项无偿为社会服务的崇高事业，已经成为社会主义精神文明和公民道德建设的一项重要内容。霸州市质监局积极引导广大工作人员践行文明，传递文明，提升文明素质和城市文明程度。

霸州市质监局志愿者服务队

每个周六，是霸州质监人约定俗成的“文明志愿行动”的日子。在这一天，质监人自发地聚集起来，带上自己趁手的工具，约上几个亲爱的挚友，成群结队的上街去。墙上的小广告、小区里的垃圾袋、路边倒下的自行车，都是他们工作的对象。不需要监督，也不需要赞美，“志愿者”三个字已经融入了质监人的骨髓，融化到他们的血液中去了。

值得一提的是，在志愿队伍中有不少带着自己的儿子、孙子前来的质监人。这种质监精神，已经像橄榄叶发芽成长一般，在质监人的亲人、朋友中枝繁叶茂了。

蓝色盾牌

国徽、蛇杖、天平、长城，再加上枝繁叶茂的橄榄叶，共同组成了所有质监人心中那一枚神圣的蓝色盾牌。盾牌辉煌，那是所有执法打假工作中留下的丰硕成果；盾牌斑驳，那是所有质监人在工作中经历的痛、经历的泪，还有少不了的伤痕累累；盾牌耀眼，那是所有老百姓对质监工作的啧啧称赞；盾牌低沉，那是提醒所有质监人砥砺前行，不忘初心。

蓝色盾牌就镶绣在每一个质监人的臂膀之上，那是指引质监人永远向前的圣光，它也镌刻在每一个质监人的心里，虽然不说，但是永远不忘。

守护正义写忠诚

记山西省太原市质量技术监督局稽查分局

在山西太原，有这样一支“质量卫士”队伍——太原市质量技术监督局稽查分局。这是一支富有经验的队伍，大多有着十余年的办案经验，他们把每个案件都力争办成铁案；这是一支守护正义执法为民的队伍，对于涉及民生的案件，他们始终牢记群众利益无小事；这也是一支奋发进取、屡获殊荣、让人民满意的队伍，先后荣获全国联合打假行动先进集体等多种荣誉称号。正是他们将执法过程变成了维护公平正义、传输社会正能量的过程。他们忠于法律，忠于国家和人民，秉公办案、执法为民的故事在当地传为佳话。

重大案件联合办　联动执法威力显

为有效解决行政执法手段不足的难题，太原市质量技术监督局稽查分局在实践中建立和完善了“两法衔接”信息联络机制，积极主动与公安、法院以及其他职能部门加强联系，并通过建立重大案件联动执法和协作会商机制，有效防范了“两法衔接”中可能存在的该移送不移送、“以罚代刑”和执行难的风险，推动了执法打假工作的深入开展。

2017 年，太原市质量技术监督局稽查分局就联合司法机关成功查获一起涉嫌冒用 3C 认证标志案件。

事情还得从 2016 年 6 月 30 日说起。当天，太原市质量技术监督局 96315 投诉热线接到群众举报，称太原某百货商场幕墙工程所用的建筑安全玻璃，涉嫌冒用 3C 认证标志。

接报后，稽查人员立即赶到现场进行检查。检查发现，部分玻璃内外片上印有 XYG 和 E000958 等标志，玻璃由山西某玻璃公司（以下简称山西玻璃）于 2013—2014 年生产销售至此。但是不论是甲方山西某房地产开发公司（以下简称山西房地产），还是现场施工的深圳市 B 建设集团公司（以下简称深圳 B 公司），负责人都提供不出产品的 3C 认证证书。后经国内某知名玻璃公司证明，XYG 和 E000958 为该公司的专属标记和 3C 标志。

很显然，这是一起典型的涉嫌冒用知名企业产品 3C 认证标志违法行为。太原市质量技术监督局稽查分局随后立案，并联合司机机关共同办理。

8 月 11 日，执法人员依法对山西玻璃公司进行检查。经调查，该公司在太原某百货商场幕墙工程中，确实生产配送了部分自行印制的国内某知名公司标记和 3C 标志的建筑安全玻璃。此后，执法人员会同甲方山西房地产和施工方深圳 B 公司，现场查看玻璃数量。经各方共同确认，此部分玻璃数量共计 888 平方米，货值共计 168720 元。

案件颇为周折的是，山西玻璃公司先期是与深圳 A 建筑装饰集团有限公司（以下简称深圳 A 公司）签订的玻璃购销合同。此后的 2014 年 2 月 9 日，山西房地产、深圳 A 公司与深圳 B 公司签订三方协议，约定由深圳 B 公司承接该工程，并对深圳 A 公司之前履行的合同承担责任。

错综复杂的关系，必须每个环节都要调查清楚，并有强大的证据作为支撑。执法人员会同公安人员连续几个月，多方奔走调查，查清了事实。为了锁定证据，执法人员会同公安民警一道前往深圳，赴深圳A公司调查取证三方协议、相关购销合同及汇款账目。深圳A公司提供了案件相关的所有资料，至此相关证据形成链条，证据确凿，环环相扣，案件坐实。

2017年1月20日是腊月二十三，在百姓们忙着过小年的当天，执法人员和公安民警才从千里之外的深圳返回太原。当天，立即向山西玻璃下达行政处罚告知书。

1月25日，太原市质量技术监督局向山西玻璃下达行政处罚决定书，因其属于严重违法行为，给予责令改正、罚款、没收违法所得行政处罚，罚没合计153624元。相对人涉嫌犯罪的行为由公安机关立案处理。

铁证如山。在铁的证据面前，山西玻璃无可申辩。2017年1月26日，该公司终于缴纳罚款。

至此，这起历时7个月，中间经历两次延长办案期限，并通过司法机关配合的涉嫌冒用3C认证标志案，总算尘埃落定。

消除安全隐患　保一方百姓平安

特种设备安全与人民群众的人身健康和财产安全息息相关。近年来，太原市质量技术监督局稽查分局将特种设备安全摆在重要位置，每年都开展针对性的专项整治，有效消除安全隐患，确保特种设备安全，确保人民群众的人身和财产安全。

2014年10月15日，接群众举报称，太原万海峰商品混凝土有限公司院内有充气点非法充气，执法人员立即对其进行了检查。现场发现该充气点充装、销售液化天然气，库存8.8吨。

经调查，该充气点为山西节能科技服务有限公司（以下简称山西节能）所设，未申请办理充装许可证从事充装、销售液化天然气；使用特种设备未办理使用登记；使用未取得相应资格的人员从事特种设备作业。

2014年10月16日，执法人员对山西节能下达了责令改正通知书。

2015年1月21日，执法人员对山西节能下达行政处罚告知书。1月29日，该公司递交了相关书面材料进行申辩。2月5日，执法人员就有关情况再次做了调查，落实了相关细节问题。

2015年2月26日，太原市质量技术监督局对其给予行政处罚，责令停止使用有关特种设备，并予以取缔；处罚款120000元，没收违法所得53040元，罚没合计173040元。

此后，山西节能不服处罚决定，向太原市人民政府提出行政复议。2015年6月11日，太原市人民政府作出并政行复决字〔2015〕08号行政复议决定书，维持被申请人太原市质量技术监督局作出的行政处罚决定书。

此后，山西节能在法定期限内未提起行政诉讼也未履行处罚决定。

2015年9月8日，执法人员给山西节能下达了催告执行通知书，该公司一直以账上没钱等各种理由推迟缴纳处罚款。11月2日在多次催缴后，该公司缴纳了5万元，但是又以各种理由进行推脱。

山西节能抱着一个“拖字诀”，企图逃避法律责任。

为了维护法律的尊严，2016年4月25日，执法人员将此案递交太原市迎泽区人民法院，申请强制执行。

2016年12月2日，迎泽区法院作出裁定：法院认为，太原市质量技术监督局作出的行政处罚，执法主体、程序及法律适用方面均合法有效，准予强制执行太原市质量技术监督局作出的行政处罚决定书的申请。自此，存在较大的安全隐患得以消除。

民生案件无小事　甘做百姓贴心人

民生案件，事关群众利益，群众之事无小事。在处理民生案件时，太原市质量技术监督局稽查分局视群众利益高于一切，真正做到情为民所系，权为民所用，利为民所谋。这支队伍被人民群众送来了“贴心人”“质量卫士”“百姓的守护神”等光荣称号。

2014 年，接群众举报，某加油站销售的汽油计量不足。

接到举报后，太原市质量技术局稽查分局立即安排调查取证。执法人员经过多日乔装打扮蹲点守候发现，该加油站有一台加油机白天停用，晚上就投入使用。执法人员联合计量院，于晚上对正在使用的该加油机进行检查，检验结果显示该加油机负偏差超过国标 3 倍多。

执法人员正在检查加油站

经调查，执法人员对其作出责令停止使用、罚款以及没收违法所得行政处罚，罚没合计 29642 元，为消费者挽回经济损失 1 万余元。

此案在调查中，石油分公司负责人对这一情况也大为吃惊。因为该加油站向上级部门已经报停了该加油机，谁知加油站站长及员工为了私利，竟然干出这种违法勾当。最后，石油公司对该加油站站长及相关责任人作出开除处理。

石油公司向执法人员表示感谢，感谢执法人员及时查处了案件，帮助他们揪出了“内鬼”，并表示以后一定加强内部管理，加强员工教育。

停车场计时收费事关群众切身利益。2017 年 6 月 20 日，执法人员依法对山西中联物业管理有限公司地下停车场进行了检查。检查发现，该停车场电子停车计时收费装置正在使用，现场提供不出计量检定合格证书。

经调查，该停车场的计时收费装置于三年前安装，使用前未申请计量检定机构进行检定。2017 年 9 月 6 日，执法人员依法送达行政处罚告知书。9 月 12 日，执法人员对其作出责令停止使用，处罚款 1000 元的行政处罚。

这些案件只是太原市质量技术监督局稽查分局所办案件的缩影。据统计，自 2015—2017 年以来，该局共查处各类案件 113 起，涉及领域包括“3C 产品”、生产许可证产品、建材、农资、汽柴油、特种设备、计量等。

除此之外，该局每年都以重点领域产品为重点开展专项行动。如开展建材和农资打假；开展对车用汽柴油油品质量新国家标准达标情况进行实地抽检，对污染问题较为突出的煤焦领域煤焦产品质量和各机动车检测线规范化执行等情况的专项检查。开展对电线电缆生产企业的产品质量及所涉及的“3C”和生产许可证情况进行专项检查。针对群众反映和关注的机场、火车站等窗口单位停车场的计量收费问题进行专项检查，确保其计费系统身份合法并在有效检定周期内运行。

廉洁自律勇担当　秉公执法显忠诚

“公生明，廉生威”“身正而令行”。作为执法者，必然会遇到各种诱惑。但太原市质量技术监督局稽查分局这支队伍始终能把握自己，抵制诱惑，战胜挑战，保持廉洁，做到吃请不到，送礼不要。面对方方面面的说情，他们始终坚持一个信念：作为一名国家工作人员，一名执法工作者，依法办事，廉洁奉公是神圣的职责。

工作中他们不徇私情，严格执法，为此得罪人是在所难免的。有一年，太原市质量技术监督局稽查分局正处理一起假冒伪劣案件，当事人找人说情。稽查人员给说情人讲法律讲政策，拒绝了说情人。一个星期天，正当这位稽查人员和家人在一起团聚的时候，接到一个匿名电话说：“别把事做得太绝了，多给自己留条后路吧。”这位稽查人员毫不畏惧地说：“如果你用假货去坑人，那我们会一直查下去。”对方慑于稽查人员的声威，迅速挂断了电话。

类似这样的经历，几乎每个稽查人员都遇到过，但是他们都坚持了原则，维护了法律，守护了正义。因此，这支队伍得到了铁面无私的美称。

近年来，太原市质量技术监督局稽查分局建立和完善执法打假的各项规章制度。修订完善了执法工作制度和运行程序，认真落实重点案件督办制度、重大处罚案件报告制度和行政执法责任追究制度，推进执法工作的制度化和规范化。严格执行重大行政处罚案件备案制度，在规定期限内主动将重大行政处罚案件的处理决定报送市政府法制办备案。建立和完善执法办案公开透明机制，建立定期走访、主动接访、案件回访制度。主动邀请政府法制部门对行政处罚案件办理工作进行监督指导，定期回访行政处罚过的当事人，了解执法人员在案件办理过程中是否有不廉洁行为，对案件的处罚是否有异议等。

近年来，太原市质量技术监督局稽查分局被评为“全国质量技术监督联合打假行动先进集体”，连续多年被评为山西省质监系统“先进单位”“先进基层党组织”。被共青团山西省委和山西省质量技术监督局授予“青年文明号”称号。连续多年被太原市委、市人民政府评为“政风行风评议先进单位”。

剑胆琴心志犹坚，秋水文章不染尘。太原市质量技术监督局稽查分局全体执法人员始终牢牢把握质监稽查的职能定位，既敢于执法又善于办案，以忠诚和审慎的态度诠释执法为民，守护着公平和正义，谱写出质量执法卫士无愧于时代的华彩乐章。

铸造钢铁脊梁的质量捍卫者

记战斗在内蒙古自治区草原钢城的质监打假卫士们

祖国北疆靓丽风景线上的璀璨明珠——包头市，位于内蒙古自治区中部，被誉称“草原钢城”“稀土之都”，是内蒙古的制造业、工业中心及最大城市，呼包银经济带、呼包鄂城市群的中心城市，是中国重要的基础工业基地和全球轻稀土产业中心。这个城市是一个重视质量、追求质量、崇尚质量的城市。包头钢铁集团是中华人民共和国成立后最早建设的钢铁工业基地之一。这个城市，以钢铁而骄傲，以稀土而闻名。清晨，人们听着《草原晨曲》行走在钢铁大街上。

钢铁在象征意义上，代表着坚强的意志和精神。《钢铁是怎样炼成的》作者，苏联作家奥斯特洛夫斯基在解释这部作品的标题时说：“钢是在烈火里燃烧、高度冷却中炼成的，因此它很坚固。我们这一代人也是在斗争中和艰苦考验中锻炼出来的，并且学会了在生活中从不灰心丧气。”

草原钢城中有这样一队忠诚的质量守护者，他们心怀使命和责任，用坚强的毅力在铸造草原钢城质量提升和打假治劣的钢铁脊梁。

内蒙古自治区包头市质量技术监督局（以下简称包头市质监

局）的质量稽查人，不忘初心，牢记使命，无怨无悔，有着钢铁般的意志，谱写了质量守卫者为城市质量提升铸造坚固钢铁脊梁的英雄篇章。

不要人夸好颜色　只留清气满乾坤

2011 年 8 月，汤树林从质监局稀土高新区分局调入包头市质监局任执法督查局局长，他也是包头市质监局成立执法督查局的第一任局长。在这个岗位上他一干就是 6 年多，先后荣获包头市质监局“优秀共产党员”、2014 年度内蒙古质监系统“感动质监”人物，2015 年度全国质检系统“先进个人”等荣誉称号。

多年前，包头市质量技术监督系统市县两级多头执法，责任不明、权利不清。为更好地发挥质监稽查执法有效性，汤树林决定打一场包头质监执法的翻身仗。对全市质监稽查系统实施“归口管理”，执法督查局既是司令部指挥部署全市质监执法打假工作，又是突击队出奇兵打硬仗办大要案。

只想打一次翻身仗的汤树林，带领他的队伍两个半月一口气办理行政案 12 件，立案查处 12 件，结案 12 件。查处千万元以上案件 2 件，其中货值金额亿元以上案件 1 件，办理大要案 6 起。从此打响了执法督查局的牌子，同时也打出了质监执法的声威。

汤树林出身干部家庭，父亲是复员军人，常以中华传统文化和军人作风勤俭持家，家教严格。父亲不幸壮年早逝，作为家中长子的汤树林担着照顾母亲和弟弟、妹妹的重担。一面帮助弟弟、妹妹成家立业，另一面还要帮助在农村生活的岳父、岳母照顾 4 个正在上学的妻弟、妻妹完成学业。生活的困苦磨练了汤树林敢于担当、勇于奉献的精神，也养成了独立思考、周密细致的工作作风。

由于稽查工作艰辛，加之汤树林严重的过敏性鼻炎，严重时还会引发哮喘。一个40多岁的壮汉在哮喘发病期，制氧机放在床头，每天睡觉前需要吸氧半小时才能入睡，有时还会在后半夜鼻塞憋醒不得不再吸氧。不断的连续高强度办案，缺氧导致脸色看起来是“又黑又绿”。虽然脸黑了，但是在执法稽查中，却没有黑起脸办事，而是理法并重，技术执法。

2012年4月，用户投诉举报某重型汽车有限公司存在生产销售淘汰自卸车行为。针对处于垄断地位的国有企业，执法难度大，既要严格执法，保障消费者利益，还要考虑地方经济发展和保护骨干企业。在案件的检查、调查、处理过程中，汤树林顶住各种压力，与相对人斗智斗勇，敢于碰硬，最终取得了政府和被处罚单位的理解和支持。

2013年，包头某公司在未办理车用气瓶安装许可证的情况下，违规生产销售了1100台LNG重型汽车，按照法律规定应当责令召回，企业将面临数额巨大的索赔甚至将陷入绝境。汤树林从支持地方经济发展和保护骨干企业的角度出发，多方协调当地政府、检验检测机构和许可机构为其补办相关许可，并促使检验人员赴新疆、山东、陕西和江浙地区对该公司销售的车辆气瓶进行监督检验，维护了企业的市场信用，为企业挽回经济损失3.6亿元，受到企业和政府的高度赞誉。

面对近年来汽车投诉上升，消费者维权难、执法者执法难的局面，汤树林带领团队率先在全自治区制定出台了《包头市家用汽车产品三包规定申诉处理》文书，有效破解了申诉人、被申诉人双方推诿扯皮，质监部门被动执法的尴尬局面，提升了质监部门的行业形象。自治区质监局在全区推广，全国许多地市质监局来电来函学习。

奋蹄直奔只为那份责任与担当

在蒙古高原有一种马叫蒙古马。处于半野生生存状态，它们既没有舒适的马厩，也没有精美的饲料，在狐狼出没的草原上风餐露宿，夏日忍受酷暑蚊虫，冬季能耐得住 −40℃的严寒。

蒙古马体形矮小，其貌不扬，然而，蒙古马在风霜雪雨的大草原上，没有失去雄悍的马性，它们头大颈短，体魄强健，胸宽鬃长，皮厚毛粗，能抵御西伯利亚暴雪；能扬蹄踢碎狐狼的脑袋。经过调驯的蒙古马，在战场上不惊不诈，勇猛无比，历来是一种良好的军马。

包头市质监局稽查局的“蒙古马”不只一匹，而是一群，他们有着蒙古马一样的耐力，只因那份那个责任与担当，为包头市质监执法打假事业奋蹄直奔。

2012 年 3 月 31 日下午 15 点左右，包头市土右旗发现涉嫌假冒化肥案情。当时正值春耕时期，案子事关重大，关系到农户一年的收成，片刻不可耽搁。

汤树林带领稽查局刘广、郭鹏、乔多等多名执法骨干，赶赴现场与包头市土右旗质监局执法人员一起，挨家挨户排查购买数量和使用情况。

事发地属于乡村，环境条件差。执法人员饿了咬口白皮饼，渴了喝口矿泉水，连续两天夜以继日，及时有效查处了 105 吨假冒伪劣化肥，足额退赔了农民购肥款 180 万元，争取了备耕农时，避免了上千亩良田绝收或减产，遏制了严重坑农害农事件的发生。维护了正规农资生产企业合法权益，专程到包头市质监局送来锦旗表示感谢。

任永峰，包头市质监局稽查局副局长，能文能武，“全国质检系统执法打假办案能手”。1990 年大学毕业后，一直奋战在质监执法稽查一线，先后在包头市昆区质监分局、石拐区质监分局、市质监局从事一线执法稽查工作 26 年。

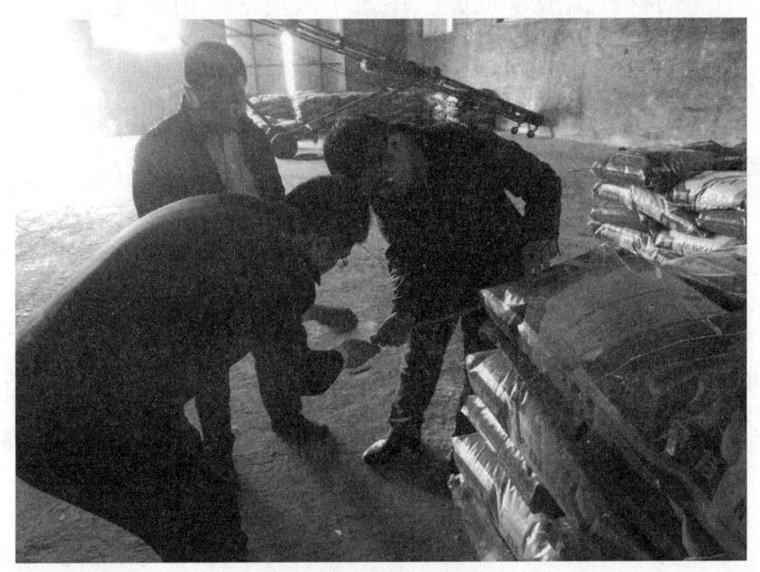

对化肥进行现场抽样

在质监系统实行属地分级管理体制的大背景下，任永峰结合质监工作实际，先后向市政府起草报告了《包头市质量技术监督局实行执法稽查归口管理机制 提升工作有效性》及《包头市质监局关于质监执法稽查工作改革的指导意见》等文章，为市局执法督查局与各旗县区市场监管局行政执法稽查工作的有效衔接和深度融合以及“综合执法”新模式提出了合理化的建议，切实树立了执法稽查“一盘棋”思想和“一体化”工作模式，着力构建了内、外协同打假工作思路，展示了质监稽查执法队伍的新气象、新作为、新担当。

工作中，他积极服务包头市老旧小区改造民生工程，查获了建筑工地中使用不符合国家标准要求的高分子防水卷材、EPS 模块等产品违法行为，移送公安部门1起，移送建设部门1起，保障了老旧小区改造工程的顺利推进。

2014年年初，包钢经营遇到困难，正品钢材出现滞销，而仿冒包钢的钢材却因成本低廉、销售手段灵活、仿真度高在西北地区大行其道。

很快，一个服务企业、打击假冒包钢钢材的计划初步形成，行政公权力与企业技术手段相结合，合力打击假冒产品。

行动诠释精神　风采展示力量

曾读过的一篇散文，其中有这样一段，“用行动诠释着一种精神，用风采展示着一种力量，用无悔的誓言，耕耘人生的灿烂，铸造出一枚枚耀眼的勋功章，铭刻在千秋记忆里，嵌缀在巍巍丰碑上”。

井建刚，执法局副局长，一个戴着眼镜文质彬彬的执法者，外表清秀却内心强大能打硬仗。他带队检查建筑工地15个，查获冒用包钢集团热轧带肋钢筋120.25吨，总货值约为39.7万元。

北梁棚户区改造工程是李克强总理两次亲自批示的包头市重点民生工程，在联合行动中，执法局把北梁棚改工程列为重中之重。

炎热夏日，北方特有的沙尘弥漫着工地，井建刚和郭鹏、刘广不放过每一个钢筋加工棚、不放过每一个牌号的钢筋，抽检钢筋124个批次。

任永峰多次带领团队与北梁棚改工程指挥部对接，带领包钢技术专家深入棚改一线，加大对钢材的监督检查力度，对涉嫌存在问题的抽样送法定部门检验，确保了北梁工程的安全可靠。

2015年，针对包头市钢铁行业产能过剩、经济下行的发展困

现场快速检测钢筋质量

境，任永峰参与起草并出台了《包头市质监局保障钢铁行业健康发展合作备忘录》，成立了“包头市钢铁行业打假维权工作站”。为以包钢为代表的一批钢铁企业打假维权，维护企业合法权益树立质监打假权威。

井建刚协调带领联合工作组赴银川市协助银川局开展对假冒包钢钢材打假。查获冒用包钢集团热轧带肋钢筋 1600 多吨，总货值约为 528 万元。

通过联合行动，包头市仿冒包钢的钢材产品被彻底清理，包钢的品牌效应得到了最大的呵护，包钢经济发展蒸蒸日上。

平凡的人用青春和热血铸就丰碑

“英雄建功立业总是默默无闻，伟大总是用平凡震撼人心。不错，伟大与平凡只有一步之遥，真正的平凡也是一种伟大，这是用辛勤劳动筑起的一种令世人仰慕的伟大。”

散文读到这里，总会有一些平凡却很伟大的人相对应。

张奋勇，一名年近60岁即将要退休的老同志，依然深爱着质监岗位，继续勤勤恳恳坚守着工作岗位。

张奋勇老当益壮，经验丰富。外出执法以外，还负责案卷管理，兼做团队参谋，能给年轻同志更多的指导与帮助，处理日常事务时要比年轻人更加稳妥、周全。临近退休前，将自己的工作，完完整整、一步一步带新同志带上手，确保稽查局工作的一如既往的顺利进行。

孟德锋，中国矿业大学毕业，曾赴日留学两年。2016年11月来到了包头市质监局稽查局，负责12365投诉举报单的流转、日常报表的总结，问询室设备负责人，日常执法设备的管理，日常执法中负责全过程记录。

通过任永峰、张奋勇等同志的传帮带，孟德锋从一名执法业务的外行逐渐进入了角色，将执法过程中的全过程录音、录像和文件整理，完完整整的将案情电子化。负责的全过程执法记录工作被自治区局作为典型向全区推广。

乔多、刘广、郭鹏、孟爱民、李杰……

包头市质量技术稽查局中每一个人，故事都不胜枚举，但是他们有一个共同的特点，就是都有着“钢铁”的精神、“蒙古马”的坚强，无论在肆虐的沙尘暴中，还是在酷暑的烈日中，都不乏他们的身影。

包头市质监局执法督查局2011年8月成立，2017年3月1日，适应包头市政府综合执法改革需要，更名为包头市质量技术稽查局。

从2001年率先在自治区开展质量兴市活动到2012年启动创建“全国质量强市示范城市”，从2014年获批创建“全国质量强市示范城市”，再到2015年创建“全国质量强市示范城市”顺利通过了自治区预验收；从 2003 年和 2006 年先后两次获得“全国质量兴市先进市（县)”称号到荣获全国 2014 “质量之光”改革创新示范单项奖，再到喜获 2015 年度“全国十大质量魅力城市”称号，在追求质量的道路上，包头始终走在前列。

这些成绩的取得，少不了质量技术稽查局这队人的付出与奉献，是他们蒙古马般的坚强守卫着草原钢城的质量长城。

“艰苦炼就英风劲骨，奋斗撑起钢铁脊梁”，这也是包头市质量技术稽查局质量稽查人精神的真实写照。

面对新形势　迎接新挑战　再创新业绩

记辽宁省朝阳市市场监督管理局特种设备与质量安全监督执法大队先进事迹

辽宁省朝阳市市场监督管理局特种设备与质量安全监督执法大队（以下简称大队），现有执法人员 7 人，中共党员 6 人，全部人员均为大专以上学历。近年来，大队在市委、市政府和市局的正确领导和关心下，严格落实中央八项规定，全面推进依法行政，不断创新执法模式，严格执法，勤政廉洁。队伍素质明显提高，工作作风进一步转变，干部职工人心凝聚，稽查执法水平不断提高，业务工作整体推进，内外关系更加和谐。连年被评为“市级文明单位”。

扎实推进稽查执法工作，维护正常经济秩序

近年来，大队共办理各类行政案件 200 余起，严厉打击了制假售假、特种设备等违法行为，维护正常的市场秩序，保障人民群众和财产安全；投诉举报做到了“件件有答复，事事有回音”，为企业和消费者挽回了经济损失，受到了社会各界的一致好评；通过深入开展打假活动，做企业的“知心人”，积极提供法律服务，维护企业合法权益、纠正企业违法行为，帮助企业改进工艺

技术、提高管理水平、提升产品竞争力，有力地促进了企业健康发展。

创新执法模式，推行说理式执法

在执法中，一方面要注重与行政相对人的沟通交流，认真倾听相对人的陈述，杜绝执法简单粗暴，执法全程推行文明执法，以说理的形式开展行政执法，对一些存在违法行为的企业，通过摆事实、讲道理、换位思考的方法，本着教育与处罚相结合的原则处理问题，让行政相对人能够理解并接受执法人员的具体行政行为，这样即能使行政相对人主动改正违法行为，也促进执法工作的顺利开展。另一方面大队实行技术执法，在取证时通过检验检测手段，对违法企业的产品进行数据取证，使案件形成铁案。2017 年 4 月，按照省局年初工作部署，依据《检验检测机构资质认定管理办法》的规定，已对朝阳地区的 17 家机动车安检机构进行了执法检查。面对执法工作新领域、新课题，大队采取边查边学习、边查边研究的方式，在学习掌握国家强制性标准规定基础上，对安检机构的检验流程、数据传输进行深入研究，最终通过技术手段，查处了这些机构普遍存在的“出具的检验检测数据、结果失实”和“非授权签字人签发检验报告”的违法行为，辽宁省朝阳市市场监督管理局依法给予了行政处罚，并纠正了机动车安检机构的违法行为。

面对“三局合一”新形势，突出新作为

2016 年 7 月，朝阳市将质监、食品药品和工商三个局合并为市场监督管理局，重新整合了市场监管工作的行政执法资源，监管、执法、技术检测三方资源紧密配合的无缝衔接，同时执法效

力大幅度提高，对违法行为的查处可以做到快速出击、准确打击，展现行政执法统一办案及专业化技术支撑的工作特点。为适应体制改革后新形势、新任务、新要求，大队以加强干部职工的思想教育为切入点，强化责任意识和大局意识的教育，提升对监管执法工作的认识。同时，把原工商部门监管力量强、监管网点多的优势和原质监专业知识水平高的优势有机结合起来，努力推进职能融合，有效整合执法资源，提升监管执法效能。

2017 年，大队与市局特监科、经检大队联合对辖区内的 25 家电梯维保单位进行了检查，检查中发现其中有 10 家维保单位存在违法行为，经三次局党组会议研究决定，对 5 家无维保资质及未依法依规维保的单位由我大队，按照质监法规进行处理，另 5 家无营业执照的单位由经检大队和企业监管科，按照工商法规进行处理。打破了以往各管一段的格局，充分发挥执法合力，有效地净化了电梯维保市场，合并后的变化是查处一批案件，规范一个行业。

加强队伍建设，铸造一流执法集体

队伍是做好一切工作的基础，按照“建一流班子，带一流队伍，创一流业绩”的工作目标，执法大队把队伍建设作为首要任务，下大力气抓好队伍建设。首先讲政治，在全队推行了用制度保廉，用制度管人，用制度管事的管理制度，实施半军事化管理，同志们把守纪律讲规矩当作常态，自觉遵守，近年来没有收到行风方面的投诉和举报。其次是讲团结，提出了团结是力量、团结是进步、团结是效益、团结是能力、团结是发展、团结是形象、团结是政绩、团结是人品、团结是解决一切问题的法宝的理念；全队团结的氛围空前浓厚，战斗力得到极大提升。还有就是狠抓学习，坚持每年开展轮流讲课，要求每一名执法人员既是学生，又当老师，人人都成为法律专家，每季度组织全体执法队伍开展一次“典型案例”学习，交流评选出的优秀卷宗在执法队伍中展评，并由优秀案件卷宗主办人组织开展案件线索查找、证据搜集、法条运用、自由裁量等方面的讨论，确保执法队伍从中学会违法线索的搜集、违法事实的查证、违法案件的裁定和执行规律，掌握案件办理的精髓。

近年来，大队执法案卷在省、市案卷评比中名列前茅，一名同志获“全国质检系统执法打假办案能手”称号；一名同志在“双打”工作中获“先进个人”称号；多名同志撰写的论文在省、市评比中获奖。

加强稽查文化建设，打造文化支点

文化是一个队伍的灵魂，文化建设就是要净化我们的灵魂。近年来大队大力发扬稽查文化，通过文化建设践行了许多新的工作思路和工作理念，以提高队伍素质、提升执法水平、促进稽查工作开展。一是打造团结文化。团结已成为全体干部职工的思想理念。二是打造学习文化。坚持开展学习活动，勤学习、会学习、善钻研，已成为全体干部职工的良好习惯。三是打造纪律文化。严格落实中央八项规定，严守党的政治纪律，廉政勤政，已成为全体干部职工自警、自醒、自爱、自律的思想起点。四是打造创新文化。打破故步自封，小富即安的思想，创新执法理念，践行“文明执法，和谐办案”的执法新理念。创新已成为全体干部职工工作的力量源泉。五是打造“三铁”文化。办铁案件、做铁案卷、建铁队伍。

树立市场监管执法新形象，确保执法文明规范

一是建立“管理、执法、服务”三位一体的特色执法模式，寓管理于服务之中，寓执法于服务之中，实现管理、执法、服务的有机融合，达到“执法态度、执法过程、执法效果”三个满意。

二是进一步依法行政，深度融合，全力推进基层执法队伍建设。面对机构改革新形势，立足工作实际，积极稳妥地推进机构整合工作，尽量缩短人员磨合过渡期，确保执法队伍不乱、工作不断。

朝阳市市场监督管理局特种设备与质量安全监督执法大队将不断打假治劣，保障人民合法权益；创新工作机制，科学依法行政；完善稽查文化，建设一流队伍，大队正在朝霞中不断壮丽前行！

悠悠长乐路　孜孜质监人

记奋斗在执法监管一线的上海市质量技术监督局执法总队

长乐路在上海人的心中是有一些分量的，法桐树和老洋房已使其成为上海文化的标志之一。但长乐路的分量不止是充满文艺气息的美景，因为这里还有一群质量卫士，默默坐镇沪上一片沃土，守护着百姓一方安康，他们用二十多年如一日的坚守，用辛勤的工作和无畏的勇气守护着这个城市的质量安全，于无声处见证伟大。

拳头上长出“火眼金睛”

2016 年 3 月的申城，空气里还带着丝丝寒意。上海市质量技术监督局执法总队三支队的队员们在一大波新闻媒体记者的见证下，来到人流熙攘的城隍庙，对附近的三家金银饰品店开展突击检查。

不出一个小时，《上海质监抽检城隍庙贵金属饰品：五百双银筷连接部位掺杂铜铅》《“小细节处藏猫腻”上海质监部门查获 500 余双问题银筷》等相关消息便见诸各网络报端。

接下来的三周时间里，随着“3 · 15 质监在行动”紧锣密鼓动地进行，诸如“上海质监部门查处 20 余万包劣质餐巾纸、查处砖桥贸易城大量山寨电器”等一篇篇执法报道被电视和网络媒体密集播出，上海质监部门的“技术执法”威力在令广大市民叹服的同时，也不断刷新着他们对质量的认知。

质监利剑，所向披靡！然而，任何成功都非偶然，技术执法探索之路一开始并不那么一帆风顺。

2003年起，为切实提升执法的精准度和有效性，上海市质量技术监督局执法总队（以下简称上海质监执法总队）率全国同行之先，专门装备了技术执法车。但现场检测项目涉及品类繁多，怎么才能做到花最少的成本，达到最大的执法效能？此项课题攻坚重任最终落到了刚从部队转业的熊信坚身上，他二话不说，与执法人员、实验室技术人员一道，开始了立项、实验、失败、再实验的漫长过程，熬夜加班成了家常便饭。经过数年艰辛努力，这支几乎全部由非专业人士组成的质监执法队伍，个个都练就了一双“火眼金睛”，快速检测技术和检测设备一次次在执法实践中大显神威。

“技术执法”作为质监执法“重炮武器”所显示出来的威力，从熊信坚牵头办理的“上某油气站有限公司销售不符合保障人体健康和人身、财产安全的国家标准的93号车用汽油案”中可见一斑。

2012年5月8日，上海莲花南路某加油站发生严重的油品质量事故，导致数百辆汽车出现怠速抖动、加油熄火等异常现象。一百多位车主前往加油站讨要说法且情绪激动，尽管有多名公安人员现场维持秩序，仍不能有效控制。市领导指示质监局前往处理，熊信坚第一时间率执法人员赶赴现场，一边做集聚驾驶员的情绪稳定工作，一边搜集证据，展开执法检查，事态迅速得到控制。

三天两夜的时间里，执法人员连续奋战，饿了就吃一点干粮，困了就在桌子上趴一会，白天他们走访质检技术机构、行业协会、石化专家，晚上找资料做调查，行车几百公里，从油品的来源、运输、储运、加注等各个环节展开仔细调查。

执法人员通过快速检测设备对金银饰品检查

然而，检测结果却出乎所有人的预料，所有油品经检测，全部符合国家标准，这下难倒了执法人员。问题出在哪里？现象几乎都是车辆怠速不正常、加油加不起来、有时候还会导致车辆熄火，并且越是旧车、低档车，出现故障越多。

根据在部队油库多年的工作经验，熊信坚立即通知质检站按照三大公司的外采指标对有关项目继续检测，得出的结论是，送检的 93 号车用汽油都含有甲缩醛。经专家深入分析和反复论证，一致认定甲缩醛是导致本次车辆无法正常运行事件的非正常添加物。

本案的成功办结，及时有效地化解了事件可能引发的各种风险，对社会稳定作出了积极贡献，得到了市领导的充分肯定。同时也给质检系统处理类似案件提供了可参照的处理办法，展示了总队关键时刻从容应对突发事件、出色完成执法任务的风采。

经多年实践，上海质监执法总队的技术执法工作在全国质检系统处于领先地位，从金银饰品的金属含量、电动自行车的最高车速、塑料杯的承重性能、餐巾纸的荧光析出量、塑料袋的厚度等项目中成功开发出 30 余种产品的现场快速检测方法，查处了大量涉及安全、民生、环保类案件，通过技术执法手段查获的案件已占总案件数的 20%。近年来国家质检总局专门向总队征集了 6 项行之有效的快速检测技术，在全国质监系统予以推广应用。

资料交给我们，我们来跑

从杨浦区到位于奉贤、金山交界的上海化工区，往返 150 多公里，这是郑文婷每个工作日的通勤距离。在上海市质监局执法总队化工区支队，像她一样家住市区、上下班需横穿大半个上海的同事还有很多。但距离的遥远和奔波的辛苦没有阻挡队员们的热情。

在这个“离上海市区很远离世界很近”、占地 29.4 平方公里的化工区里汇聚了英国石油化工、德国巴斯夫、拜耳等一大批世界 500 强及著名公用工程公司，遍布着 7400 余套压力容器、近 2000 公里压力管道及数以百计的锅炉、起重机械和电梯。由于化工区内部产业关联程度很高，一家企业的产品很可能就是另外好几家企业的原料。一旦因安全原因造成生产停车，将牵一发而动全身，所产生的损失无法估量。

面对安全监管难题，化工区支队在 2014 年 12 月成立后，第一时间建立了党支部，以打造特别能吃苦、特别能战斗、特别能奉献的“特种尖兵”为目标，两年多的时间里，这支平均年龄不到 35 岁的年轻队伍交出了一份令人满意的答卷。

“我们来跑”是支队入驻化工区后的第一个承诺。

以前，企业办理特种设备行政业务都需要跑到位于市区的市质监局业务受理中心办理，来回折腾不说，有时填错一张表格或忘记盖公章，还需要往返好几次。支队入驻以后，在最短时间内实现了园区特种设备“一站式”服务和归口管理，园区企业只要填好相应表格提交至支队，支队青年党员就会集中前往市质监局完成后续的审批、盖章等工作，受理服务效率也由原来的一天缩短到半小时。

化工区支队检查特种设备

随着工作的开展，“我们来跑”的范畴越拓越宽，支部党员“主动出击”，对自己提出了 3 个“跨前一步”的服务要求。他们主动前往企业，现场提供协助和指导。同时在合法合规的基础上，简化办事程序，加快设备的登记办证。最多的一次，短短三天就完成了数千台设备的登记换证工作。

节假日期间，为便于及时沟通，化工区支队和园区企业的负责人们建立了一个微信群，7×24 小时的服务模式确保企业的任何问题都可以在第一时间里得到回应和解答。

在园区里，11 名队员要管理接近 30 平方公里内数以万计的特种设备，继续采取“保姆式”管理方法，不合理也不可行。转变监管方式势在必行。

经过多次“头脑风暴”，支队决定要牵住企业有效落实安全主体责任这个牛鼻子，将监管重心放在企业是否设立管理体系、是否严格依照管理体系运行、人员是否都持证上岗、责任制度是否落到实处上。为此，支队积极探索分类分级的监管模式，推进企业安全隐患的自查自纠，推行全面隐患排查试点。通过这项工作，企业主动上报安全隐患 40 多处，其中有 3 处属于重大安全隐患，主动补齐各种证照 40 多起，化工区支队的工作已经成为上海市特种设备监管领域的样板。

用党建引领发展，用真情服务园区。2017 年 6 月，化工区支队党支部被上海市委组织部命名为 100 家“上海市党支部建设示范点”之一。

365 天，天天为民服务不间歇

深夜 1 点，值守晚班的黄淑为正忙着将一天的申诉情况录入电脑作数据分析，突然一声急促的电话铃声划破了夜晚的寂静，电话那头传来一位男士惶恐焦虑的声音：“我现在一个人被困在大楼的电梯里了，电梯一动不动，门无法打开，我该怎么办啊？”这位“上海好声音”的获得者当即用训练有素的专业知识安抚对方：“先生，您先不要害怕，电梯有通风设施，不会造成窒息，您千万不要试图强行打开电梯门，以免发生不必要的危险。”待其情绪稍缓后，她又立刻帮助其向外求援。整个救援过程中，黄淑为一直通过电话陪伴对方。在安全走出电梯的那一刻，被困的那位先生感慨地说："想不到在这样的深夜，在我最无助的时候，还能得到 12365 如此及时的帮助，质监局果然是好样的！"

12365 服务社区

用心服务，收获感动；用心体会，传播感动！中心像这样真心为消费者排忧解难的故事数不胜数。无数次倾诉和倾听，无数次沟通和理解，12365 用一条无形的热线架起了政府与百姓之间的沟通桥梁，用辛勤的汗水和热情的服务谱写了一首民生的青春之歌。

作为上海质监局面向社会的服务窗口，上海质监执法总队的 12365 中心一直以"服务标准化、服务最优化、服务便民化"为工作目标，用真心真情，将"一年 365 天，天天为民服务不间歇"的质监服务理念洒播到百姓的心田。为最大程度满足群众对产品质量鉴别的需求，每年 12365 中心都会组织志愿者深入广场、社区、公园，开展不同主题的现场咨询活动，把质监的法律法规知识和日常家居、家电、汽车、服饰等消费品的使用、鉴别知识送入寻常百姓家，打通为民服务“最后一公里”。哪里有呼唤，哪里就有12365的服务；哪里有需要，哪里就有总队人员的身影。

“申诉企业直通车”作为质监部门为市民提供质量维权的绿色通道，在全国首创，也是最受老百姓欢迎的服务品牌之一。为更好更快地处理知名企业产品申诉，中心工作人员深入企业调查，通过开展党支部共建等方式，组织上海知名度高、信誉较好的企业签订长期协议。对于产品更换、退货，只要诉求合理，一天内联系，一周内处理，两周内办结。截至目前，已累计吸纳212家企业，通过直通车处理的申诉达6100余件，案件处理时限平均缩短12天，为消费者挽回损失4600余万元。而搭上这班“直通车”，也意味着企业在消费者维权情况处理上更加省时省力，极大提升了品牌的影响力和市场满意度。

精益求精是12365中心工作态度的真实写照。2016年年初，面对政府热线并线以及市场监管体制改革后沟通不畅、案件办理时效降低等情况，12365的姑娘小伙们没日没夜、加班加点起草了督办、考核、回访、约谈等一系列新制度，全面规范业务处理的服务用语、处理流程和管理制度；历时三个多月梳理出各类标准117项，建立了12365质量热线公共服务标准化体系，实现12365标准化服务全覆盖，为12345市民服务热线的标准化工作提供了参考模板。

长乐路说长不长，在上海质监执法总队的执法路线上，只是一个小小的起点；22年说短不短，在上海质监执法总队的成长历程上，取得了累累硕果。先后被评为全国质检系统“双打”先进集体、上海市第二批“依法行政示范单位”，连续9届荣获上海市

“文明单位”，连续3届荣获上海市“平安示范单位”。有8人获得“全国质检系统执法打假办案能手”，1人荣获“全国最受欢迎的法治人物”称号，2人荣获市“五一”劳动奖章、1人获市“五四”青年奖章、1人获市“巾帼建功标兵”称号。12365中心被授予全国和上海市“三八红旗集体”、全国和上海市“用户满意服务明星班组”、上海市“青少年维权岗”等称号；2010年，被党中央、国务院授予“上海世博会先进集体”。

这支朝气蓬勃、战功赫赫的队伍骨子里流淌着长于创新的干劲和乐于奉献的精神，他们是平凡的公务员，静静地从事着普通的工作；他们是勇敢的质监人，默默地守护着百姓的安全。

进入新时代，迈向新征程。在全面决胜建成小康社会和质量提升的号角声中，他们将不忘初心，矢志不渝，牢记使命，砥砺前行，用责任和信念，为上海的质量事业谱写新的篇章。

守护“汇善汇美”文明徐汇的“质监卫士”

记上海市徐汇区市场监督管理局的质监人

上海以“海纳百川、追求卓越、开明睿智、大气谦和”城市精神闻名世界，城市精神根植于城市内每个人的灵魂，影响着人们的言行举止和价值体现：公正、包容、诚信、责任。不泽细流，乃成其海，开放包容，创新求善，人们把理想、个性、激情融入这座城市，在工作、生活中不断提炼、整合。

奔流向东的黄浦江之滨、上海西南，有一座厚重历史与澎湃活力交汇出地璀璨多彩的城区——徐汇。这里集聚着120多家国家级或市级科研机构、10余所高等院校，106位“两院”院士工作或居住在徐汇；这里拥有全国闻名的“漕河泾高新技术经济园区”，是国家大众创业万众创新示范基地；这里的徐家汇、环贸广场等传统商圈吸引世界各地人们纷至沓来。在这片人杰地灵、科技发达、商贸便捷的地方，有一支队伍肩扛维护市场秩序和市民利益的重责，走街串巷、仗剑执法，默默地守护着这片区域地良好市场，保障着市民的高质量享受——他们就是上海市徐汇区市场监督管理局。

责任担当　不忘初心

望向窗外高耸的脚手架和绿纱网罩着的高层建筑，看着脚下哄鸣而过的火车机头，周拥民咽下口中略带苦涩的茶水，耳中还回响着父亲刚刚在电话中的话语，“医生说经过六次化疗，癌细胞块已经得到控制，肺已经变得干净，治疗效果还不错……”，茶的回味似乎比以前甜了些。2017 年 5 月在老家的父亲被确诊得了肺癌，他把老父亲接到上海治疗，希望可以多尽些孝道。可老父亲看他工作忙，毅然回到老家治疗，留下话说“目前还能自理，能不影响你工作就尽量不影响，你要认真把工作做好。”他把对家人的愧疚转化为工作动力，继续埋头撰写检验检测机构专项监督检查情况分析报告，分析检验检测机构违法违规行为系统性、共性的原因，以便下阶段有针对性的督促企业整改，这是他多年养成的工作习惯。

周拥民，上海市徐汇区市场监督管理局质量认证科副科长，9 年前抱着一颗“为质量事业献身、为百姓利益奋斗”的初心从部队转业而来。刚开始从事执法打假工作，他在这个岗位上一干就是 6 年。执法打假工作要与违法分子斗智斗勇，需要深入现场、一线，经常加班加点、忍冻挨饿，有时甚至需要冒着生命危险，但是他从来没有退缩，也毫无怨言。记得那是 2010 年，有群众举报辖区内一个城中村中聚集了大量外来人员集体制售假冒水泥，特意提醒村口有人对进出人员进行检查。为了掌握制售假冒水泥现场环境和证据又不惊动违法分子，他乔装成安全检查员冒着危险进入生产窝点踩点获得制假第一手情报，又带领同事连续蹲点跟踪运输车辆掌握假冒水泥的去向。待时机成熟后，与公安同志合作深夜进场扣人、做调查笔录、清点涉案物品、运输涉案水泥异地查封等，场面很是壮观。然而等到现场扫尾时，才发现一个个灰头土脸，连嘴里都是水泥，都成了“泥人”。此案上了新闻媒体，成了当年国家质检总局的典型案例，他现在想起来还是很自豪，说像是打了一场胜仗。但是大家不知道的是，那时他女儿刚满周岁需要人照顾，而他父亲正在医院做心脏手术需要家属到场。但为了不再让假冒水泥流入市场影响工程质量，在案件箭在弦上的关键时刻，他毫不犹豫地选择了工作。但他说成功的最大“秘诀”，是有一个团结协作、追求卓越的团队，正是同事们毫无怨言、没有条件地支持，才会有今天的局面。多年来，他办理了数十件大案要案，撰写了几十篇执法打假和业务研讨性文章发表，分别在 2014 年、2016 年获得“优秀公务员”嘉奖，他和局里另一位同事先后还获得“全国质检系统执法打假办案能手”称号。

机构改革后，质量认证科上要对接上级产品质量监管、认证监督、特定产品、执法协调四个处室的工作，下要指导 13 个市场所和 1 个执法大队开展业务工作和执法检查，科里本身还承担着许可企业、检验检测机构等部分监管业务，条线多工作任务重，周拥民和科里每个人的工作都排地满满的。任国祥，还有两年就退休了，上班第一件事烧水吃药，因为他 2008 年被查出得了胃癌，手术后一直需要药来维持治疗。胃病反反复复，中间有几次严重的又进了医院，身体一直不太好，这几天身体又出现新症状——小便出血，然而医院检查完后，他又立马返回到了工作岗位，工作一直也没有拉下。他说：“科里人少，我再不来，你们要忙不过来的”，语言朴素却体现着责任担当。2016 年，身患癌症的妻子永远地离开了他，留下了还未成家的孩子和有着重病的他。料理了爱人后事后，他立即回到工作岗位，与同事们一起参加检查，从不要特殊照顾。2017 年 9 月，在全国质量安全隐患大排查中，他与同事一起参与一家企业无证生产公交读卡器违法行为的查处。为了固定违法证据，防止不合格产品流入市场，保障市民乘坐公交车的安全和利益，从早上一直工作到下午一点，因为过了饭点，他胃疼痛的全身虚脱，仍坚持把工作做完，他在平凡工作岗位上用自己的行动真实地践行着尽忠职守的真正内涵，徐汇局市场人用自己的方式诠释上海的城市精神。

默默耕耘无私奉献

“历史保护不是对历史建筑进行博物馆冻结式保护，而应该成为城市发展中的一个重要战略组成部分。”作为上海保护规模最大的地区，徐汇区衡复历史文化风貌区总面积 7.66 平方公里，有 950 幢优秀历史建筑，1774 幢保留历史建筑，2259 幢一般历史建筑，拥有深厚的历史人文底蕴，是上海城市文脉的发源地和承载区。衡山复兴计划不仅涉及历史遗产保护、地域文化复兴，而且同社会发展、民生改善、经济繁荣等紧密结合，这也是实现城市可持续发展的现实要求。

陶冬，徐汇区市场监督管理局主任科员，目前新身份是市场监管局驻衡复风貌保护工作小组成员。此前，他一直是公平交易科的骨干，负责指导各市场所和大队办理各类复杂疑难案件，平时工作繁忙，但为了衡复风貌保护这项重要工作，他毅然主动请缨，前往一线，配合街道和市场监管所开展相关工作。

衡复保护是项复杂的工作，首先，逐幢逐个为老宅做档案，包括产权人、产权性质、建造年代、房屋类型、改造装修过程、待修复细节等，逐一归档；而后，根据实际情况列出“个性化修缮”内容列表，据此排出修缮资金，确保老宅在保留风貌特征的基础上提升居住功能。这其中需要花费大量的时间和精力，还要克服历史遗留和老百姓不理解、不支持的问题，陶冬带领小组成员逐门逐户的宣讲政策，化解矛盾和心中的疑团，让百姓理解政府的良苦用心并对未来充满憧憬。

工作初显成效，下一步将进入攻坚阶段。休息日，陶冬去看望母亲，母亲身体一直不好，最近去看的少了。母亲似乎又瘦些了，咳嗽也比前段时间厉害了些。他一直叮嘱母亲。“妈，要按时吃药，等我这段时间忙好，好好陪你到医院看看。”母亲还是慈祥地对他说：“哎，老毛病了，不碍事的，你工作要紧，不用太担心我”。陶冬心里一阵酸楚，想多赔了母亲一会儿，没想到工作组电话又来了，他只能匆匆和母亲道个别，就又披星戴月的赶到一线。就这样不知不觉过了两三个月，由于整个拆违保护工作进入攻坚阶段，陶冬每天都工作到很晚，回去的次数更少了。他心里一直牵挂着，想休息天回去看看，可是休息日反而比工作日更加忙，因为工作对象都是双休日休息，所以看母亲的日子一拖再拖。

转眼又过了个把月了，许多老宅、弄堂在个性化修缮中挥别了“陋室时代”。以往频遭吐槽的“居住不安全、设施不配套、物业管理不到位”等问题，在个性化修缮中被逐个“销项”：电线更换一新，下水道重新排布，安上了铁门，连老宅周边的弄堂路面也被拾掇平整，1299只残存于老宅中的马桶也彻底被消灭了。看着自己和同志们的工作成效逐渐显现，陶冬心里油然升起了成就感，也树立了将这项工作做到底、做完美的决心。他想马上把这消息告诉母亲，就在去的路上，家里打电话来说母亲突然病情加重，住院了。他一下慌了手脚，连忙赶到医院，母亲已进入重症监护室，医生说情况可能不太好，要他有时间多陪陪。此时他多想向领导请个十天半月的假，陪陪母亲，母亲辛苦了一辈子，现在不多陪陪的话，恐怕将来机会不多。那个晚上，他在病房外面一夜不眠，因为他知道，明天有更重要的工作在等着他，他必须到场，一定要让工作对象配合，否则将拖延整个工作的进度。他一边祈求医生要用最好的药，用最好的治疗手段，一边祈求上苍再给目前多一点点时间，再多一点点时间。

终于经过不懈努力，整个衡复风貌保护区的面貌焕然一新，不见了无证无照摊位，不见了群租，老洋房在夏日的树影婆娑中焕发了新的面貌。老百姓的获得感和满意度极大提升，对工作组的工作给予了肯定和支持。位于五原路上的张乐平故居，二楼书房里，阳光洒在屋子正中的大书桌上，一旁的砚台、笔墨依旧是当年的模样。在陶冬和街道及相关部门共同努力下，这里被成功置换出来，即将启动装修布展，张乐平先生的后人将定期提供其原作向公众开放。柯灵故居的保护进展“更有料”。陶冬透露，老房子里先后搬出 134 箱书籍、1000 余封珍贵书信，包含钱钟书、杨绛等大家的亲笔信等，文化史料价值极高。目前这里正在进行文档清理工作，之后将向公众开放。

就在工作推进取得显著成效的时候，很不幸，陶冬的母亲终因年老不治，不幸去世。陶冬赶到医院，看到慈祥睡去的母亲，心里再想叫一声母亲，再想和母亲说说话，聊聊家常，他知道都已经不可能了。家里人说，老母亲一直叫家里人不要通知他，让他安心工作。他泪如雨下，老人家一辈子都在为晚辈着想，从来不想麻烦晚辈，只希望晚辈能清清白白做人，踏踏实实做事。他觉得他对得起老母亲的教导，只是没有能推着手推车让母亲看看整治后的衡复风貌保护区，她肯定会很惊讶于现在的变化，也会为儿子奉献其中感到自豪。“文化遗产是留给世人的宝贵财富，保护好这些文化遗产是我们的重要责任。徐汇被誉为海派文化发源地，留有诸多珍贵的文化遗产，要对此保持敬畏、保持感情。”

陶冬就是这样一直心存这份敬畏，这份感情。

在黄浦江畔这块历史与创新碰撞出火花，传统与科技交汇出新乐章的地方，正在重新焕发出勃勃生机。在这生机的背后，正有无数个徐汇市场监管人的默默付出，无数个感人至深的故事发生，无数个创新举措的实施，形成一股为民众利益、护市场秩序、谋经济发展的磅礴力量，如滚滚东去的黄浦江水“毅然不回(悔)”。

使命在心重千钧　初心如磐行致远

记上海市宝山区市场监督管理局先进集体

上海是改革开放的热土，这里一直担负着为改革创新探路的重任。宝山区是上海的北大门，区域面积300平方公里，拥有中国最大的精品钢生产基地和有享有“东方之睛”美誉的吴淞口国际邮轮港。一批重要的部市属企业也落户宝山，港口物流、集装箱储运、加工贸易等产业快速发展，逐步形成了“一业特强、多业并存”的产业发展格局。

对宝山区市场监督管理局（以下简称宝山区局）来说，2015年既是一个起始之年，也是一个考验之年。这是一个由原工商局、质监局、食药监局、物价局物价检查职责合并而成的新局，内设20个科室，综合执法大队和15个市场所，干部500余人，管辖区域涵盖九镇、三街道、两个工业园区及航运经济发展区。从筹备阶段到运转初期，全局上下团结一致、拼搏争先、奋斗在市场监管的主战场，无声奉献在经济建设的最前沿。

两年多的寒来暑往，宝山区局经历了体制改革初考，面对人民群众日益增长的质量安全需求，经受住了考验。宝山区局坚持深化改革，拓展优势，切实承担起激发市场活力和维护市场秩序的双重任务，当好审批改革的“排头兵”，攻坚克难的“先行者”，促进发展的“实践者”，体制改革的效益正在逐步显现。宝山区局相继荣获多项荣誉，荣获2016年市质监局“质检利剑”执法打假专项比武“技能标兵集体”称号、3名同志被授予“技能标兵”和“优胜个人”荣誉称号、1名同志荣获2017年上海市质监“执法打假办案能手”；青年突击队荣获上海市市级“机关优秀青年突击队”称号、综合执法大队青年办案组被团市委授予2015—2016年度上海市“青年文明号”称号、青年安全监察组获区级“青年文明号”称号；被上海市食品药品安全委员会办公室授予“3 · 22案件查办先进单位”称号；宝山区局注册许可科被授予全国工商、市场监管部门企业登记工作成绩突出窗口单位，全面展现市场监管队伍昂扬向上的精神风貌。

不竭力量，做改革的开拓者

党的十九大报告明确提出了“深化商事制度改革”“完善市场监管体制”。为着力深化体制改革，宝山区局明责确权，构建“3369”为重点的工作运行体系（3张清单、3级事权、6张报表、9项考核重点）和“五个一体化”为核心的工作机制。为激发各类市场主体活力，2016年全区企业量突破12万户大关，高新技术企业总数达320家，平均每6分钟诞生1家企业。窗口整合以来，共受理注册登记、特种设备、行政许可等各类申请近6万户（件），占区行政服务中心业务总量的五成以上。

体制改革以来，宝山区局追求改革的“过程自觉”，也讲究改革的“落地效益”，提升区域经济发展，牵头制定《宝山区质量发展十三五规划》，树立质量标杆。宝山区“区长质量奖”成为上海首个涵盖产品、工程、服务、人居四大质量领域的政府质量奖，2017年两家企业获此殊荣，这与市场监管人的从严监管、勇于创新分不开。“区长质量奖”的设立，极大地增强了企业的质量责任感和勇于竞争的信心，激发质量强区活力。

在2015、2016年度区政府质量工作考核中，宝山区连续两年取得A类等级。目前，宝山区已有上海名牌企业40家企业，名牌企业（产品类）生产总值达134.7亿元。现有国家级标准化示范试点项目4个，市级项目41个。吴淞口国际邮轮港授予“上海市服务业标准化示范单位”铭牌。

执法人员在邮轮港检查

尚法明辨，做法治的坚定者

依法行政是行政执法部门的生命线。宝山区局积极完善法制建设，编制执法办案通用文书79种，制定一般程序行政处罚案件相关制度4项，为监管执法提供基础和保障。2017年，宝山区在全市率先建立兼职政府法律顾问库，严格落实行政机关负责人行政诉讼出庭应诉和旁听审理规定，聘请兼职法律顾问，不断提高工作的规范化、程序化、法治化、精细化水平。

两年来，宝山区局紧紧围绕“抓质量、保安全、强质检”的工作方针，结合区域实际，积极开展“质检利剑”四季执法打假专项行动。建立商标数据库，积极收集权利人信息，为执法打假提供一手资料，截至目前，该数据库已收录相关权利人信息213条，利用数据库成功对接10余个商标权利人。只要有假冒伪劣产品和安全隐患存在，市场监管人就永远在奔波的路上。

“天下之事，不难于立法，而难于法之必行”，全局上下坚持做到尚法明辨，善思慎行，执法办案也向协作化、科学化准、精细化转变。宝山区局成立至今共查办质监系统案件460余件，罚没款近1500万元。办理的两起罚没款50万元以上的许可证案件，保障了重要工业质量安全，促进了行业健康发展。办理的一起特种设备违法案件荣获2016年上海市质量技术监督行政处罚案件专家评审第一名，行政处罚十大优秀案卷。

市场监管人的内心都透着一股子倔强，不仅要把案件办下来，还要把案件办好、办铁、办精。正是这种不屈服的执着，使得宝山区局案件质量一直保持较高水准。宝山区局在上海市2015年及2016年行政处罚案件评查中分别获得97.9分及94分的较好成绩，位全市前列。

使命在肩，做安全的守卫者

初夏的上海已是热浪滚滚，室外温度已逼近40℃，身穿制服的年轻干部，忍受着锅炉房近50℃的高温炙烤，用抹布擦拭着铭牌信息，逐一核对……

送走似火的烈日，迎来的是刺骨的寒冬，顺着令人胆战心惊的扶梯，几十米高的油罐，监管干部正在进行压力容器的现场检查……

宝山区目前共有特种设备使用单位4000余家，特种设备总数近4.5万套，压力管道1000余公里，特种设备数位于上海市前列。宝山区局成立后，将80%的人员下沉所队，特种设备安全监管职能也逐步下放市场所，扩大监管覆盖面。然而，特种设备监管所需要的专业技能、时间的紧迫、“8·31”液氨事故带来的畏难情绪，都是实实在在摆在面前需要解决的难题。

涓涓小溪汇成奔腾河流，势如破竹，终归会流入沧海，因为有志，自小溪汇成沧海；因为有志，以松柏聚成森林。宝山区局下定决心，采取了一系列措施来改善现状。一是完善特种设备安全监管机制。全国首创特种设备主体责任清单，建立健全近20份设备台账，全面梳理区域设备现状，打牢监管工作基础。二是健全“四位一体监管体系”。大力优化机关科室－综合执法大队－基层市场所－专业检验所“四位一体”的特种设备安全监管网络。三是创新方式方法。实施“重点监管”“动态监管”“智慧监管”，破解监管瓶颈问题，提升监管实效。近年来，全国各地电梯安全事件层出不穷，正在舆论沸沸扬扬之时，辖区内某小区的电梯也被诉至电台，一度陷入了被动。为彻查该事件，宝山区局理顺思路，科队检验机构联动，一方面对电梯进行再次检验，让业主们安心；另一方面主动与媒体沟通，消除误会；同时督促物业及维保单位做好电梯井的防潮工作，在短时间内平息事态，获得业主们的认可，维护了行政执法单位的良好形象。

两年多来，共检查特种设备使用单位6375家次，抽查设备17694台（套），发现隐患6000余处，查办281起特种设备违法案件，罚没款1000余万元，案件数和罚没款数均位全市首位。通过宝山区局上下不懈努力，攻坚克难，2017 年特种设备违法案件递减 30%，企业逐步加强对特种设备的重视，“以罚促管，罚管结合”初见成效。这些数字，是市场监管人的成绩，也是宝山区局辛勤付出的最好回报。

自开展国家卫生城市创建以来，宝山区局全体干部发扬“5+2”“白＋黑”精神，战斗在创卫最前沿。

零下二十多摄氏度的冷库，食品监管人员穿着肥厚的棉衣对冻品进行一包一包检查。

建设食品安全“守信超市”和创建“放心肉菜示范超市”，整治小餐饮、小食品店，就是为了让市民吃得更放心；试点小餐饮备案，就是为了让更多小餐饮单位有“身份”，让企业更安心。在创卫复审的攻坚阶段，注册许可窗口的工作量井喷式上涨，最多的时候，半天就要接待三十几位前来办理业务的申请人，即时再累，市场监管人依然秉持信念，扫尽威胁食品安全的一切“黑暗”。

特种设备安全和食品安全是宝山区局聚焦的重点工作，坚守安全底线是宝山区局市场监管人员的使命担当，市场监管人始终保持不畏艰难、敢于担当、善作善为的工作状态，用责任和行动践行肩上担负的责任，守护一方平安。

重任在前，做时代的担当者

“五违四必”综合整治作为上海市一项重点工作，是宝山区局成立后的重中之重。宝山区共涉及三个市级整治地块：南大（二期）地块，大场地块、庙行地块（大场机场周边）以及顾村地块，涉及整治面积 18.81 平方公里。

“五违”整治虽然看起来是个体力活，其实更是个技术活，整治过程中遇到的阻力和难度往往超出想象。存在整体管理混乱、无证无照经营、制假售假等违法行为。经营户不配合，阻挠执法，有些甚至暴力相向，给整治带来了困难。

大场机场地块是“五违”整治市级重点地块，地域面积大、经营户数多，治理难度较大。领导班子成员实行“包干制”，对方案逐个“过堂”，组建“党员先锋队”“青年突击队”“攻坚克难队”三支队伍，160余名干部报名参加。同时主动对接大场镇共商整治对策开展整治行动，以“约谈机制”为抓手，对违法经营户约谈，劝退企业停止经营40户，做到“不战而屈人之兵”。华灯初上，执法人员依然坚守在一线，企业一家一家跑，道路一条一条清，逐个告知和宣贯，困了累了就盖件棉服伏在案头小憩一会。无数个熬夜攻关，殚精竭虑，又何妨？

不积跬步，无以至千里，不积小流，无以成江海。“五违”整治进入攻坚阶段，企业关停、设备层层转租现象频现，对特种设备安全造成隐患。宝山区局依法采取立案，查封、扣押等行政措施对无证无照、制售假冒伪劣产品、特种设备等违法行为采取高压打击态势，圆满完成违法违规整治任务，得到市委市府、区委区府的肯定。宝山区局“五违”整治行动青年突击队被市级机关团工委授予“上海市市级机关优秀青年突击队”称号，大场市场所胡清同志荣获区“平安建设好人”。

群众在心，做民生的奉献者

民生存在于每一件小事，亿万人的小事就是一件大事。市场监管人是消费维权的“老娘舅”，无论是几块钱的琐事还是几百万的纠纷，都平等对待。每一件投诉如同苍松上的一叶针，但深切理解对于每一个消费者而言都是摆在面前的一桩棘手事。善治必达情，达情必近人。设身处地为消费者着想，不以事小而怠慢、不因急难而推诿，为维权的消费者点燃指路明灯。

在消费维权的路上，以“最短时间、最高效能、最佳效应”为原则，进一步整合12345、12315、12331、12365、12358五条热线。监测和实时发布特种设备和集体食物中毒等涉及人民群众生命财产安全等诉求件，在主要商业圈的户外大型电子显示屏发布消费警示，保障了消费者的知情权和监督权。

民生计量工作关系百姓切身利益。针对区域内江杨农产品、江杨水产品及江阳水产品批发市场在用电子秤总量巨大、种类复杂，且改装作弊现象较突出的问题，宝山区局试点推出计量“四统一”模式（市场主办方统一购置电子计价秤、统一设立计量管理机构、统一申请强制检定、统一落实定期轮换），民生计量器具受检率及合格率持续上升，获得市场和百姓的欢迎。

2017年共处理投（申）诉、举报20462件，为消费者挽回经济损失381.51万元，获锦旗17面、表扬信（感谢信）12封。

宝山区局市场监管人夙夜不懈，不辞辛苦，风雨兼程，日复一日、年复一年，将自己的汗水和热血都洒在了脚下的这片土地上。因为宝山区局市场监管人深知这份坚守的意义，是“人民”，哪怕只是些许热量，也愿意添一分光明，增一分温暖。历史车轮滚滚向前，时代潮流浩浩荡荡，这个时代只会眷顾开拓者、坚定者、守卫者，而不会等待犹豫者、懈怠者、畏难者。宝山区局将认真贯彻落实十九大精神，站在新的历史起点，牢记使命，砥砺奋进，强化担当，积极探索符合区域发展需求的市场监管体系，在推动创新驱动、转型发展中体现更大作为。

疁城里的质监卫士

记一群默默无闻的上海市嘉定质监人

4 年前的一个夏日，8 位满怀理想的年轻人汇聚到一起，成为了光荣的嘉定质监人。为了这一天，执法老科长刘光亮足足等了半年。半年前，老刘手底下的“兵”该升的升，该调的调，一个个都陆续离任了，一转眼，科里只剩下了老刘一个“光杆司令”，连最基本的执法办案都得求人帮忙。

老刘神气了，但自从接到新组建执法大队的任务，这半年里，为了场地，为了经费，他可没少费口舌，没少“得罪”人；搞装修、买家具、添设备，每件事都得亲力亲为，整天忙里忙外，东奔西跑，也没少吃苦。总算功夫不负有心人，“光杆刘科长”顺理成章地变成了名副其实的“刘大队长”。可望着眼前这几个稚气未脱的“新兵蛋子”，老刘怎么也乐不起来，他心里清楚，这肩上的担子可是更重咯。

接下去的很长一段日子里，老刘一天也没闲着，检查、谈话、办案，程序、法律、纪律，每个队员他都不厌其烦，手把手地教，恨不得叫队员们一口吃成大胖子，几十个案子办下来，真是一刻也不能省心。老刘不仅当“师傅”，还兼职做“导游”：汽配市场、菜市场、超市商城、五金城、建筑工地、庄稼地……；电线电缆、电动车、低压电器、空压机、制冷设备、阀门、泵、建筑材料、地条钢……照着老刘的急性子，他真是“分分钟”就带着队员们把自己熟知的各行各业都给跑了个遍。

处罚不是目的

“刘队长，这么多年来，你一直躲着我，好不容易来我这一趟，今天一定要给个面子，吃了饭再走……”吴老板紧紧握住老刘的手，说什么也不放。这是2014年年末一个风和日丽的上午，老刘跟往常一样，带着队员们在一家人造板生产企业里检查。

几年前，这家企业因为无证生产人造板被“铁面无情”的老刘抓着了，吴老板顿时傻了眼。前一年冬天大雪压塌了厂房，几乎损失了全部家当，客户也跑了大半；好不容易搬了地方，添置了设备，却也欠下了一屁股债；眼看着生意刚有起色，倒好，又被质监局给查了。百般求情都无功而返，面对十多万元的罚款和无限期的停工，万念俱灰的吴老板留下了他的“事业”，跑了。

老刘看着这堆荒废的产业，也忍不住为吴老板惋惜，他也不是不通人情，只是身为执法者，自己不能破了法律的底线。好在，吴老板四处碰壁后，还是跑了回来。老刘找到他一顿痛骂：“我们罚你是在帮你，又不是在害你。要是没有生产许可，上哪你也做不成，就是投再多钱，也是打水漂。你要是想好好做，就得认错，接受处罚；要不然，你就跑了别回来！”在老刘晓之以理、动之以情的劝说下，吴老板最终低下了头。后来，在老刘的指导和帮助下，吴老板很快拿到了生产许可，生意做得风生水起，赚了不少钱，可这位“恩人”也开始对他视而不见。

这个故事，队里的每个人都耳熟能详，也是老刘最津津乐道的一件事。在老刘的言传身教下，队员们都明白了一个道理，我们虽是“唱红脸”的，但处罚不是目的。该教育的要教育，该帮忙的还是得帮忙，如果罚完了对方不记恨你，而是反过来谢谢你，那才说明处罚的目的达到了。

执法也得靠创新

2015年春天，组建不到一年的上海市嘉定区质量技术监督局执法大队迎来了市场监管机构改革，原来的大队变成了中队，吴克斌接过了中队长的职务，上面想照顾下老刘，让他清闲一点，可老刘思前想后，还是决定留下来，接着分管业务工作。大家都明白，他是真舍不得这帮“弟子”，不过只要有他在，不管变成什么队，这队伍的神就还在。

一次晨会上，吴队拿着新来的5份电商平台的举报材料犯了难，“前面几个刚查完，还没到一个礼拜，又来了一批……”打铁要趁热，会上大伙一合计，下午就把电商平台华东总部的负责人约了过来，准备和对方来个约法三章。

在电商平台仓库进行产品质量抽查

电商这几年的发展可谓是风风火火，但各种质量问题频发，投诉举报量与日俱增，监管压力越来越大。作为电商平台管理者，又何尝不想做好监管。可监管需要技术，需要人力，需要资本，虽然平台也在努力，但总也跟不上发展的势头。本想寄希望于电商平台，可没想到，对方也是一肚子苦水，这可怎么办。

老刘召集全队共商对策，最后大伙一致认为，既然都有共同的需求，索性双方进行合作：队里有执法经费，有技术支持，负责产品抽查，不但可以完成上级交办的抽样任务，还能一定程度上弥补平台监管的空缺；而平台掌握着大数据，有制约平台商户的能力，除配合抽查、共享信息之外，又能督促违规企业整改，补齐了监管力量的短板，形成了执法的闭环。这个创新之举不仅得到了上级的认可，也受到了电商平台的大加赞赏。就这样，双方一拍即合，开启了政企合作之旅。

经过两年多来的合作，双方逐步建立了电商绿色协查机制。期间，中队在电商领域抽查各类产品近 200 批次，查处质量违法案件 10 余起，有效地震慑了企图通过网络平台销售伪劣产品的不良商家。通过这种政企合作新模式，电商领域的产品质量监管加强了，消费者的权益更有保障了，电商平台的发展也逐步走上正轨了。

队员们经常听到老刘的教导：法是死的，人是活的，执法要是不创新，怎么跟得上社会经济的发展!

民生问题无小事

2017 新年伊始，几位市民给队里来了电话，说是新年里满心欢喜去市场里买了点海鲜，却不料碰到了“黑心秤”，坑了钱不说，还坏了他们过年的好心情。这事儿传到了老刘耳边，气得他拍案而起，“这些无良商贩，太不像话了。”

没过两天，一个风雨交加的早晨，冒着凛冽的寒风和雨雪，老刘带着全队，在属地所和计量所的同志配合下，一行20人浩浩荡荡地走进了农副产品交易市场，把整个水产市场围得水泄不通，依托缜密的部署，转眼间就查获了10多台作弊秤。商贩们一个个都慌了神，从来没见过这样的阵势，怕是犯了什么大事。穿行的市民也都驻足停留，当看明白眼前发生的事情后，一个个都拍手叫好，一个劲地为执法人员喝彩。这是新队员们进队以来第一次这么直接而真实地感受到自己工作的价值和意义。

无良商贩们都受到了严厉的处罚，但这故事还没有结束。市场负责人本以为事不关己，想着等风头过去，继续回去收他的租金，可没想罚完了商贩，队里又一次次地找他谈话，还要约法三章。最后，市场负责人算是服了，不但新配了公平秤，还给每一个摊位都统一配发了合格的电子秤。这下，居民们可算是真放心了。这事很快就传开了，好几个市场都一一效仿。

“凡是涉及民生的事都不是小事，要做就要做好，做彻底。”队员们都把老刘的教诲牢记于心，这是一位老共产党员的觉悟，也是身为人民公仆的每个队员的觉悟。

转眼春暖花开，中队又在成品油专项中查获一家销售不符合标准柴油的物流车加油站。可是深入一查，加油站卖的是国IV普通柴油，虽禁止向道路机动车销售，但并未淘汰，而且对方也并没有以次充好的情节。望着窗外灰蒙蒙的天空，主办案件的小杜不禁想起了雾霾天里咳个不停的三岁小儿，他拿着《法律汇编》陷入了沉思，说什么也不能让这些钻空子的无良企业逍遥法外。

两位领导也着急，带着全队一起研究法律、法规，还请来了市局领导、法律专家，一起出谋划策。终于，皇天不负有心人，给他们找到了 2016 年 1 月 1 日新出台的《大气污染防治法》。就这么的，他们开创了上海市质监系统运用《大气污染防治法》处罚的先例，还入围了当年上海质监系统的优秀案卷。

当然，涉及民生的问题不会就此作罢。吴队带着小杜追根溯源，找到了供应油品的中石化上海分公司，约谈了企业负责人。对方被执法人员的执着和敬业所感动，主动承诺要加强油品流向管理，严格限制普通柴油的超范围使用，并将该事件上报中石化总部，避免类似事件在全国其他地区发生。

8 月的午后，上海的气温已经超过了 40℃，梧桐树上的知了也热得叫不出声。可为了完成电线电缆生产企业专项整治任务，一个月来，队员们天天顶着烈焰，奔波在 30 多家电线电缆生产企业之间。“西安地铁事件”爆发后，电线电缆的质量安全广受媒体和大众的关注，夏季又是用电高峰，决不能让一根不合格线缆走出厂门。高温融化了鞋底，汗水浸透了衣衫，但他们毫无怨言，他们心里清楚：民生问题无小事。

这几年来，“办案能手”“优秀个人”“道德模范”“最佳团队”“先进集体”……一个个响亮的称号从这支队伍里冒了出来，这都是每个队员踏踏实实干出来的成绩。

“执法就是要深入一个领域，查处一类案件，规范一个行业。”这句老刘常挂在嘴边的话如今成了每个队员的座右铭。这些年，在老刘的谆谆教导下，队员们一个个成长起来，拥有了独当一面的能力，最重要的是，大家都知道了，处罚不是目的。这些年，除了日常的执法，他们去过市场给个体商户做普法宣传，去过社区给居民百姓做维权讲座，去过农村教老年人产品质量风险防范知识，去过企业给企业管理者做法律宣贯和警示教育，去过商场、街道给市民做消费指导……如今，他们要“躲着”的人越来越多了。

时光荏苒，“新兵”们一个个都成长为了队里的执法骨干，老刘看着眼前这些年轻的面孔，终于喜笑颜开……

利刃出鞘

上海市浦东新区市场监督管理局执法打假工作纪实

想打一场漂亮的胜仗，需从打磨一把刀开始。在中国浦东，市场监管局的这把刀已打磨四年之久，如今它该出鞘了。

一把刀的锻造史

锻造一把刀需要花费多少时间精力，苏国平大概最有发言权。

2013 年 12 月 31 日，上海市浦东新区市场监督管理局（以下简称浦东新区市场监管局）挂牌成立。自此，浦东工商、质监、食药监三股力量拧成一股绳。也就是在那一年，45 岁的苏国平接受组织安排，从原浦东食药监局副局长岗位调离至浦东新区市场监管局，任副局长，分管局稽查支队及公平交易处，负责全局执法办案工作的监督指导。从单一的食药监局到三合一的市场监管局，业务范围的十倍速增长让苏国平倍感压力。怎样才能快速熟悉各条线业务，同时给同志们执法办案把好关呢，苏国平天天都在思考这个问题。工作学习是无捷径可走的，在食品监管工作中摸索了二十年之久的苏国平比谁都明白这个道理。他唯一可做的就是沉下心来，埋头钻研。日后，苏国平回忆起那段时光总是很感慨，他跟同事打趣说，三局合并让他又年轻了一把，每天鸡血满满，整个人的状态直奔二十多年前去了。短短几个星期下来，苏国平就把各条线办案流程及法律法规剥皮拆骨，吃进了肚子里。在苏国平的带领下，浦东新区市场监管局“执法打假”工作形势喜人，成立一周年，全局质监条线累计查办案件 36 起，罚没款总计 820 余万元人民币。

三局合并后，执法干部在日常执法时要用到的法律法规非常多。基层所队人员少，事务杂，日常查阅法律法规占去了大量时间，干部们苦不堪言。苏国平在得知这一情况后，火速召集公平处业务骨干开专题协调会。会上，一名年轻同志提议开发一个常用法律法规汇总 App，供全局执法干部使用。这个提议吸引了苏国平，他决定试一试。漫长的筹备期开始了。作为程序开发的总统帅，苏国平要做的事情很多。他先将资料收集的任务布置给公平处，又马不停蹄地在全局搜寻技术人才。在处理完早已安排好的事务之后，苏国平的全部时间都扑在这个未成型的 App 上。2016 年 7 月 15 日，取名为“PDMSA 执法助手”的 App 正式上线。App 界面设计美观，各条线常用法律法规及经典案例几乎一网打尽。困扰全局多时的问题终于解决了。然而，苏国平还没来得及欣慰一下，新的任务又来了。

“质检利剑”执法打假专项比武是质检系统延续了多年的优良活动，通过大比武，执法干部可以及时查缺补漏，提升办案水平。2017 年度的专项比武活动锐意创新，采取了手机端答题的新形式。手机端答题不拘泥于固定时间跟场地，灵活高效。但这种形式却也意外滋生了一些问题。手机端答题需要先用微信关注“质检利剑”公众号，完成认证后方能继续操作。这样一来，一些平时不大用微信的同志有怨言了。风言风语很快传到了苏国平耳朵里。得尽快解决，苏国平悄悄想起了对策。他让处室年轻干部告诉他大致操作流程，然后再自己摸索。一套答题流程走下来，他发现操作并不繁琐，很多干部可能就是在第一步的微信认证上少了点耐心。于是，他亲自指导公平处编制详细的操作指南，并动员年轻干部发挥能动性，多动手多帮忙。最终，共有 814 名一线执法干部关注了“质检利剑”微信公众号。其中，594 人参加了在线答题考试。在线考试人数及平均分均排名全市第一。

如果有人问苏国平，浦东新区市场监管局是怎样成为市场监管系统中的排头兵。苏国平一定会告诉他，是因为浦东有一支拉得出打得响的队伍。浦东新区市场监管局近一千名执法干部就像一把把锋利的尖刀，而他，只是在这些尖刀的锻造过程中淬了几次火而已。

刀锋 1980

同为 80 后的华斌与马德明几乎是前后脚踏进浦东质检系统，三局合并后，俩人又一同被安排进入浦东新区市场监管局稽查二大队，分别担任二大队第三、第四组的办案组长。

自嘲“老黄牛”的华斌自打 2006 年进入浦东质检系统，这一干，就干了十多年。据不完全统计，华斌十年来查办案件总计 160 件，罚没款共计 1404.5 万元人民币，案件类型遍布产品质量、认证认可、计量、特种设备等各个领域。由于工作成绩突出，华斌获评 2011 年度上海市质量技术监督局“青年文明岗”、2013 年度“全国质检系统执法打假办案能手”等荣誉称号。同时，在 2012、2014 年度年终考核中获评“优秀”等次。支队的同事开玩笑说，华老师家可能要专门弄一个房间来放这些奖章了。2016 年 6 月底，华斌与他的同事一起对辖区某汽车公司进行常规检查。检查中，发现该公司根据客户需要，在客户送来的整车（客车）

基础上进行改装升级，将内饰、座椅等升级为豪华型。华斌敏锐察觉到这其中肯定有问题，但他一时还无法对这种行为定性。于是，他做好现场拍照取证与检查笔录就回了队里。归队后已经是午间用餐时间，本已饥肠辘辘的华斌没有第一时间跑到食堂，而是先到办公室整理上午取证的材料，同时在网上搜索中国质量认证中心（CQC）上海分中心的咨询电话。一切忙完后，华斌才匆匆赶去食堂扒拉几口饭菜。下午上班时间一到，华斌立马拨通了CQC 上海分中心的咨询电话，确认该公司的改装车辆需经 3C 认证后方可出厂、销售，该公司出厂、销售未经 3C 认证改装车辆的行为涉嫌违法。挂完电话后，华斌心里有底了，随后的案件调查工作也有序展开来。这个案子还在调查中，华斌又在一次监督检查中，发现了某冷链设备有限公司改装的冷藏车未经过 3C 认证的违法线索。两件案子查办下来，华斌觉得很欣慰，总计 30 多万元的罚没款在华斌以往的办案履历中当然不算什么，但改装车质量问题这种人命关天的事情能在源头上被遏制住，他觉得自己的工作是有意义的，有意义让他快乐，也让他可以永葆工作热情。

马德明是个实干家，队里的同事这样评价他。他沉稳，踏实，上进，努力。进入质检系统后，他为了提升自己，利用业余时间先后拿到了会计与律师从业资格证书。考证的目的很简单，一则能对自己的工作起到辅助作用，二则可借由考试让自己一直保持学习状态与热情。三局合并后，担任二大队第四组组长的马德明相较以往压力大了不少。从一个人的单打独斗变成一个小团体的带队者，他肩头的担子更重了。先做好自己，才能带好一个队伍，这是马德明的原则。他带领组员对辖区内企业挨个进行走访、巡查，发现问题该整改的整改，该处罚的处罚。当然，他的努力最终通过成绩体现了出来。2014 年至今，他办理各类案件 23 起，累计入库罚没款680余万元。他办理的两件大案分别在2014、2015年度获评上海市质量技术监督局“优秀案卷”。同时，由于办案能力突出，他本人也在2016年度获评“全国质检系统执法打假办案能手”。过往的成绩固然喜人，但马德明也并没有躺在功劳簿上停滞不前。他在2016年查办的某公司进口、销售未经国务院计量行政部门型式批准的进口计量器具案取得较大社会反响，该案件最终也成为浦东局2016年度“十佳案件”之一。

浦东新区市场监管局有一大批80后的执法标兵与办案能手，华斌与马德明只是其中一个代表。这批带着“迷茫”标签出生的80后们终于到了大展身手的时候。这一把把锃亮的尖刀，成就了浦东新区市场监管局的刀锋1980。

初试锋芒

2016年6月16日，上海迪士尼乐园正式开园。迪士尼小镇、奕欧来购物村、迪士尼世界商店等配套商业体相继投入运营。浦东新区市场监管局迪士尼执法打假的战役正式打响。

为更高效做好迪士尼度假区的日常监管工作，早在2016年年初，浦东新区市场监管局便开始积极筹划设立度假区分局。2016年4月25日，陈为庆与他的三十多名同事成为首批入驻度假区分局的市监卫士。自打进了分局，陈为庆就再也没有过一整天都待在办公室里办公的这种人生体验。辖区400多家企业，得一家家查，白天查不完，晚上接着来，实在做不完的就周末补上。为第一时间解决园区各种突发状况，度假区分局实行“24小时全天候值守”工作制度。每晚都会有两名干部留守值班室，周末则会有三分之一的执法干部加班值守。碰上节假日或者大型活动期，度假区周边的各市场所也会安排干部备班，全力保障迪士尼乐园的正常运行。

度假区 400 多户企业中，外资企业占了三分之一，为解决好监管执法时的语言沟通问题，分局的干部们决定自学英语。几位年轻干部利用休息时间加紧编制出了一本《监督执法英语常用语汇编》，该汇编囊括了执法干部在与外方打交道时的一些常用专业术语及程序性用语，被分局的干部们奉为“执法宝典”。同志们学英语热情高涨，每个人都先给自己取了个英文名，张贴在办公桌的左上角。同时，还利用午间用餐时间交流学习心得。有干部开玩笑说，这英语学得，比上学时还认真。学习英语的成效最终还是在实践中得到了检验。一次票务检查中，美方工作人员一开始对执法干部的到访表现出质疑与不理解，执法干部现场用流利的英语向其说明了来意以及此次检查的法律依据，最终得到了美方的理解与配合。检查后，他们还对分局干部的专业性表达了赞誉。

产品质量抽检也是度假区分局在日常监管中常用的执法方式。成立至今，分局已对辖区内的各商户开展了 5 次专项抽检，根据商圈热点和季节特点，抽检不同的产品，已被抽检到的产品有儿童文具、服饰、玩具、酒店配套用品、金银饰品和箱包产品等。对于抽检后的不合格产品，分局也及时进行了跟踪处理，目前，分局已对三家生产销售不合格产品的企业进行了立案查处。

陈为庆跟他的新搭档朱洪军都是老工商人，分局成立时，他们这批业务骨干从四面八方汇聚而来。这一年来，寒来暑往，度假区的每一寸土地上都留下过他们的脚印。苦，当然是苦的。然后却又是欣慰的。成立至今，迪士尼度假区始终保持零安全事故、零质量风险的稳定局面。这一切都得益于分局 30 多把锋利的尖刀。在迪士尼执法打假的这场战役中，这 30 多把尖刀未辱使命，首战告捷。

好刀还需好鞘护

一把刀要想拥有持久的战斗力，得配副好鞘。如果说，浦东新区市场监管局近千名执法干部是一把把锋利的尖刀，那么遍布浦东各地的六十多位后勤干部就是这刀的好鞘。

“大姐，下午去局里帮我带点材料回来。”“大姐，我们马上出去检查要用车，找你拿个钥匙。”……“大姐”朱卫的上班生活就是在一声声亲切的呼唤中开始的。作为曹路所综合组组长兼内勤，朱卫总是很忙。她的忙不同于一般执法干部监督检查的忙，她的忙很琐碎，有时候连她自己也说不清楚究竟忙了些什么，一天竟兀自过去了。所里干部们的制服需要她去局里拿回来，干部们日常使用的办公用具需要她去采购，办公桌椅出问题了需要她去联系维修。久而久之，干部们养成了这样的习惯：门禁密码不记得了，找大姐；打印机里的纸没有了，找大姐；制服毛衣脱线了，找大姐……也是在无形中，干部们才发现，原来自己的生活已经完全离不开大姐了。

2016 年，曹路所所在的办公楼面临拆迁。所长陈燕敏早早做好准备，在多方协调下，终于取得了另一处办公大楼的承租权。新大楼还在兴建，曹路所需要参与到办公区域的修建过程中。这下子，大姐更忙了。一周总有两三天穿梭在两点之间。盯装修选材，盯施工现场，桩桩事体都需亲力亲为。这边在忙的时候，原来的工作也没有落下，这是大姐厉害的地方。2017 年 3 月 10 日，曹路所正式搬家。新家窗明几净，视野开阔，干部们都很开心。来办事的老百姓都说新环境很“清爽”。这当然是大姐的功劳。

人常说，后方稳固了，一切都好办。在浦东新区市场监管局，前方的千把尖刀只管全心厮杀，因为这后方的刀鞘，足够结实，绝对稳固。

成立四年来，浦东新区市场监管局立案查处质监类案件 685 起，累计罚没款 3317.45 万元人民币；开展各类产品质量监督抽检 5213 次；检查生产经营单位 5 万余户次，出动执法人员 10 万余人次。

东方渐拂晓，号角已吹响，利刃待出鞘。

亮质检利剑　铸质量之基　践赤胆初心

记守卫在上海市松江府地上的市场监管人

松江府地，传承千载。享有“上海之根、沪上之巅、浦江之首”的美誉，是一颗闪耀在上海西南部的明珠。古老的土地用底蕴承载着现代的文明，年轻的文化为深沉的历史注入新的活力。守卫在松江府地上的市场监管人，把对事业的爱与奉献深深地融进了这片古老的土地，用新思维新精神诠释着新时代市场监管人的内涵。

兢兢业业忙监管，牢记使命为民生

“西安地铁你们还敢坐吗”“国办通报西安电缆事件”“西安问题电缆责任人下跪道歉！”“以次充好，供应不合格电缆”“低压电缆 5 个抽检样品不合格”“不符合国家标准”……仿佛是一夜之间，这些字眼就占据了各大主流媒体的头条。一时间，舆情聚焦，沸沸扬扬，人心惶惶……

“所长，关于西安地铁问题电缆的事件进展又有更新了。”早晨一上班，上海市松江区车墩市场监督管理所的话题就离不开这些天得热点头条。“昨天家人还问呢，我们松江的电线电缆是不是安全合格的啊”“是啊，我们不仅是一名消费者，更是一名监管者、执法者”“生产单位以次充好偷工减料，事中事后监管不到位，这些教训真的是沉痛啊”……大家你一言我一语交谈着，说出了许多作为一名基层执法人员对这一事件的真实感受。

“同志们，上海市松江区市场监督管理局对这一事件高度关注，根据国家质检总局办公厅、上海市质量技术监督局的相关文件要求，要求各所队在辖区内立即开展电线电缆专项监督检查工作，由于时间较紧，我所辖区内电线电缆销售单位众多，可能要辛苦大家加班完成此次专项任务。作为所长，我先表态，全程参加。”

“我没问题。”“我可以加班，孩子让婆婆帮忙带。”“我参加”……或许越是深处基层，越能感受到老百姓对我们的温情与依赖，愈发能体会到执法监管责任对于执法人员的意义。车墩市场监督管理所的干部们纷纷自觉放弃休息时间，克服自己小家的困难，投入到专项监督检查工作中去。

3 月的松江依然吹着寒冬的冷风，执法干部们从早到晚不停地穿梭在建材市场、五金店，一个批次一个批次地检查，一份材料一份材料地核对。有的店主打趣地说道：“我吃早饭的时候你们就来啦，我吃晚饭的时候你们还在啊，从市场里的这头到那头，从白天到黑夜，你们真的算是对我们进行 360° 全程监管喽。”

在一家五金店里，一卷电缆的产品合格证上和电缆线身上都标注有上海起帆电缆股份有限公司的名称，而老板娘提供的《公司注册证明书》和《中国国家强制性产品认证证书》显示这批电缆的生产单位为苏州的一家企业。执法人员立刻对该店所有电缆进行清点，共发现上述电缆 901 卷。

执法人员仔细核对，认真清查，决定将上述电缆的不同规格全部进行抽样送上海市质量监督检验技术研究院进行检测，并立即联系到上海起帆电缆股份有限公司让其派人帮忙协助调查。经检测，送检电缆中的三种规格产品为不合格。经标称生产企业确认，上述电缆假冒起帆商标电线技术鉴定报告。

火线执法，终让案情水落石出。生产企业顶风作案生产冒用他人厂名的不合格产品，销售商为牟暴利无视法律。所有触碰红线的企业和个人，都受到了法律的严惩。

古人云：贤士无名。也许百姓记不住我们的名字，但是我们依然自豪，因为我们是许许多多基层执法人员中的一分子，因为我们有一个共同的名字——松江市场监管人。我们，时刻准备着。我们，永远在路上。

百折不挠查实证，拨云见日强质量

“两个多月了，这案子历尽曲折，今天总算让我们调查清楚了！”一阵欢呼在松江区市场监督管理局质量科的办公室响起，之前因案件进展不顺而笼罩在大家身上的阴霾瞬间一扫而空了。

事情要从两个多月前说起，当时质量科的执法人员正在浏览上海市质监局网站，查询市局最新的相关通知要求，一条关于《上海市食品相关产品生产许可证注销名单》的公示信息倏地映入了执法人员的眼帘。细细查看之下，发现辖区内一家塑胶企业赫然在列。凭着职业的敏感性，执法人员当即决定去现场进行情况核实。

顺着蜿蜒的小路，执法人员到达了公司所在厂房，厂区内杂乱无序、满目疮痍。三幢小厂房便是公司的全部，该公司厂房大门上着锁，锁上泛着斑驳的锈迹，厂房的部分窗户因年久失修而开启着且随风吱呀作响。闻讯的公司负责人匆匆而来，在执法人员亮明身份后，其表示该公司生产设备已搬离该片厂房，正处停产出租状态。由于负责人未携带厂房门锁钥匙，执法人员只能透过窗户进行巡查确认厂房空置情况。正当执法人员准备鸣鼓收兵之际，眼尖的一名队员透过窗户突然发现在厂房过道的深处似乎堆着一些东西。“快看！好像有产品在那里！”队员惊呼。说时迟那时快，执法人员通过临近堆放地开启的窗户，翻身跃入了厂房内。经现场勘查，在其厂房过道的隐蔽处堆放着一堆一次性杯子和一次性竹筷子。经仔细现场查验，因其杯子涉嫌未标注生产日期，筷子涉嫌冒用质量标志，执法人员当即对上述产品进行了拍照录像取证，对相关情况进行了现场询问，后续着手开展立案调查。

原以为就着产品信息顺藤摸瓜，便能查实违法事实，然而由于该企业的消极不配合调查、拒绝提供相应材料且生产场地搬离上海市等因素导致案件调查陷入了僵局。执法队员们锲而不舍、迎难而上，一方面积极发函联系该企业现实际生产地监管部门进行协查，一方面积极探查该企业销售渠道信息。果然皇天不负有心人，终于被执法队员们获悉该企业产品销往某知名电商企业的线索。通过与该知名电商企业的沟通联系，明确了该企业产品的存放仓库所在地，队员们随即驱车近 50 多公里前往仓库所在地进行核查。通过对仓库的核查以及对相关人员的询问调查，除查获该企业生产的一次性杯子及筷子的情况外，还获取到了该企业生产的系列垃圾袋涉嫌冒用他人厂名及冒用质量标志的线索情况。面对种种的证据指向，高压的联动跨省市协查，该企业负责人终于意识到避无可避，在执法队员们执法打假百折不挠的精神信念下败下阵来，坦陈违法事实，上交相关材料，接受行政处罚。

这是松江区市场监督管理局办理的无数执法打假案中的小小缩影，时间紧、任务重、千头万绪、错综复杂是案件办理过程中的家常便饭。执法队员们心中明白，执法亮剑是每个人脚踏实地、唯实唯干、克难奋进的力量源泉。

火眼金睛识漏洞，抽丝剥茧创新型

一个寻常的工作日，松江区市场监督管理局执法大队三中队的干部们正像往常一样对某汽车检测有限公司进行现场检查。一个不起眼的现象引起了执法人员的注意，部分检测人员检测完一辆车后离岗进入接待大厅，部分检测人员则不间断地在检测线上忙碌。“大家看看他们的工作模式，好像有点不对劲啊！”队员们见状，互相使了个眼色，轻声说道。凭借高度的敏锐性，执法人员判断该公司在人员管理方面可能存在问题。大家不动声色，带着疑问继续检查。

为了深入查明问题，执法人员要求该公司提供了本年度的检测报告、原始记录、检测人员档案、检测人员考勤表，上千份的材料在桌上堆积成山，队员们开始认真翻查、逐一检查。运筹帷幄，方能大浪淘沙，执法人员在其出具的《上海市在用车机动车排放污染物检测报告》中发现了违法行为的蛛丝马迹。“查到了！”执法人员手指着桌上摊放着的一堆报告喊道。队员们闻讯马上围拢过来，只见这堆报告中，同一个“检测人员”签名的不同报告，签名字迹时而当轴处中，时而偏隅一角，字迹时而春蚓秋蛇，时而工整端正。“果然有问题！”执法人员运用逻辑学的矛盾律，同一思维过程中，两个互相否定的思想不能同真，必有一假，进而推断同一签名，不同字迹，必有一假。面对查到的签名字迹问题，执法人员当即对负责人展开现场询问，面对询问，负责人闪烁其词，心存侥幸，或许认为行政机关的执法手段有限，只要不承认，事实无法查清，执法人员便会知难而退。

如何在上千份材料中去伪存真，找出 3 人签名的报告，如何在该公司 20 多位检测人员及其他员工中找出伪造签名的人员，成为突破负责人心理防线的关键。执法人员迎难而上，多方出击，多管齐下，对比 3 位检测人员的笔记本，观察 3 人的书写习惯，初步排除由检测人员本人签字的报告；再从当事人的前台登记人员、报告打印人员、管理人员等逐一入手，要求每个人在执法记录仪的拍摄下，连续不断签署三位检测人员的姓名十次以上；取得五花八门的签名笔迹后，执法人员联系到上海市公安局物证鉴定中心的文检专家，对笔迹进行鉴定，将目标锁定在该公司前台工作人员唐某身上，为案件找到了突破口。在权威机构出具的权威鉴定结论面前，该公司负责人最终不得不如实供述了违法事实。

此案的查办在全区乃至全市的检验检测行业都属首例，开辟了新的监管方向、创新了办案方式，引起民众较大反响，有效净化了检验检测行业环境，规范了检验检测行为，进一步促进检验机构形成企业自律、社会监督、政府监管的社会共治格局。执法队员们击掌相庆，这一仗打得漂亮！

“我宣誓：忠于中华人民共和国宪法，维护宪法权威，履行法定职责，忠于祖国，忠于人民，恪尽职守，廉洁奉公，接受人民监督，为建设富强、民主、文明、和谐的社会主义国家努力奋斗！”当初的誓言犹然回荡在耳畔。不忘初心，方得始终，不忘初心，继续前行，这是时代的号召，这是时代的最强音，是时代赋予我们市场监管人的政治责任和历史使命。为实现中华民族伟大复兴的中国梦敬业奉献、顽强奋斗的实干精神。我们用智慧贯通市场经济的脉络，用无私维系公平交易的纽带，用虔诚镌刻属于市场监管人的荣光。

执法道路或修远多艰，然你我初心不悔。

打假征途或困苦多舛，唯我们齐心携手。

敬礼！闪耀的金色天平

记奋战在稽查一线的江苏省南京市质量技术监督局稽查分局

悠悠长江水，巍巍紫金山。在长江中下游、美丽的紫金山傍，有着这样一个用实际行动捍卫着心中那架金色天平的可爱团队——江苏省南京市质量技术监督局稽查分局（以下简称稽查分局）。他们将内心的骄傲和自豪化作对党的事业的不懈追求，把由衷地钦佩和敬仰化为对质监稽查事业的无限热爱，豪情壮志在胸，励精图治在行。

一步步脚踏实地，一年年不懈努力，换来了一块块充满荣耀的奖牌，一面面凝聚认同的锦旗。稽查分局连续六年被评为江苏省文明单位，先后产生两位“全国质检系统执法打假办案能手”，被江苏省质监局授予2016年质监执法示范点、江苏省质监技术执法教育培训基地、2016年度省缺陷产品召回管理工作“先进集体”一等奖，2016年、2017年连续两年查办的案件被授予国家质检总局“质检利剑”行动十大典型案例，多起案件被评为“质检系统执法打假典型案例”和“江苏省质监执法打假典型优秀案件”等称号。

所有成绩和荣誉都来源于这个优秀团队每个人的辛勤和汗水。2017年，稽查分局共依法查办案件52起，涉案货值近7500

万元。其中大要案27起，移送司法机关7起，捣毁制假售价窝点11个，与公安部门协作查办案件7起，刑事拘留31人，正式批捕14人。他们誓将自己铸成一柄锋利的“质检利剑”，向电商领域违法行为、行业潜规则宣战，时刻守护质量安全、市场公平、百姓安全，勇担质检徽章所授予的神圣使命。

南京市质量技术监督局稽查分局全体人员

剥丝抽茧，智查微商售假大案

近年来，打击电子商务平台制假售假违法行为是国家质检总局部署的一项重要任务，随着质监部门持续高压打击，大型的电商平台自律意识和管控力度不断提高，网络制假售假违法行为变得更加隐蔽化、跨区域化、链条化，微商平台逐渐成为售假的重灾区。

稽查分局积极响应国家质检总局工作要求和百姓消费需求，将打击电商领域制假售假违法行为作为重点工作来抓。2016年年底，微信朋友圈里一个微信号以及相关联的微店，进入稽查分局副局长张建明的视线。这个微信号专售国际大牌珠宝、箱包、服饰，涉及 HERMES、LV、CARTIER 等国际优质品牌，其标价只有专卖店的十分之一。除了价格让人起疑，每当有陌生人加其为微信好友时，微商都十分谨慎，要求对方说出是谁介绍的。依据丰富的办案经验，张建明认定当中必有蹊跷。

2017 年年初，张建明成立了专案组，沿着线索收集信息、深度剖析，制定行动方案：安排稽查人员家属以顾客身份与这名微商线索接触，提出购买需求，但必须看样。按照原定计划，稽查人员通过现场交款取得该微商银行账户，进而锁定证据。但就在打款前，这名微商突然以“没货”为由，临时取消交易。

初次行动落败，有人提及这案子不好做，张建明却是没有理会，加班加点埋头总结失败原因。不久他又安排“顾客”与该微商线上互动，在他的指导下终于顺利交易，并锁定了该微店线下实体店位置，所购“品牌包”经品牌维权公司鉴定，均为假冒伪劣侵权商品。张建明随即决定：收网。

5 月 23 日，张建明带队会同南京市公安局对该微店经营人的住所、仓库以及微店经营点分组突击执法检查。连夜查扣了待售的假冒伪劣箱包、手表、珠宝首饰、衣服等共 347 件，涉及 40 多个国际知名品牌，涉案货值 280 余万元。经鉴定，除了极少部分 COACH 品牌产品为真品，其余全是假冒的。现场还查获 2016 年该微店销售凭证 15000 多单。

案件已落地，但张建明的脚步并没有停下。他继续追本溯源，协同公安部门，查出其供货商遍及北京、山东、广东、浙江等省市，最终，一个庞大的制假售假网络浮出水面，系列案件查获假冒伪劣商品 3000 余件，涉案货值 3800 余万元。截至 2017 年 12 月，已刑事拘留 18 人，批准逮捕 7 人，检察机关向法院提起公诉 9 人。

8 月 28 日，国家质检总局领导看到微商系列案件报告，兴奋不已，作出了批示，给予了高度肯定。11月14日，路易威登马利蒂（法国）公司派人来，送上了写有“重拳打假劣 贴心护权益”的锦旗，感谢稽查分局高效打击假冒伪劣，维护企业品牌权益。

执法＋召回，为消费保驾护航

2016年1月1日，《缺陷消费品召回管理办法》实施，首批被列入召回管理的消费品主要为电子电器、儿童用品两大类20种消费品。不同于已经实施了十来年的缺陷汽车产品召回工作，消费品召回工作刚刚起步，尚不完善，如何将召回工作落到实处？分中心负责人汪志宏副调研员陷入了深深思索。

他面临着几方面问题：消费者对消费品召回尚不了解；相关企业对召回工作还不熟悉，甚至存在消极回避态度。如何推进消费品召回工作，没有现成经验可供借鉴。但这些并没有难倒有着近二十年执法办案经验的老稽查人汪志宏。多年执法工作经验给了他新的思路：生产者生产的涉及召回的产品大都存在较为严重的质量违法行为，依法应该受到查处。是否可以将执法和召回工作结合起来呢？他很快就把新思路付诸实践。

2017年3月29日，国家质检总局电子商务产品质量风险监测中心从京东商城某品牌童鞋旗舰店购买了南京某鞋业有限公司“生产”的胶粘童鞋，经南京市产品质量监督检验院检验，产品“游离或可部分水解的甲醛含量”项目不符合GB 30585—2014《儿童鞋安全技术规范》，判定为不合格。分中心向该公司告知检验结果，并送达《消费品缺陷调查分析通知书》及产品《检验报告》，要求对相关产品实施缺陷召回。同时，汪志宏加快了立案调查工作，找到产品不合格的原因是：该鞋业公司为增加网上销售种类，2016 年 4 月委托温州一家鞋服店贴牌生产了一批胶粘童鞋，但未索要出厂检验报告。事实清楚后，南京市质量技术监督局依据《缺陷消费品召回管理办法》，要求鞋业公司履行产品质量主体责任，对其通过京东商城、天猫、淘宝等电商平台已销售的 60 双童鞋实施召回，消除安全隐患；同时对该公司立案调查，依法给予行政处罚，并没收了全部不合格童鞋。

单纯行政处罚不召回，产品在市场中依然存在质量风险；如果后处理加上召回环节，等于是解决了消费者所有后顾之忧。该案是江苏省首例“行政处罚与产品召回融合衔接”的尝试，取得了良好效果，具有开创性意义，被江苏省质量技术监督局授予“2017 年度江苏省质监执法打假典型优秀案件”。同时，也被国家质检总局收录为“电子商务领域质量执法典型案例”。2017 年，南京市已经有 18 家企业的 23 个品种、8000 多件缺陷产品，被实施召回。

去伪存真，冲破行业潜规则

在稽查一科科长周军的脑海里，2016 年的夏季十分难忘。那个夏天，他和同事查办的南京检验检测机构出具“混凝土抗渗性能”虚假检测报告系列案，将行业潜规则暴露在白日之下。

检验检测、认证认可是国际公认的国家质量技术基础，相关机构的公正与否影响深远。然而，2016 年 5 月稽查分局接到举报，某建筑材料中心存在伪造检验结果、出具虚假证明的嫌疑。作为“全国质检系统执法打假办案能手”，周军敏锐地察觉到问题很可能不简单。

这是一起涉嫌混凝土抗渗性能检测结果造假案件。检测工作专业性极强，外行人根本无法判断报告真伪，该从何下手？骨头难啃，反倒激发了周军的“牛”脾气。随后的一个多月，他深入研究相关的标准、检测方法，在检测机构现场不放过任何一个细节，有的机构实验必备检测设备落满灰尘，长期未使用，有的部分检测报告出具时间是休息日，有的设备年久未修根本无法进行精确操作，这些他都默默地记在心里。时机成熟，稽查分局迅速成立以周军为主的查处技术攻关组，分四组全面出击。

这年的夏天很热，周军的内心更加火热，稽查小组成员冒着酷暑走访检验机构，跟着检验人员学习掌握检验程序，外联兄弟单位学习检查方法，忙得马不停蹄，常常加班至深夜。认真的学习获得丰硕回报，稽查人员们掌握了“混凝土抗渗性能试验根据等级不同必须要满足48小时或72小时，试验时试块必须用黄油等封闭、螺丝固定、水箱加满水、试验完成后试块还须劈开检查，方可出具合格与否的检验报告”等关键细节。通过逐项核查，检验机构在事实面前无法抵赖，看似合格的检测报告终于现出“原形”。

5月至8月，周军带领同事对全市7个区的11家建筑工程质量检验检测中心“蹲点”执法，他们翻台账、看设备、寻找检测报告作假的蛛丝马迹，没时间吃午饭是常事。于是，检测机构向他们提出“吃顿便饭”，被婉拒后又拿出准备好“信封”，这时他们义正词严得说“不行”。因为身为党员的他们深知什么该做，什么不该做，案件办理不容丝毫差错，也不允许法外容情。那段时间，分局全体稽查人员全力扑在这个系列案件上，个人家庭事务无暇顾及已成为了他们的常态。周军觉得，作为稽查人他的工作或许确实很出色，但作为丈夫、父亲和儿子，他亏欠家庭实在太多。

功夫不负有心人，案件办得很圆满，几个月间稽查分局查办了 7 件涉建工质量检验检测机构类案件，查实虚假检测报告 3000 多份，对涉案的 7 个检测检测单位和 9 名责任人分别进行行政处罚，罚没款计 203.5 万元。一连串案件的查办在该行业、江苏省质监系统乃至全国质检系统都产生了影响力。国家质检总局将其评为“质检利剑十大典型案例”，省质监局将该案办案技巧制作成教学课件在全省授课推广，树立了“质检利剑”行动工作品牌。

恪尽职守，守护公平公正

2017 年以来，稽查分局主动出击、勇于探索，查办了一批在全国质监系统具有典型意义、执法手段具有创新引领性的大要案，尤其打击侵权假冒和维护消费者合法权益等方面工作成效显著。但，稽查分局支部书记、局长葛小银说“这只是刚刚起步”。

“打铁还需自身硬”，葛小银局长雷厉风行、敏思勤学在系统内是出了名的，他先后在检察机关反贪部门和质监系统法制、稽查执法、执法监督和管理等岗位履职，自身政治素质过硬、业务能力突出、工作业绩显著、工作作风优良，参与起草《关于加强质量技术监督稽查队伍管理的指导意见》《执法培训教材丛书》和《技术执法概论》。2013 年以来，连续多年具体承担“全国质检系统执法打假办案能手”和“全省系统典型案件”评审工作。即使已经走上领导岗位，他依然不忘初心，抓住一切学习机会，不断提升自身履职能力。

“好队伍不是管出来的，而是带出来的。”这是葛小银局长经常挂在嘴边的，他善于从人心上、从品格上、从作风上、从业务上带队伍，他的公平、真诚、实干的精神感染着团队的每一个人，也带出了一支敢于打硬仗的队伍。为了单位更好地履职，在他不懈的坚持之下，市编办于 2017 年 3 月批复同意分局增挂“江苏省缺陷产品管理技术中心南京分中心”牌子，并增加副处级领导职数一名，这项工作在地市级落地开创了全国先河。

稽查分局这支队伍正以“打假治劣维权 促质量提升 缺陷召回监管 保质量安全”为工作重心，以“创品牌、出成果、守底线”为工作主线，注重将提升优势和补齐短板相结合、全面对标和重点突破相结合，深入查找差距，勇于争先进位，以创新的勇气、敢为人先的锐气和蓬勃向上的朝气，书写新的明天，再创新的辉煌。

百姓对产品质量日益增长的需求，如同天平的一端；打假扶优，助企业提升产品质量，紧跟市场需求，如同天平的另一端。挑起这架金色天平，并始终保持两端的平衡，是全体稽查人员最神圣的使命。对于这项使命，稽查分局全体稽查人员始终心存敬畏，砥砺前行，并永远把维护“公平、公正、公开”作为前行准则，并不断提升履行使命的能力，提升质检稽查执法公信力。

敬礼！闪耀的金色天平！

砥砺奋进　铿锵前行

记江苏省无锡市质量技术监督局稽查支队

江苏省无锡市质量技术监督局稽查支队是一支优秀的队伍，是江苏省质监系统稽查执法优秀办案机构、行政执法示范点和执法为民先进单位；她是一支办案能手的队伍，有3名“全国质检系统执法打假办案能手”，4名江苏省质监系统“执法打假办案能手”，5名无锡市“行政执法办案能手”；她是一支奋进的队伍，善于学习，勇于探索，不畏艰难，近年来办理了一个又一个在全国、全省有重大影响力的案件，多起案件被国家质检总局确定并公布为典型案例。

顺藤摸瓜斩断源头　让秤保持公平

2017年刚至，稽查队员们接报与查处的作弊电子秤明显增多，有售卖水产的，有售卖活禽的，有售卖水果的，有售卖板栗的……。作弊电子秤，俗名“花头秤”，短斤少两深受百姓们的痛恨。

“又是216去皮！”一次查处行动结束后，一名队员说。连续查处到的不同商贩使用的计量作弊秤，密码与相关情况都是一样的。电子秤通电以后，输入数字216，再按“去皮”键，激活作弊功能。再按“单价 1”克扣 5%、“单价 2”克扣 10%、“单价 3”克扣 15%、“单价 4”克扣 20%、“单价 5”克扣 25%、“单价 6”克扣 30%、“单价 7”复位至正常值。

“这些秤应该都来自同一个源头！”一名队员分析道。

“可是这些秤大多是不明身份的人网上售卖或者上门兜售给这些商贩的。”

“找到他！”一名队员说。

“找到他！”队员们决心已定！

一张张网悄无声息的撒了出去。

一名从微信上购得电子秤的商贩配合稽查队员工作，通过微信索取卖秤商家的店铺地址。卖秤的商家一直没有回复。

一名市场管理人员协助稽查队员收集可疑推销电子秤人员身份，拍得可疑人员照片一张。

几名执法人员到大小电子秤商家开展“神秘买样”，在不表明身份的情况下购买“花头秤”，结果一无所获。然而，当他们看到市场管理人员拍摄的可疑人员照片时，眼前一亮。“这个人我们在一家电子秤商行见到过！”一名稽查队员肯定地说。“他是其中的一名店员。”

“为什么那家商行当时说没有花头秤出售？”

“可能是我们长得不像商贩。”参与“神秘买样”的一名稽查队员分析了失败的原因，认为稽查队员的气质与一名商贩相去甚远，而商行对于非法的勾当又十分小心。

明确了目标，找到了不足。稽查队员很快征集到了一名商贩志愿者，委托志愿者到那家商行去购买“花头秤”。志愿者到了商行，说明了来意，商行的老板走出来亲自接待。上上下下仔细打量一番后，又询问志愿者是做哪一行业的。志愿者原汁原味的商贩打扮与气质，所做的是水果生意，一切都没有破绽。打消了顾虑，谈好了价格。老板拿出一台电子秤，在电子秤上一顿操作，只听见一阵“嘀”“嘀”声。“密码是216去皮，单价1是九两五，单价2是九两秤……单价6是七两秤，单价7是标准秤”。一顿操作后，老板介绍了使用说明。志愿者顺利地买回了一台“花头秤”，锁定了违法的电子秤商行，掌握了商行销售时当场设置作弊功能的过程。

行动前的调查还要继续进行。由于商行里库存电子秤数量并不多，为了查清源头，稽查队员们暗中观察、悄悄跟踪，锁定了一个疑似仓库的场所。

做足了准备，稽查队员们信心十足地开始了检查行动。在仓库和门店内共发现大量封印被破坏的电子计价秤。仓库同时也是改装的场所，在仓库内发现了烧录作弊程序的工具。找到了密码记录本，找到了作弊功能设置密码。原来，该商行通过非法渠道购得作弊程序烧录工具，在正常功能的电子秤上烧录作弊程序，把电子秤变成了“花头秤”。这些“花头秤”都有作弊功能设置密码，这个密码由“花头秤”的改装者和销售者掌握。在销售过程中输入这个密码激活计量作弊设置程序，设置使用密码（默认为“216”“去皮”），设置克扣比例（默认“单价1”克扣5%、“单价2”克扣10%……“单价6”克扣30%、“单价7”复位）。不法购买电子秤的商贩掌握使用密码，输入使用密码激活计量作弊功能，再按“单价”键可以选择克扣比例。

稽查队员对这些封印被破坏、具有计量作弊功能的电子秤进行了清点，有7个型号347台之多。这么多“花头秤”流入市场，要坑害多少消费者！岂能一罚了之？该商行的不法行为被移送到公安机关追究刑事责任。

秤是公平的应有之义，“花头秤”不是秤。稽查队员们只是惩罚了几个商贩，打掉了一个黑心商行，要让秤保持公平，还需要稽查队员们持续不断的努力！

孜孜不倦寻找真相　打假护名优

把时间拨回早一些的时候。

2011 年的一天，稽查支队来了几名访客，他们是本市某大型服装生产企业的负责人和工作人员。“一个面料商卖给我们公司一批支数不合格的衬衣面料，合同约定是 100 支的面料，实际收到的是 80 支的。这批面料现在已经按照客户员工的尺寸被加工成衬衫交付给客户了，现在不仅要退货。”他们满是气愤和焦虑。“而且客户认为我们公司故意造假，给我们的声誉照成巨大损失。恳请质监部门查清事实，还我们公司一个清白！”

两天后，在面料商的办公室，调查正在进行中。“我们的衬衣面料是经过他们公司验收合格的。”面料商很平静地陈述自己的观点。“而且现在早就过了合同约定的质量异议期了。”

“根据《合同法》的规定，卖方已经完成了合同的履行！如果民事合同履行都没有问题，你们执法机关就更不需要受理和调查了。”面料商的律师也在现场。

较量开始了！

“根据《合同法》和《产品质量法》的规定，如果你们明知销售的服装面料不符合合同约定，将不受质量异议期的保护，并将承担《产品质量法》和《合同法》规定的各种法律责任。”执法人员明确了立场。

“我们是按照合同约定采购了 100 支的胚布。”面料商捧出一大堆的合同和发票，拿出其中的一份合同与发票。“这是那批面料对应的胚布采购合同和发票。”

“数量为什么不符合？”稽查队员问。

“我们一次采购的数量较多，是为了履行与不同客户之间面料合同。”面料商的解释符合情理。

真相到底在哪儿？稽查支队的会议室里，大家正在热烈讨论。“应该对剩余的面料和加工好的衬衣进行质量检验。”一名队员说道。

“是的。但这只能证明某一批面料的支数。面料上没有标识，不能证明被检验的面料就是本案面料商提供给服装企业的那一批面料。”一名队员分析道。

“有三个较核心的事实。一是，这批做成衬衣的面料的支数是否符合合同约定？二是，如果不符合合同约定，这批面料是否是面料商交付的那批面料？三是，面料商是否明知面料的支数不符合约定？”核心问题被队员们梳理出来，调查也遇到了困难。

需要证据线索，就要深入行业，这是稽查队员屡试不爽的法宝。执法队员走访了纺织厂、染整厂、面料经营公司、服装生产企业，许许多多的信息被掌握，有过数不清次数的讨论。

“染整！”一名队员说。层层的迷雾中那片光亮被找到了。

“是的，染整！”另一名队员应道。

“服装生产企业在订购服装面料时会明确所需面料的色号和样本。”

“面料商从纺织厂采购胚布并委托染整厂按照与服装生产企业要求的色号进行染色和整理。”

“每批面料的色号都是不同的，所以一批面料的染整加工不会与其他客户或者其他批次的面料混同。”

“为了保证同一批面料没有色差，通常一批面料都是一次染整出来的。”

“染整厂需要面料商提供胚布的真实的技术参数，胚布的支数是少不了要明确的，这是其染整工艺设计的依据。”

“需要找到染整记录！”

“面料商说他们弄不清是委托哪家染整厂染整的了。”

“对照本案面料的数量和技术参数，到与面料商有业务关系的染整厂去调查，一家一家，一批一批的调查！”队员们你一言我一语地讨论着。

队员们沿着“染整工艺”这片光亮找到了调查的方向，工作也很快取得了进展。对应的染整记录被找到，清楚地标明了胚布（面料）的支数是 80 支，其他技术参数、数量也与案件中的面料完全相符。在证据面前，面料商交代了所有的事实，受到了应有的处罚。

找到了真相，还名优企业一个清白。稽查队员们心里有满满的成就感！

系统查证加油机计量作弊　名满全国

把时间拨回更早一些的时候！

2003 年的一个夏天，一个消费者在某加油站加油过程中发觉被克扣的数量，他现场打通了 12365 电话，并等候稽查队员前来处理。这是一家连续多次被举报的加油站，抓住消费者在现场的有利条件，稽查队员风驰电掣地赶到现场。拿出计量标准容器，开展计量检测，检测结果加油机计量准确！

“能不能把油箱的油放出来检测？”稽查队员询问消费者。

消费者摇头说：“加油前油箱原来就有小半箱油。”

执法人员请来计量检定技术人员，打开加油机，上下一番查验。“机械部分没有问题，但对于芯片上有没有作弊程序，我们也无能为力！”技术人员也一脸的无奈。

“你们执法部门不能因为一有人投诉就来检查，影响我们正常的经营活动！”行为没有败露，加油站老板开始发话，言谈间开始得意洋洋起来。“你们比我们想象的还要早到五分钟，这么急急忙忙干吗！”

消费者失望的眼神，加油站老板得意洋洋的话语，在稽查队员心底撒下了一丝挫败，埋下了一片愤怒，更触发了一个决心。

他们南下广州、北上北京、西到成都、东到上海，走访计量专家，学习积累查处经验。他们常常整晚整晚泡在一起，探讨研究问题，解决所遇到的一个又一个困难。这样的情形一直持续了好多年，尽管那个得意洋洋的老板早已被拿下！

2003 年 12 月，距离上次检查几个月过去了，稽查人员驾驶着执法车，后面还有计量检定专用车，又来到这家加油站。

“又有人举报你们！”稽查队员说明了来意。表面上是漫不经心的例行公事，实际上却在暗暗观察。加油机的屏幕突然黑了！十几秒钟后又亮了！这些没有逃过队员的眼睛。还有那个在加油机黑屏前匆忙走向配电房的身影。

“这是断电复位！”“那个身影是断电的操作人！”执法人员心里已经有了结论。

技术人员的检测结果出来了，被断电复位的加油机照例是“准确”的，老板没有发觉他们的行为已经败露。

第二天，20 余名执法人员像一个个快节奏的音符迅速而有序地出现在加油站的各个场所。那只断电之手被抓住了，被制止了；后台电脑上的非法程序被找到了，成为了重要证据；那个藏在角落里的密码记录本也被找到了，真相得以大白！现场检测结果加油机克扣比例 6%，最大可以克扣 24%！曾经有几分得意的加油站老板受到了应有的惩罚！

稽查队员并没有停下脚步，数年间，他们成功查处了辖区内 21 家不法加油站，没收作弊加油机 160 余台。一路走来，虽然再没吃过败仗，但遇到的困难却不少。在解决一个一个的困难中，他们总结经验、吸取教训，不断完善查处方案。总结出系统查证加油机计量作弊的一套方案：改装车辆加油摸查、“113”法现场控制、嵌入式检查、主板鉴定要领、芯片鉴定要领、PC 监控程序鉴定要领、遥控装置检查要领、税务日志的运用、防作弊编码器的查验。这是查处加油机计量作弊的“十八般武艺”，它们招招毙命，剑剑封喉！这套查处方案为“偷油”不法分子织出了一层又一层的正义之网，让他们逃无可逃！从此再也没有漏网之鱼！

无锡市质量技术监督局稽查支队先进集体

队员们对于取得的成果毫不吝啬，“十八般武艺”没有成为“武林秘籍”，正在被不断发扬光大。数年来，队员们热情接听了全国稽查同行各类咨询电话数以千计，接待上门学习数百余次，培训讲解查证方法60余场，现场指导和帮助稽查同行成功查办案件36起！

“我们乐见这张正义之网，还油品市场一片诚信！”稽查队员们这样说。“较量，只有起点，没有终点！我们还在关注和努力！”

是的！打击计量作弊与制售假冒伪劣商品的道路还很漫长，与不法分子的较量不会停止，稽查队员们的脚步也不会停止！他们会在工作中继续磨练自己，不断探索，不断奋进！他们高喊着执法为民的口号，践行着质监卫士的职责，在质监稽查执法之路上留下自己深深的脚印！砥砺奋进，铿锵前行！

忠诚履职甘当市场卫士 利剑出鞘护航民生安全

记江苏省南通市通州区市场监督管理局执法大队

在江海大地南通州，有这样一支头顶国徽、执法为民的优秀团队。他们日复一日，晨曦而出，日暮而归，维护市场交易公平秩序；他们年复一年，顶风冒雨，冲锋陷阵，用担当铸就人民生命安全的坚固屏障。单兵作战时，他们每个人都一夫当关万夫莫开的英勇战士；集体行动时，他们又是精诚合作的默契团队，他们就是英勇的江苏省南通市通州区市场监督管理局执法大队（以下简称通州区市场监管局执法大队）。

老骥伏枥志千里　不用扬鞭自奋蹄

顾坚，从20岁开始从事一线执法工作，自学法律刻苦钻研，学深学透学精，对常用的法律法规熟记于心、运用自如，基层办案人员在办案过程中遇到法规条文吃不准的时候都爱打个电话向他请教，无论是白天还是深夜他都不厌其烦地认真解答，甚至能清楚地告诉你在哪本法规书的第几页，人送外号“顾法师”。他不但注重研读法律法规，还十分关注报刊杂志上发表的典型案例，剪贴摘抄或者复印，分门别类装订成册，已积累资料厚厚5本，近60万字。在担任法规科长期间，他想执法人员之所想，急执法人员之所急，组织编写了几种常见类型的案件办理、取证要点，发到执法人员手中，使办案人员在依法调查取证时把握正确方向，少走弯路，有效提高了办案效率。为了给执法人员提供坚强的后盾，他总是不分白天黑夜地与他们战斗在执法一线，手机24小时开着，哪里有大案、疑难案，哪里就有顾坚的身影。他勇于担当，始终当好“总质检员”的角色，抓好每一个案件核审，关注每一个细节、每一个环节，从管辖权、案件事实、证据收集运用、定性处罚、适用法律、处罚幅度等方面进行核审，确保依法行政。在核审当事人某建筑工程有限公司更换注册商标标志吊牌，涉嫌侵犯他人注册商标专用权一案时，发现定案的证据不充分，顾坚指导执法人员从更换注册商标标志吊牌的提起、想法、会商、吊牌的来源出处、交接、更换入手，通过事找物，通过物找人，通过人找事，从而形成了完整的证据链，锁定了当事人的侵权行为。

三局合一成立市场监管局后，人员进行重组分流，工作已逾30多年的顾坚没有趁机找一个轻松一点的差事，反而挑了一块硬骨头啃，担任执法大队指导员。大队组建之初，人员来自不同的执法部门，执法理念、法律素养参差不齐，顾坚按照“思想教育从严、工作纪律从严、业务训练从严、执法管理从严”的要求，协助大队长做好指导工作。尤其发挥他老法规的专业特长，为每个案件把好关，在执法大队的这么多年，因为顾坚的把关，从未出现一个冤案错案，从未出现复议、败诉、撤案的现象，实现了执法效果与政治效果、社会效果的有机统一，树立了质监（市场监管）执法人员的良好形象。

衣带渐宽终不悔　为伊消得人憔悴

“脑子灵，眼睛尖、心思细”，这是蒋建南给人的最大感受。从事执法工作 18 年以来，蒋建南始终坚持扎根基层，履职尽责，在基层行政执法这个平凡的岗位上作出了不平凡的业绩，多年来，他案件查办的数量、质量一直在南通质监系统名列前茅，多次被评为南通市质监系统“先进工作者”。在日常工作中，他勤于案件研究，经常亲自蹲点暗访，多年的执法实践练就了其一副火眼金睛，具备了高度的执法敏锐感，案件线索捕捉能力突出，一个细微的蛛丝马迹经他火眼金睛一番调查都可能牵出一桩大案要案。2013 年年初，在对商品混凝土生产企业的日常检查时，观察敏锐的他发现企业可能存在使用以次充好原料等问题。为查办好此案，他深入企业暗访调查，向专业人员请教混凝土技术标准要求、了解行业潜规则，并以此为线索顺藤摸瓜，查获了通州区多家混凝土生产企业原材料以次充好和伪造质量证明文件系列案，罚没款近 500 万元，被国家质检总局列入 2013 年“质监利剑”行动十起典型案件。2015 年年初在与朋友闲聊时他获知一起可能的食品违法案件线索，有心的他并没有一听了之，而是认真开展线索排查，蹲点侦查，最终查获了一起无证无照生产假冒美国 FDA 认证的食品案件，没收无证生产的食品 4800 瓶，罚没款 66 万余元。

“案件要办得当事人心服口服，没有‘后遗症’。”这是他常对身边的年轻人说的一句话。他是这么说的，也是这么做的。从事执法工作多年来，他始终坚持依法行政，坚持以事实为依据、以法律为准绳，自觉规范自由裁量，真正做到秉公执法，维护社会公平和正义；他始终坚持廉洁奉公的共产党员本色，遵循“打铁先要自身硬”的做人做事原则，自觉维护部门形象，不徇私情枉法，不接受吃请和财物，面对利益诱惑，始终心静如水，树立了执法为民、公平正义的执法人员形象。经他办理的案件，未发生一起行政诉讼和行政复议，在上级部门的案件评查中，没有发现一起错案，多年来一直在全系统保持着“零投诉”的记录。他用自己的实际行动打破了“案件办理得越快越多，出错的概率也就越大”这个“定律”，也赢得了被处罚人的理解、支持与尊重，“同样的事，经他说出来，我们就很轻易接受，即使被处罚，我们也心服口服。”这是在案件回访中，案件当事人对他的普遍评价，也是对他多年来坚持依法行政、维护社会公平正义的充分肯定。

常年的奋战一线，劳心劳力对他的身体带来极大的伤害。2016 年下半年，蒋建南感觉身体不适，却没有引起重视，只是在医院简单作了检查，配了些药，就又全身心投入到了执法工作中，但是到了年底，他的不适感越来越重，最后在家人的坚持下，到医院进行了详细的检查，检查的结果却如晴天霹雳——他患上了肝胆管癌，得知这个消息后，蒋建南没有被打垮，一直在积极乐观地配合治疗，直至发稿，蒋建南仍然在与病魔作斗争，他的一颗心还念念不忘自己的工作，仍然念叨着在病好以后继续投入到执法工作中。

这就是质监人的胸怀，这就是质监人的执着，这就是质监人的无畏！

初生牛犊不怕虎　身先士卒敢为先

裴宏涛，80 后，通州区市场监管局执法大队年纪最小的小字辈，2017 年在该局干部年轻化工程中被提拔为执法大队大队长，挑起了执法大队工作的大梁。新官上任的他，面对年龄、资历都比他老的执法前辈，并不发怵，凭着初生牛犊不怕虎的狠劲、一腔热血的工作热情和不畏坚苦的精神硬是挑起了肩上那份沉甸甸的担子，将工作开展得有声有色。

新官上任三把火，他首先从机制建设入手强化队伍能力建设，提升依法行政水平。建立内部信息交流和执法协作机制，每月不定期召开稽查执法工作例会，互通稽查执法信息，分析研判稽查执法动态，交流稽查执法技能，互联互助共同提升。强化信息化建设，加大日常监管、投诉举报等数据分析研判力度，定期发布阶段性监管重点，不断拓展案源渠道。在他的推动下，稽查执法进一步向系统化、专业化、集群化、规范化、信息化转变，执法效果和影响、执法机制、案件质量等方面也不断取得新成效。通州区市场监管局执法大队被江苏省质量技术监督局评定为省质量技术监督系统技术执法培训教学基地和稽查执法示范点，查处的南通金派机动车检测有限公司对外签发虚假发动机检验报告案入选 2017 年度江苏省质监执法打假典型十大案件。

他探索实施政企联合打假协作机制，汇聚社会资源力量，构建政企打假治劣共同体。支持配合本地企业和省内外企业开展跨区域打假维权，协助企业赴江西南昌、河南郑州等地打假，一举查获涉嫌侵犯注册商标专用权的物品 30 多万元。先后与本地近 200 家生产企业签订联合打假协议，联合企业捣毁制假售假窝点 11 个，有力维护了企业的合法权益。

执法办案上，他更是冲到一线，加班加点成为常态。2017 年 9 月 8 日，大队接到一举报，裴宏涛立即组织执法人员去现场查看。在川姜镇一个家庭式的床上用品加工作坊，根据现场检查情况，执法人员初步判定该作坊使用的纤维制品存在严重的质量问题，且属于无照经营。执法人员正要进一步了解情况，涉案人员突然情绪激动，伙同家人采取暴力手段，抗拒执法，上来就是对执法人员拳打脚踢。裴宏涛挺身而出，一边大声呵斥抗法的法律后果，一边去控制领头的挑事者将矛盾焦点转移到自己身上保护其他同事。对方人多，又有孕妇参与其中，执法人员陷入极大的被动。后来在公安的协助下，执法秩序得以恢复，但裴宏涛手上、身上多处软组织挫伤。同事们让他休息休息，后面的事交给他们来做，他却在简单的处理伤口后，马上投入了案件的询问调查、固定证据等工作中。

裴宏涛，这个 80 后青年，用热心、热爱、热血的工作态度赢得同事的肯定和认可；用无私无畏、公正执法、办案必优的理念树立了大队的执法权威；他用他的实际行动让我们看到了 80 后的责任和担当。

他们是城市里的“啄木鸟”，他们是夜空中的“猫头鹰”，他们不知疲倦，严惩违法行为，守护公平正义，他们不求回报，默默耕耘，为市场秩序保驾护航。一面面锦旗，诉说着他们炽热的忠诚和担当；一个个荣誉，见证着他们滚烫的心血和汗水。向违法行为亮剑是他们的誓言，守护百姓民生安全是他们的信念，通州区市场监管局执法大队，这支光荣的团队，还将继续用他们的智慧和实干，为百姓的生命财产安全铸就最坚固的堡垒，为市场经济的繁荣发展奉献最灿烂的芳华！

打造专业执法队伍　铸就市场监管盾牌

记江苏省宿迁市宿豫区市场监督管理局执法大队

2015 年 1 月，随着机构改革的全面推进，江苏省宿迁市宿豫区市场监督管理局执法大队正式组建。改制以来，宿豫区市场监督管理局执法大队在局党委的正确领导和市稽查处、市支队的关心指导下，紧紧围绕全局中心工作，在定位上攀高攀强，在推进上从紧从快，在质量上求好求精，始终坚持以打造法治、公平的交易环境为宗旨，全力聚焦维权热点和难点，积极开展质量技术监督稽查打假工作，各项工作均取得了显著成效，为全区市场监管和服务经济发展作出了突出贡献。

紧抓素质之本，有效提升执法人员水平

每年利用 1 个月的时间，专门组织对执法大队全体干部职工进行“法、纪、业务”集中培训，不断提升依法行政能力和水平。深入开展“行政执法能力提升年”活动，以“争当服务意识好、监管水平高、执法能力强的市场监管执法能手”为主题，通过开展“三学、三评、三提升”“三比、三看、三满意”“三卷、三会、三报道”等一系列主题活动，努力实现法纪知识水平、科学监管本领、行政执法能力、干部队伍形象、部门对外影响力等“五大

提升”目标。培训结束后，组织闭卷考试，邀请区人大、区纪委、区委组织部领导监考，有效提升干部队伍自主学习意识，此外，随机开展执法培训，结合阶段性工作特点和各项专项执法活动的开展，随机展开对执法人员进行专题执法培训，使执法人员更会牢固掌握相关业务知识和执法技巧，做到有的放矢。同时，结合每个月开展的基层党组织“统一活动日”暨远程教育“固定学习日”活动，不断加强党员干部队伍的廉洁从政意识。

紧扣服务之基，有效树立执法为民形象

一是建立规章制度，规范执法行为：为了实现行政执法的规范化、制度化、法制化，宿迁市宿豫区市场监督管理局先后制定了《宿迁市豫区市场监督管理局行政处罚案件程序规定》《宿迁市豫区市场监督管理局行政处罚案件主办人制度》《宿迁市豫区市场监督管理局行政处罚案件内部移交制度》等 7 项工作制度。通过制度的建立与执行，在全局构建了一支规章制度健全、执法体制高效、执法程序规范的质监执法队伍。二是加大保障力度，规范执法行为：为了有效解决以往行政执法尤其是质监行政执法面临的人力资源保障不足、经费装备保障欠缺等问题，宿迁市宿豫区市场监督管理局积极协调矛盾，主动克服困难，首先是加强对基层分局执法人员的配备，在每个分局确保配备一名专职的质监执法人员；其次是注重加强对执法装备的配备，先后在全局每个执法机构均配备了执法记录仪、计算机、电子证据存储器等装备并为每名执法人员配备了执法终端；第三是改善执法场所，建立了询问室、资料室、档案室，罚没物资专用仓库等。三是健全监督机制，规范执法行为：为严格依法行政，建立了执法监督领导小组，通过实地查看、听取汇报、查阅案卷、暗访等形式，对执法

行为的监督检查，全面、客观、公正地评价行政执法全过程，监督执法人员更好地依法公正执法。同时，认真落实行政执法责任追究制度，每季度对行政执法情况进行公开评查，发现问题及时解决。3 年来，宿豫区市场监督管理局未发生一起执法人员违法、违纪行为，也未发生一起行政诉讼案件和行政复议被撤销案件。

紧贴执法之要，有效营造公平有序环境

一是加大质监执法检查力度：近 3 年来，宿豫区市场监督管理局加大对生产加工环节的质量违法行为的查处力度，累计办理质监执法案件 150 余件，罚没入库 380 余万元，质监领域案件无论在数量上还是在罚没金额上均占 40% 以上。二是加强对技术型案件和大要案的查处：重点加强对产品质量、计量以及特种设备领域案件查处力度，集中下大力查办了一批涉及民生、影响安全的大案要案，如罚没金额 10 万元以上的有："无锡市东田电缆有限公司涉嫌生产、销售不合格电力电缆案"罚没金额达 42 万元，"宿迁市森普液化天然气有限公司未经许可充装天然气案"罚没金额 13 万元；涉及民生领域的有："江苏三鑫肥业有限公司销售未经许可生产的复合肥料案"货值金额 10 万元、"杨国权销售未经许可生产的人造板材案"货值金额达 20 万元；影响安全领域有："宿迁永强液化气配套有限公司充装过期钢瓶案"被处罚款 6 万元，等等。三是注重开展重点领域执法打假工作：深入推进"双打""质检利剑"等专项执法行动，重点对农资、建材、汽车配件、儿童用品、3C 认证产品、去产能产品等重点产品，集中开展执法打假活动，严厉打击制假售假不法行为，全力维护市场经济秩序。辖区未发生一起区域性、行业性、影响恶劣的产品质量违法问题。

紧绷维权之弦，有效推动群众消费无忧

执法大队作为消费维权工作的核心和枢纽，统筹负责全区消费维权投诉信息。配备了专职法制人员和信息处理人员，履行投诉问题的接收、登记、甄别、分流和案件跟踪以及资料保管等工作，实施消费投诉举报的有效管理。建立投诉处理序时制度，实现投诉 30 分钟分流到执法机关并提醒其及时调查反馈结果，延时未办理延期或其他违反程序规定的将予以追责，实现责权统一，闭环处理。通过处理中心的规范化运作，实现了投诉举报统一审核、统一途径、统一扎口。配备流动维权车，定期和不定期开展消费维权进市场、进社区、进校园等活动，通过电子字幕、宣传资料普及消费维权法律法规，现场受理投诉和举报，随时随地维护消费者的合法权益。设立舆论监督网。与电视台、报纸等媒体充分合作，及时报道宣传热点、宣传消费动态、发布消费警示，揭露侵害消费者合法权权益的案件，对警示、失信和严重失信登记的经营主体分别实行警示、警告和严重警告的不同程度曝光。设立网络消费维权平台。设立官方微信公众号，在大型商场、超市、农产品批发市场等人流密集地带，张贴消费者维权宣传单及微信平台二维码，当遇到消费纠纷时，消费者可以随手拿起手机拍照，采集证据，并将照片、视频等相关资料上传至微信平台，区市场局和区消费者协会工作人员将会根据上传资料，第一时间与当事双方取得联系，并固定相关证据帮助消费者及时维权。

紧树创新之念，有效推动特色工作开展

一是编撰质监法律汇编，提供执法理论保障：为了使广大执法人员便于掌握质监法律知识，宿迁市宿豫区市场监督管理局专

门组织人员对质监领域涉及的法律法规进行编撰和梳理，分别编撰了质监法律汇编工具书和电子书各一套，将工具书分发到全局各执法机构，电子书均安装在每名执法人员的执法终端上，使广大执法人员在执法现场就能够更加快速便捷地查阅到相关法律法规。二是开展案件季评和主办人“以案说法”活动：为了提升办案质量，进一步规范执法行为，局每季度都要开展一次执法案件评查活动，通过评查，达到互相学习共同提高的目的，评比出本季度的“优秀案件”和“先进执法人员”并予以通报表彰，对在评查中发现的问题，也及时指出，便于查漏补缺。同时为了有效拓展案源线索，共享办案资源，局每周举行一次主办人“以案说法”活动，即由季评中评出的优秀案件的主办人结合所办案件在全局执法人员中开展以案说法，介绍案件的借鉴与推广价值、执法办案方法手段及办案技巧，共同探讨执法办案领域的拓展，有效整合办案资源。

绿色田野的守望

记江苏省宿迁市泗洪县美丽洪泽湖畔的市场监管人

洪泽湖，闻名遐迩、风光旖旎、波光粼粼，素有“日出斗斤”之美誉。她似鱼米之乡的乳汁，浇灌养育着万顷良田。

泗洪县地处江苏北部，水资源比较丰富，属于江苏地区产粮大县，有“鱼米之乡”“绿色食品”赞誉。百姓以种植、养殖和外出务工为主要经济来源。江苏省宿迁市泗洪县市场监督管理局执法大队本着“为民服务”执法宗旨，务实创新、锐意进取，以关注农资打假为主线，以查处农资生产企业违法行为为重点，以护农为己任，以构建“亲”“清”新型政商关系为总要求，引导市场主体遵纪守法办企业、光明正大搞经营，用“两山”理论，依据工作职责、职能、责守，通过公平、公正、公开执法，更加深入确立权利平等、机会平等、规则平等的市场经济秩序。

突出执法“服务”理念，确保农民的根本收益最大化

执法为民是我们党执政为民理念的本质要求。习近平同志强调，必须坚持立党为公、执政为民，把实现好、维护好、发展好最广大人民根本利益作为党的建设必须遵循的宗旨、方向和目的。我们党的一切奋斗，归根到底都是为了人民的利益和福祉。面对

新形势新任务，泗洪县市场监督管理局执法大队执法人员自觉地牢记全心全意为人民服务的根本宗旨，始终把人民放在心中最高位置，保障农民的各项权益，执法工作才能获得最广泛、最可靠的群众基础和力量源泉。无论环境和条件怎么变化，执法工作为民服务的理念始终坚守，执法为民的原则始终不变。

每年春耕和秋种季节，泗洪县市场监督管理局执法大队的同志们定期开展“进千村、入千户、抽千样”农资打假下乡执法行动，为农民兄弟们农业增效、农民增收、农村增绿保驾护航。了解农民兄弟的需求，宣传农资购买的注意事项，把关农资质量安全，为农民兄弟保驾护航。

2015 年 9 月，泗洪县市场监督管理局接到县委书记交办的群众投诉，老百姓反映在当地农资店买到了假冒玉米种，玉米秆长到一人高时，玉米不抽穗，庄稼颗粒无收，欲哭无泪。

县委书记高度重视这一坑农事件，挂牌督办，限时督办此事，并密切关注案件调查进展情况。泗洪县市场监督管理局执法大队受领局里交办的这一坑农投诉举报后，成立了以江华平副局长为组长的专案组，抽调大队精干执法办量，市场监管局瑶沟分局密切配合。

为便于了解第一手情况，在当地政府有关负责同志的陪同下，深入农户了解事情经过。专案组一行到了农户家里，当地乡镇同志跟农民朋友介绍，县委书记十分关心重视这一坑农事件，县里已经责令市场监督管理部门牵头成立专案组，尽快把事情搞个水落石出，还农民兄弟一个公道、一个说法、一个合理赔偿。听说政府十分关心这一坑农事件，老百姓内心十分感动，情绪十分激动，热泪盈眶。感谢政府为百姓做主，感谢市场监督部门为他们讨回公道。

办案人员、当地政府工作人员在受害老百姓的带领下，来到田间地头现场，放眼望去，玉米秆高高挺立，青翠欲滴，绿油油十分惹人喜爱；但大家与挥洒了百姓汗水的庄稼亲密接触时，大家的心情十分沉重，正所谓石头开花，玉米棒踪影无处可寻。一千多亩的玉米地，颗粒无收，损失十分惨重。

带队的江华平副局长看到百姓痛哭流涕的面容，当场在地头召集临时部署会议，工作组成员全部在当地政府安置居住，不调查清楚，不给老百姓的一个满意的结果，决不收兵。

专案组首先从源头入手，分为几个精干小组，了解供货商采购情况。得知厂家的具体信息后，外调组在与玉米种生产厂家所在地市场管理部门取得联系后，同志们仅仅扒拉两口饭菜，换洗衣物都未来得及准备，驱车一千多公里，途经徐州、河南等地调查取证，一路风尘仆仆。调查过程中，得到了当地党委政府和兄弟单位和相关部门的大力支持，大家都有一个共同的感受，粮食是命根子，是百姓安居乐业的主要生活来源，也是保持国家稳定、社会和谐的重要因素，决不允许在粮食种子生产、供应过程中出现制假造假，坑害老百姓的事情发生。

外调组同志们连续在外地调查取证的一段时间里，由于生活物资准备不充分，大家克服了难以想象的困难，不分工作时间、不分白天昼夜，不管工作条件，在掌握了大量证据材料的基础上，经过当地政府部门和公安机关的共同努力，拿到了赔偿金，同时配合当地公安部门将制假造假涉事人员绳之以法。

留守办案人员对当地供货商同步展开缜密调查取证，同时配合乡镇工作人员安抚老百姓悲痛的情绪。有时因为时间紧、任务重，吃饭睡觉问题也就没有那么多讲究了，同志们就在村里与农民兄弟同吃一锅饭、同喝一锅水、同住一间屋。想农民兄弟之所想、急农民兄弟之所急，换位思考、体谅农民兄弟的心情。

另一组工作人员，彻查采购供应商，检查台账资料，了解供应渠道，掌握厂商手续。从正规流程入手，调查采购环节出现的问题。同时组织采购商学习相关法律知识，传授辨别真假种子等农资的专业知识，教育其合法、守法搞经营，公平、公正做生意，用心、用脑去采购。通过各方面说服教育，讲清利害关系，采购商认识到了经销假冒种子的严重错误，筹措了合理合法的赔偿金。

通过多方面辛勤不懈的努力，生产厂家、经销商及当地政府共计筹措资金 180 万元，弥补农民兄弟的损失。为妥善合理公正的让农民朋友拿到应得的青苗赔偿款，专案组配合当地村委、乡镇政府拿出可行性方案，一户一户统计青苗损失，并将庄稼受损情况予以公示，然后召集受害农户公开发放青苗赔偿款。由于组织得力，前期工作细致到位，老百姓对专案组的工作作风给予了高度评价。有些年迈的老人或者家中特别贫困的农户，手拿好不容易得到的赔偿款，泣不成声，热泪盈眶。村民们高声欢呼“包青天再世”“感谢政府”“感谢党”“习总书记带领的党和政府作风过硬，勤政廉洁”……

桂湾村委特地制作了“为民谋一方幸福、为官造一方平安”的感谢锦旗，敲锣打鼓、鸣鞭放炮，送到泗洪县市场监督管理局。老百姓亲切称呼市场监督管理局执法大队不愧为为民办实事“娘家人”。

用“两山”理论辩证关系，处理好执法与服务的关系

“金山银山买不到绿水青山。”田间收入是农民兄弟的命根子，是政府密切关注的头等大事。泗洪县市场监督管理局执法大队深刻认识到市场经济可持续发展的重要性：行政部门既要加强监管，

也要引导经营主体牢固树立依法、守法经营理念。他们通过发放宣传单、登门送法、重点说法等方式方法，让农资经营主体明白诚信是金不换的硬道理，让经营商家明白农资安全是辩证又统一的关系，也事关他们的切身安全。

泗洪县市场监督管理局辖区内的县工业园区内有几家生产肥料的生产厂家，过去在监管环节，一度出现重处罚轻管理，忽视上门服务指导的现象，与行政相对人的关系比较紧张，生产企业怕执法检查、怕执人员登门、怕到执法部门办事。监管部门深刻认识到这种扭曲现象，不利于和谐与行政相对人的关系，也浪费了有限的执法资源，而且监管效率也得不到明显提升。近几年，局党委、行政执法分管领导和执法大队长在近几年的执法工作意见中，专门陈述了执法与监管、执法与指导、执法与和谐的关系，拟定了事关民生执法的工作制度和工作意见，由过去的重执法轻指导、重处罚轻服务、重抽检轻宣传执法方向，转化为加强相关法律法规知识的宣传力度。对广大农民朋友重在增强他们的辨假识假农资的常识，加强营造打击假冒伪劣商品的氛围。使得消费者增强明辨是非的能力，以切实保护消费者的权益。对农资生产企业注重行政指导，坚持以人为本、可持续发展理念。努力做到监管与发展、监管与维权、监管与执法的辩证统一，对轻微违法行为、发现的违法苗头，通过发放宣传单页、送法上门服务、利用各种媒体介质，指导企业了解相关法律法规知识，做知法、懂法的诚信人。

用谷丰肥料有限公司董事长话说，以前我们是怕执法部门登门检查，现在他们不经常来厂里转悠转悠，我们生产企业总觉得心里缺点啥似的，执法人员经常到厂里指导，我们厂家心里才感到无比踏实，厂长才能创造出更好的效益。近几年园区农资生产厂家赚得瓢满钵满的事实说明，加强行政指导和登门服务，促进了地方政府经济的发展，促进了企业的良性循环，也从源头上保证了农民种植效益的最大化，百利而无一害。

牢固树立“廉政”理念，打造过得硬一线执法队伍

几年来，农资执法监管业务，在局党委的具体指导下，执法大队工作思路与时俱进、开拓创新，牢固树立“为民争利，为民服务，关注民生”宗旨，力争“查办一个案件，警示一个行业，规范一个领域”执法理念，对正规当地市场经济秩序作出了突出贡献，重要窗口服务单位民意调查满意度一直位居同级前茅。

成绩的取得当属来之不易。几度春夏秋冬，执法大队无一起违规违法行为的发生，无一人受到党纪政纪处分，无一例案件被行政复议。这归功于健全的规章制度，归功于同志们的廉洁自律，归功于执法程序的层层把关。执法大队自始至终牢固绷紧队伍作风建设弦，严格规范执法行为，始终把依法行政、规范执法作为行政执法的基本准则，加强执法人员的岗位廉政教育，筑牢思想防线，全力打造一支执法规范、业务精通、作风过硬的执法办案队伍。切实将规范执法的要求覆盖到执法办案的各个环节，避免了管理漏洞，有效预防了各类执法风险的发生。

在党委政府和上级局的正确领导和支持帮助下，执法大队团结一心，在农资案件查办领域务实创新，锐意进取，执法办案工作实现了大跨越，为“护农惠农益农”菜篮子工程作出了应有的贡献。

红船旁的闪光信仰

记奋斗在一线的浙江省嘉兴质监稽查人

秀水泱泱，红船依旧。这是梦想起航的地方，这是崭新诗篇开启的地方。作为红船旁的质监人，更加懂得初心的珍贵，更加懂得坚守的意义。他们传承着红色基因，兢兢业业扎根在红船旁的土地上，用自己的行动，担当起守护质量安全、提升生活品质的光荣使命。让百姓生活得更好，更有安全感和获得感，这是他们每个人未曾说出口却始终在努力践行的共同的信仰。

担当履职：做忙碌而快乐的稽查人

夜，黑得更深沉了，北风呼啸的声音好像是一场声嘶力竭的叫嚣。

这是江南冬天的深夜，气温罕见地降到了零度以下。在浙江省嘉兴市质量技术监督局（以下简称嘉兴市质监局）稽查支队工作了多年的於炯不由自主地紧了紧身上的执法服——这已经是他们最厚实的一套执法服了，但好像还是抵挡不住有点肆虐的寒风，冷风执拗地往脖子里、袖子里钻。

这一次，他们的任务是查处无证生产劣质螺纹钢的企业。像这样的企业常常选择在凌晨生产，早已经习惯了跟执法者“打游击”，没有确凿的证据，很难将他们查处。为了彻底打击这一类企业，他们和公安部门联合，整个支队全员出动，经过前期无数次的排摸守候，今天终于等到该收网的时候了。

“看来，今晚上又将是一场鏖战。”队员们无奈地笑着说。说是无奈，其实，这样连续作战的生活他们早已经习惯。为了第一时间完成执法任务，端掉售假制假的窝点，常常是完成一天工作以后，别人都去享受“天伦之乐”了，他们还要继续“八小时以外”的工作，有时候要从晚上一直工作到第二天早上八九点，整整十几个小时！有时候，在外连续奔波一整天，直到傍晚四五点钟才顾得上吃中饭；没有周末、没有节假日、一个电话就随叫速到，对于他们来说，这才是工作的“常态”。

“老板不在。”

凌晨 12：30。当执法人员进入企业现场进行执法检查时，企业就开始百般刁难，软硬兼施拖延和阻挠正常执法程序，一会儿被告知负责人不在现场，一会说场地上的货不是他们的等。为了第一时间固定证据，也为了保护执法现场，他们只能在四面通风的执法现场苦苦工作一夜。最终，违法行为被牢牢锁定，在铁的事实面前企业的负责人到了法律的制裁，参与执法的稽查队员们却是一夜未合眼。第二天，有大半人都是忍着重感冒的折磨和硕大的“熊猫眼”照常出现在工作岗位上。

“谈不上辛苦，每一份工作都有它不同的性质，既然选择了稽查工作，我们就应该对得起这身执法服。”对他们来说，天天奔波在一线的稽查生活好像有一种“魔力”，再苦再累，只要看到自己手中的案件一件件完结，那种成就感是可以消解一切辛苦和疲惫的。

乐于奉献：真情真心才能换来回报

出动执法检查人员5742人次，检查相关企业（单位）4256家，与乡镇街道及相关部门联合执法检查132次，发现隐患数3610项，查获各类特种设备违法案件79起，罚没款289万元。这是2017年嘉兴市质监局稽查支队交出的“成绩单”，也是支队长孔祥杰和“战友们”共同奋斗的成果。加入稽查支队工作以来，他参与了所有的夜间执法行动，把这份工作真正当成了一项事业。“‘红船’精神就是要有担当、讲奉献，作为整个支队的负责人，尽心尽责地做好每一次工作才是对党员身份最好的诠释。”

一次，他的眼睛刚做完手术，医生要求休息一个月。但当时，正碰上要进行水泥定量包装大检查。当时的水泥厂环境非常恶劣，飘散在空气里的粉尘有时候让呼吸都变得困难，但是大检查的时间紧、任务重，作为主力队员的他，顾不上一天休息，做完手术立马回到了一线队伍。检查水泥的定量包装主要是为了打击生产企业缺尺少寸的行为，需要把已经装车或者装船的水泥一一搬下来重新称重。一些检查企业不愿意配合，稽查人员就要一面当“执法者”，一面当“搬运工”。一袋水泥50公斤，而每次检查都要至少抽取一个批次，也就是20包水泥，仅仅搬运的工作量就达到了一吨。那几天，孔祥杰冒着眼睛被再次感染的风险，跟平常一样没有带任何防护工具，和队员们一起，一包一包地搬运称重，一天下来，常常弄得腰酸背疼，一身的粉尘和汗水，飞舞的粉尘还常常进入眼睛，刺痛得睁不开眼。工作量大的时候，一天抽查2~3个批次也是常事，他也从不推脱，和大家一样“连轴转”。他说：“这点小事算不了什么，尽快把工作完成才是最要紧的。”

2003年，孔祥杰参与查处了一家基层供销社存在销售不合格农药的违法行为，数量多达 2 吨，但是这批农药放在供销社的数量却很少。凭着多年办案的敏感性，他意识到，必定有大量不合格农药流通于市场，如果不及时查处，必然会损害不少农民的切身利益。

嘉兴市质监局组织开展专项执法检查

凭着一股子韧劲，他带领队员们连续奋战了足足 35 天，踏遍了嘉兴各个乡镇，行程 3000 多公里，就是为了彻底找到不合格农药的源头。由于农药查获后要送去杭州检测，而当时正值“非典”期间，杭州成为了“非典”疫情重灾区，他冒着被感染的风险，先后 6 次赴杭州送样。最终他和队员们查获的不合格农药 138.9 吨，共计 23150 箱。在查处时，这 2 万多箱的农药都要一一开箱检查，待到全部检查完毕，他的手指早已经磨出了血。但回忆起这些故事，孔祥杰仍然觉得“自豪并且理所应当”。

也是 2003 年，现任嘉兴市质监局稽查支队副支队长的楼莺加入了稽查队伍。2005 年，她主动请缨来到稽查执法一线，参与到每一次大案要案办理的过程中，而那时，她的女儿还不满周岁。

作为稽查队伍中为数不多的“女将”，她常常需要在工作和家庭之间找到最佳的平衡点，而当工作和家庭发生冲突的时候，她总是无一例外地把工作放在前头。

在稽查队伍里，她也和所有男同志一样，下工厂、走工地，连续奔波到各地调查取证，出差到外地时，常常几天见不到女儿。因为工作忙，女儿经常在教室里等到最后一个才回家，生病的时候也不能在身边照顾。“很想每一天都能陪着女儿慢慢长大，但是这个一线岗位是自己选择的，我感觉自己肩上有更重的责任，必须要对得起自己的这身执法服。”带着这种对工作的真心和真情，她主办案件百余起，涉及无证生产，产品质量，特种设备、检测实验室等多种类型，结案率100%，从未出现当事人质疑复议等情况。2015年，她被评为“全国质检系统执法打假办案能手”，是当年全国获此殊荣的两位女性之一。但谈起女儿时，她的眼神里还是难掩歉疚。

忠诚为民：守护质量勇担当

红船旁、南湖畔，他们是打假的勇士、更是质量的卫士。每年开展的“蓝剑”系列行动精准打击着违法行为，守护着吃穿住行桩桩件件的民生安全。

“质量问题无小事。”在职责面前，每一个稽查人都将自己身上的担子看得很重，也将这份沉甸甸的嘱托看得很重。守土有责、守土尽责，把好质量安全关，让假冒伪劣产品无所遁形，就是他们最大的责任和担当。为此，他们执法无私，勤勉为公，无论何时何地，都坚持着自己的底线。“执法岗位直接面对群众，更应该勇作标尖，在利益面前，决不能伸手。”这成了整个团队最大的共识。

有一次，他们查到了一家违规生产企业，正要把产品进行封存的时候，一直赔着笑脸的老板突然神秘地将几名队员叫到一旁，拿出一条上好的香烟请大家抽。摸不着头脑的队员们打开一看，这哪是香烟，分明是放得整整齐齐的好几叠钱！队员们二话没说退了回去，产品封存工作继续进行。

执法时，挑战最大的就是碰到不理解、不配合的企业。在小家电大整治的时候，他们接到举报，有一家浴霸厂生产假冒浴霸，而且数量不小。谁知说明来意以后，当事人及其家人都极不配合，不仅言语上对执法人员进行人身攻击，更纠集了一群社会闲散人员，一起把执法车堵在了厂门口，而且把厂门关了，要执法人员把东西放下并且赔礼道歉。带着任务的执法人员一直被关到了凌晨三四点。还有企业老板在做完笔录以后，当场把笔录全部撕毁；也有八九十岁的老太太为了阻止执法，坐在地上哭闹不休……面对这些，每一名稽查队员都瞬间成了极具耐心的“思想工作者”，不厌其烦地跟他们说理解释，一遍、两遍，直到说通为止。当当事人终于变得心平气和、不再阻挠执法的时候，他们称：“这就是那一天最大的成功”。

除了执法以外，他们有一个同样重要的职能，就是受理举报投诉。12365 热线电话连通着民心民情，寄托着普通百姓对于质量问题最直接也最迫切的向往。调解、协调、沟通，每一个投诉背后都有可能需要很多次这样的反复循环，甚至需要多部门协作配合。但是情况越复杂，越是考验他们耐力的时候，也越是能够跟消费者建立感情的时候。有一次，一名职业举报人打进电话，称一家台资企业生产的产品存在质量问题，要求帮助维权。经过核实，他所投诉的问题其实并不存在，但企业确实存在一些违规行为。在帮助企业维护权益的同时，稽查支队也就违规行为进行了处罚。台资企业对国内的法律法规及生产标准并不了解，稽查支队特意开展上门服务，为他们提供针对性的指导，帮助企业弥补了生产过程中的“短板”。因此，尽管受到了处罚，企业仍然表示感谢，特意在端午节前寄来了粽子。粽子虽然被退了回去，这份被记挂的情谊却留在了每一个稽查人的心里。

开拓创新：让执法更具“智慧”

开天辟地、敢为人先的首创精神，这是“红船精神”首要的精神内涵，也是激励稽查人不断开拓创新的强大的精神力量。面对飞速发展的“互联网＋”时代，稽查队员利用业余时间刻苦钻研，总结出很多适合新情况的技术执法方法，大大提高了执法效率和技术“含金量”。

特别是在对检测机构实验室的监管上，由于存在检测数据不可复现性、样品校验复杂性、虚假报告取证困难等问题，一直给监管造成较大的困扰。稽查支队全体成员经过三年多的实践和探索，运用技术执法的理念，以“机器管人”的设备作为突破口，以“执法人员＋技术专家”作为基本模式，成功解决了监管上的难题。目前，这种执法手段已经在消防、建筑工程、环保等各类检测机构广泛使用，开创了全省质监系统查处实验室违法行为的先河。

维护质量安全，严守质量底线，这是稽查人共同许下的庄严承诺；无私奉献、担当尽责，这是他们永不停息的实践脚步。有时追赶太阳，有时披星戴月，因为他们知道，“质量梦”的实现、“质量时代”的美好生活愿景需要汇聚起一个强大的“能量场”，而这，少不了每一个“质量人”的汗水和努力。信仰有时候是一种看不见的力量，引领着一个又一个稽查人在困难面前选择坚守，在问题面前永远保持探索的热情，而群众的满意，就是对他们最好的褒奖。

信仰在闪光，而守护质量的稽查人始终在路上。

用生命之花闪烁稽查之光

记安徽省滁州市定远县市场监督管理局稽查大队的无私稽查人

“你来或不来，我的人就在这里，不离不弃；你跟或不跟，我的脚就在那里，不留不走。”以德修身，以业立命的稽查人，选择了稽查，就选择了未正人先正已的人生之旅，严格要求，内自省，而后监督他人，坦荡、廉洁、高效，把质检稽查精神深深扎根并得到传承，将其作为终生热爱事业，这样的信念在定远县市场监管稽查大队的每位队员心中深深扎根，发芽乃至长成参天大树。

队伍壮大　责任重大

2014年年初，安徽省委省政府部署各地方执法体制改革将工商、质监、食药监三局合一，重组市场监督管理局，人员整合，重新分配，安徽省滁州市定远县市场监督管理局稽查大队（以下简称定远县市场监管局稽查大队）应运而生，人员较过去扩充，分工更明细，责任更明晰，成立五小队，各司其职。新的集体由原先的陌生到工作过程中建立同志情感，磨合到一线执法的默契离不开领导的循循善诱，离不开每位稽查队友对这份职业的敬畏和责任心。合并四载，稽查工作已经由一开始的头绪摸不清到现在的运作顺畅，工作开展得如鱼得水，定期分队碰头开会向分管领导汇报阶段执法进展情况，案件查办进度，对执法中遇到的棘手问题，大家集思广益，群策群力，将大队的工作当作自己大事一样对待，以队为家，不分彼此，不计较多寡，大家心里只有一个信念，就是将一线执法做细，做规范，肃清不合理不合法的浊流，让老百姓放心安心地生活在这片土地上。

灵活机动　人性化稽查

稽查工作，以法律为准绳，依法办事，据法查处的岗位，听上去，给人的感觉就是铁面无私，违法必究，无理可辩，无情可说的。在这里，无形中就让我们的执法相对人之间筑上了一堵厚厚的无法跨越的墙，矛盾冲突，误会不谅解由此加大了一线执法的难度。古语有云：刚柔相济，始可有成。任何人或事，春风化雨般，刚劲与柔软并济方可达到不一样的效果。

定远县市场监管局稽查大队的稽查工作一贯秉承着沿举报，追线索，向时间要效率的原则，认真地对待每一条线索，每一项检查。2017 年国庆前夕，为保证国庆中秋双节，广大人民群众过个安全放心的节日，在局领导的周末部署下，大队放假前组织人员开展节前、中、后对城区餐饮单位使用餐具进行监督抽检。在抽检的过程中，有一家餐饮单位的消毒餐饮具检验结论显示为不合格。定远县市场监管局稽查大队执法人员给予其整改机会，不合格餐饮具不能再使用，两个月后，再次抽检，仍然显示不合格。追根溯源，找到了该单位的餐饮具消毒的合作方，为持证餐饮具集中消毒生产企业。执法人员现场检查了消毒生产设备、流程，询问了企业管理，查验资质、台账等，关注细节，从源头肃清造成不达标的缘由。经查，由于设备没有定期检修，设备陈旧，有的洁具面积过大，流水线不能做到面面俱到，清洁不到位的情况时有发生。经定远县市场监管局稽查大队稽查人员具体了解情由，现场记录调查报告，并提出了在沟通中，给予了企业意见和建议。在有条件的情况下，餐饮单位可自行清洁餐具，时刻掌握餐具的洁净度。在进一步跟进后，此批消毒餐具未投入使用中，没有造成不适的状况，处罚依据相关法律和自由裁量规定作出处罚，对于市面上仍存在的伪劣消毒餐具，配合卫生监管部门进行相应的查处。然而，稽查队员并没有因为案件了结就一走了之，而是坐下来和企业人探讨，给予一定的建议，消除了行政相对人的不安，建议餐饮具消毒单位健全消毒设备生产管理制度，加强车间封闭情况的监管，提醒餐饮单位与消毒单位合作要严格把关查验其资质，确保餐具消毒的安全性。

这样的案件查办在稽查人的办案之路中屡见不鲜。无论案件多么千头万绪，他们都遵循着“线索即命令，责任大于天”的原则，在与相对人的交涉中，法律条文之刚性基准不可变，而处理方法之柔性变通亦不可废，将稽查工作的人性之光放大，使得案件查办在一片和谐圆融的气氛下完满解决。

锲而不舍　稽查使命

稽查工作，起初有人认为，整日拼命在执法第一线，行政相对人的文化程度，素质参差不齐，有时可晓之以理，有时说理也说不清楚，说着说着，有时候还会产生误解，甚至冲突，这行当事不好干。的确，这种情况是存在的，但我们的稽查人既然选择了，就要坚持做下去，稽查工作是面向人的，以人为本，为人民服务，不能晓之以理，那就采取心理攻艰，动之以情，用情动人，所谓“柔可以克刚，动而能变化”，把用心办事，用情为民落到实处，让对方感受到我们解决问题的决心和设身处地为对方设想的真心，那么再硬的骨头也能啃下来。

2014 年 6 月，定远县市场监管局开展生产加工环节夏季食品安全专项整治行动，这项行动部署之初是从饮用纯净水的监督抽检开始的。“纯净水”，顾名思义，纯洁干净之水，可在这次专项整治行动中，偏偏出现了一家生产企业检出样品菌落总数含量超标，不符合相关技术要求判为不合格品。这批不合格纯净水共生产 200 桶，定远县市场监管局稽查大队执法人员责令其整改，并进行了相应的行政处罚。

水，生命之源，菌落总数的测定是用来判定食品被细菌污染的程度及卫生质量，其总数的多少在一定程度上标志着食品卫生质量的优劣。总量超标，消费者食用容易患痢疾等肠道疾病，可引发呕吐，腹泻等症状，危害人体健康安全。对于此类案件，定远县市场监管局稽查大队从源头打击不合格食品生产企业，要让企业知道头上的利剑，对食品生产存在敬畏之心，要企业严把质量关，整改后复查，复查合格才能生产，这样老百姓才能喝到放心水。

饮用水和人们日常生活息息相关，关乎居家，关乎生命健康安全。同样，居住环境，装修建材也与人密不可分。2014 年 5 月的周末值班，定远县市场监管局稽查大队质量监管队员接到一投诉电话，内容是投诉家装使用一个月的强化木地板出现地板光面褪色，起翘的现象。挂了电话，队员便联系其他队友前往该品牌强化木地板生产企业，抽取样品送权威机构检测，该批木地板表面耐磨项不合格，合成材料以次充好，出现边缘翘起，光面褪色，不防水现象。而这批次木地板已经销售完毕，定远县市场监管局稽查大队执法人员没收了违法所得，并处以原货值金额的罚款。

地板表面耐磨性直接影响到产品使用寿命，一旦售出严重侵害了消费者利益。定远县市场监管局稽查大队执法人员接到电话立即采取行动，“线索即命令，责任大于天”，明确要求，及时查找原因，认真督促企业整改，重新生产产品取样检验，检验合格方可投入生产，只有这种锲而不舍的精神，才能确保企业生产出合格产品。而这种事无巨细，锲而不舍的工作态度也正是我大队稽查人一直以来孜孜以求的以德修身，以业立命的行业精神。

千言万语道不尽稽查人一线执法的辛酸苦楚，万语千言亦话不完稽查人未正人先正己，无私奉献的坚决勇毅，随时待命，奔赴一线，哪里有线索，就在哪里工作。当节假日，可以好好放松的时候，当亲友需要走动相聚的时候，当那一天原本该扮演自己父亲、母亲、儿子或是女儿角色的时候，只要一个电话，一个举报，立即进入工作状态。有人说，稽查就是累，辛苦，来回奔忙，没有固定的假期，有时候还会遇到冲突，不知道忙些啥？诚然，稽查人有时候也无可奈何，烦恼于行政相对人的配合觉悟，为难于法理兼顾人情的处罚裁量，而又坚定于自己严于律己，高效廉洁的信念。服务于民，依法办事，尽职尽责，这是每个稽查人内心永远信奉的准则，怀着对执法事业的敬畏之心，有了敬畏，就有了责任，也就有了爱，更有了一份执着的坚守，因为他们对这份职业有了深深的眷恋……

忠于职守　敢于亮剑

记“全国先进集体”山东省青岛市质量技术监督局稽查局

2017年8月10日，青岛市中级人民法院作出终审判决，“被告人青岛市质量技术监督局作出的《行政处罚决定书》认定事实清楚，程序合法，结果正确。依照《中华人民共和国行政诉讼法》第八十九条第一款第（一）项的规定，判决驳回原告洋马发动机（山东）有限公司上诉，维持原判。”

至此，这一入选“质检利剑”行动十大典型案例、国家质检总局二十大法制典型案例，开创山东省乃至全国先河，实现罚没款1472万余元的特大案件，历时两年半，历经两级法院四次开庭审理，最终胜诉。

收到判决，执法人员难掩激动心情，艰辛的付出没有白费，而山东省青岛市质量技术监督局稽查局（以下简称青岛质监稽查局）局长李宗卫却异常平静：“意料之中，黑的白不了，我们办的就是铁案！”

大案、铁案，这就是青岛质监稽查执法工作留下的烙印！

查处罚没款超100万元以上的大要案8起，1000万元以上1起；

评选为“十二五”全国质量监督检验检疫系统先进集体，成为山东省文明单位；

青岛质监稽查局在近几年迈上了新台阶……

基础建设，执法软件硬件双提升

厚积而薄发。

2012年年底，青岛质监稽查局班子调整后，面临改革的大势，新的领导班子没有去追求罚没指标，而是选择扑下身子、夯实基础。

“一二一”，全市质监系统运动会上，一支身着统一制式服装的执法队伍昂首走过主席台，“真是太酷了”，观众发出由衷的赞叹。这是青岛质监稽查队伍走向正规化的第一步，全市执法人员全部配发新式制服。“终于感觉自己是正规军了”，基层执法人员自豪地说，“穿这身衣服去办案，有底气！”

英姿飒爽的青岛质监稽查执法队伍

“报告领导，执法人员到达现场，请指示。”在执法指挥中心，市局领导正通过视频连线指挥执法行动。为了提升新常态下质监执法能力，逐年加大数字化执法建设投入，除了执法指挥中心，还有执法“单兵”系统、执法全过程记录系统、档案管理系统、12365 管理系统和虚拟演播系统，即“一中心　五系统”。“可别小看了他们”，一位一线执法人员介绍说，“洋马发动机不合格案胜诉，全过程记录系统是关键。”

为执法人员配发数字化执法装备，“一中心 五系统”数字化执法体系初步建成

“执法手段要跟上时代的发展”，李宗卫局长介绍说，“今年还为执法车辆加装升级视频传输系统，增加了‘无人机’航拍取证设备，配备执法快速检测设备 20 余件，完全能够满足执法任务的需要。”

能力提升，打造过硬质监执法队伍

人能尽其才则百事兴。

在质监战线，同样如此。

周五下午的会议室里，大屏幕上 PPT 播放着低压成套开关设备执法技巧，两名年轻人正“吵”得面红耳赤，“这百分百是认证不一致问题”“分明是未取得认证擅自出厂销售”，这是“每周一讲”的现场，执法人员正在以案说法，总结经验。

“这课讲得实在”，来自基层市场监管所的执法人员正在窃窃私语，台上，河南省局的“全国质检系统执法打假办案能手”王二锋同志正在传授执法办案技巧，台下，则是全市200余名聚精会神的基层执法人员，像这样的全系统业务集中培训，每年至少开展两次。

“你好，这里是12365热线”“我被电梯困住了，请赶快过来”，“案情”就是命令，两名执法队员迅速赶赴现场，并在处置后接受记者采访。这是青岛质监稽查局应急出动暨媒体应对实战演练现场，目的就是提升执法人员现场处置能力。

在青岛质监稽查局档案室里，摆放着近三年研究性论文及典型案例汇编，随便翻开一本，全部都是一线执法人员撰写的论文和案例，这也是每年评选执法能手的“硬杠杠”——除了能执法办案，还要有自己的理论见解和成果。这其中，《行政处罚案件审理指导意见制度初探》一文获中国法学会第二十七届全国副省级城市法治论坛二等奖。

大浪淘沙始见金。多年的历练，造就了铁打的队伍，收获了丰硕的果实。“这是一支忠诚、干净、担当的队伍”，在青岛市委第二轮巡视工作中，巡视组给出了这样的评价。

近年来，先后有2名同志获评“全国质检系统执法打假办案能手”，填补了该荣誉的空白。有2人获评省级“执法能手”，在全国层面率先建立市级执法办案能手评选机制，共评选市级“执法能手”23名。

机制创新，四合机制三个延伸适应新常态

创新是发展的第一动力。

“强强联手”，在新建的经侦工作室里，青岛质监稽查局和市公安经侦支队两位主要负责人的手紧紧握在一起，双方共同了建立了协作工作室和联席会议制度，“这是四合机制中的对外联合”，李宗卫介绍说，“为了适应体制调整的要求，我们提出‘对上融合、对外联合、对内配合、对下结合’的四合工作机制，更好地服务全市经济社会发展”。

同时，《青岛市质量技术监督局关于建立四合机制逐步完善质监执法体系的实施意见》已下发到全市质监系统，“大稽查”工作格局已初步形成。

“青岛局思路清晰，做法有力，在各地执法打假案件数和罚没款普遍下滑较大的情况下，青岛局案件数量不下降，案件质量大幅提升，在全国为数不多。”2015 年 9 月，国家质检总局执法司严冯敏司长调研青岛执法打假工作时给予充分肯定，“特别是在执法机制、执法方式等方面积极探索，敢于创新，提出的‘三个延伸’思路清晰，做法有力，既符合当前经济发展新常态下的新要求，落实了四中全会全面推进依法治国的战略布局，又符合中央、国家质检总局执法打假工作部署”。

“我们今后一定要肩负起质量安全主体责任，确保产品质量安全”，在全市塑料复合膜袋专项整治工作会议上，一位来自企业的会议代表信誓旦旦。

“这是落实‘三个延伸’的具体举措之一，即将执法方式从个案查处为主向行业治理延伸，”李宗卫娓娓道来，“为了适应经济发展新常态，我们提出将执法重心从市级向区（市）、所执法机构延伸、将执法方式从个案查处为主向行业治理延伸、将执法理念从处罚为主向处罚与服务并重延伸”，牵住了这个“牛鼻子”，全市执法打假工作又“活”了。

文化建设，树立质监新形象

文化凝聚人心。

走进青岛质监局执法打假展厅，首先映入眼帘的是“忠于职守、敢于亮剑”八个醒目的大字，“这是我们以建局二十周年为契机，深入挖掘提炼的青岛质监执法精神”，李宗卫介绍说，“多年来，我们的执法人员一直秉承这种精神，塑造了这种文化，这也是我们不断前进的动力源泉”。

忠于职守。

多少个日日夜夜，执法人员潜伏在违法窝点，与造假人员斗智斗勇，坚守在一线岗位，随时准备处置突发事件，冲锋在打假治劣的在最前线，时刻准备将违法犯罪行为绳之以法，12365 热线随时接听电话，全力守护消费者合法权益。

“全国质检系统执法打假办案能手”于广深，身上凝聚着军人特有的正能量，“头顶国徽，肩扛规矩，我的职责就是打击假冒伪劣”他是这么说也是这么做的，为了做好低压成套开关设备的检查，他可以一年内连跑 90 余家建筑工地，为了检查出租车计价器，他经常早上五点前晚上十点后围着机场、车站、火车站连轴转，“作为质监执法人员，关键时刻就要拉得出、冲得上、打得赢”。

敢于亮剑。

“这里是青岛市质监局‘质检利剑行动’罚没物品集中销毁活动现场……”，青岛新闻广播的新闻连线节目吸引了广大市民的注意，现场 20 多吨各类假冒伪劣产品被集中销毁，涉案货值 100 多万元，市民无不拍手称赞，有力震慑了违法犯罪行为。

“快看，我的事迹登上青岛日报了”，一名基层办案能手自豪的说，在2017年“3·15”期间，青岛质监稽查局与青岛日报集团进行战略合作，连续3天刊发活动专版8整版，刊登历年市级“执法办案能手”名单和事迹，中央人民广播电台中国之声也播报了“3·15”系列活动开展情况，引起强烈反响。

侯成彬，“全国质检系统执法打假办案能手”，同事眼中的“铁娘子”，近年来查处罚没款过百万元的大要案5起，在处置一起违法生产啤酒案件时，面临当事人酒后持刀行凶，她以一位女性的柔弱身躯挺身而出，勇敢夺刀，避免流血事件的发生，别人都笑她傻，“现在想想也后怕，但在那千钧一发之际，顾不上那么多了”。侯成彬说，“百姓赋予了我执法的权力，这种权力就应该像利剑一样，关键时刻敢于亮剑，斩断违法犯罪的魔爪。”

正是这种文化氛围，让大家心往一起想，正是有这种文化精神，让大家劲往一处使，塑造了一支勇立潮头、打假保优的钢铁之师！

雄关漫道真如铁，而今迈步从头越。

累计出动执法人数50000余人次，检查企业13000余家，立案查处各类违法案件3000余起，涉案货值2亿余元，为消费者挽回经济损失1亿余元。多起案件入选国家质检总局“质检利剑”行动十大典型案例，受到国家质检总局通报表彰，成为唯一入选“全国质量监督检验检疫系统先进集体”的专职执法机构，被授予省级“文明单位”荣誉称号，全省星级窗口，先后被青岛市委组织部评为“人民满意公务员”示范单位并荣记集体三等功，“全市巾帼文明岗”“文明服务示范窗口”“青少年维权标兵岗”“政务服务示范点”……这一串串数字、一个个荣誉，代表了青岛稽查执法的过往，也是继续前进动力。

党的十九大吹响了建设质量强国的号角，青岛质监稽查人将继续秉承“忠于职守、敢于亮剑”的青岛质监执法精神，努力践行“推动中国制造向中国创造转变，中国速度向中国质量转变，中国产品向中国品牌转变”的思想，按照中共中央国务院《关于开展质量提升行动的指导意见》的工作要求，发挥“质检利剑”作用，让全面质量提升的战略部署在岛城落地生根，为建设宜居幸福创新型国际城市而不懈奋斗！

与品质同行 让责任落地生根

记山东省潍坊市质量技术监督局稽查支队的质量卫士

“为什么我的眼里常含泪水，因为我对这土地爱的深沉。”这是著名诗人艾青的诗，却再恰当不过地表达了奋战在执法一线上潍坊市质监稽查执法人员的心声。他们用自己汗水和脚步丈量着这片深爱的土地，牢记使命，不忘初心，将质量卫士的责任深深嵌入自己的臂膀，主动作为、主动担当、依法作为，谱写了一首首平凡却动人心弦的赞歌。

农资打假护绿，精心助力农业现代化基地建设

潍坊是农业大市，各地产业特色明显，优势独特。寿光是全国蔬菜大棚的发源地，为京津济冀的“菜篮子”，是全国现代农业示范区和国家现代蔬菜种业创业创新基地。诸城产业化起步早，畜禽养殖、加工产业集聚度高，是国家首批农业产业化示范基地。近年来，围绕“打造国内一流的农业现代化基地”的目标要求，山东省潍坊市质量技术监督局稽查支队开展了“农资打假护农添绿行动”，助力“农业现代化基地”建设。2017 年，在春播秋种期间，稽查支队根据上级风险监测暴露的问题，以化肥为重点产品，严厉打击各类制假售假和坑农害农的违法行为。全年，先后

组织全市出动执法人员4872人次，开展农资打假下乡进村657个，检查农资生产企业473家，查获农资生产窝点及不合格企业17家。潍坊复肥生产企业数量多，复肥产品产销量大。复肥产品质量直接关系着农业生产质量，直接挂钩农民收入，为进一步规范复肥行业生产行为，为充分发挥行政执法专业性、技术性优势，稽查支队在总结多年执法经验的基础上，悉心编制了《复肥行政执法作业指导书》，进一步提高了全市复肥产品执法打假精准度，为农业生产保驾护航。

寓服务于执法，为品质潍坊保驾护航

有一种执法如春风化雨般温情。如何在质量稽查现代化进程中适应新趋势，作出新调试，对潍坊市质监稽查工作而言就要做到执法与服务并重。

近年来，潍坊市质量技术监督局稽查支队分别以“稽查回访春风行动”“廉政回访”等多种不同的方式主动上门，听取相对人对该局在质量执法、政策宣传、廉政建设、工作作风等方面的意见和建议，主动邀请企业对稽查工作进行监督。在具体执法活动中，牢固树立执法就是服务的理念，始终寻求依法办案与社会效果双赢，把对具体案件的处理融入社会和谐的大局，找准工作的结合点和着力点，寓服务于稽查工作中，赢得企业的理解与支持，最大限度地化解利益冲突和矛盾，做到和谐执法、有情执法。

2016年，在对山东省重点工程项目检查过程中，潍坊高铁西站反映“自制直角尺计量工具，联系多家单位都无法进行检定”，而直角尺计量工具是生产许可证发证审查必须检查的项目。为保证重点工程项目质量，针对这个难题，市稽查支队积极帮助企业联系计量检测单位，特事特办，多次研究检定规程，多次为企业进行培训，切实帮助企业解决自制计量工具检定的难题。

2017 年，在对榆横—潍坊 1000 千伏高压输变电项目潍坊变电站国家重点工程检查时，发现该项目拟购进的消防设备未取得强制性产品认证，稽查支队专案专办，及时告知施工单位撤换无证产品，避免了消防隐患问题发生。

沟槽管件是新兴朝阳产业，发展前景大。潍坊已成为全国最大的沟槽管件生产基地，年产球墨铸铁管件约 60 万吨，产值 60 亿元以上，占全国沟槽管件总产量的 65%~70%。但是质量竞争力指数提升速度缓慢，以牺牲质量为代价的恶性竞争依然存在，影响了沟槽式管接件产业的转型升级。为促进潍坊沟槽管件行业的良性发展，提升“潍坊造”产品质量，稽查支队结合实际，制定了对无证生产消防管接件行为的排查“三年计划”(2015—2017)，按年度对无证生产行为进行排查及查处，防范无证商品流入市场。2015 年 10 月，通过市场调查及调研反馈，消防管接件行业只有 8 家企业办理了强制性产品认证，通过专项执法开路，3 年来共计立案查处未经强制性产品认证而擅自出厂销售沟槽式管接件企业 15 家，以打促防，以执法促行业自律，促行业发展。截至 2017 年年底，全市已有 130 家消防沟槽管接件企业取得强制性产品认证证书。同时，稽查支队利用质监部门的检验优势，给予企业产品质量检验全方位的帮扶，给企业提供专业的技术支持和保障，帮助企业把好产品质量关，使潍坊真正成为高品质沟槽管件的代名词。

借势而为，促进省内首部电梯安全法规实施

近年来，随着潍坊经济社会、城市建设的发展，电梯与人民群众的生产、生活已经密不可分，事关人民群众生命和财产安全。

潍坊是电梯使用大市，目前在用电梯3万余台，并呈逐年递增趋势，电梯安全日益引起全社会的极大关注。

从2015年5月起，潍坊市质量技术监督局就联合市人大、市政府法制办起草《潍坊市电梯安全条例（草案）》，经过一年广泛调研、反复论证，《条例（草案）》于2016年5月20日经市政府常务会议讨论通过，提交市人大常委会审议，2017年1月1日起施行。这是潍坊市取得立法权以来出台的首批地方性实体法规，也是山东省首部电梯安全地方性法规。稽查支队以贯彻《潍坊市电梯安全条例》为契机，借势而为，利用3个月的时间，集中精力，集中人员，集中查处电梯违法行为，在各单位自查自改和县市区局执法检查的基础上，对电梯使用、维保单位进行重点抽查，推动了电梯安全主体责任的落实，取得了很好的社会效果。行动期间，共检查电梯使用单位1061家，下达《特种设备安全监察指令书》216份，查办了22起使用超期未检电梯和不按安全技术规范保养的违法案件，依法封停电梯30台，取得了良好的整治效果。正像一首诗描述的那样，质监稽查执法人员的恪守职责，让美好变成现实，让现实变得更有诗意：

在一分钟的时间里，人们改变海拔的速度，如此迅速。

在一平方米的空间里，人们靠近彼此的距离，多么紧密，又多么疏远。

我们身处这个矩形的世界，四面光滑的钢墙，水、空气、陆地融汇在一个矩形礼盒，正被不知名的绳索传递到不知名的领域。

裂缝里面是否存在，一片肥美的草地，有暖，有香气……

辐射带动，打造加油机计量违法案件查处全国标杆

针对加油站利用高科技手段作弊侵害消费者利益的问题。潍

坊市质量技术监督局稽查支队敢为人先，从零开始，查处了一批加油机计量作弊案件，摸索总结了查处经验，并成立加油机作弊技术监测和培训中心；为了破解在用加油机没有检定依据的难题，成立了专门的攻关小组，在深入研究的基础上，到全国各大加油机生产厂家和中石油、中石化等公司进行广泛调研，研制改装了查处加油机计量作弊暗访车，并起草了 DB37/T 1806—2010《在用机动车燃油加油机检验规则》，通过了山东省质量技术监督局审定，填补了国内空白。2015 年该项目荣获潍坊市科技进步三等奖。某些时候，我们往往先看到的是骄人的成绩，而这一项项荣誉获得，这一个个难题的攻克，无不包含着稽查支队稽查人员辛劳、汗水、泪水……有一些场景，队里的“老人们”记忆犹新：为取得作弊证据，同志们日夜蹲点守候，饿了，啃面包；渴了，喝矿泉水；困了，倚着树干或墙根打个盹。盛夏时节，蚊虫叮咬，身上被叮咬得疙瘩成片，他们的脸瘦了，眼眶黑了……

潍坊市稽查支队查处加油机计量作弊违法行为

加油机计量作弊暗访车投入使用以来，稽查支队办案 20 余次，2009 年之前查获的最大克扣量为 32.5%，2009 年之后查获的最大克扣量为5%，有力打击了利用加油机坑害消费者的违法行为，维护了正常的市场秩序。近年来，稽查支队连续多年承办国家质检总局组织的“全国质检系统加油机计量作弊查处技术培训班”，为全国各地开展加油机计量执法检查输送了技术人才2000多名。经过培训后学员在全国破获了一大批加油机计量作弊的大案要案。加油机计量作弊行为在全国范围内得到有效遏制，培训工作也得到国家质检总局的高度评价，受到学员广泛好评。

为了提升加油机查处影响力，支队执法人员多次担任主讲老师先后到北京、上海、广东等多个省市区进行授课，协助烟台等地市开展加油站计量作弊行为查处，树立了潍坊在机油机计量作弊查处标杆，推动了全国范围内加油机作弊查处工作的开展。

队里一位稽查办案能手曾这样讲过，“多年来，一直嘱咐家人，陌生人敲门别开门。”这句话让那么多人当场模糊了眼眶……，这成绩的取得离不开家人、社会的理解和支持。在稽查执法人员眼里，没有困难，只有责任与感恩。稽查执法工作，永远在路上，不论严寒酷暑；稽查执法队伍，随时待命，不论白天黑夜；稽查执法是尖刀利剑，指哪打哪，为品质保驾护航。在事关人民群众生命、财产安全的关口，潍坊市质量技术监督局稽查队伍是一支特别能吃苦、特别能奉献的队伍。这里没有个人英雄，有的是团队协作，有的是义不容辞的奉献，并成为习惯。

恪尽职守彰显质监本色
无私奉献谱写为民赞歌

记奋战在江城三镇的湖北省武汉市质量技术监督局稽查局

这是一个敢于争先的集体，在激流中，他们攻坚克难，彰显本色；这是一个甘于奉献的团队，在责任面前，他们心系群众，谱写赞歌。这就是湖北省武汉市质量技术监督局稽查局（以下简称武汉质监局稽查局）的生动写照。近年来，在市局党组的正确领导下，在国家质检总局、省局的精心指导下，该局全体干部职工牢固树立“四个意识”，强化使命担当，挑重担、出重拳，查源头、端窝点，取得了较好的成绩。多年来，该局被国家质检总局、省局多次评为“先进单位”，被武汉市政府授予全市十佳“群众最满意基层站所”和全市反渎职侵权、促依法行政“十佳单位”称号，连续4年被市局评为“绩效管理立功单位”；先后有4人被国家质检总局授予“全国质检系统执法打假办案能手”称号，1人被国家质检总局授予“全国质量监督检验检疫工作先进个人”荣誉称号，2人被湖北省质量技术监督局评为全省质监系统执法打假“办案能手”，5人被评为“武汉市劳动模范”或获得“五一劳动奖章”表彰，有25件行政执法案件分别入选国家质检总局、省局和武汉市政府执法典型案例。

公正廉洁树立质监良好形象

公正是法律永恒的价值追求，廉洁是执法者最基本的职业操守。该局党支部一班人清醒地认识到公正廉洁执法，依法打击质量违法行为是质监稽查工作的生命线，也是广大人民群众对质监稽查工作的永恒要求。近年来，武汉质监局稽查局党支部书记、局长童启斌同志带领班子成员通过强化党建、完善措施，深化教育、启发自觉，在依法打击假冒伪劣产品、维护人民群众合法权益方面讲述了一个又一个平凡而又生动的“故事”。

前两年，武汉质监局稽查局在辖区内查处一起制售假冒知名品牌的窝点时，当事人先是找熟人说情，见行不通又悄悄地拿出2万元现金对执法人员说，“你们去喝个茶吧”，对此，执法人员予以严词拒绝。当事人看“软”的不行就来“硬”的，纠集几个人围在外面，威胁“都在一个地盘上混饭，少管闲事，否则大家都过不去”。危急时刻童启斌局长赶到了现场，一边指挥执法人员对现场进行查封，一边对当事人进行法律法规宣贯，硬是凭着一身正气和不卑不亢的执法者风范，吓退了闹事者，并依法办理了该案，使当事人受到了应有的法律制裁。

2017年3月的一天上午，武汉质监局稽查局办公室迎来了两位特殊的客人——武汉市某轮胎有限公司经理江某和他的助手，他们抬着一块写有“秉公执法　清正廉洁”的牌匾送到办公室人员的手中，并深怀感激地说：“你们执法人员严格执法、廉洁办案给我们企业发展壮大增加了信心，我们一定生产出优质的产品，来馈赠社会。”事情还得从上级组织的一起汽车轮胎经抽检严重不合格说起，武汉质监局稽查局执法人员在办理此案中，经过认真调查和搜集相关证据，依法对该公司下达了行政处罚，并先后 6 次深入企业调查情况、多次向国家橡胶轮胎质量监督检验中心咨询相关问题，最终帮助企业找到了不合格原因，完成了整改任务。在查处和整改的过程中，执法人员不辞辛苦、废寝忘食，并严格遵守相关规定，多次拒绝了该公司的宴请和“心意”表达。

攻坚克难锤炼队伍过硬作风

特别能吃苦、特别能战斗、特别能奉献是武汉质监局稽查局的优良传统，也是武汉质监局稽查局完成打假治劣任务的重要法宝。武汉质监局稽查局党支部一班人深刻感悟到新形势下抓好质监执法工作，就需要这种精神去攻坚克难，更需要在攻坚克难中进一步锤炼队伍过硬作风。近年来，他们不惧艰难、敢于担当啃下了一个又一个难啃的“硬骨头”。

2016 年 6 月，武汉质监局稽查局执法人员在对某管业加工厂依法进行检查，并按照相关程序对该厂涉嫌不合格产品进行扣押装车时，该厂的几名工作人员却无理取闹，并以老板不在不能装车为由，阻止工作人员装车，最后在执法人员的反复交涉和法律法规宣传下，几名工作人员才有所收敛。此次执法从上午 8 时出发，等完成任务返回单位已是 23 时 30 分，期间执法人员圆满完成了对 6000 多根涉嫌冒用质量管理体系认证标志 PVC−U 排水管的封存和扣押任务。当日气温高、湿度大，加之该厂所处位置偏僻，连瓶矿泉水都无法买到，大家在执法过程中一直忍受着饥渴的煎熬，但所有执法人员充分发扬不怕苦、不怕累的奉献精神，高标准完成了此次执法工作。

2017 年在查处一假冒洗涤剂生产窝点中，针对该生产点位置偏僻的特点，为确保行动取得圆满成功，局领导非常重视，先安排执法人员进行了为期两天的前期摸排。执法人员通过摸排发现该生产点两侧均为铁路，通往该生产点只有一条穿越铁路涵洞的单向乡村路，且生产点位于一带院落的民居内，采取夜间关门生产、白天闭门休息，早上约 4 时左右发货的方式躲避执法与监管。鉴于以上情况，为确保执法行动取得圆满成功，由副局长带队，于前一天晚上赶到该生产点附近约 3 公里的地方休息待命，第二天凌晨 3 时，执法人员全体出动，潜伏在该生产点附近，在违法证据确凿的情况下，依法干净利落地端掉了该窝点。

执法人员对涉嫌违法生产、销售假冒洗涤剂生产窝点进行执法检查

聚焦中心诠释稽查责任担当

只有聚焦中心任务，才能真正贯彻落实上级的各项决策部署，也才能推动全面工作不断提升。武汉质监局稽查局党支部一班人深刻领悟到为全市经济发展、重大项目和工程保驾护航以及维护人民群众生命财产安全是稽查部门义不容辞的责任。多年来，他们坚持聚焦中心任务、关注民生安全，打了一场又一场漂亮的

“歼灭战”。

2015 年 7 月，在查处武汉某大厦使用的钢结构产品涉嫌生产企业出具虚假检验报告案中，因该案涉及武汉市在建重点工程，武汉质监局稽查局领导高度重视，立即指派执法人员展开深入调查。执法人员在两个多月的时间内顶着炎炎烈日的烘烤，不惧高空作业的危险，多次进入该工地调查取证，又不远千里到外省某钢结构工程有限公司进行实地调查，核实大厦建设工程中使用的钢结构质量情况，经过努力最终将该案相关证据锁定，实施了行政处罚并整改到位，帮助在建重点工程及时排除了质量隐患。

2016 年 3 月，为切实做好电梯安全监督管理工作，有效防范和杜绝电梯事故，确保全市人民群众生命财产安全，根据市局有关精神，武汉质监局稽查局全体出动，以 4 个稽查科为主分为 6 个暗访督查小组，先后 2 次在全市范围内扎实开展了电梯使用管理单位和维保单位违法行为专项执法行动。本次执法行动的重点对象是群众多次举报投诉、媒体曝光、检验检测机构报告以及拒不执行安全监察部门下达监察指令要求限期整改的电梯使用单位和维保单位的违法行为。此次专项执法行动共出动 358 人次，通过暗访检查和督导区局执法，全市电梯执法共立案 12 起，有力地震慑了电梯使用单位和维保单位的违法行为，为全市持续有效开展电梯执法工作积累了宝贵的经验。

心系群众践行为民服务宗旨

“立党为公、执政为民”是党的根本宗旨。武汉质监局稽查局党支部一班人充分领会到净化市场、服务民生是质监稽查部门的首要工作。多年来，他们坚持从群众“最怨、最恨、最急、最盼”

的事情抓起，从群众看得见、摸得着、感受得到的事情做起，在践行宗旨上解决了一个又一个难缠“烦心事”。

为严厉打击违法生产假冒食品包装产品，确保“舌尖上的安全”，近两年来，武汉质监局稽查局开展了多次食品包装产品执法行动。2016 年 6 月，执法人员在检查中发现，某废塑加工厂在内部环境脏乱、无任何资质的情况下，以回收的聚丙烯料和聚烯烃母料为原材料生产一次性快餐食品包装，此次检查共查获涉嫌违法食品包装产品 400 余箱。2017 年查处的某包装有限公司涉嫌违法生产假冒名酒包装产品案，共查获标称为“海之蓝”“天之蓝”等白酒用包装箱、手提袋、包装用纸共计 221685 个（张）及生产设备 5 台，为武汉市十多年来查获的最大一起假冒食品包装案。这些案件通过严格执法在社会上都产生了较好的反响和震慑作用。

为严厉打击违法生产假冒涂料和建筑用胶水，武汉质监局稽查局几年来连续查处了多起有影响力的大案，在 2017 年查处的某精细化工厂涉嫌违法生产、销售假冒涂料和建筑用胶水案中，共查获假冒“立邦”“优力邦”等品牌涂料和建筑用胶水 2000 多桶，规模为武汉市近 8 年来最大，中国质量报、凤凰网等 16 家媒体也对此次执法行动进行了详细报道。

为巩固执法成效，进一步净化出租车营运市场，在前几年开展出租车执法检查的基础上，2017 年武汉质监局稽查局进一步加大了执法检查力度，通过随机抽查，共检查出租车计价器 192 台次，依法查处了 2 起违法安装出租车计价器遥控器案件，有力地震慑了少数利用出租车计价器安装遥控装置作弊的违法分子，在出租车行业内产生了极大的反响。

创新举措助力全市质量提升

推动质量提升是质监稽查部门一切工作的落脚点，也是人民群众的期盼。武汉质监局稽查局党支部一班人充分体会到作为质监稽查部门必须开拓思维、创新举措，为进一步有效推动全市质量提升添力献策，才不会辜负江城三镇人民的期盼。多年来，他们坚持开拓创新、集思广益，在助力全市质量提升中想出了一个又一个闪闪发光的“金点子”。

推动全市质量提升，必须始终保持执法打假的高压态势，以零容忍的态度依法打击各类质量违法行为。在认真落实国家质检总局、省局统一部署的“质监利剑”“亮盾行动”等集中打假专项行动的基础上，为开拓新的执法领域，2017 年 3 月武汉质监局稽查局成立由局党支部书记、局长童启斌同志为组长的攻关小组，带领执法人员多次深入市场进行调研，破解办公耗材、消防设备、服装布料等行业违法潜规则。通过踩点摸排，依法查处了涉嫌违法、销售假冒名牌硒鼓案、消防产品不符合标准要求案和服装布料不符合标准要求案等，补齐了以往执法中的短板。

推动全市质量提升，既要保持执法打假的高压态势，还要抓实帮扶工作。为提升帮扶企业的实效，武汉质监局稽查局党支部班子成员结合“双万双联”活动深入厂家、企业进行调研，帮助解决制约企业产品质量发展的难点问题，先后解决各类问题 5 件。2017 年年初，为在帮扶企业中形成齐抓共管的良好局面，该局党支部经过研究后，开展了“送质量进企业”活动，为东风汽车有限公司、武汉市第二电线电缆有限公司等 50 家企业免费订制了《中国质量报》，受到了企业的一致好评。

习近平总书记在中国共产党第十九次全国代表大会上的报告

中，明确提及“质量第一”理念和“质量强国”战略。下一步武汉质监局稽查局全体干部职工将以学习贯彻党的十九大精神为契机，牢固树立“四个意识”，坚决贯彻落实国家质检总局、省局、市委、市政府和市局关于质监执法工作各项决策部署，严格履责、扶优治劣，为武汉市创建全国质量强市示范城市和建设国家中心城市保驾护航，绝不辜负江城三镇人民的热切期盼。

那一抹坚强的翠绿

记工作在基层一线的四川省梓潼质监人

梓潼县，位于四川省绵阳市东北方，面积 1442.3 平方公里，人口 38.2 万，地方不大，却有着片粉、酥饼、镶碗、蜜柚、红心猕猴桃等名声在外的特色食物和水果，青松古柏、两弹城、七曲山大庙更是享誉全国。饮早茶是梓潼人的一个生活习惯，上至耄耋，下到志学、及笄，都会在清晨泡上一杯清茶，抿一口，一天的精气神就满了。梓潼人觉得自己是幸福的，可以放心购买自己喜欢的商品，不用担心商品的质量问题，因为在他们心里，有梓潼县工商行政管理和质量技术监督局的质监人给他们提供最强有力的保障。

学无止境亿辛万苦

2015 年，梓潼县质量技术监督局和梓潼县工商行政管理局合并，办公地点设置在原梓潼县工商行政管理局内，单位更名为梓潼县工商行政管理和质量技术监督局。梁正才于次年调入并担任局长、局党委书记一职，这对于从未接触过质监和工商业务的他来说是一个全新的挑战。

“老王，你在质监局干了这么多年，办过的案件多，等会我到你那里去，你给我找两个典型、成功的案件，我看看，研究下，熟悉下办案的流程等情况，我肯定要熟悉下我们单位的各项业务哦。”2016 年的某日早上 8 点 10 分，在单位的大门口，梁正才碰到了同单位负责办理质监案件业务的王志林。按梁正才局长上任会议上所讲的：“单位的很多同志在质监或者工商这个部门已经工作了几十年了，在这两块领域很多都能够称得上我的前辈，我需要向你们多学习。”

梓潼县下辖 11 个镇、21 个乡，最远的乡镇大新乡距离梓潼县城约 70 公里，山多、树多，路途崎岖，与广元市接壤，同时也是最容易被监管忽视的区域。梁正才局长上任后，对偏远乡镇的监管尤为看重，要求单位的监管人员加强对偏远乡镇的监督管理，甚至每周一次自己带领监管人员对偏远乡镇进行检查。一次，他带队在大新乡检查，凌晨 2 点，他接到妻子的电话，自己 2 岁大的孙子发高烧，哭喊着要爷爷，电话里传来小孙子撕心裂肺般的哭喊，他忍着泪水，嘱咐自己的妻子要照看好小孙子，他不能够回家，第二天要继续工作。他妻子心里明白，他这是要给自己的孙子做一个榜样，一个做一行就得尽全力做好的榜样。

“不忘初心，牢记使命。”质监人的初心是什么？质监人的使命是什么？梁正才常常给单位的同志说，“质监人的初心就是老百姓能够放心购买、使用商品，质监人的使命就是老百姓购买、使用了商品以后脸上有笑容。只有老百姓脸上有了笑容，我们质监人的使命才算完成了。”

唐全，现任梓潼县工商行政管理和质量技术监督局副局长，在两个单位没有合并之前，他满头青丝，合并以后，那满头青丝中已经大半变成了白丝。他的爱人经常望着他的白丝，对他说：“你又不是超人，何必这么拼命呢？”他知道这是心疼他，他总是开玩笑地说："你下楼能够安心的使用电梯，能放心的使用各类产品，这头也白的值。"是的，这白发是尽职尽责的表现，是对梓潼县所有消费者负责的体现，更是梓潼每一位质监人努力工作的体现。

苍劲有力后继有人

梓潼名声在外的不仅仅有大庙、两弹城，也有生长在梓潼的古柏。每一颗古柏都有两人合抱之大，从春天至冬天，都郁郁葱葱，它们展现出强劲的生命力，影响着每一位梓潼人，也影响着梓潼的质监人。

王志林，今年 53 岁了，从参加工作到现在就在质监系统，一干就是几十年，是一名纯正的质监人，办理过上百件质监案件，所办的案件中好几件都被评为优秀案件。他是一名土生土长的梓潼人，他对这片土地有着义不容辞的责任感。在他的眼中，绝对不能容忍有半点沙子，遇到违法行为，就算是深夜，他也要赶赴现场，对现场进行摸查，认认真真地做好每一个记录。在质监的这几十年里，多少个夜晚，他都奔波在去现场的路上，拿着一支笔，几张文书纸，戴着一副眼镜，一丝不苟、一笔一画。多少个夜晚，因为常年加班熬夜导致腰部劳损而疼得在床上辗转反侧。每次加班到深夜后，单位领导有心让他补休，他都笑着拒绝，嘴里还说"这个情况我最熟悉，我来办吧，休息后面再说"，多少个后面以后就没有后面了。夏天的时候，下班空闲的时间，他最喜欢上大庙山去乘凉，摸一摸苍劲的古柏。

"呤呤呤……"电话铃声响起，"喂，你好，这里是梓潼县工商和质监局。"办公室工作人员黄丹悦迅速抓起电话。"我要反映，我买了件衣服，没穿两天就起球了，我怀疑有质量问题，希望你们可以调查一下。”电话那边传来一位女性的声音。“好的，请你提供下你买衣服的地址，还有就是你购买衣服的凭据。”黄丹悦耐心地记录着电话里传来的信息。几分钟之后，黄丹悦放下电话，将记录下来的信息立即汇报给单位领导，片刻，一辆执法车辆缓缓驶出。类似的事情，时常发生在黄丹悦的身上。每一个来电她都耐心地接听，记录下有用的信息，然后及时汇报给单位领导。日复一日，年复一年，从春天至冬天，一直就这么持续的仔仔细细。

春去秋来，梓潼的质监人有的因为工作调动去了其他的岗位，有的吃不下苦选择了离去，但是总有那么一批老质监人如那古柏一般继续发光发热，也还有那么一批充满朝气的热血青年希望自己能够破茧成蝶变成一名合格的质监人。

就是这样的一个工商质监局，在梓潼的这篇土地上抛头颅洒热血，也正是靠着这一帮子质监人的这股子劲，取得了一个又一个的耀眼成绩。梓潼县工商行政管理和质量技术监督局多次获得县级“先进集体”、一等奖，2009 年荣获绵阳市市委、绵阳市人民政府颁发的“最佳文明单位”，2017 年获得四川省“红盾春雷行动”2017 特等奖等多个奖项。一群平凡的质监人造就了一个个不平凡的成绩。

“莫等闲、白了少年头，空悲切。”这是梓潼工商行政管理和质量技术监督局每一位质监人心里的一个信念。梓潼这片可爱的土地需要每一位梓潼质监人去悉心守护，需要每一位梓潼质监人都能够像那古柏一样，“草木求死，松柏独存”去践行初心和使命。

口碑是这样赢得的

记守护在阆苑仙境的四川省阆中市市场监管卫士

“一个是阆苑仙葩，一个是美玉无瑕……”

阆苑，阆中古城另称。它东枕巴山，西倚剑门，雄峙川北。古城山围四面、水绕三方，山、水、城相依相融，素有阆苑仙境之美誉。

在这片热土上，活跃着一支肩负着维护市场经济秩序重任的队伍。他们恪尽职守，勤奋工作，用智慧和汗水谱写了阆中市场监管事业浓墨重彩的篇章。

一串数字：彰显执法卫士风采

建局两年，查办经济违章违法案件1200件，收缴罚没款931.89万元。查办并移送公安机关案件16件，公安机关刑事拘留12人、行政拘留 4人。

建局两年，先后荣获四川省质量技术监督局“质检利剑”秋风行动执法打假先进集体、四川省工商行政管理局“红盾春雷行动”先进集体等省、市主管部门执法办案集体荣誉7项，后涌现出省级“办案能手”4名、地（市）级“办案能手”5名，有5件案件先后被省、市主管部门评为十大典型（优秀）案件。

建局两年，不论是班子成员变化，还是执法主题调整，那敢于亮剑，永争第一的团队精神没有变，办精品案、品牌案的团队传统没有变。

这，就是守护在阆苑仙境的质监人。

一次蝶变：三局整合实现全面融合

2015 年 12 月 5 日，一个值得阆中市监人记住的日子。这一天，四川省阆中市市场监督管理局正式组建。

组建之初，人员来自质监、工商、食药监 3 个部门，监管执法主体不同，适用法律法规条款各异，人心不稳。如何收拢、凝聚人心，让监管执法走上正轨？阆中市质监人在喊响“市场监管局”身份后，局党委快刀斩乱麻—— 一个月之内，完成了质监、工商、食药监部门及其所属单位机构、编制、人员、资产、财务等划转移交工作。两个月时间，实现了人员、思想、工作三到位平稳过渡。

为了让执法人员尽快熟悉质监、工商、食药监三个部门的法律、法规、规章和业务知识，阆中市质监人创新学习培训举措，建立“星期一学法”制度，实行“一月一训一考”，局班子成员、机关各业务部门负责人轮流走上讲台，讲解业务技能、传授监管执法技巧。同时，采取走出去方式，选派执法人员到上级主管部门培训中心、地方院校“加油”“充电”。阆中市质监人还采取以老带新、跟班作业等方式，通过开展应急处理、现场检查、稽查办案等技能竞赛，全力提升执法人员业务能力。

付出终有回报。仅半年时间，全局就形成了一体化、全过程、高效能的市场监管机制，实现了从“物理整合”到“化学融合”的蝶变。

一种追求：打造“市场监管执法”品牌

新局组建，如何赢得人民群众认可？如何树立部门社会形象？这是阆中市质监人急需亮明、解决的问题。局党委立足“一个部门管市场”定位，将行政执法贯穿于市场监管全过程，倾力打造“市场监管执法”品牌。

“荣誉是干出来的，不是说出来的。”局党委一班人理念高度一致，阆中市质监人步调高度一致。对内，阆中市质监人突出效率、责任两个关键词，坚持人员下沉，一线作战、机关做减法，基层做加法，大力推行定领导、定人员、定目标、定要求、定时限、定奖惩，包落实“六定一包”责任制，建立健全考核奖惩、督查督办等制度，立好“规矩”，划好“红线”。对外，阆中市质监人“一个口号”喊到底——勇于亮剑，永争第一。在抓好日常行政执法同时，阆中市质监人大胆创新，抓住元旦、春节等关键节点，集中执法资源组织“百日会战”，为人民群众消费安全保驾护航。

阆中市市场监督管理局“百日会战”行动出征仪式

两年时间，两个“百日会战”。阆中市质监人用辉煌战果成功塑造了“市场监管执法”品牌，省内外质监、工商、食药监同行多次来阆交流学习执法经验。

一个信念：百姓利益大于天

“执法打假无小事，百姓利益大于天。”阆中市质监人是这样说的，也是这样做的。

2017 年 1 月中旬，阆中市市场监督管理局陆续接到“有人在九龙池附近销售假冒名酒”的举报电话。“春节临近，一些不法商家可能会铤而走险，必须从重、从快打击制假售假行为，斩断制假售假链条，保护消费者利益。”经过数天摸排、跟踪、蹲点守候，执法人员终于摸清了假酒嫌疑人送货路线、活动轨迹，掌握了假酒嫌疑人销售门市部、存酒仓库、交货地点。2017 年 1 月 18 日傍晚，执法人员兵分三路，对当事人门市部、存酒库房、交货地点同时展开行动。初次交锋，当事人梁某百般抵赖，谎称自己在哺乳期，生意平时由丈夫打理、帮忙送货，没有存酒仓库，更没有销售假酒，梁某丈夫蔡某也拒不承认销假行为，调查陷入僵局。“小区内安放有监控镜头，肯定能查出蛛丝马迹。”执法人员请求公安机关协助。在某小区门卫室，公安干警与执法人员打开监控录像。录像中，蔡某进出车库取酒、送酒过程一览无余。铁证面前，梁、蔡二人终于交代了进销假冒名优白酒事实，并拿出了车库租房协议和销售记录。执法人员现场查扣涉嫌假冒贵州“茅台”“国窖 1573”“五粮液”“泸州老窖”等“名酒”295 瓶，涉案金额 13 余万元。案件调查终结后，当事人梁某领到了阆中市市场监督管理局“没收假冒白酒，处罚款 10 万元”的行政处罚决定书。

2017年1月21日清晨，天刚蒙蒙亮。古城阆中的大街上小巷里，早起的人们三三两两，享受着清新的空气。早上7时，阆中市市场监督管理局东城监管所值班电话骤然响起："东城监管所吗？我是110，有人举报，有人在张飞北路一酒店内搞传销，请立即派人调查处理。"所长毛发明接到电话后，一边迅速向上级汇报，一边通知执法人员立即赶到监管所。为了摸清情况，7时10分两名执法人员身着便装，佯装成普通市民进入该酒店搜集第一手资料，并伺机行动。进入酒店二楼大厅，只见里面黑压压地坐满了中老年人，一名中年男子正在吹嘘某药酒"能治高血脂、高血糖、高血压，能治尿频、尿急、尿不尽，能治风湿、类风湿、半身不遂等疾病……""这不是传销，是有人在兜售药酒骗取中老人钱财！"执法人员请求公安干警协助查处。据调查，当事人岳某利用中老年人追求健康、渴望健康的心理，将普通药酒吹嘘成疗效广泛、显著、包治百病的"神酒"，高价销售给中老人。为了给自己的行为披上冠冕堂皇的外衣，岳某于租用酒店场所，打着"送健康进万家活动"的幌子举办"健康知识讲座"。同时，抛出钓饵——每天免费为入场"听课"者赠送一枚鸡蛋或几粒"钙片"（经查，实为普通糖果），让体验者免费品尝"神酒"。据岳某交代，"神酒"系他从成都某公司以60元／瓶购进，通过举办"健康讲座"进行"包装"，最后以600元／瓶的价格零售给中老年人。岳某自己承认："如果不说能治病，药酒肯定卖不出去。"

一个声音：身后有88万阆中人民，我们底气十足

"生活、工作在阆苑古城，守护好这一方热土是我们的天职"，这是阆中市质监人的庄严承诺。

2016年12月25日，阆中市市场监督管理局接到群众举报，

称有一批“问题”稻谷流入古城阆中。12 月 28 日中午，执法人员经过跟踪、蹲点守候，掌握了该批稻谷的去向，并对当事人黄某卸在阆中某仓库的稻谷进行了抽样送检。对第一次抽检结论，当事人提出异议，申请复检。执法人员本着对消费者负责、对经营者负责的态度，重新抽样送检，结果 4 个样品均为镍超标。调查得知，当事人黄某从外地以 2.6 元／公斤的价格购进稻谷 97.76 吨，12 月 26 日用 3 辆卡车将该批稻谷运往阆中某仓库，准备以 2.76 元／公斤的价格销售给某仓库。正是因为执法人员调查及时，防止了该批稻谷流入口粮市场，保障了消费者舌尖上的安全。

“实行实名曝光，让消费者拥有知情权。”阆中市质监人这一举措，让广大市民拍手称快。两年来，阆中市市场监督管理局共在公众场所电子显示屏和地方报刊、电视台、网站公示产品抽检结果 75 期，公示各类商品 2876 批（次）；公示行政处罚案件 20 期，公示行政执法案件 647 件；在各类报刊网站刊发执法打假稿件 310 余篇（条）。

重拳打假，实名公示，不可避免地触动一些利益人的神经。人身威胁、网络攻击等时有发生，但阆中市质监人不为所动。“执法打假，身后有 88 万阆中人民，我们底气十足。”

逐梦者

记四川省凉山彝族自治州会东县一群质监人的初心践行

火，对于生活在四川最南边的凉山彝族自治州这片土地上的彝族同胞来说，它是先民生存、激情、精神寄托的象征，这就是著名的“火把节”的由来；而今，这里的各族儿女也深受感染，置身于这片“火海”中，他们早已把对火的情怀深深地扎根于他们日常生活的每个细节，并赋予了追求美好生活的时代新含义。

被誉为“川滇明珠”的会东县，正置身在这片“火海”的最南部，是一座金沙江畔的新兴城市，这里的一群质监工作人正用他们火一样的激情开展着打假治劣，用火一样的热情开展着维权服务，践行着他们作为质监人的初心。

一群“黑心人”

“你们凭什么这样？化肥又不是我生产的，合不合格与我们有什么关系，凭什么处罚我？你们这些人心不要太黑了。”老刘喘着粗气，对面前的会东县食品药品和工商质量监管局质监执法中队的执法人员咆哮着。

2 月，春寒料峭，年味渐浓，“质检利剑”悄然出鞘，剑之所指，心之所向。距离会东县城区 72 公里外的淌塘镇，来自四邻八村的群众都在忙着置办年货，对于大多数人而言，这是个喜庆的日子，但对于农资经营店的老刘来说，却不是那么舒畅。

“对待你这样的人，我们就是黑心人。”“我们先期对你的氮肥进行了抽检，现在检验结果出来了，属于不合格产品。怎么不处罚你？”质监执法中队的王亚军说道，“你作为经营者，需对你经营的农资产品质量负责，对广大的消费者负责，这是你的义务。”

围观的群众越来越多，老刘的鼻尖渗出了汗珠，“你们挡住我生意了，我的损失谁来负。”他必须转移话题，心里嘀咕着怎样打发走这群人。王亚军提高了语气：“你销售不合格的化肥，老百姓辛辛苦苦一年后，就因为你的化肥不合格导致没有收成，他们的损失又谁来负责？作为经营者，不能只顾眼前的利益，不遵守职业道德。”字字铿锵，如一柄大锤砸在了老刘的心头，看着围观的人窃窃私语，好像都在说他似的，他的身体不由得轻微颤抖，“那我不卖这批化肥可以了吧，之前卖出去的我召回来，可以让他们全部退回来，几个同志，这次就算了吧，小本生意，赚点钱也不容。”他的声音带着哽咽，目光中显露着哀求。

“你违反了《中华人民共和国产品质量法》的规定，按规定必须对你进行处罚，今天向你下发询问通知书，请你按时到我队接受调查，希望你积极配合。”一旁的王亚军简单明了地说道，老刘心里咯噔一下：跑不掉了，真是一群黑心人，一点情面都不讲。

最终，老刘在询问书送达上签了字，执法队员们在老刘怨愤又无奈的目光中走向了下一个检查点。

这样的场景，他们经历的多了，也就习以为常了，为了维护神圣的职责，为了维护法律的权威，为了维护群众的利益，他们不在乎违法者们异样的目光，不在乎被他们称为“黑心人”，因为他们心想这样的黑心人，他们情愿当……

一天中连续和经营者唇枪舌剑数场下来，已是下午6点，让这3位40多岁的同志感到了疲倦和劳累。随意点了几个小菜，草草吃着，“我说兄弟们，现在不合格的产品不少，对老百姓生产不利，我们得抓紧时间。”王亚军盯着窗外那遮挡了半边天的大山沉声说道，张建国沉默了一会儿道：“我们是不是很让人烦啊，走到哪里都不受人欢迎”，另一个接着说道：“我觉得我们应该把工作重心放到教育培训上，这里毕竟太偏远，很多人都法律意识淡薄”“是啊！我们都成他们眼中的黑心人了。”“我们不黑心，受害的可就是许许多多的群众了，我觉得这反倒是对我们的褒奖。”

黑暗笼罩了大地，夜晚的寒风冰冷刺骨，小镇陷入了沉寂，三人的讨论透过小窗传出，被无尽的黑暗吞没。在这广袤的世界里，他们显得渺小与脆弱，仿佛这黑暗巨兽一张口，可以连他们一起湮没，可骨子里对工作的负责，对群众的关爱，对信仰的追求，就如同远处的灯火，执着的与这黑夜斗争着……

“阿吉鲁！阿吉鲁！……瘫痪的道路没有尽头，有没有谁，可以和这烟与火的村庄并肩战斗在那个没有硝烟的战场，不只有我听见隐忍疼痛的泪花说，一切都会过去；不要怕！不要怕！阿吉鲁。”远方响起了彝族歌《阿吉鲁》。

铁血与柔情

叮叮叮……叮叮叮……

“我家的玉米还不能抽丝啊，可能是磷肥的问题，你们要帮帮我们啊。”

消委秘书长黄军听到在电话那头传来的焦急和不安的声音。

“好的，你不要着急，你的磷肥是哪买的？为更好地了解详细的情况，你能说清楚一点吗？”

……

“这样的电话几乎每天都有，更多的是直接上门来咨询和投诉。”消协的黄军说。自古巾帼不让须眉，会东县消费者权益保护协会的黄军和李敏两位女同志都属于女中豪杰，她们用热情、柔情、理解诠释了消费维权的初心。

在了解了磷肥是某镇磷肥厂生产的后，消协与质监执法中队立即开始了行动。实地对磷肥进行了抽样，待检验结果出来后，证明这批磷肥果真属于不合格产品。怎么办，这个化工企业属于当地的支柱产业之一，关系复杂，处罚吧，会对地方的经济发展不利，不处罚吧，有悖于质监工作的原则。最终，孙大勇局长顶着压力拍板——罚！

磷肥厂急了，这罚也罚了，还不让开工；质监工作者也着急啊，甚至比他们还要急：这个企业停产一天，地方收入就减少一些，对企业自身影响也大，但达不到标准不是在害人吗？于是主动介入，对企业管理制度进行监督落实；利用自身优势联系县外相关企业进行帮扶和技术指导，对工艺流程、配方等进行改进，最终达到了标准，使企业很感激。

质监执法者们说：“我们必须严格按照国家的法律法规查案办案，不能有丝毫放松。”消协的工作者说：“我们不仅要保护消费者的合法权益，也要帮助经营者更好的合法经营。”

铁血与柔情，在质监工作者身上，泾渭分明却又完整统一。

松露精神

在这颗“川滇明珠”的群山中生长着一种享誉世界的野生菌——松露，因其外粗而内腻，色朴而质细，形奇而味香，且富含蛋白质、氨基酸等营养价值元素，堪比珍珠、钻石，由于全身乌黑故而被人们称为“黑珍珠”“黑钻石”，有菌中之王的美誉。它们在坚韧挺拔的青松下，默默的生长，默默的奉献，用平凡的生命讲述着不平凡的一生。我们这群“松露人”具有松露般品质，外表威严，打假强硬；服务却充满柔情，能给社会带来文明、规范和发展的养分，很温暖。

2011年的全国质检工作会议上，“质量强国”战略在众望所归中通过，这是经济社会发展引起的社会共识，是国家与社会发展的必然，是大势所趋。

在这大背景下，2015年，会东县也展开了轰轰烈烈的“质量强县”运动。这可不是嘴上说说，几个人，几篇报道，几份材料就能完成的，这需要实实在在地去改变。

一把手孙大勇局长开始了忙碌的工作，他鉴于对以前质监工作成绩的认识，首先，他狠抓队伍建设，提出了“严”当头，建设过硬班子；“敢”字为先，培养过硬作风的执法队伍。并从抓学习入手，在班子内部积极倡导认真学习、民主讨论、勤于探索的风气，把学习与开展工作结合起来，坚持民主集中制。对人员进行合理分工，职工工作积极性高涨，工作有了很大起色。在执法打假工作中，以加大市场巡查和法律法规宣传、维护市场秩序为突破口，严格依法查处各类经济案件，规范办案程序，确保案件质量。在12315、12365、12331消费维权建设上，大力宣传《消费者权益保护法》，引导消费者科学消费，依法消费，并实行24小时受理制度，认真抓好举报、投诉、申诉、调处工作，严厉打击假冒伪劣和各种坑害消费者利益的行为，切实维护消费者权益。

这位四十出头的局长刚毅的脸庞日渐消瘦，眼眶日益深陷，但身体上的疲惫却磨灭不了他心中那坚定的信念——一定要把会东的质量搞上去，这是职责，是人民的重托。记不清有多少个夜晚，他带领着一群质监人在灯下策划、研讨，有多少个白天在乡间调研。目标就是要打造铁的质量，树立模范单位。

于是，在这3227平方公里的土地上，不论繁华的街区，还是荒凉的山脊，只要有监管对象的地方，就有他们的足迹。分管质监工作的是我们的彝族汉子沙跃华副局长，别看他已经50多岁，皮肤黑，但是他可精神着呢。会东县大多乡镇的道路都是蜿蜒崎岖，颠簸、危险的地段，这位老人不怕，用他的话说，我是一个老党员了，我分管的质监工作，责任重大，稍有不慎就可能造成重大的后果，绝对不能出现一点纰漏，不能让党和人民失望，我们肩上闪闪的标志是几代质监人的心血，我能成为这之中的一员，不仅是我的荣耀，更有责任和使命在里面。他常自豪地说，他能生活、工作在这样的团队中，能做这种很有意义的工作，感到无比的自豪和骄傲，这些苦算什么，我以前在区乡工作时比这苦多了。真不愧是党培养出来的乡党委书记，觉悟就是高。

他带领着同志们，穿过狭窄的山路和茂密的森林，用彝族人鹰一样锐利的双眼，火一样的激情，对照着“质量强县”的要求，实地审查着一个又一个企业，查处了一起又一起的违法行为，解决了一个又一个的难题。

记得那是2017年6月的一天，沙局正沉浸在母亲去世的悲痛中，突然接到一个紧急任务：“因电梯出现质量问题，有人被困在电梯中，事态紧级。”案情就是命令，彝族风俗虽很多，但他立马说，“走！阿妈已经走了，不能再让活着的人出现闪失，安全工作不能延误，阿妈会理解我的，人民群众的安全才是天大的事。”3个响头磕完，告别阿妈，他就匆匆上路了。

这样的故事还很多，在“地条钢”整治、特种设备检查、校服抽检等工作中，我们的执法人员忍受的白眼、恐吓、威胁更是数不胜数，如同山间的松露一样，挖都挖不完。

离县城60公里外的铅锌所，是特种设备监管中的一把利剑，领头人是孔所长，人们喜欢称他为孔二哥，他虽姓孔但却不只是有文还是一个敢于担当、敢于迎难而上的有经验的执法者。由于当地企业众多，涉及特种设备的案件自然不少，记得有一次，在查处辖区内某大型企业的特种设备（报废锅炉继续使用）案中，因该企业属本地大型企业，关系复杂，多次检查拒不整改，他顶着压力，排除朋友的劝阻、亲人的担忧，毅然面对企业的恐吓、威胁，硬是让企业接受了处罚，并加以整改，消除了不安全的隐患。他说作为一名共产党员，也是这个辖区的一名质监卫士，面对百姓安全、企业发展责无旁贷，处罚只是一种手段，更多的是让他们今后更规范，其实是为企业更好，希望他们能理解。

收获来自耕耘，汗水结出硕果。会东县的“质量强县”工作得到了上级的肯定，质量考核为凉山州A级，荣获2016年“质量强县”州级先进单位，“质量强县”工作经验在全州进行了推广，成为了全州的表率。单位还在依法行政工作中荣获“先进集体”及州级“文明标兵”称号，自2011年起连续7年被当地县委、政府目标考核为一等奖，查处的一桩桩特种设备、地条钢、校服抽检等案件都是他们对坚守保证生产消费质量的承诺的体现。

这群“黑松露”，用实际行动诠释了默默奉献，为国为民的“松露精神”。

家的概念

舍小家为大家，是这群质监人的共识，不论在什么岗位，不论哪个家庭的经历，殊途同归最能贴切的反映这一点吧。

孙局有两个年幼的孩子，都才三四岁，从孩子出生到现在，大多时候都是媳妇一人带，因为工作忙，随时加班，随时出差的他，基本冷落了妻子和孩子。时间长了，妻子对他也是有怨言的，想要倾诉、想要发泄，每每看到丈夫拖着疲倦的身体回家，她欲言又止，毕竟，她也是一位深爱着丈夫的妻子。

在一次交谈中，他半开玩笑地说道："我和媳妇分工了，女儿她带，儿子我来带。我儿子很乖，有一次我晚上 11 点回去，他却在沙发上睡着了，等着我呢。"看着他泛红的眼睛，其实我们知道，他的心里对家庭、对家人是愧疚的，他可能不是一位好丈夫、好爸爸，但他一定是一位好党员、好公仆。

2017 年，综合股的股长万里云同志的孩子在攀枝花读初三，正值中考年；恰逢又是"质量强县"工作全面提升，他肩上的任务越发沉重。

"爸爸，你什么时候来看我啊？"

"这个周末吧，学习你要认真点哦，还有几个月就中考了。"

……

"来了吗？还等着你给我买教辅资料呢？"孩子电话里的期待是那么明显。

"咳，下个周末吧，这个周末爸爸要去检查矿山呢。"他觉得愧对孩子，但只是一瞬间的，想到自己的工作，又很快的投入到工作里去了。

5 月的阳光，似乎很依恋这片土地，很暖很暖，中午已是灼热难耐。崎岖蜿蜒的山道上，尘土飞扬，执法车里，质监者们围绕着孩子和家庭聊开了，给这荒凉孤寂的山野增加了一点活力。"小万啊，你儿子马上中考了吧，有空去看看吧？"沙局沧桑的话语里透露着关切，万里云愣了一下："工作做完了就去，到时你要给我批假哦！沙局，你儿子也快大学毕业了吧。""那个浑小子"，沙局微微一笑："长大了，翅膀硬了，还教育起我来了，老是和我说，我这个岁数了，还瞎折腾什么，风险又高，早点退下来，让年轻人去干嘛。""这不也是关心你嘛，嘿！""你还别说，确实老了，有时候力不从心啊，但是这个担子却还得挑啊，撸起袖子还得加油干啊，兄弟们！"……

其实，在他们的心里，使命与责任，如同烈酒，随着时光的流逝，只会越加醇厚。

又见索玛花开

5月，会东的索玛花团锦簇，淌塘镇的岩坝垭口，索玛正浓(彝族人所说的索玛花即是杜鹃花)。

我们可敬可爱的质监工作者们，又一次踏临了这里，踏临了老刘的农资经营店。

"老刘，不错嘛，规模又扩大了，生意可以吧。"王亚军笑着问道，老刘脸上的阴霾没有了，揶揄道："你们这两年每年都要来抽检三四次，我可不敢再销售不合格的产品了。不过也得谢谢你们，这其实也是为我们经营者好，保证了质量，保住了口碑呢。今年我还被评为农资经营示范店了，更要起好带头作用啊。""哟，啥时候想开了，不怨我们这群黑心人了？"

大家都笑了，笑得像索玛花一样灿烂。

执法打假是为了震慑，而源头是打造品牌、打造诚信。他们清楚这是一项只有开始没有终点的工作。从这样暖心的反馈中他们看到了希望，坚定了信心。

寒来暑往，春去秋来，会东的质量建设就在这索玛花的开与败中，日趋完善。

火种不灭，火魂永存

2017，注定是不平凡的一年，十九大的胜利召开，为未来 5 年的中国绘出了蓝图。于是乎，在这片土地上，脱贫攻坚战越打越烈了，质监人利用“四同一会　党群连心”“利剑行动”“红盾春雷”“以购代捐”等行动为契机，下到基层，深入群众，为他们宣讲十九大精神，带去了党脱贫奔康的决心，带去了食品安全知识，消费维权政策，产品质量识别技巧等惠民服务宣传。他们用火热的心，希望能将群众的心与他们紧紧的融在一起。

他们，是火的传承与护卫者，是光与热的散播者，是梦与心的追逐者。

他们，用青春和热血，为实现中国梦，实现中华民族的伟大复兴而不懈奋斗着。

他们，坚守着职责与使命，肩负着重托与希望，任重而道远。

汨罗江畔，屈子的心声穿过时间的长河，缓缓传来：“亦余心之所善兮，虽九死其犹未悔……”

不忘初心，感恩奋进，为贵州质量提升保驾护航

贵州省质量技术监督局执法打假工作纪实

在祖国西南边陲，镶嵌着一颗璀璨的明珠。她，就是神奇而多彩的贵州。在这片古老与现代交融的土地上，贵州质监人不忘初心，牢记嘱托，感恩奋进为贵州经济高质量发展保驾护航。

党的十八大以来，贵州省按照党中央决策部署，牢牢守住发展和生态两条底线，深入推进供给侧机构性改革，使全省经济增速继续位居全国前列。贵州省质量技术监督局（以下简称贵州省质监局）紧紧围绕国家质检总局和省委省政府的工作部署，按照全面深化改革、全面依法治国的要求，强化执法管理，不断完善行政执法督查督办管理机制，推进执法重心下移，树立“执法为服务、检查变指导、处罚促整改”的执法新理念，在执法打假工作方面取得了良好的成绩，重拳打击了各类质量违法行为，为贵州省经济社会稳定发展作出了积极贡献。

体制改，人员变，执法打假力度不改变

随着改革的不断深化，继省级质监系统取消垂直管理后，

2015年贵州省区县质监局完成了与工商局、食药监局的合并，自2016年开始，市（州）级相关部门也逐步进行合并重组，在这种机构改革、人员变动的大环境下，贵州省质监局多次召开专题会议，统一思想，及时部署，以“质检利剑”“双打”专项行动、区域整治及缺陷产品召回为抓手，以查办大要案为重点，加大质量违法线索排查和执法打假力度，一如既往对各类质量违法和侵权假冒行为保持严厉打击高压态势。

贵州省质监局稽查局顺应改革发展需要，积极转变工作思路，提炼总结老质监稽查人的办案经验，用丰富的执法经验，严谨的执法态度，服务指导基层、督查督办案件。2017年，贵州省质监局稽查局指导市州局、区县局办理的案件1000余件，各业务科室对所联系的市（州）局质量监督案件协调指导，对大要案件，从发现案件线索到后期办理不仅能做到全程督查督办，并根据案情需要直接到现场指导参与办案。从点到面，组织开展质量违法线索摸排，深挖质量违法“潜规则”，做好质量隐患排查并快速进行查处。

顶风冒雪长蹲守，违法充装抓现行

一月的贵州省铜仁市松桃县一个偏远小山村，夜色朦胧，天空中飘舞着朵朵雪花，冷风在吹，天气愈加感觉寒冷，省、市、县三级质监执法人员为了核实群众举报的某液化石油气充装站违法充装行为，坚持在这样恶劣的环境中蹲守了三天两夜，喝的是冰冷的矿泉水、吃的是干面包，为的就是在其充装时取得确凿的证据。终于，2017年1月12日晚11点，该充装站正充装时，执法人员如天降神兵般出现，迅速对运输车辆和已充装的气瓶进行控制。该气站充装台上两名充装人员正在进行液化石油气气瓶充装，一名充装人员现场不能提供特种设备作业人员证，该气站涉嫌违法充装气瓶共计42只，其中报废气瓶7只，超期未检的气瓶8只，所有气瓶均不属于该公司的气瓶，执法人员依法对该液化气站违法充装行为进行了查处，整个执法过程持续到次日凌晨5点。

钻井道、下底坑，向虚假维保说“不”

由于数次接到贵阳市观山湖区某小区居民反映电梯问题，省质监局稽查局执法人员于2017年6月对该小区开展电梯安全执法检查。执法人员检查电梯记录时，发现所有维保记录的填写没有问题，维保是按时足项做了的，但为什么会有那么多举报呢？于是，执法人员便拿上一台电梯最近一次的维保记录，和维保人员一起钻进100余米的电梯井道、下到电梯底坑进行检查，检查中发现，该台电梯导靴上油杯渗油、悬挂装置磨损严重、底坑遍布垃圾且有大量油污，但是该公司关于底坑的相关维保记录却是“干净清洁，设备完好”。执法人员，以此为突破口展开调查，在大量事实面前，维保单位负责人不得不承认在维保过程中弄虚作假，没有严格按照安全技术规范要求开展电梯维护保养的违法行为。

徒步进深山，严查化肥护民生

质量违法案件的查获通常伴随着艰难险阻，尤其是农资案件，查案的过程异常艰辛，办案人员通常要走很多山路，进到大山深处，才能掌握案件线索。本着爱民护民的心，贵州质监稽查人每年在农忙的季节，奔波在各个村庄里、地头间，尽自己最大的努力维护农民的权益。

黔西南州册亨县是少数民族聚集多、贫困人口分布广的国家级贫困县，也是贵州省深度贫困县，农业在册亨县经济占有很大比重，是省内脱贫攻坚工作的主战场和硬骨头。2017年年初，12365接到举报，称有人将假劣的大顺牌复混肥料销售到该县多个偏远乡镇，坑农害农。案件线索就是命令，省质监局立即制定工作方案，整合省、州、县质监执法人员日夜兼程、进村入户，对册亨县辖区五个乡镇的假劣化肥线索进行摸排。很多乡村地处大山深处，由于不通公路，执法人员徒步二十多公里，走访当地多名农户及化肥经销商，最终在农户家中发现了剩余的假劣复混肥料。案件查获后，又积极协调组织乡镇政府干部、驻村干部监督化肥经销商用合格化肥从农户手中调换假劣化肥，避免错过农时，最大限度地减轻了农业生产的经济损失，维护了农民群众的合法权益。

应用家用汽车三包法规锁定经销商过错，为消费者挽回损失

贵州省质监局稽查局接到投诉，消费者新买的2个月的一汽大众迈腾汽车发生自燃，汽车4S店拒绝一切赔偿，执法人员通过收集过硬证据，并启用汽车三包专家提供咨询意见，为消费者挽回损失。执法人员经调查获悉，汽车销售企业以该车自燃是由于用户加装的座椅垫绷带长时间顶压座椅自动调节开关，导致电机过热起火，不属于车辆质量问题，拒绝赔偿。

站在消费者角度考虑问题，执法人员对此案进行了深入调查，经一汽大众在贵州的特约服务企业维修处置的证据，取得了该车由于车辆无电故障无法启动，共计6次。按照《家用汽车三包规定》汽车在三包期内同一故障，维修5次以上汽车经销商就应给予退换车，所以这一证据的取得对消费者很有利。同时还收集到

了《迈腾轿车使用说明》前后两个版本对汽车座套和护罩描述不一致的证据，消费者手中的《说明书》没有对汽车座套做任何限制要求，而4S店给执法人员提供的《说明书》则有不能使用非本公司指定座套的说明。

为了增加调解效力，执法人员依据《家用汽车三包规定》要求，启用了技术咨询专家。专家组根据现场查验情况，得出技术咨询结论：制造商应对该车自燃负主要责任。根据取得的证据以及专家结论，一汽大众4S店，对消费者损失给予赔偿，争议双方均对处理结果表示满意。

用好缺陷产品召回杀手锏，促进质量提升

贵州省消费品生产企业虽然不多，但消费者并不少，为进一步推动企业落实质量主体责任，提升产品及服务质量，各级质监（市场）监督部门在省局指导下认真学习，埋头实干，使缺陷产品召回工作真正成为我们质量监督工作的金字招牌和杀手锏。2017年贵州省质监局共开展6例缺陷消费品召回工作，主要为电动自行车、学生校服、家具等产品，受影响产品近400件。在缺陷消费品召回监管应用过程中市州质监（市场监管）部门积极作为，消除安全隐患。对校园周边的“牙签弩”“电子烟”等危害学生身心健康的产品进行查处，监管部门对1000余件违法产品进行了没收并销毁。

研精覃思，推动电商质量执法稳步开展

大数据是贵州省三大省级战略之一，电子商务作为大数据战略下的重要环节，伴随着“互联网+”向传统产业不断渗透。2017年，国家质检总局执法打假工作重点对电商产品执法打假提

出相关要求。贵州省电商打假怎样开展？怎么推动？给贵州省执法人员带来新的挑战。“执法是为了震慑和消除违法行为，保护消费者的权益。”在电商执法专题研讨会上，省稽查局领导班子统一思路，一锤定音。“要按照总局‘网上抽查、源头追溯、属地查处’工作原则，切实推动全省电商执法打假。”

2017 年 7 月，按照前期网上线索的排查，执法人员确定了铜仁市一涉嫌网上销售不合格电线商家位置。为不打草惊蛇，执法人员伪装成购物者，询问店家是否有该产品销售。但店家却立即否认，在店内也看不到任何该产品的痕迹。难道信息有误？为了弄清事实真相，执法人员当即决定对该店进行暗访监控。深夜，一辆面包车停在店门口，几个工人拟将车上货物搬运到店内，此时执法人员一个箭步冲上前去，发现搬运的货物正是网上销售的电线产品，在证据面前，电商不得不承认违法事实。

开展“三比一争”提素质，推进“一品一业”促发展

在行政执法体制改革的新形势下，2017 年，贵州省质监稽查部门以开展“三比一争”（比学习、比纪律、比成绩，争做质监优秀执法人员）活动为载体，建立健全融入日常、抓在经常的长效机制，不断提高了队伍的凝聚力和战斗力。同时，为认真贯彻落实《中共中央　国务院关于开展质量提升行动的指导意见》，充分发挥执法打假维护质量安全、促进质量提升、服务经济发展的重要作用，印发了《关于加强行政执法保护名优品牌的实施意见》，要求全省质监稽查部门把服务与执法有机结合起来，针对重点区域开展“一品一业”（服务一个品牌，规范一个行业）等整治行动。

黔南州是布依族苗族自治州，这里磷矿资源储量丰富，其中，

瓮安县境内的磷矿储量就达 36 亿吨，位居亚洲第一。依据资源优势，这里集聚了一大批化肥生产企业。2017 年，贵州省质监局继续以黔南州作为全省农资重点区域开展集中整治工作，全年黔南州局农资执法打假出动执法人员 1242 人次，检查生产销售企业 446 家次，查办农资案件 12 起，化肥生产企业省级监督抽查合格率达到 100%、产品质量稳步提升，扶持了“瓮福”“金正大”等产品质量稳定、市场竞争力强的品牌企业申报省长质量奖。

贵州省质监局 12365 投诉举报中心通过中国质量认证中心的认证和审核，取得质量管理体系认证证书，2017 年获得贵州省直工委“五一巾帼标兵”，在贵阳市“全球呼叫 · 贵州服务”杯客服技能大赛中，荣获优秀团队奖、最佳客服风采三等奖。

延续着光荣，承载着梦想，贵州省质监人继续走好新的长征路。全省质监人将统一思想，凝聚力量，牢记嘱托、不忘初心，始终以“抓质量、保安全、促发展、强质检”为使命，为保障全省人民健康安全鞠躬尽瘁，为服务地方经济，决胜脱贫攻坚，同步全面小康，奋力开创百姓富、生态美的多彩贵州新未来，为实现中华民族伟大复兴的中国梦而努力奋斗！

维护市场经济秩序，构筑食药、特种设备安全防线

记坚守在基层一线的贵州省六盘水市六枝特区市场监管人

“没有花香，没有树高，我是一个无人知道的小草。”每当唱起这首歌，思绪便飞向远方……在生活的周围，在广阔无垠的大地上、田野里，到处都可以看到平凡而又朴实的小草。春天，小草从田野中探出嫩芽，唤醒沉睡的大地、催化冻结的江河，静静地观看着春意盎然的世界，它给生命带来绿色，给大地带来春天的气息；秋天，小草给大地穿上金色的外衣，与田野里金黄色玉米穗，披着红缨、涨红脸的高粱，沉甸甸的大豆等庄稼相互辉映，更显丰收的美景；冬天，尽管北风呼啸，小草被鹅毛般的大雪覆盖，但它保持顽强的生命力，与红梅、青松融合在一起，傲霜斗雪，不屈不挠，构成一幅美丽洁白的瑞雪图。

你看，这些小草多像那些常年坚守在基层一线的市场监管人。他们常年工作在基层一线上，尽管条件艰苦，但到处都可以看到他们朴实无华的身影，到处都留下了他们青春的足迹。他们不计名利、默默无闻，无论春夏秋冬，无论酷暑严寒，无论白天黑夜，任劳任怨工作在基层一线，他们用自己无悔的青春和年华，默默无闻地为祖国的事业作出自己的贡献。

默默无闻扎根基层

“野火烧不尽，春风吹又生”，这是对小草顽强生命力的写实。基层是最艰苦的一线，我们的基层市场监管人员默默坚守在繁杂的基层，不为艰苦的环境所动摇，也不被繁华的都市条件所吸引，只愿做一颗默默无闻的小草，用长长的根须深深地扎根于我们基层。

由于受机构改革的影响，自三个单位合并以来贵州省六盘水市六枝特区市场监督管理局（以下简称六枝市场监管局）内部机构设置等还不完善，安庆同志自从调到市场监管部门，以坚定的信心，实干的精神带领市场监管工作人员理顺工作职责，定员定岗，安定人心，让大家安心于本职工作。六枝市场监管局在安庆同志的带领下，全员一百多号工作人员默默地扎守在偏远的西南小镇上，在这里履行市场监管工作人员的职责，守护好食品药品安全、特种设备安全的防线，严厉打击制假售假行为，取缔了制假售假窝点。

行政许可股张一玉同志在平凡的岗位默默工作 8 年，因为工作的地方与家的距离太远无法照顾家庭，8 年间忍受与家人分离，上不能照顾父母，下不能照顾小孩。人说世界上最爱孩子的是母亲，试想一下，有谁愿意离开自己的孩子，因为工作的原因无法照顾孩子，尤其是每当张一玉同志的孩子在电话中问起：“妈妈，你什么时候回家？”那种稚嫩的孩童声最让人心碎，但又无可奈何，谁让我们做了一名市场监管人员。张一玉同志及全体行政许可股的同志们在平凡的工作岗位上默默地为各市场主体办理营业执照、食品经营许可证、特种设备注册登记证等各种证照。在办理的过程中，认真地核实申办主体的相关资料，细声温语地回复行政相对人的各种疑问，有时下班时节电脑都关了但办证人员才赶到办证大厅，听着当事人说从偏远的乡镇赶来，各种不易，于是行政许可股的工作人员又重新打开电脑为当事人审核资料，办理证照。遇到中午的时候都来不及吃饭，只为及时为偏远乡镇赶来的办证人员尽快办理好证件，让他们有车可以及时赶回乡镇。虽然大多数前来办事的群众是明理的，可是有时会遇到办证的群众提供的资料不全或内容有误等原因而不被审核通过，这时遇到当事人的相关责难、更严重的还有辱骂等行为，大厅工作人员也是耐心解释，微笑服务，始终坚守。“是我们的服务不到位才导致群众的不理解。”行政许可股的工作人员始终把这句话牢牢记在心里，不管遇到什么情况，大厅工作人员始终都虔诚、耐心地为群众办事，始终把群众的需求放在第一位。

不分日夜，坚守岗位

为守住人民群众舌尖上的安全，抓好对小餐饮、小作坊的食品安全监管，六枝市场监管局全局干部职工分组、分区域、分段，不分日夜地对流动摊贩、夜市、小餐饮、小作坊及农贸市场开展整治。在整治过程中遇到经多次提醒仍旧未办理健康证的流动摊贩，他们不理解市场摊贩整治工作，但通过耐心地和他们沟通并做好相关法律法规的宣传，流动摊贩的食品安全整治取得了一定的成绩。

流动摊贩、夜市、小餐饮、小作坊及农贸市场的整治工作进行了近 2 个月的时间，在这 2 个月的时间里，各分局、食品股、药品股、稽查局等相关股室的工作人员不仅要参与整治工作而且要在不影响整治工作的情况下把自己原来股室的本职工作干好，他们不辞辛劳从早工作到晚，只为全区人民创造一个良好的食品安全环境。有时遇到下雨天，本着时间紧、任务重的情况下，六枝市场监管局的城区各分局、食品股及各相关股室抽调出来的工作人员任劳任怨，不分昼夜地开展食品安全整治工作。夜市的整治工作是整个专项整治中最难、最辛苦的工作，夜市摊贩主只有在晚上的时候才营业，为做好对夜市食品安全的整治工作，六枝市场监管工作人员一直坚守岗位直至夜市摊贩收摊，在整治过程中遇到一些夜市摊贩的不理解、刁难及不配合，工作人员从讲大局再到微小的夜市摊贩的个人利益等方面耐心地做工作，让他们慢慢地理解。因为连续 2 个月的晚上均要加班参与整治工作，一些有孩子的同事无法兼顾照顾家庭、照顾孩子的起居，辅导作业等，但同事们都无任何怨言，就像生长在土地里的小草一样坚韧不拔，顽强地工作着，拼搏着。

创建电梯示范区，维护人民群众特种设备安全

2017 年六枝市场监管局与全市同步开展创建省级电梯安全管理示范城市工作，在创建电梯安全管理示范城市的过程中，特种设备股全体工作人员始终坚持创新驱动，标准化引领，加班加点地完成各项创建电梯示范区目标体系工作，完善电梯监管责任体系，完善电梯管理质量控制体系，完善电梯维保质量控制体系，完善电梯三级应急救援体系，确保各项创建工作指标顺利完成。

在电梯创建示范过程中，特设股李恒兴同志不辞辛劳，加班加点联系电梯管理单位完善电梯管理等各项措施，完成创建电梯示范区的各项考核目标。李恒兴同志刚结婚就无法陪伴新婚妻子，孩子刚出生也无法请陪护假，由于长期周末都没有时间陪伴家人，其妻子都说他这是把他自己卖给单位了，都不分一点时间给孩子和她。听到这句话李恒兴同志很内疚，的确，孩子刚出生，确实

需要担负起照顾孩子的责任，担负起照顾家庭的半边天，但是他一切都以工作为重，只能忽视了家庭，把照顾老人、照顾孩子的重任交到妻子的身上。

进行执法打假，维护消费者合法权利

基层市场监管部门不仅要管食品药品安全，更要管特种设备安全以及产品质量、商标侵权、广告违法等各种职能职责，基层的工作人员面临职责职能多而繁杂，人员却紧缺不够，工作量大，要处理各种投诉举报及协调各种消费纠纷，在处理的过程中经常遇到一些职业打假人的打假举报，职业打假人不排除其投诉举报一些是为了维护正常的市场秩序，但更多的职业打假人的打假行为目的在与给行政部门施压，让被投诉的经营者赔偿职业打假人。市场监管部门的工作人员在处理各种投诉举报过程中，尤其是处理职业打假人的打假举报中，稍有不慎，就可能遭到职业打假人各种恶意的行政复议、行政诉讼等，面临执法风险。

记得在处理一个投诉举报时，投诉人是外地人，来六枝特区一个乡镇超市特意购买标签标识不规范的茶叶，该超市标签标识不规范的茶叶均被投诉人购买完，但是投诉人以不符合食品安全标准为由要求商家进行超出法律规定的数额进行赔偿，而是要求按照其预期目标数额进行赔偿，在调解过程中，该茶叶只是标签标识不规范但不影响使用，在发挥消费者协会调解作用方面六枝市场监管局消费者协会积极对双方当事人进行协调，但是投诉人在整个调解过程中使用录音录像等手段对整个调解过程进行拍摄，最终以双方当事人不同意调解告终。

在这起投诉举报中，投诉人不是以使用为目的购买茶叶，而是以取得巨额赔偿为目的购买，为使达到预期目标，其使用录音录像设备进行拍摄，一方面为其留存所谓的证据，另一方面如六枝市场监管局消费者协会在处理过程中如不注意言辞及程序等将面临执法风险。在基层一线的执法工作中，经常遇到类似的投诉举报，这样的举报分散了基层一线的工作精力，增大了工作的风险，如有一句话不慎，事件被放大，辛苦工作几十年有可能面临各种追责甚至降职、开除等处罚。平时的工作中遇到类似的投诉举报或消费者纠纷，六枝市场监管局稽查局及消费者协会的工作人员都是站在人民群众的切身利益的角度积极处理，有时晚上遇到投诉人打来的举报电话，执法人员不畏辛劳，连夜出发，赶到投诉举报地点，及时进行核查，打击各种制假售假窝点、打击各种违反经济秩序的违法行为，遇到当事人不配合不提交相关证据资料，由于行政机关没有强制搜查等司法上强制措施的权利，稽查局工作人员只能从多方面搜集证据，让当事人诚服在证据的面前。有时遇到大的造假团伙有可能面临人身危险等，大家临危不惧，遇到这种情况从没有一句怨言。我们的执法人员就像坚强的小草一样，风吹不倒，雨打不烂，坚韧不拔坚守在平凡的工作岗位上。

做质量安全的忠诚卫士

记甘肃省天水市质量技术监督局稽查大队

在天水市创建质量强市示范城市的伟大浪潮中，有这样一支队伍，他们能征善战，打假治劣，他们埋头苦干，奋发有为，他们付出辛勤和汗水，与违反质量安全的人斗智斗勇，他们视质量为生命，尽心呵护百姓民生，为经济社会发展，人民群众身体健康和生命安全保驾护航，他们在用自己的热情与忠诚谱写一个又一个质监战斗故事。

那是一个夏日的午后，甘肃省天水市质量技术监督局稽查大队大队长闫石荣收到一个陌生人的手机短信，短信内容是：7月×日，有一辆车号为×××的外地货车装载一车劣质钢材途经天宝高速，运往天水市某钢材市场进行销售，大概于两天后×点到达，请予以查处。对这个陌生短信，整个办公室刹那间紧张起来，稽查人员七嘴八舌议论着，只有队长神情镇定，他再次拿起手机，反复看着短信，并把电话回拨了过去，嘟嘟……，电话一直处于无法接通状态。这时，队员小李走到队长面前说："对方不接电话，这条短信也许是假的。"队长毅然神情镇定，他对大伙说："上周我们为了处理电梯维保公司不按要求进行维保的事，都没有休息，过两天又是双休日，最近大家都很忙，也很辛苦，但我们身为执法人员，保护消费者权益，打击假冒伪劣产品是我们的首要职责，我们对每一条案件线索，都要认真对待，宁可信其有，不可信其无，不要轻易放掉任何线索。两天后，我们还是要按短信提供的信息，去天宝高速麦积收费站蹲点，大家都要去。”

两天后的中午，艳阳高照，只有树上的知了还在歌唱。炙热的马路边白色面的在阳光下格外显眼，周围的空气似乎凝滞。稽查队员按照队里制定的稽查方案，准时赶到天宝高速麦积收费站。车内队员们个个精神饱满，斗志昂扬，严阵以待。大家把眼睛睁得大大的，瞅着同一个地方，目送着每一辆从收费口驶出的货用车。

一小时、两小时……，一身汗、一瓶水……，就这样，时间在光线的强弱间，过去了几个小时，到了下午 3 点多，仍没有发现短信所提示的这辆货车的踪影。大家再次把带有怨气的目光聚焦到队长身上。“队长，我们肯定上当了，这条信息一定是假的。这大热天，我们待在家里好好休息不好，出来受这洋罪，真是得不偿失。”“唉，我就知道短信是假的，你们不信，这下你们信了吧！”队员小李说：“也许，可能我们没注意，车辆已经驶出收费站了。”队员小连说：“我们先不要下结论，大家再考虑考虑，看队长怎么说。”此时，队长眉头紧锁没有吭声。

过了一会儿，队长对大家说：“我分析目前这种状况有两种可能性，一种是收到的短信内容是假的，另一种是队员小朱说的，货运半挂车前后车牌号不一致，可能是在大家不注意间，嫌疑车辆已从收费出口驶出。”队长接着说：“大伙儿不要泄气，我们兵分两路，一路由小朱带领继续在这儿蹲守，另一路由我带队，去钢材市场周边巡查，也许会有收获。”

当车子快要驶到某钢材市场时，远远地看见在不远处路边停放着一辆红色的大货车，车厢用绿色的篷布掩盖，司机坐在驾驶室内抽着烟，不时向外看看。小李主动请缨，迅速下车，走了过去。一会儿，他气喘吁吁跑了过来，急切地说："队长，队长，车号是 ×××，就是这辆车，我们赶快上去查问吧。""大家先别动，再等一会。"队长慎重地说，"我们只知道这辆车和短信车牌信息一致，也不知道车上拉的是否是劣质钢材，更不知道天水货主是谁，现在上前盘问，万一打草惊蛇，就不好办了，先叫小朱那一队人过来，注意行踪要隐秘。"稽查人员在不远处继续盯着这辆车，看它有何动向。5 分钟、10 分钟、20 分钟……，只见驾驶室门开了，司机走下车，围着车辆左顾右盼，一会儿看看轮胎，一会儿又是接打电话，他似乎在等什么人。稽查队员的心提到嗓子眼，气氛凝滞了。汽车终于启动了，司机直接把车辆开进钢材市场，打了个电话，吊车就开始卸货了。正在卸货之时，稽查队员迅速出击，出示证件，说明来意，司机一脸惊讶。通过对司机问询，稽查队员找到货主，货主是天水某销售钢材公司的张老板。

不一会儿，张老板夫妇就来到了现场，见到稽查队员们非常热情，饮料、水果、香烟一个劲儿地往上递，但稽查队员们依然按照执法程序开展检查，写现场笔录的写现场笔录，清点数量的清点数量，审查技术资料的看资料，抽样品的抽样品。所有队员都按照各自的分工忙碌着，没有任何队员被他们的盛情招待所打扰。"张老板，别忙活了，谢谢，我们正在工作"，队长见状连忙婉言谢绝。"大热天，忙了半天了，让兄弟们歇会，没别的意思"，张老板说。张老板见大家没有住手的意思，接着说："市上某领导是我的朋友，与我关系可不一般，只要给你们局长打个招呼，就没事了，你们瞎忙活"，但大家仍然有条不紊地工作着。张老板见队员们不为所动，就把队长生拉硬拽地叫到办公室里，从手包内拿出一个信封，说：“兄弟，这是点小意思，你和你的队员吃个便饭吧”，队长打开信封看到一叠现金，说道：“拿回去，抽检产品质量所用费用由财政承担，不收检验费。在执法过程中，我们要是有什么违规之处，还请您监督。”听了队长的话，张老板顿时满脸通红，扑通一下坐在老板椅上，扬起头看起天花板来。见此状，老板妻子哽咽着说道：“队长，你就高抬贵手，我家的两个孩子在上大学，家里老人常年有病，一切都靠我们，就这一次，我们以后绝不干违法的事了。”“你的心情我们能理解，我们将严格按照法定程序，认真执法，等检验结果出来再说，先请你们予以配合。”

现场笔录、封存决定书、涉案物品清单、执法抽样单等经过张老板逐一确认和签阅，查获直径12毫米热轧带肋钢筋10捆22.38吨、直径14毫米热轧带肋钢筋9捆21.564吨，共计43.944吨，进货价格3860元／吨，货值169620元。稽查人员告知张老板应享有的权利和义务。张老板夫妇在无望的情况下，无奈地转身离开了现场，很快消失在夜幕中。

为了不让老板趁机转移藏匿货物，让这批钢材在检验报告出来之前流入市场，稽查人员经过仔细考虑并请示分管领导同意后，决定现场连夜值守。

寂静的夜晚，皓月当空，空旷的市场，只有几个身影在晃动，他们与飞舞的蚊虫为伴，充实的心灵与寂静夜空相守，一整夜，没有一个人有怨言，没有一个人离开。

经过挑灯夜战，第二天一早，检验单位的质量报告出来了，这批钢材直径12毫米热轧带肋钢筋内径、横肋间距，直径14毫米热轧带肋钢筋内径、横肋间距、纵肋高指标不符合GB 1499.2—2007《钢筋混凝土用钢　第2部分：热轧带肋钢筋》的要求，被判定为不合格产品。面对检查结果，队长立即找来张老板，严肃地说："从检验结果来看，你进的这批钢材是用地条钢生产的，国家早就有规定，严禁生产地条钢，更不允许利用地条钢生产热轧带肋钢筋。如果这批钢材我们没有及时查获，流入市场，造成的社会危害不可想象，后果很严重，请你积极配合我们工作，找出真正的生产源头，彻底斩断罪恶之手。"张老板听了队长的话，连连点头，表示他已认识到此事的严重社会危害和后果，愿意积极配合工作，妥善处理好此事。最后，稽查人员按照国家相关规定，对张老板给予行政处罚，劣质钢材全部予以没收，同时通过相关渠道，对生产劣质钢材的企业也进行了法律制裁。

我们的稽查队员们，毅然意气风发，自信满满，又一次出发了。从他们疲惫的身影中，体现出更多的是担当与责任，坚守与忠诚。这就是我们最普通、最实在、最平凡、最可敬、最可爱、最基层的一线质监稽查人员，为了理想，为了信念，为了他们当初朴实的承诺，他们始终默默守候着。

太阳燃烧，因为它选择辉煌；高山伟岸，因为它选择坚毅。选择质监事业，因为它寄托着稽查队员们的期望和梦想。正是有了无数质监人默默无闻的奉献，才有了地方经济建设的繁荣与发展；正是有了无数质监人无怨无悔的工作，才使我们的天更蓝，水更绿，生活更美好。

飞天儿女的“质检利剑”情怀

记前进中的甘肃省酒泉质监稽查青年团队

古有敦煌飞天，今有现代航天，勾勒出美妙神奇的“飞天故里”，这就是甘肃酒泉。它身居连绵的祁连山下，在茫茫沙漠戈壁中点缀着充满生机的块状绿洲，世代坚守着“春风不度玉门关”的这份苍凉。甘肃省酒泉市质量技术监督局稽查局（以下简称酒泉市质监局稽查局）这支以年轻大学生为骨干的团队，自 2014 年 12 月搭建历经三个春秋，传承展现着古今“飞天”向往美好奋发向上的拼搏精神。

看到希望的曙光

请看，盘点梳理 2017 年的工作，整齐规范地呈现在我们的面前。“16 份执法专项卷宗、71 起投诉举报卷宗、20 件执法案卷，还有打假责任体系、案件初步审核，执法业务及综合工作、党建重点任务、党风廉政目标责任考核印证资料都分别装订成本。”面对这一镜头，原稽查大队的一位老人深有体会地说：“当时就想整合装订，哪有这么多的资料呀。自从稽查局成立，一年一个样子，工作全面发展，资料越来越多，卷宗一个比一个厚实，梳理起来都挺费事的。”

经过三年来的不懈努力，逐步显露出催人奋进的正能量。在2017年全省质监系统半年工作推进会上对稽查执法工作做了交流发言；11月被省局推荐申报创建全国“双打”先进集体；“单兵系统”率先实现与省局连接受到好评，执法打假信息和12365投诉举报工作连年受到省局通报表扬。

面对这些，作为领头人的赵局长并不感到欣喜，只是精神上的一点充实和安慰，他比什么时候都显得淡定，“小荷才露尖尖角”，这才是迈开长征的第一步。都说“强将手下无弱兵”，好领导才能带出好队伍，赵局长算是一个典型的践行者。说来也巧，他是一个地道的敦煌汉子，又是一个很特别的人，无党派人士，52周岁，34年工龄，做了30年质监人，之前当过农村中学老师，划转前在市局法规宣教科一干就12个年头，把那些刊登文章和曾获得全国质检系统新闻宣传、五五普法等荣誉，都视同“好汉不提当年勇”的往事。有谁知道，他自从当上这个局长，却忍受着从公务员逆转为参公身份心理不平衡的烦恼，究竟图啥？事实证明是为了践行“一个人活着就要干点事，不白来一趟”，再平常不过的人生价值观。他虽为无党派人士，但政治站位高，始终保持党建优先，以超人的法治思维带领着这支队伍顺利前进。

队伍走向“红、廉、强”

请听，他们正在奏响打造政治、专业双过硬、年轻有为的稽查队伍奋斗目标的冲锋号，这是一支直向红、廉、强全面进军的队伍。

——**为党忠诚的心红起来**。在执法打假斗争中，始终用新时代中国特色社会主义思想武装引领执法工作。至目前除无党派人士的赵局长外，其他8名在岗人员已全为党员，80后本科青年党员6名，占到66.7%，其中鲁鸿宇同志以突出的表现被提拔任用为副局长。特别是支部书记张副局长，认真落实“两学一做”、丰富党员活动，形成了良好的学习工作风气，在2017年7月全系统党建工作检查评比中排名第一，真是“不忘初心、牢记使命”一片赤诚献青春的新气象。

——遵守质检“十条禁令”廉起来。从领导班子做起，采取专项行动分项负责，采取行政处罚环节分段审核负责，形成工作责任细化分解、班子成员相互监督的权利制约管控格局。层层签订责任书，人人签订廉洁承诺书，“一岗双责”约谈，实现了责任压力传导全覆盖。做到投诉举报全处置不拉下一个，质量维权群众满意率100%，三年来未发生群众信访工作不良情况；做到案件来源正当合规，举报线索全核查不压下一个，该立案的坚决立案，不放水一个，真正实现案件100%依法查处的执法新境界。

——质监稽查执法能力逐渐强起来。增强学习本领，注重年轻人的培养历练，做到培训安排均等化，三年来踊跃参加国家质检总局执法培训9人次，参加省局各类培训22人次。赵局长把多年积累总结的法治思维及执法经验丝毫不留地传送给这批年轻人，长期保持案件办理过程学习讨论，累计召开案件过程专题讨论会46次，及时消化碰到的各种复杂疑难问题，在具体的执法实践中使他们成长起来。现已培养能独立办案的年青主办骨干4人，李季同志获得2016年“全国质检系统执法打假办案能手”，且为同批最年轻的一个。2017年又新推荐申报1人。历经“无到有、有到全、全到强”，不断推进执法装备和信息化，配全执法记录仪，配足便携式打印机、摄像机等现场执法装备，全员加入“通知到”App，建立“单兵系统”应急体系，建起了党员活动室为一体的布设监控记录功能的案件调查室。增强创新本领开辟执法新境地。在新领域上，电梯维保执法查处走向成熟，认证认可执法迈开步子。在新模式上，顺应“放管服”改革，制定实施“双随机－公开”工作实施细则。在新举措上，把执法约谈精准运用到案件承办环节，把现场验证切实运用到违法行为整改终止上。

一场盛会的考验

承载着“一带一路”重大使命的首届丝绸之路国际文化博览会于 2016 年 9 月 20 日在敦煌市顺利成功举办，但谁又知道在这盛会的背后有着我们特种设备安全保障的一份辛勤付出呢?

在文博盛会召开前期，酒泉市质监局稽查局从大局出发，前后 3 次深入 400 公里外的敦煌，配合当地开展了特种设备安保工作，执法人员吃住在那里，最长的达 35 天，那里的每一条街道、宾馆、饭店、住宅小区……都留下了这支年青团队的足迹。令人最难以忘怀的是那 9 月 16 日前安保攻坚倒计时冲刺的十几个日日夜夜。领导把前阶段排查出的所有安全隐患整改任务交给酒泉市质监局稽查局。时间紧，任务重，深感责任重大，早上 6 点多就起床制定当天工作计划，逐家逐项制定出整改措施。白天，拉开了长长的“整改销号”工作，一边催促整改，一边审查提交的整改材料，还要对完成整改的进行现场验证，对不能预期整改的隐患电梯、锅炉依法实施查封。接连几个晚上凌晨两三点还忙碌梳理整改资料，逐家逐项分析“销号”情况，书写当天整改完成情况及时向上报告，有时候真达到了废寝忘食的程度，70 家单位 151 条安全隐患全部予以整改排除。当把近 400 页的整改资料卷交给主管领导时，他舒心地说，“整改工作有鼻子有眼，这下我们悬着的心终于可以放一放了”。敦煌市质量技术监督局朱局长心悦诚服地说:“这次安保工作市稽查局干了很多实实在在的事，从主要领导到每个执法人员，尤其是年轻人个个都是好样的，干起监管工作来一点不比专业监管人员差。”

千磨万击还坚劲，任尔东西南北风。盛会期间未发生安全问题的事实说明，酒泉市质监局稽查局这班人经受住了可谓大风大浪的检阅洗礼，被授予全系统“首届文博会安全保障先进单位”当之无愧。

难能可贵的一夜

“这戈壁滩上有狼吗？”“有啊，平时见不着，这凌晨两三点的很有可能碰到。你想，玉门老市区已是人口稀少的资源枯竭型城市，这里周边空旷，四处都是沙漠戈壁。”这是联合检查组相互间的议论。

根据省上传来的群众反映线索，市发改委听取采纳酒泉市质监局稽查局的建议，根据“地条钢”错峰生产、隐蔽作案的特点，发改、商务、工信、质监一行 8 人的联合检查组集中乘车，冒着初秋零度左右的气温，从当天晚上 23 点出发，深入玉门市老市区、玉门东镇“重灾区”，开展了“地条钢”夜间大排查。玉门市老市区，一个几乎被遗忘了的石油资源枯竭型城市，呈现出一番人去楼空的荒凉，到处都有废弃的厂房、院落，无形中为“地条钢”的非法生产提供了温床。检查组先是登上老君庙采油矿区海拔最高处俯瞰市区，观察是否有灯火通明的嫌疑点，然后逐个排查废旧金属收购站，复查曾经出现过“地条钢”窝点的旧址，就连检查遇到的看门人都非常不解地抱怨讲：“这大晚上的不好好睡觉，这是工作个啥名堂么！”

瑟瑟冷风中从夜里 12 点突击工作到凌晨 5 点，执法人员才驱车赶回酒泉。虽未发现“地条钢”的违法迹象，但一行所有人并未感到失意而是格外的轻松，因为它是“守土尽责、履责放心、忠诚担当”的一夜。

厚度体现责任分量

在2017年执法专项行动资料卷宗中，每个都如一本书，其中“质检利剑”农资执法打假工作卷宗是最厚实的一本，资料303页，就这样该项工作仍在继续推进的路上。或许有人会说，农资执法是多年的老惯例，太平常不过了。如果一旦与“真正的责任担当”挂起钩，你自然就信服了。

在执法专项行动上，不能停留在以往只有安排部署文件和上报工作情况总结的层面上，这在履责上是远远不够的，这是酒泉市质监局稽查局已经形成的一个工作理念。着力唱好农资执法打假重头戏，从转发省上文件到制印具体实施方案，从调查摸底全面掌握企业状况做到一个不拉下，到坚持问题导向制定实施《关于对出厂销售未经检验的违法农资产品集中整治的通知》，从以“3·15”为契机的“农资打假”宣传服务，到收集基层工作情况小结、梳理上报全市工作总结，真是“一环扣一环、一步一个脚印”扎实劲，油然想起“钢铁是怎样炼成的”英雄故事。特别是针对基层执法检查抽样不到位，酒泉市质监局稽查局不失时机地开展了督查性补充抽样，前后检出不合格化肥、农膜产品8个批次；针对农资企业普遍存在的不切实履行出厂产品检验主体责任，统一发放《禁止出厂销售未经检验违法产品告知书》，对企业进行约谈，正在取得抓源治本的好成效。

向案件质量冲刺

“现今办1个案子需要投入我们三年前办理3~5个案子的精

力”，一名老稽查看着厚实案卷的感慨。的确，自从酒泉市质监局稽查局成立以来，以案件终身负责制为要求，持续抓好执法程序履责，“功夫不负有心人”，案件质量明显向好。

开展案件办理过程具体问题讨论

高质量的案件，就好似一个精致的工艺品，同样来自于全面化的考量和精细化的制作。在程序履责上，别小看一份小小“通知”文书的分量，往往会成为当事人主动或被动接受调查的一个情节事实。这班年轻人深受着领头人赵局长这些具体办案理念的影响。从树立程序责任理念到具体办案工作，努力践行着“全、细、实”的艰辛路径。在案件来源上，对各类违法线索统一梳理登记，首先保证案件来源合规正当。对获得的所有违法线索，必须履行现场核查程序，根据核查情况作出立案或移送等处理。在行政强制上，依照强制法具体完善了现场笔录、告知、听取陈述申辩程序。在案件调查上，根据罚则条款事项倒置梳理，做到罚则每一项在调查中都有相应回应；注重落实违法事实情节的取证，对物证、书证等关键证据收集不齐全未形成证据链的，案件调查不予终结并进行补充调查。在案件审理上，对陈述申辩材料反映的问题，一个都不放过，一一梳理复核，找出相应法律依据，依法作出采纳或不予采纳，均说明理由予以答复。在违法行为终止上，在调查终结的同时，帮助当事人梳理清楚违法行为，逐项共商制定整改措施，确保违法行为纠正终止。

高质量的案件是执法者得意的作品，办成无瑕疵的铁案是永恒无止境的追求，都如同一个个深深的脚印，留下的是对执法打假事业的履责担当。

在磨砺践悟中前进

三年来，在累计处置投诉举报 121 起的过程中，深切地感悟到，在进入高质量发展的新时代，复杂多样涉及民生的质量申诉在群众信访工作的地位日益凸显，这就迫使执法人员更加高度负责应对每一件质量维权事项。

2015 年 9 月前，酒泉市质监局稽查局帮扶 6 家输水管企业顺利取得工业产品生产许可证，解决了长期无证生产的问题，企业送了几面感谢锦旗，却遭到执法不去查处，甚至不严格执法的议论，反而使大家更加坚信地认识到，在处置区域性普遍违法上，不能单凭执法办案查处来简单化解决问题，法不治众，否则有可能引发群体上访社会不稳定的事件。选择执法服务方式引导达到终止违法行为的目的，更有利于建立优良的营商环境，这本身就是行政执法的原意。

2015 年 9 月，经历了“反被举报的一场风波”。举报人在市长信箱反映酒泉市质监局稽查局在处理某商行无证生产一次性餐具举报中未能秉公处理，对违法行为没有依法查处取缔。酒泉市质监局稽查局拿出了从核查到办结的“铁证”材料，事实胜于雄辩，调查组的质疑很快得以化解，作出了肯定工作的结论。从中得到新时代执法履职的启示：只要依法执法公正办案，再大的风波都能从容应对，受到举报者的误解和工作质疑的调查，是执法者应有的包容性职业担当。

贺兰脚下的一把利剑

记“凤城卫士，护卫健康”的宁夏纤检人

贺兰山，历史上著名的“军山”，千百年来，见证着大小战役，捍卫着宁夏平原的安宁。今天的宁夏纤检人，像巍峨的贺兰山那样，承担着守护“凤城人民健康安全”的重任。

牢记历史铸利剑

奔流不息的黄河水不会忘记，绵延不断的贺兰山不会忘记，宁夏的人民更不会忘记，32年前，宁夏这个祖国西北边陲的城市开启了充满无限希望的纤检事业。襁褓中的“她”，面对百废待兴的纤维纺织服装市场，面对那一双双期待的眼睛，面对无数个未知，并没有彷徨、没有怯懦、没有退缩，而是义无反顾，表现得那样从容与坚定。一穷二白、设备简陋、人才匮乏是当初的现状，尽快挑起宁夏羊毛绒治理大战的重担是纤检人义不容辞的历史使命。面对如此多的困惑与艰难，面对无数的非议与质疑，纤检人无恨无怨，沉着冷静，果敢应对，表现出特有的风范。远大的目标和宏伟的规划在纤检人的内心早已确立，纤检人以不屈不挠、永不言败的秉性，肩负着“人民纤检为人民”的重托，秉承着无坚不摧、无往不胜的革命精神，孕育着纤检事业茁壮成长。可敬的纤检人艰苦奋斗、

勤俭节约、马不停蹄、日月兼程，用博大的胸怀和无私的奉献在宁夏人民心中树起了一座不朽的丰碑！

1987年，正值全国羊毛（绒）大战硝烟弥漫之时，当时国内外人士知有同心、灵武而不知有宁夏，皆因两县均具有经营羊毛绒产业的传统历史。20世纪80年代初，两县的羊绒产业与世界羊绒产业的兴起同时起步，同时又是自治区党委、政府着力扶持的羊绒产业基地，在国内外享有很高的知名度。但在利益的驱使下，受全民经商和全国性毛绒大战的影响，处于羊绒（毛）集散中心的两县除了国营、集体、私营企业生产加工或经营羊绒（毛）之外，几乎家家户户（有农民、牧民、企业职工，甚至还有个别国家公职人员）都在贩羊绒（毛）。他们先买来羊绒（毛），拉来细沙，自家支锅熬肉骨头汤，随后用喷雾器把肉骨头汤喷撒到铺开的绒（毛）之上，以增加其重量。也有不惜代价者用蜂蜜兑水或糖水代之，然后用铁锹把细沙均匀铺撒到摊开的羊绒（毛）上，一层又一层，之后待价而沽，牟取暴利。

曾经占据国内绒毛市场半壁江山的宁夏羊绒产业遭到重创，可以用灭顶之灾来形容，往日的辉煌已不复存在。同心县和灵武县成了掺杂使假的代名词，数年后，鲜有来此地交易毛绒的，致使当地的羊绒产业一片萧条，发展和生存之路被基本堵死，众多的羊绒企业和羊绒经销公司纷纷迁往外地。为了遏制这种恶劣行为，国家五部委联合下发了净毛计价文件。为有效推动宁夏净毛计价工作开展和遏制掺假使假行为，规范宁夏羊绒（毛）市场，宁夏纤检人利用净毛计价仪器和相关设备辗转于各市县供销社和羊绒（毛）收购站点，顶风沙、冒烈日，找一场地，借一张桌子，摆好仪器设备和洗毛用具，烧几壶开水，就地开始净毛计价检测推广工作。净毛计价工作的全面开展，推动了毛绒产业以净毛绒率结价的发展。

晴空一鹤排云上，便引诗情到碧霄。多年后，宁夏经营绒毛的创业者们痛定思痛、殚精竭虑、励精图治，重振产业基础。目前，羊绒产业已成为宁夏六大支柱产业之一，灵武、同心两地大规模的羊绒工业园区已经建成，加之好的产业政策和良好的创业环境，前些年迁往外地的企业纷纷回乡创业，也吸引了众多国内有实力的企业集团来宁投资。

风正潮平，自当扬帆破浪；任重道远，更须策马扬鞭。目前，宁夏羊绒分梳、制条的装备和技术水平已居国内外领先水平，分梳山羊绒已被国际上公认为世界上最好的优质分梳山羊绒，形成“世界羊绒看中国，精品羊绒出宁夏”的共识，远销美国、日本、意大利、英国等多个国家，令业界刮目相看。

宝剑锋从磨砺出

没有比人更高的山，没有比脚更长的路。2001 年年初，国家质检总局发布了 GB 18383—2001《絮用纤维制品通用技术要求》，一场打击“黑心棉”的战斗在全国打响。宁夏回族自治区质量技术监督局授权给当时的纤检所对全区纺织纤维及其制品生产、流通领域进行执法的权力。宁夏纤检人立即抓住机会，主动出击，全面检查市场；深入城乡结合部、深入农村，查找制售“黑心棉”窝点；全面排查医院、宾馆酒店、大中专院校、幼儿园、寄宿制学校。特别是为了摸清“黑心棉”的制售假窝点，他们早出晚归、风餐露宿、蹲点守候，一个馒头一壶水更是家常便饭，甚至冒着生命危险在开展此项工作，历时一年多，端掉了一大批制售“黑心棉”窝点，没收并销毁了一大批“黑心棉”制品，查处了一批大案要案，在社会上引起广泛关注，宁夏纤检的作用再次凸现。

宝剑锋从磨砺出，梅花香自苦寒来。经过长期不懈的努力，宁夏纤检人苦尽甘来：2002 年 12 月 12 日，宁夏回族自治区机构编制委员会办公室批准单独设置宁夏回族自治区纺织纤维检验局（以下简称宁夏纺织纤维检验局），具有执法职能，为全面查处纤维制品质量违法行为，维护广大消费者合法权益，撑起了一片蓝天。随后，执法领域不断拓展，执法任务不断加强，自 2016 年以来，随着机构调整、职能划转，又联合各市、县市场监督管理局对全区大中型商场销售的儿童服装、成人内衣以及医院、宾馆、幼儿园在用的床上用品进行了专项执法检查，本着吃住在一线、帮带在一线、检查督导在一线的原则，在一个市县一待就是半个月。马云，一名军转干部，一名在纤检执法岗位上一待就是十年的老兵，在与市场监管部门联合检查时，接到家中电话："老母亲因糖尿病引发综合征，已进入重症监护室，急需他回去照顾"。而此时，他正在带领市县执法人员开展纤维制品专项执法检查，所带人员从未开展过纤维执法，所以他权衡利弊后，给妻子打了个电话，又义无反顾投入到专项检查中，直到半个月任务完成后，他才急匆匆赶回家中。正是有马云这样识大体、顾大局的纤检人，两年来，共检查各类单位 4665 家，抽取各类样品 1765 批次。经检验，419 家单位共 789 批次产品质量不合格。对 309 家单位进行立案查处，累计罚款金额 93.94 万元，有效维护了消费者合法权益，保护了消费者的健康安全。

"路人口似碑，人心是杆秤。"多年来，宁夏纤检人始终把党和人民的利益放在首位，工作中勤勤恳恳、任劳任怨；始终以严谨的作风、扎实的工作、出色的成绩，赢得了社会各界的充分肯定和交口称赞。

剑锋所向皆披靡

雄关漫道真如铁，而今迈步从头越。近年来，宁夏纺织纤维检验局在各个方面都获得了长足发展，执法力量和执法装备逐年增加，执法能力和执法水平逐步提升。特别在市、县市场监管局的大力支持配合下，既严格依法办事，又大胆探索创新，初步形成了符合宁夏实际的监管模式。

在生产领域，将产品质量监督抽查作为主要监管模式，形成了“纤检抽样检验—区局发布结果—市县依法处理”的工作机制。2016 年以来，检查各类生产加工企业 289 家，抽检各类产品 305 批次，其中分梳绒 148 批次，羊绒制品 17 批次，成衣 60 批次，床上用品 80 批次的监督抽查任务，合格率在 95% 以上，无区域性制假售假行为，质量信誉良好。近五年来，学生床上用品质量抽检合格率为 100%。

在流通和消费领域，将专项执法检查作为主要监管模式，形成了“上下联合检查—纤检专业检验—市县独立办案”的工作机制。结合“三八”“六一”等重要节日，开展“你送我检”“你点我查”专项行动，维护妇女和儿童的合法权益，保障妇女和儿童的身心健康。近两年，通过媒体曝光有问题的生产销售企业 60 家次，曝光不合格成人内衣、儿童服装和床上用品 70 批次，有力打击假冒伪劣和制假售假行为。

作为重点监管产品，在校服监管上形成了“生产企业主动报备—监管部门批批抽检—校方凭检验报告收货”的工作机制。2016 年，宁夏纺织纤维检验局在国家四部委《意见》和国家质检总局《办法》的基础上，结合宁夏实际，联合教育、工商部门出台了《关于进一步加强学生校服管理工作的意见》，对监管模式进行了大胆创新，前移监督关口，对宁夏本地企业给区内学生制作的校服实行批批抽检，全部免收检验费。2016 年、2017 年连续两年共抽取 1399 批次校服样品，涉及 1257 所学校。由于提前对生产企业进行了宣贯培训，规范统一了校服标识，要求企业对采购的面料提前送检，加强对生产过程管理，批批抽检的所有样品没有出现质量不合格现象。初步实现了校服“出厂前批批检验，到校后件件合格”的目标，彻底杜绝了区内企业生产的不合格校服流入校园。宁夏校服监管的新模式受到中国纤维检验局的充分认可，并在全国推广。

剑啸江湖魂犹在

路漫漫其修远兮，吾将上下而求索。近年来，纤检人抢抓机遇谋发展，与时俱进谱新曲。宁夏纺织纤维检验局认识到，没有过硬的监管和检验队伍，再好的思路和措施也难以实施。就宁夏来讲，没有市、县监管局的鼎力配合和支持，单靠纤检局一家单打独斗，只能是蜻蜓点水、望洋兴叹。相关法规规章明确，没有纤检机构的地方，由质量监管部门履行纤维及制品的监管责任。分级管理后，原质监局部分人员转岗，市、县市场监管局有过纺织纤维产品质量监管经历的人员寥寥无几，开展监管工作难度较大。为适应质监管理体制改革需要，不断提高一线执法人员的综合业务素质，有效发挥地方市场监管部门的属地监管责任，宁夏纺织纤维检验局于 2015 年、2016 年、2017 年持续深入五市分片组织了纺织纤维质量监督和行政执法骨干培训，先后有 637 名基层分管领导和业务骨干参加了培训。邀请国内执法打假专家辅导授课，并结合联合执法进行现场帮带培训。建立了纤维制品质量监督 QQ 群，经常交流业务经验。通过理论案例培训和实践操作，使一线同志逐步熟悉了基本业务，为有效监管奠定了基础。近三年来，先后选派80多人次参加国家质检总局、中国纤维检验局、区局及国内同行组织的学习、交流、培训和比对活动，持续开展“法制纤检大讲堂”，利用案审会等时机组织案例讨论分析，有效提升了业务水平。下大力加强检验检测能力建设，近两年投入近500万元用于实验室建设，再造工作流程，缩短检验周期，工作效率大幅提升。

与虎同出非善兽，同凤齐飞无凡鸟。宁夏纤检人就是贺兰脚下的一把利剑，矗立在凤城大地，为凤城人民的健康安全保驾护航！宁夏纤检人坚信，有宁夏纤检人在，凤城的明天将会更加美好！

以心铸剑　汗血淬炼

记新疆维吾尔自治区乌鲁木齐市质量技术监督局稽查局奋战在一线的质检利剑

剑，是一种兵器。开双刃身直头尖，横竖可伤，击可透甲。凶险异常，生而为杀。新疆维吾尔自治区乌鲁木齐市质量技术监督局稽查局（以下简称乌鲁木齐市质监稽查局）就是这样一支剑一样的队伍，生而只为斩尽一切制假贩假之徒，保护身后百姓生活的质量安全，是目前全疆最大的专业执法打假机构。从他诞生的那一天起，就不停地战斗在打假战斗的第一线，虽历经改革，但剑锋不改，功勋卓著。

天下武功，唯快不破

利剑出鞘，便要先发制敌，讲究的就是一个快！主动出击，快速制敌，让质量问题在流通之前就消弭于无形，以求将假货的危害降到最低。例如近年来随着援疆和城市建设发展的需求，制售假冒伪劣现象从日用消费品领域逐渐向大宗建材产品领域转变，乌鲁木齐市质监稽查局据此及时转变打假工作思路，加快速度，主动出击，加强与大企业、大公司的密切合作，取得了更加显著的成效，为经济建设发挥了保驾护航作用。八一钢铁股份有限公司、酒泉钢铁公司及新疆钢铁协会更是积极响应，主动与乌鲁木齐市质监稽查局联系，协商乌鲁木齐钢材市场的专项整治工作，先后办理了假冒八钢酒钢生产许可证、钢标钢材案，取缔了3家地条钢生产企业，经统计2013—2017年办理钢材案件19起，收缴罚没款达900余万元。特别是2017年，乌鲁木齐市质监稽查局围绕工程建设质量提升，深入开展建材产品“质检利剑”行动，对全市48家外墙保温板生产企业进行抽样检查，停业关闭20余家、立案调查8家；查获不合格钢材1000多吨，地条钢257.94吨，“地条钢”生产行为得到有效遏制，大大减少了假冒伪劣钢材在南北疆市场上的流通，为首府建设保驾护航。

精准辨识，慧眼识真

剑要快，更要准，要做到精准识别精准打击，在繁复的市场环境中准确定位假货并给予有效的打击，就需要对各类产品有充分的理解和认识，为此乌鲁木齐市质监稽查局苦修“眼力”，确保剑下无遗漏，出剑不落空。近年来，乌鲁木齐市质监稽查局与知识产权公司的合作进一步深化，从配合执法出具检验鉴定报告向为执法人员提供鉴别识假培训延伸。2013—2017年乌鲁木齐市质监稽查局查处涉及假冒知名品牌案件65起，涉及adidas、Nike等知名运动品牌，现代、起亚、上海大众等知名汽车配件品牌，还有路易·威登等奢侈品品牌，涉案产品包括运动服、运动鞋、汽车配件、办公耗材等多类产品，其中查获数量较大的有假冒adidas运动鞋10万余双、假冒Nike运动服近万件、涉案金额达1850余万元，罚没款金额846.4万元，涉案产品都予以了没收，保护了名优企业的合法权益。由于乌鲁木齐市质监稽查局的出色工作，2014年中国外商投资企业协会优质品牌保护委员会把“打假骨干执法培训”放在了乌鲁木齐，由市质监局主办，乌鲁木齐市质监稽查局协调工商、经侦、知识产权等部门执法人员200余人参加鉴别识假培训；欧司朗（OSRAM）公司知识产权总管专门来乌鲁木齐市质监稽查局，给执法人员开展“欧司朗车灯识假辨假技能专题培训”。这些培训进一步增强了执法人员对品牌产品辨伪识假的能力，提高了打假治劣的本领，为更好地治理规范市场，更加有效地维护消费者的合法权益提供了素质保障。

多剑合璧，共斩敌寇

面对打假工作形势不断严峻的态势，同时为了应对日益复杂的更加隐蔽化、专业化、高科技化的制假贩假违法分子，这把“质检利剑”也不停地磨砺着，用血汗淬炼着自己，不断提高自己的“剑法”。执法队员们不仅孤剑出击，更是与兄弟部门多剑合璧，一同斩断涉假犯罪案件伸向群众生活的魔掌。在开展执法打假工作中，稽查局不断加强和公、检、法等部门的联系，畅通信息渠道，将案值大、社会影响恶劣的案件移交相关部门追究刑事责任，从而更加有力地震慑制假、售假分子。2013—2017年，乌鲁木齐市质监稽查局受理公安部门移送知识产权案件6起，行政案件移交检察院、公安部门追究刑事责任2起，积极推动知识产权行政执法与刑事司法工作的衔接和规范化建设，共同构筑打假治劣防线。

除了与执法司法部门的配合，乌鲁木齐市质监稽查局对新闻媒体曝光的重大突发质量违法案件也能够快速反应，强化执法信息互联共享的协同监管工作。2017年3月，西安地铁使用陕西奥凯电缆有限公司生产的“问题电缆”事件曝光后，乌鲁木齐市质监稽查局在没有接到上级文件和指示的情况下，迅速出击，对铁路系统和轨道交通系统在建项目和筹建项目进行重点检查核实，确认没有使用“问题电缆”，将相关情况及时反馈主管部门和领导；对全市3家检验不合格的电线电缆生产企业立案调查2家，1家在“小散乱污”企业专项治理中关停；加强部门联动和沟通协作，主动将国家质检总局《关于对电线电缆生产企业涉嫌违法案件及线索查处督办的通知》通报给市工商、市建委、轨道办等部门，强化执法信息互联共享的协同监管工作，最大限度地防止不合格线缆在乌鲁木齐市的存在。

剑气纵横，杀敌无形

除了执法工作，对于各项产品质量相关法律法规的宣传也是乌鲁木齐市质监稽查局一直在做的工作，要让百姓明白自己手里握有保护自己的利剑，同时也要让违法分子感受到冰冷的剑气就在自己四周，让他们心怀畏惧，不敢越雷池一步。

在日常工作中，乌鲁木齐市质监稽查局紧密结合知识产权宣传月、“3 · 15”国际消费者权益日等主题宣传日，面向社会各界开展消费维权、鉴别识假、知识产权保护为内容的宣传活动。特别是在2017年的4月25日，派出2名执法人员参加了市知识产权局牵头、7家单位共同参与的大型联合执法活动，执法人员采取检查与宣传相结合的方式，向商场管理人员、售货人员及顾客讲解知识产权相关知识。

乌鲁木齐市质监稽查局的12365热线是面向社会各界公开的24小时工作热线，主要职责是受理解决消费者投诉，在近年的工作中对涉及侵权假冒的投诉及时按照流程检验鉴定或协调解决，2013—2017年为消费者挽回损失近100万余元，先后收到锦旗6幅，服务民生成效显著。

利剑常在，护佑民益

说到底，这么多年的血汗，练就这一招一式，归根结底为的就是能更好地保护身后百姓的利益，营造一个健康向上的市场，使人民能过上“真日子”，买到放心产品。

2016 年开始分级管理以后，工作重心有所改变，乌鲁木齐市质监稽查局的工作职能由专职执法向执法监督、综合监管调整转型，开启了新的工作机制。乌鲁木齐市质监稽查局 2017 年把大量的工作精力放在了转职能、转角色和配合市局重点项目、重点工作推进实施的专项治理上，为首府民生实事工作的落实和重点工作的推进完成，有效发挥了执法保障作用，全年共立案 83 起，其中大要案件 14 起。

迎接中央环保督导开展各类专项工作，为乌鲁木齐蓝天工程和环境整治打牢了基础。落实国家和自治区钢铁行业“去产能”政策，规范了行业经营秩序。围绕政府重大工程、民生建设，对新闻媒体曝光的重大突发质量违法案件进行快速反应，吸取教训，强化执法信息互联共享的协同监管工作。结合首府维稳形势需要，开展特种设备监管，确保“两个安全”和敏感节点万无一失。加强人员培训，提高干部综合素质，提升工作效能。参与首府重大活动的保障工作，完成上级部门安排的各项任务。继续发挥 12365 窗口示范作用，服务民生。这一系列的工作和措施都是为了强化责任担当，履行质监职责，守住安全底线，是为维护首府社会稳定和服务民生作出的积极努力。

利剑有情，有泪无悔

剑有双刃，伤敌也伤己，都说剑的一边是敌人的鲜血，一边是剑客的寂寞，质监人又何尝不是，为了维护首府的产品质量安全让百姓买到放心的产品，过上舒心的日子。无数质监人日夜奋战在不为人知的岗位上，他们中有为质监事业奉献出眼球落下终身残疾仍不退缩的；有为保护国家财产勇斗歹徒而负伤住院现在依然战斗在执法一线的；他们有的熬坏了身体，有的疏远了家人。每每夜深人静，想想不能照顾家中的妻儿老小，内心充满了愧疚，但是看看眼前的案件又不得不咬咬牙、狠狠心踏上征途，因为是一名质监人，所以就必须为了职责而奋斗，因为自己选择了，所以就必须要给人民一个交代。

就这样，无数质监人前赴后继，为百姓的产品质量安全倾注着自己的青春和热血，体力与才华，一切只为了身为利剑的那一份骄傲！

来路与归处

从 1999—2016 年，从“乌鲁木齐市质量技术监督稽查队”到“乌鲁木齐市质量技术监督稽查局”，往昔的荣誉不胜枚举，2004 年查处涉案 7000 余万元的假冒知名品牌运动鞋案，被列为 2004 年全国打假十大案件之一；2007 年查处了乌鲁木齐瑞美日化有限公司生产销售假冒化妆用品案，该案是新疆地区唯一自己大规模生产假冒伪劣产品并由自己销售网络的化妆品案件；2013 年办理的“新疆辛某销售假冒注册商标商品案”在 2013—2014 年度知识产权保护最佳案例与行政执法和刑事司法衔接经验交流会上被评为“知识产权保护”最佳案例；2014 年办理的系列钢材案货值逾亿成为自治区当年的大案要案；2013 年、2014 年、2015 年连续 3 年被乌鲁木齐市消费维权工作领导小组评为“消费维权优秀单位”；先后荣获“自治区联合打假先进集体”“全国质量技术监督系统行政执法先进集体”等诸多荣誉；李世军、王朝辉、唐伟斌、张笑辉4名同志分别被评为2007年、2012年、2015年、2016年“全国质检系统执法打假办案能手”，是全国质监系统获此殊荣最多的单个集体。

这些事实证明，荣誉往往是以集体形式出现而不是个体形式出现，因为他们受到同样一种精神的鼓舞，被同一种信念所感召，那就是要坚决打击假冒伪劣产品、保护名优企业产品、整顿和规范市场经济秩序，保护广大群众的切身利益，为了自治区和乌鲁木齐市的经济发展、社会进步付出一切！十七年，不忘的是初心，牢记的是使命！所以不论岁月变更，人员更迭，这支队伍始终是这样一支作风硬、战斗力强的队伍，剑锋所指，所向披靡。

坚守在戈壁滩的“质监花木兰”

记新疆维吾尔自治区吐鲁番市鄯善工业园区质量技术监督局

新疆维吾尔自治区吐鲁番市鄯善工业园区质量技术监督局（以下简称园区质监局）是吐鲁番市质量技术监督局的派出单位，行政编制 8 人，实际在岗人员 4 人，其中 3 名都是年轻女干部，均为 80、90 后。因吐鲁番 80% 的特种设备集中在工业园区，园区质监局 3 名女干部肩负的责任是沉重的。

园区质监局承担着辖区内特种设备安全监管、监督执法和源头打假的专项职能。近年来园区质监局全体干部牢固树立“依法行政、文明执法”的思想。把群众满意不满意当作工作的最高标准，把群众放心不放心当作工作的最大责任。践行全心全意为群众服务的宗旨。为规范特种设备安全生产，维护广大人民群众的合法利益，促进经济的健康发展作出了不懈的努力。园区质监局连续三年被评为全市质监系统“绩效考核先进单位”，争做市局行政执法的排头兵。

刻苦学习，努力提高业务素质

做好行政执法工作需要对各种综合知识的熟练掌握和应用，打铁须得自身硬，正是靠着工作上、作风上、业务上、执法中的这股硬气，使得阿孜古丽、安米拉古丽、焦敏3名女同志成了质监执法队伍中的强将。她们3名女同志都是2014年、2015年新入职的公务员，且家都不在单位驻所地，最近的也离单位有40公里远，平日里都住在单位宿舍，这也让她们下班之后的时间更加充裕，作为新人，她们相互学习，互相鼓励，让自己尽快熟悉质监工作。她们坚守岗位，不畏辛苦，勤于学习，善于总结积累，能够学以致用，具备了较强的工作能力。特种设备安全监察工作是质量技术监督的职能之一，管理的好坏，关系到人民生命财产安全的大事。在鄯善工业园区企业密集，特种设备类多量大的情况下，3位年轻女同志要挑起这一重担，那可需要真功夫。她们深知责任重大，工作压力使得这几位素有良好学习习惯的年轻同志学习欲望更加强烈。她们知道，学习是完善和发展自我的必由之路，是干事创业的可靠保证。只有加强学习，才能不断更新知识，增长才干，也只有不断学习才能做好本职工作。近年来，3位女将刻苦钻研业务知识，不断加强业务知识学习，光是3位女将对于《中华人民共和国特种设备安全法》《特种设备安全监察条例》《中华人民共和国行政许可法》《中华人民共和国行政处罚法》等相关法规的学习记录、学习笔记就有70000余字。

管服结合，创新工作思路

“维持现状，就是落伍。”如果老是墨守成规，自我满足，陶醉于胜利的战果，沾沾自喜，那工作就必然会落伍。在市场监控体系日趋完善的今天，移动式压力容器的非法充装的手段也越来越隐蔽，对策也越来越高明，如何因势而变，提高监管的效果，这也对我们这些年轻的质监女将们提出的更高要求。在园区质监局领导的带领下，3位女同志更是集思广益，在工作中不断创新，努力拓展举报信息网络，发展信息员，利用一切可利用的机会发展举报信息渠道，加强法律法规的宣传，使非法充装无藏身之处。在2017年的一起案件中，经群众举报鄯善工业园区新宝液化气公司非法充装液化气，接到举报后，执法人员赶赴现场后，固定证据，依法对充装点予以查封，对移动加液车和26吨液化气进行扣押后，在案件办理过程中，感性这一点在女执法人员身上有着很明显的体现，已经构成违法事实的行为，还希望能够通过延长整改期限来免于追究或者减轻法律后果，总觉得小企业也很困难，但通过老稽查队员几番举实例，因执法人员对行政相对人的宽限造成恶劣后果，导致执法人员也承担法律责任，虽说是发生在其他地州局的鲜活例子，其实离自己并不远。该企业为了减轻处罚，在案件办理中时常提出出去吃个饭、喝个茶，执法人员诚恳地跟行政相对人解释说，“我们有规定，不准私下与当事人讨论案件，但可以在办公室依法听取你的意见。”最终此案因事实清楚、证据

法律法规宣传进企业

确凿，并没有减轻处罚。执法过程中也不难看出相对人的软磨硬泡，她们始终用严谨的工作态度去面对、解决执法过程中遇见的大小问题，这不仅仅是对自己的保护，更是对行政相对人的保护，更能体现社会公平正义。

近年来，园区质监局牢固树立“服务”理念，站在服务于政府工作，服务于企业发展，服务于经济建设的角度，去深入细致地为企业搞好服务工作，把执法工作融入到服务企业中去，从而消除企业对执法的抵触情绪，在执法监督中使企业规范生产的目的落到实处。体会是通过服务来规范企业的生产经营行为，提高企业的产品质量，把服务工作作为执法监督的一种手段，两手都要硬，服务和监督并重，做到有为有威有情，充分发挥园区质监局在服务企业、服务经济发展中的作用。园区质监局做到了对企业靠前服务，在知企业在没有告知即安装设备，第一时间赶赴现场，提前介入，告知设备投入使用需进行的程序、手续，杜绝事后因企业不知其程序产生违法行为，造成经济损失，会不厌其烦解答设备在用企业因不熟悉设备档案建立等一系列问题，进行服务型监管模式。因此不但圆满完成了工作任务，还赢得了企业的尊敬。

新疆万顺发新能源有限公司是园区招商引资企业，因无使用登记证使用特种设备，一边是园区管委会建议帮扶服务，一边是职责所在应当从速严查。在市局党组指导支持下，园区质监局执法人员几次与企业管理人员交换意见，局领导到企业查看实情，了解具体情况，在案件办理过程中帮助企业在最短的时间里申报了相关手续，办理使用登记证。案件办理整改到位结束，企业领导激动地说，我们不是受到了一次处罚，而是受到了一次法制教育，感受到园区质监人的真心真情。园区质监局改变过去以罚代管监督执法方式，除较大问题给予立案查处外，其余全部给予明确指导意见和充分整改期限，真正做到心系企业、服务企业。

强化责任担当，忠诚履职尽责

特种设备安全监察工作的基础就是摸清底数，建立长效机制，进行有序监管。2017 年，鄯善工业园区特种设备由原来的 763 台发展到了 1731 台，巨大的巡查任务压到了园区质监局这 3 个柔弱女孩的身上，她们出满勤上满点，常常放弃节假日、周末休息时间，对园区特种设备使用单位一遍又一遍地进行调查摸底，通过核查，全区特种设备数量、安全状况、操作人员持证、特种设备检验、登记等情况，在她们脑海里一清二楚。在此基础上，园区质监局还建立和完善了园区特种设备数据库，建立健全了文字档案、电子档案和特种设备区域监管各项规章制度。

开展特种设备安全执法

阿孜古丽 · 吾买尔同志主要负责特种设备监管工作，她依据《特种设备动态监察系统》更加详细整理企业在用设备档案的收集工作。因吐鲁番特种设备在园区占的比重最大，排除特种设备安全隐患，保障特种设备安全运行成为园区质监局工作的重中之重，然而特种设备普查建档工作成为设备监管工作前提的准备工作，而这一项工作是其他地州局往往忽视的。但凡是女孩，往往对机械、设备是不感兴趣的，更别说去了解、熟悉、掌握，因为工作的需要她认识与特种设备深深结缘了，所以无法抗拒，必须热爱，有了这前提才能更顺利的接受这一现实。从设备分类到设备主要性能，再到企业性质所决定他会投入使用哪些设备，她脑海里也形成了各企业大致的设备档案雏形。然而收集设备档案是一项繁琐的过程，由于经济下滑大环境因素，企业停产状态屡见不鲜，设备停用、不定期检验常有发生，加上辖区范围广，厂区设置偏僻，有些厂区深入戈壁滩深处难以发现，发现的场所就连设备使用地名称也是不好记录，这些种种因素阻碍了特种设备普查建档工作顺利开展，面对这些困难，她明白只能迎难而上，本着能联系上就送到脚步，送到脚步就建立设备档案。其中有一次经历极为深刻，因厂区位置没有公路或马路能通行，都是驾驶私家车，充当执法车，她说人家是“公车私用”，我们是“私车公用”，最终在那一段“戈壁寻厂之旅”减震器彻底坏了，黄土弥漫的空中环顾茫茫戈壁，颠簸的执法车，颠簸的青春。面对这些困难，依旧整理、汇总出辖区 30 多家设备使用单位建档工作。

特种设备安全执法是特种设备安全监察工作的重要组成部分，是消灭事故隐患、防止事故发生的重要措施。园区质监局主抓特监工作以来，始终把国家和人民的利益放在首位，把确保一方平安作为自己的工作目标。近年来，严格依法行政，强化监督管理，加大日常检查和查处力度，杜绝了因失控、漏管引发事故的发生。在检查中，对非法制造、安装的坚决查封；对无证操作人员限期整改；

对使用未经检验或检验不合格特种设备的违法行为坚决依法查处。仅从 2017 年年初到现在，就对园区特种设备进行拉网式检查 3 次，下达指令书 21 余份，现场检查记录 65 次，查处特种设备违法案件 2 起。通过跟踪督促，做到不整改不罢休，现已全部整改到位。

讲的明白，说得清楚。质监工作不能埋头苦干，也要懂得宣传、宣贯。在特种设备监管、农资打假以及“3 · 15”、标准化日等各类宣传工作中，积极准备相关宣传教育课件，通过交流会讲解相关知识，这些对她而言似乎很娴熟。以她文静的性格平时话很少，但是走上宣讲台似乎变了一个人，显得极为专业，“只要准备充分，再大的宣讲台我也敢站上去。”她依旧自信满满。宣讲前课件的制作何尝不是一件费脑力、严谨的准备工作，作为质监系统新人只有反复学习相关材料，梳理讲解思路才能给大家讲明白、讲透彻，使宣讲有意义，为了达到这个效果、目的，她上班时间搜集大量素材，为了能讲解的更直观易理解，业余时间特别关注、搜集相关视频资料，其他人在微信群讨红包，而她时常在微信群讨各类特种设备事故视频。正是有了她平日里的点滴积累、收集，才得以在宣讲台上有充分的发挥，得到群众一致认可。

众所周知，稽查工作难度较大，阻挠执法的行为时有发生，有的甚至威胁、恐吓等。园区质监局女执法队员在这种复杂的情况下，不胆怯、不退缩，自觉抵制不法分子的阻挠。在执法过程中，本着公正执法、文明执法、和谐执法的原则，以消灭事故隐患、确保运行安全为工作目的，以说服教育、监督整改为主要方式，保证了辖区特种设备安全监察工作的有效性。

理想在这里闪光，青春在这里飞扬。园区质监局用真诚的笑脸、优质的服务、良好的形象诠释了“科学、公正、廉洁、高效”的质监精神，成为展示吐鲁番市质监人风采和形象的一面旗帜！

风清气正的稽查就是我们永远不忘的初心

新疆维吾尔自治区喀什地区质量技术监督局稽查支队创优纪实

当历史翻开崭新的一页，注定写下浓墨重彩的一笔。

一支队伍的“领头人”方天煜带领全队立下军令状：“不忘初心，公正执法，风清气正，稽查为民！”

这支队伍就是新疆维吾尔自治区喀什地区质量技术监督局稽查支队，自 2010 年成立以来，特别是 2016 年以来，他们爬坡过坎，滚石上山，承诺并践行着人民对美好生活的向往目标，站到了新起点，打开了新局面！

成绩和荣誉是干出来的，不是等来的

也许有人会问，这是一支什么样的队伍？

答案是肯定的！这是一支敢打攻坚战、坚决打胜仗、为民谋权益的“打假英雄”队伍，他们的业绩和战果挂满了一面荣誉墙：

2015 年和 2016 年，稽查队执法案卷连续两年获得喀什地区质监系统案卷评比第一名；

2015 年和 2016 年，稽查队执法案卷连续两年在喀什地区行政公署法制办执法案卷抽查中评为优秀；

2012 年，在国家质检总局开展的案卷互查活动中，各位专家

对稽查队工作给予高度好评；

2013年，稽查队获得自治区质监系统“行风示范窗口单位”荣誉称号；

2012—2016年，稽查队连续四年被评为喀什地区质监系统目标管理“先进单位”；

2011—2016年，稽查队多次被授予喀什地区质量技术监督局“民族团结进步模范集体”“先进基层党组织”荣誉称号。

一块块奖牌，一面面锦旗，犹如一张张可亲可爱的笑脸，见证着一支可敬可赞的队伍，誓死守护着喀什地区的质监大门，开启了各族群众的安全放心之门！

他们的成绩来之不易，他们的工作专一而不简单，他们的环境复杂而又多变，他们以顽强的意志扛起连续作战的重担，以精湛的业务胜任公正执法的难关，以超常的忍耐适应拒腐防变的常态，长年累月不忘初心，凝心聚力继续前行！

为了人民的利益，蹲守5天5夜，值了

2017年7月，稽查队接到群众举报，有人销售无证钢筋。如果建筑行业使用了劣质钢筋，极易产生群死群伤，安全隐患和严重后果不堪设想！

线索就是命令！时间就是生命！

但苦于不知道具体地点，也没有直接证据，摆在稽查队面前的难题压力山大！稽查队没有畏惧，没有放弃，忍耐着三伏天的炙烤，克服着人员少的困扰，数次安排突击检查，但始终都没有查到问题、找到线索，难道举报是假的？大家心里都泛起了质疑，方天煜队长昼夜难眠。

“群众利益无小事”，决不能掉以轻心！正当大家不知所措时，

方队长立即召开“诸葛亮”会，集思广益，出谋划策，一语点醒梦中人，办法总比困难多！深夜时分，方天煜和队员们的想法不谋而合，猜疑犯罪分子可能会在晚间销售和运输，遮人耳目躲避检查。

方队长果断决策部署，亲自坐镇指挥，队员们轮流排班，每天从 22 点蹲守到凌晨 4 点，连轴蹲守了 5 昼夜，终于查获了无生产许可证钢筋 8 车、260 余吨，涉案货值 100 多万元，消除了重大安全隐患，挽回了经济损失，保护了人民利益。一起配合检查的交警们也纷纷为他们点赞！

这样常态化的依法打假行动，已成为稽查队工作的自觉和惯例。可以说，每一次打假行动，稽查队总是载誉而归，也从中打出了稽查队的威慑，打出了党和政府的形象，打出了各族群众的信任！

保护农民兄弟的权益，我们责无旁贷

2017 年 3 月，有农民投诉加油站加油机的密度不合规，存在油品数量不够的问题。

为了不耽误春耕生产，稽查队立即对城乡结合部及乡村所有加油站进行拉网式检查，队员们深入田间地头也亲眼看到柴油对农机的影响，听到了农民的合理诉求。但几天下来没有发现任何问题，加油站都遵章守规。

农民反映的问题症结何在？必须打通“最后一公里”！

“问题难不倒有心人”，技术员张华沉着应对，调取加油站相关资料分析，又走访技术专家多方求证，得出结论：加油站惯例都是以季度为单位调加油密度，这是合规的，而南疆气候特殊，从而造成加油机密度不相符的情况。

针对加油机密度偏差问题，稽查队立即召集存在问题的15家企业负责人进行集体约谈，强调维护农民利益的重要性和必要性，协调企业尽快缩小密度调整的间隔，并提出限时整改要求，得到了全体企业的认可。

目前，辖区内油品销售企业的密度间隔已调整至以月为单位，有力地维护了包括农民兄弟在内的消费者的合法权益，大家拍手称快。

队员们一颗悬着的心终于放下了。

为了孩子的安全和快乐，我们别无选择

2017年“六一”前夕，稽查队开展了儿童玩具专项执法检查，先后出动执法人员80人次，排查销售店17家，立案查处违法玩具店9家，严厉打击了造假售假违法犯罪活动，消除了儿童用品安全隐患，维护了千家万户的切身利益。

但在执法过程中，时常有被查对象，想通过送钱、送物，达到蒙混过关的目的。有的玩具店老板为了挽回损失，偷偷给执法队员塞红包；有的店老板托关系、找熟人，给领队打招呼；有的店老板找借口，提前封门躲避检查等，均遭到队员的严词拒绝。

为了孩子的安全和快乐，为了千家万户的幸福，队长方天煜特意召开全体队员通气会，强调风清气正，拒绝一切请托！结案后，稽查队立即下达责令整改通知书，对9家玩具店无3C认证的60余件假冒儿童用品，当场给予清缴销毁，围观群众大快人心！

再看看2017年稽查队的执法战果：开展农资、钢筋、水泥、儿童用品、危险化学品、成品油、电线电缆、电气产品、特种设备等专项执法行动12次，出动执法人员700余人次，排查安全

隐患65起，下达责令整改通知书20件，转各县局督办案件9起；12365受理、投诉、举报案件98起，已办结90件，受理咨询142起。办理案件19起，涉案货值1100余万元；行政复议败诉率为0。

精准扶贫和结对认亲路上，我们绝不掉队

两年来，稽查队聚焦“总目标”，参加“访惠聚”驻村工作，开展“民族团结一家亲”活动，组织干部“下沉”基层，在精准扶贫、精准脱贫路上留下了坚实脚印，积累了基层经验，增进了民族团结，维护了社会稳定和长治久安。

2016年，队长方天煜进驻莎车县恰热克镇21村开展“访惠聚”活动，一年来与村民同吃同住同劳动，舍身攻坚克难，送去关爱温暖，为村民办实事、好事50多件，使该村面貌焕然一新，人均增收20%以上，被评为“先进村”，工作队被评为地区“先进集体”。

2017年3—5月，方天煜和队员分批下沉到喀什市荒地乡5村蹲点，帮助市卫计委开展群众工作，为农民朋友排忧解难，帮助他们脱贫致富。如今，村里一点一滴的小事，村民一举一动的期盼，总是牵挂在队员们的心上，成为大家服务基层的自觉和担当！

2016年以来，稽查队多次前往莎车县恰热克镇21村，参加“民族团结一家亲”活动12次，结对认亲30多户，走访中宣讲党的惠民政策，深入了解村民生产生活中的困难，在节日及农忙时节捐赠化肥、种子等生产资料，帮助贫困户收麦子、种玉米、摘棉花，踊跃捐款5万余元，增进了感情，赢得了民心。

稽查队通过一系列“组合拳”活动，在负责区域内形成了各

民族群众共居、共学、共事、共乐，实现各民族交往、交流、交融的良好局面，形成了人人维护民族团结、人人争做民族团结模范的社会氛围。

建一流班子、带一流队伍、创一流业绩

队长方天煜作为稽查队领导班子的“火车头”，时刻冲锋在战斗第一线。他提出“建一流班子、带一流队伍、创一流业绩”的工作目标和行动誓言，矗立在办公楼前的醒目位置，也作为“座右铭”鞭策激励着自己和全体队员。

大家依然记得稽查队成立的初衷，当时的市场产品质量和企业经营违规行为十分严重，抽检合格率仅到 80%，部分产品合格率不足 50%，老百姓对农资、建材、电线电缆、电气产品、特种设备等假冒伪劣产品已深恶痛绝，亟待加大稽查执法力度，让老百姓买到放心的生产生活用品。

稽查队临危受命，肩负重任，迎难而上。没有自己的办公场所，就挤在临时提供的 3 间办公室；人员设备少，11 人掰成 30 人用，5 台电脑连轴转；虽只有 2 辆执法车辆，紧急关头骑上电动车就走。全队上下习惯了“5+2、白加黑”的工作模式，有人一天只吃一餐，有人一周没空洗澡，有人半月不能回家，有人一月难逢团圆，特别是张华、宋守珍两名同志就吃住在办公室，从未计较过得失。

“付出就有回报”，稽查队很快理顺了各项职能，建立了各类规章制度，成立了 12365 举报处置指挥系统和汽车产品申诉处理中心，实现了举报投诉全天候、全方位、全覆盖的执法打假指挥平台，在建材、食品、加油站、3C 认证、生产许可证、定量包装产品、特种设备、有机产品认证等领域有效开展了依法行政。

如今的稽查队，执法更是刚正廉明，依法行政轻车熟路，稽查形象和效果越来越好。在这里，大家留下了优良的作风，工作多，就加班，工作繁杂，就捋顺，敢与一切困难和问题死磕到底。全队率先落实“一岗双责”和“岗位责任制”，强化执法人员的绩效管理与考核，提升稽查管理的质量和效益。积极开展案件回访，深入一线明察暗访、征求意见、接受监督，确保工作落实的连续性和有效性。

塑造良好的行风新貌，行动永远在路上!

一个坚强有力的稽查队领导班子，一支敢打硬战、能打胜仗的优秀团队，始终以不忘初心的姿态，带着各级领导的嘱托，肩负人民对美好生活的期待，在公正执法、稽查为民的使命召唤下一定会取得更大收获，在新时代、新征程的伟大事业中一定会创造新的战绩!